시대에듀

독학사 3단계

경영학과

재무회계

INTRO

머리말

학위를 얻는 데 시간과 장소는 더 이상 제약이 되지 않습니다. 대입 전형을 거치지 않아도 '학점은행제'를 통해 학사학위를 취득할 수 있기 때문입니다. 그중 독학학위제도는 고등학교 졸업자이거나 이와 동등 이상의 학력을 가지고 있는 사람들에게 효율적인 학점인정 및 학사학위취득의 기회를 줍니다.

학습을 통한 개인의 자아실현 도구이자 자신의 실력을 인정받을 수 있는 스펙으로서의 독학사는 짧은 기간 안에 학사학위를 취득할 수 있는 가장 빠른 지름길로 많은 수험생들의 선택을 받고 있습니다.

독학학위취득시험은 1단계 교양과정 인정시험, 2단계 전공기초과정 인정시험, 3단계 전공심화과정 인정시험, 4단계 학위취득 종합시험의 1~4단계까지의 시험으로 이루어집니다. 4단계까지의 과정을 통과한 자에 한해 학사학위취득이 가능하고, 이는 대학에서 취득한 학위와 동등한 지위를 갖습니다.

이 책은 독학사 시험에 응시하는 수험생들이 단기간에 효과적인 학습을 할 수 있도록 다음과 같이 구성하였습니다.

01 빨리보는 간단한 키워드(핵심요약집)

핵심적인 이론만을 꼼꼼하게 정리하여 수록한 '빨리보는 간단한 키워드'로 전반적인 내용을 한눈에 파악할 수 있습니다. '빨간키'는 시험장에서 마지막까지 개별이론의 내용을 정리하고 더 쉽게 기억하게 하는 용도로도 사용이 가능합니다.

02 핵심이론

다년간 출제된 독학학위제 평가영역을 철저히 분석하여 시험에 꼭 출제되는 내용을 '핵심이론'으로 선별하여 수록하였으며, 중요도 체크 및 이론 안의 '더 알아두기'를 통해 심화 학습과 학습 내용 정리를 효율적으로 할 수 있게 하였습니다.

03 OX 문제 및 실전예상문제

핵심이론의 내용을 OX문제로 다시 한번 체크하고, 실전예상문제를 통해 핵심이론의 내용을 문제로 풀어보면서 3단계 객관식과 주관식 문제를 충분히 연습할 수 있게 구성하였습니다. 특히, 한 문제당 배점이 10점이 달하는 '주관식 문제'는 실제 시험 경향에 맞춰 부분배점과 약술형 문제 등으로 구현하여 3단계 합격의 분수령인 주관식 문제에 대비할 수 있도록 하였습니다.

04 최종모의고사

최신출제유형을 반영한 최종모의고사를 통해 자신의 실력을 점검해 볼 수 있으며, 실제 시험에 임하듯이 시간을 재고 풀어보면 시험장에서 실수를 줄일 수 있습니다.

편저자 드림

BDES

독학학위제 소개

독학학위제란?

「독학에 의한 학위취득에 관한 법률」에 의거하여 국가에서 시행하는 시험에 합격한 사람에게 학사학위를 수여하는 제도

- 고등학교 졸업 이상의 학력을 가진 사람이면 누구나 응시 가능
- 대학교를 다니지 않아도 스스로 공부해서 학위취득 가능
- 일과 학습의 병행이 가능하여 시간과 비용 최소화
- 언제, 어디서나 학습이 가능한 평생학습시대의 자아실현을 위한 제도
- 학위취득시험은 4개의 과정(교양, 전공기초, 전공심화, 학위취득 종합시험)으로 이루어져 있으며 각 과정별 시험을 모두 거쳐 학위취득 종합시험에 합격하면 학사학위취득

독학학위제 전공 분야 (11개 전공)

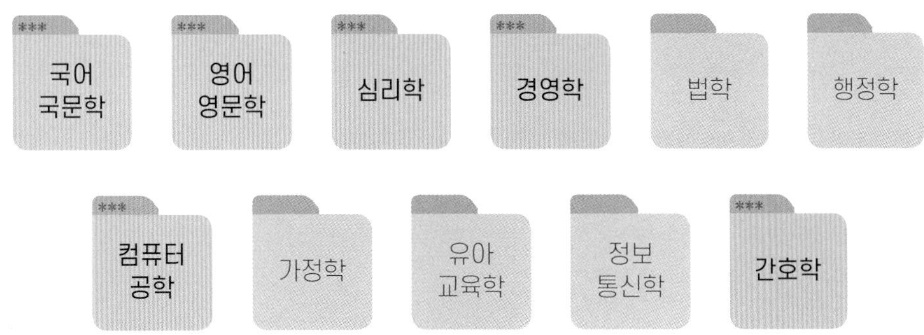

※ 유아교육학 및 정보통신학 전공 : 3, 4과정만 개설
※ 간호학 전공 : 4과정만 개설
※ 중어중문학, 수학, 농학 전공 : 폐지 전공으로 기존에 해당 전공 학적 보유자에 한하여 응시 가능

※ 시대에듀는 현재 4개 학과(심리학과, 경영학과, 컴퓨터공학과, 간호학과) 개설 완료
※ 2개 학과(국어국문학과, 영어영문학과) 개설 진행 중

INFORMATION

독학학위제 시험안내

과정별 응시자격

단계	과정	응시자격	과정(과목) 시험 면제 요건
1	교양	고등학교 졸업 이상 학력 소지자	• 대학(교)에서 각 학년 수료 및 일정 학점 취득 • 학점은행제 일정 학점 인정 • 국가기술자격법에 따른 자격 취득 • 교육부령에 따른 각종 시험 합격 • 면제지정기관 이수 등
2	전공기초		
3	전공심화		
4	학위취득	• 1~3과정 합격 및 면제 • 대학에서 동일 전공으로 3년 이상 수료 (3년제의 경우 졸업) 또는 105학점 이상 취득 • 학점은행제 동일 전공 105학점 이상 인정 (전공 28학점 포함) → 22.1.1. 시행 • 외국에서 15년 이상의 학교교육과정 수료	없음(반드시 응시)

응시 방법 및 응시료

• 접수 방법 : 온라인으로만 가능
• 제출 서류 : 응시자격 증빙 서류 등 자세한 내용은 홈페이지 참조
• 응시료 : 20,400원

독학학위제 시험 범위

• 시험과목별 평가 영역 범위에서 대학 전공자에게 요구되는 수준으로 출제
• 시험 범위 및 예시문항은 독학학위제 홈페이지(bdes.nile.or.kr) – 학습정보 – 과목별 평가영역에서 확인

문항 수 및 배점

과정	일반 과목			예외 과목		
	객관식	주관식	합계	객관식	주관식	합계
교양, 전공기초 (1~2과정)	40문항×2.5점 =100점	–	40문항 100점	25문항×4점 =100점	–	25문항 100점
전공심화, 학위취득 (3~4과정)	24문항×2.5점 =60점	4문항×10점 =40점	28문항 100점	15문항×4점 =60점	5문항×8점 =40점	20문항 100점

※ 2017년도부터 교양과정 인정시험 및 전공기초과정 인정시험은 객관식 문항으로만 출제

합격 기준

• 1~3과정(교양, 전공기초, 전공심화) 시험

단계	과정	합격 기준	유의 사항
1	교양	매 과목 60점 이상 득점을 합격으로 하고, 과목 합격 인정(합격 여부만 결정)	5과목 합격
2	전공기초		6과목 이상 합격
3	전공심화		

• 4과정(학위취득) 시험 : 총점 합격제 또는 과목별 합격제 선택

구분	합격 기준	유의 사항
총점 합격제	• 총점(600점)의 60% 이상 득점(360점) • 과목 낙제 없음	• 6과목 모두 신규 응시 • 기존 합격 과목 불인정
과목별 합격제	• 매 과목 100점 만점으로 하여 전 과목(교양 2, 전공 4) 60점 이상 득점	• 기존 합격 과목 재응시 불가 • 1과목이라도 60점 미만 득점하면 불합격

시험 일정

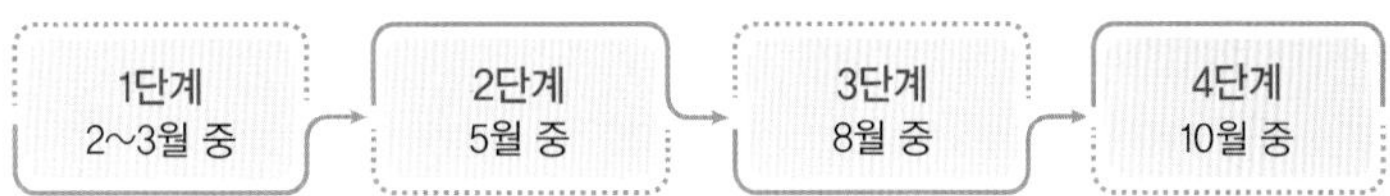

• 경영학과 3단계 시험 과목 및 시험 시간표

구분(교시별)	시간	시험 과목명
1교시	09:00~10:40 (100분)	• 재무관리론 • 경영전략
2교시	11:10~12:50 (100분)	• 투자론 • 경영과학
중식	12:50~13:40 (50분)	
3교시	14:00~15:40 (100분)	• 재무회계 • 경영분석
4교시	16:10~17:50 (100분)	• 노사관계론 • 소비자행동론

※ 시험 일정 및 시험 시간표는 반드시 독학학위제 홈페이지(bdes.nile.or.kr)를 통해 확인하시기 바랍니다.
※ SD에듀에서 개설된 과목은 빨간색으로 표시

EXAMPLE

재무회계 예시문제

※ 본 예시문제는 국가평생교육진흥원에서 발표한 경영학과의 예시문제를 풀이한 것으로 참고용으로 활용하시길 바랍니다.

[객관식]

01 재무보고의 가장 중심적 수단이 되는 것은?

① 경영성적
② 재무제표
③ 재무상태
④ 재무구조

해설 재무제표는 기업의 거래를 측정, 기록, 분류, 요약하여 작성되는 회계보고서로서 재무 회계정보를 구체적으로 표현해준다.

02 취득원가주의(역사적원가주의)가 지니는 장점으로 가장 옳은 것은?

① 객관성이 높고 적용이 간편하다.
② 현행 가치를 반영하므로 신뢰성이 높다.
③ 자산의 용역 잠재력에 대한 정보측정이 용이하다.
④ 취득 자산에 대한 손익의 인식과 측정에 공정성이 높다.

해설 역사적 원가주의란 자산을 현재 시가가 아니라 구입했을 때의 가격으로 재무상태표에 표시하는 방법으로 객관성이 높고 적용이 간편하다는 장점이 있다.

03 사무용 컴퓨터를 구입하고 대금은 외상으로 한 경우에 차변에 기입될 계정과목은?

① 비품 ② 공기구
③ 미지급금 ④ 외상매입금

해설 사무용 컴퓨터는 유형자산으로 비품 계정과목으로 기록한다.

04 일반적인 상거래에서 발생한 수취채권에 대한 대손상각비의 회계상 처리는?

① 매출원가

② 특별손실

③ 영업외비용

④ 판매비와 관리비

해설 일반기업회계기준에서는 매출채권으로부터 발생하는 대손상각비는 판매비와관리비로, 기타채권으로부터 발생하는 기타의대손상각비는 영업외비용으로 분류하고 있다.

05 수익적 지출로 처리해야 할 거래 내용으로 가장 바른 것은?

① 지출의 효익이 당기에 끝나는 지출

② 고정자산의 내용연수를 연장시키는 지출

③ 지출의 효익이 차기 이후까지 미치는 지출

④ 고정자산의 가치를 실질적으로 증가시키는 지출

해설 수익적 지출은 유형자산의 원상을 회복시키거나 능률 유지를 위한 지출을 말한다. 따라서 수익적 지출은 그 지출의 효과가 당기에 끝나기 때문에 당기의 비용으로 회계처리한다.

06 비용으로 분류되지 않는 항목은?

① 매출원가

② 감가상각비

③ 자본적지출

④ 대손상각비

해설 자본적 지출은 지출의 효과가 당기 이후의 장기에 걸쳐 발생하는 것으로 해당 유형자산의 장부금액을 증가시키는 회계처리를 한다.

정답 01 ② 02 ① 03 ① 04 ④ 05 ① 06 ③

EXAMPLE

재무회계 예시문제

07 주식회사 회계에서 '주식의 액면가액에 발행주식 수를 곱한 것'을 가리키는 것은?

① 자본금

② 수권자본금

③ 자본잉여금

④ 자본준비금

해설 자본금은 법정자본금으로 발행주식수의 액면총액 즉, 액면금액에 발행주식수를 곱한 금액을 말한다.

[주관식]

※ 다음 물음에 대하여 계산과정을 답안지에 반드시 쓰시오. [1 ~3]

01 다음 자료를 이용하여 매출원가를 계산하시오.

- 기초상품재고액 : 2,000,000원
- 당기총매입액 : 21,000,000원
- 매입에누리 : 50,000원
- 매입환출 : 100,000원
- 매입비용 : 200,000원
- 매입할인 : 150,000원
- 기말상품재고액 : 3,000,000원

정답

- 당기순매입액 = 21,000,000 - 50,000 - 100,000 + 200,000 – 150,000
  = 20,900,000
- 매출원가 = 기초상품재고액 + 당기순매입액 – 기말상품재고액
  = 2,000,000 + 20,900,000 – 3,000,000
  = 19,900,000원

02 다음 자료를 이용하여 유동비율을 계산하시오.

- 현금 및 현금등가물 : 2,000,000원
- 비품 : 1,500,000원
- 매출채권 : 2,600,000원
- 건물 : 3,000,000원
- 재고자산 : 1,400,000원
- 차입금 : 1,000,000원
- 매입채무 : 2,000,000원
- 장기차입금 : 2,500,000원

정답

유동비율 = (유동자산 ÷ 유동부채) × 100
= [(2,000,000 + 2,600,000 + 1,400,000) ÷ (2,000,000 + 1,000,000)] × 100
= 200%

03 2002년 1월 초에 구입한 기계의 취득원가는 30,000,000원, 내용연수는 10년, 잔존가액은 취득원가의 10%인 기계의 2002년 말 감가상각비를 계산하시오. (단, 결산은 연 1회, 감가상각 계산 방법은 정액법을 채택한 경우)

정답

감가상각비 = (30,000,000 3,000,000)/10 = 2,700,000원

PREVIEW

이 책의 구성과 특징

01

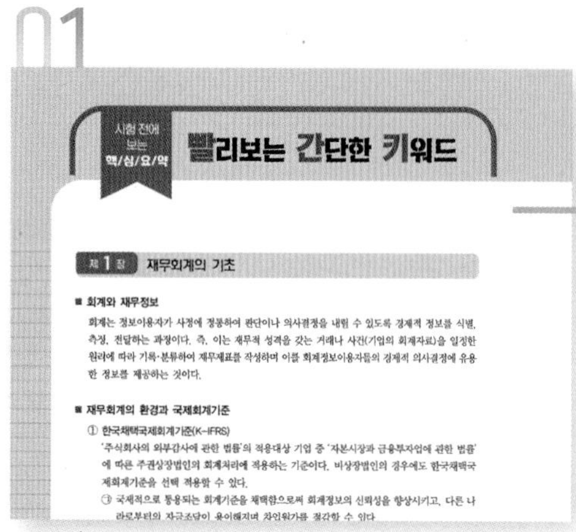

시험 전에 보는 핵/심/요/약 빨리보는 간단한 키워드

제 1 장 재무회계의 기초

■ 회계와 재무정보

회계는 정보이용자가 사정에 정통하여 판단이나 의사결정을 내릴 수 있도록 경제적 정보를 식별, 측정, 전달하는 과정이다. 즉, 이는 재무적 성격을 갖는 거래나 사건(기업의 회계자료)을 일정한 원리에 따라 기록·분류하여 재무제표를 작성하며 이를 회계정보이용자들의 경제적 의사결정에 유용한 정보를 제공하는 것이다.

■ 재무회계의 환경과 국제회계기준

① 한국채택국제회계기준(K-IFRS)

'주식회사의 외부감사에 관한 법률'의 적용대상 기업 중 '자본시장과 금융투자업에 관한 법률'에 따른 주권상장법인의 회계처리에 적용하는 기준이다. 비상장법인의 경우에도 한국채택국제회계기준을 선택 적용할 수 있다.

㉠ 국제적으로 통용되는 회계기준을 채택함으로써 회계정보의 신뢰성을 향상시키고, 다른 나라로부터의 자금조달이 용이해지며 자인위가를 절감할 수 있다.

빨리보는 간단한 키워드

'빨리보는 간단한 키워드(빨간키)'는 핵심요약집으로 시험 직전까지 해당 과목의 중요 핵심이론을 체크할 수 있도록 합니다.

02

핵심이론

독학사 시험의 출제 경향에 맞춰 시행처의 평가영역을 바탕으로 과년도 출제문제와 이론을 빅데이터 방식에 맞게 선별하여 가장 최신의 이론과 문제를 시험에 출제되는 영역 위주로 정리하였습니다.

제 1 장 재무회계의 기초

제 1 절 회계와 재무정보

1 회계의 의의

회계는 정보이용자가 사정에 정통하여 판단이나 의사결정을 내릴 수 있도록 경제적 정보를 식별, 측정, 전달하는 과정이다. 즉, 이는 재무적 성격을 갖는 거래나 사건(기업의 회계자료)을 일정한 원리에 따라 기록·분류하여 재무제표를 작성하며 이를 회계정보 이용자들의 경제적 의사결정에 유용한 정보를 제공하는 것이다.

더 알아두기

부기와 회계

① 부기

부기는 기업의 경영활동과정에서 발생한 거래를 장부에 기록, 분류, 요약하는 것을 말한다.

㉠ 단식부기: 거래나 경제적 사건에 있어서 결과 중심으로 기록하며, 현금의 유입과 유출 시점에

03

제1장

OX로 점검하자

※ 다음 지문의 내용이 맞으면 O, 틀리면 ×를 체크하시오. [1~10]

01 회계는 한 회계기간에 발생한 경제적 사건을 장부에 기록하는 기술뿐만 아니라 회계 정보가 정보이용자의 의사결정에 유용하게 이용될 수 있도록 전달하는 과정까지도 포함한다. ( )

02 단식부기는 거래나 경제적 사건에 있어서 원인과 결과로 사건을 기록하며, 현금의 유입과 유출이 아니라 거래의 발생에 초점을 두고 회계처리가 이루어진다. ( )

03 재무보고란 조직 외부의 의사결정자들에게 기업에 관한 정보를 제공하는 것이며, 기업의 현재 시점의 재무적 건전성 및 미래의 전망을 개괄적으로 보여준다. ( )

04 공시에는 기업이 자율적으로 하는 자율공시, 소문이나 보도 내용에 대해 해명하는 자진공시, 신규사업이나 사업계획 등을 자진하여 밝히는 조회공시 등이 있다. ( )

OX 문제

핵심이론을 학습한 후 중요 내용을 OX문제로 꼭 점검해보세요.
실전예상문제를 풀어보는 전에 OX문제로 핵심 지문을 복습한다면 효율적으로 학습하는 데 도움이 될 것입니다.

04

제 1 장 실전예상문제

실전예상문제

독학사 시험의 경향에 맞춰
전 영역의 문제를 새롭게 구성하고
지극히 지엽적인 문제나 쉬운 문제를 배제하여
학습자가 해당 교과정에서 필수로
알아야 할 내용을 문제로 정리하였습니다.
풍부한 해설을 추가하여 이해를 쉽게 하고
문제를 통해 이론의 학습내용을 반추하여
실제시험에 대비할 수 있도록 구성하였습니다.

05

제 1 회 독학사 경영학과 3단계 최종모의고사 재무회계

최종모의고사

'핵심이론'을 공부하고,
'실제예상문제'를 풀어보았다면 이제
남은 것은 실전 감각 기르기와 최종 점검입니다.
'최종모의고사(총 2회분)'를
실제 시험처럼 시간을 두고 풀어보고,
정답과 해설을 통해 복습한다면
좋은 결과가 있을 것입니다.

CONTENTS

목 차

시 험 전 에 보 는 핵 심 요 약

빨리보는 간단한 키워드

재무회계

시험 전에 보는 핵/심/요/약

빨리보는 간단한 키워드

제 1 장 재무회계의 기초

■ 회계와 재무정보

회계는 정보이용자가 사정에 정통하여 판단이나 의사결정을 내릴 수 있도록 경제적 정보를 식별, 측정, 전달하는 과정이다. 즉, 이는 재무적 성격을 갖는 거래나 사건(기업의 회계자료)을 일정한 원리에 따라 기록·분류하여 재무제표를 작성하며 이를 회계정보이용자들의 경제적 의사결정에 유용한 정보를 제공하는 것이다.

■ 재무회계의 환경과 국제회계기준

① 한국채택국제회계기준(K-IFRS)

'주식회사의 외부감사에 관한 법률'의 적용대상 기업 중 '자본시장과 금융투자업에 관한 법률'에 따른 주권상장법인의 회계처리에 적용하는 기준이다. 비상장법인의 경우에도 한국채택국제회계기준을 선택 적용할 수 있다.

㉠ 국제적으로 통용되는 회계기준을 채택함으로써 회계정보의 신뢰성을 향상시키고, 다른 나라로부터의 자금조달이 용이해지며 차입원가를 절감할 수 있다.

㉡ 한국채택국제회계기준은 회계처리에 대하여 구체적인 회계처리 방법을 제시하기보다는 전문가적 판단을 중시하는 접근 방법을 따르고 있다.

㉢ 한국채택국제회계기준의 연결범위에 있어서 연결재무제표는 지배기업의 모든 종속기업을 포함하여야 한다.

㉣ 한국채택국제회계기준은 2011년도부터 모든 주권상장법인이 의무적으로 적용하되 원하는 기업은 2009년부터 조기 적용하고 있다.

㉤ 한국채택국제회계기준은 국제회계기준위원회에서 공표한 국제회계기준을 기초로 한국회계기준위원회에서 제정하고, 금융위원회에 보고를 한 후 공표한 것이다.

㉥ 한국채택국제회계기준의 특징으로 원칙중심의 회계기준, 연결재무제표 중심의 회계기준, 공시의 강화, 공정가치 적용확대 등을 들 수 있다.

② 일반기업회계기준

'주식회사의 외부감사에 관한 법률'의 적용대상 기업 중 한국채택국제회계기준에 따라 회계처리하지 않는 비상장법인이 적용해야 하는 회계처리기준이다. 일반기업회계기준도 기준서와 해석서로 구성된다.

■ 회계의 목적

회계는 회계정보이용자의 경제적 의사결정에 유용한 정보를 제공하는 것을 목적으로 한다.

■ 회계의 분야

재무회계	채권자, 투자자 등 외부정보이용자에게 유용한 정보 제공
관리회계	경영자 등 내부정보이용자에게 유용한 정보 제공
원가회계	기업이 생산 및 공급하는 재화와 서비스의 생산원가를 계산
세무회계	기업의 일정기간의 과세소득을 산정
회계감사	기업이 작성한 재무제표의 신뢰성을 검증하여 그에 대한 적정의견, 한정의견, 부적정의견, 의견거절 등을 판단

제 2 장 재무회계의 개념체계

■ 재무보고의 목적 및 질적 특성

일반목적 재무보고를 통해 제공되는 정보가 그 목적을 달성하기 위해 갖추어야 할 주요 속성을 말한다. 근본적으로 재무정보가 유용하기 위해서는 목적 적합해야 하고 나타내고자 하는 바를 충실하게 표현해야 한다. 더불어 재무정보가 비교 가능하고, 검증 가능하며, 적시성 있고, 이해 가능한 경우에는 그 재무정보의 유용성은 보강된다.

■ 재무제표와 구성요소

전체 재무제표는 다음을 모두 포함하여야 하고, 각각의 재무제표는 전체 재무제표에서 동등한 비중으로 표시한다.

① 기말 재무상태표
② 기간 포괄손익계산서
③ 기간 자본변동표
④ 기간 현금흐름표
⑤ 주석(유의적인 회계정책 및 그 밖의 설명으로 구성)
⑥ 회계정책을 소급하여 적용하거나, 재무제표의 항목을 소급하여 재작성 또는 재분류하는 경우 가장 이른 비교 기간의 기초 재무상태표

■ 인식과 측정

인식은 재무제표 요소 정의에 부합하고 인식기준을 충족하는 항목을 재무상태표나 포괄손익계산서에 반영하는 과정이며, 측정은 재무제표 기본요소의 금액을 결정하는 것이다.

제 3 장 자산의 본질과 분류 및 회계처리

■ 자산의 본질과 분류

자산은 1년을 기준으로 유동자산과 비유동자산으로 분류한다. 다만, 정상적인 영업주기 내에 판매되거나 사용되는 재고자산과 회수되는 매출채권 등은 보고기간 종료일로부터 1년 이내에 실현되지 않더라도 유동자산으로 분류한다.

■ 현금 및 현금성 자산

구분		정의	예시
현금 및 현금성자산	현금	통화	주화 또는 지폐
		통화대용증권	자기앞수표, 타인발행수표, 만기도래국공채, 우편환, 배당금지급통지표
		요구불예금	당좌예금, 보통예금
	현금성 자산	취득 당시 만기가 3개월 이내에 도래	만기가 3개월 이내인 채권, 상환우선주, 수익증권, 환매채, 양도성예금증서
당기손익 인식금융 자산	단기	금융기관이 취급하는 정형화된 금융상품으로, 단기적 자금운용 목적으로 소유하거나 기한이 1년 이내에 도래하는 것	1년 이내에 만기가 도래하는 정기예·적금, 수익증권, 양도성예금증서 등
	장기	그 밖의 금융상품	1년 이후에 만기가 도래하는 정기예·적금 등

■ 매출채권 및 기타채권

① 매출채권의 양도

매출채권은 받을어음과 외상매출금으로 구성되는데, 받을어음을 양도하는 것을 어음할인이라고 하며 외상매출금을 양도하는 것을 팩토링(factoring)이라고 한다. 기업은 거액의 매출채권 보유로 인한 자금부담을 완화시키기 위하여 매출채권의 양도와 담보 등의 방법으로 현금화하기도 한다. 이러한 양도는 그 경제적 실질에 따라 매각거래와 차입거래로 구분된다. 당해 채권에 대한 권리와 의무가 양도인과 분리되어 실질적으로 이전되는 경우는 매각거래로 판단되는 양도로 보아 회계처리한다.

배서양도	(차) 보통예금 ×××	(대) 받을어음 ×××
어음할인 (매각거래)	(차) 보통예금 ××× 매출채권처분손실 ×××	(대) 받을어음 ×××
어음할인 (차입거래)	(차) 보통예금 ××× 이자비용 ×××	(대) 단기차입금 ×××

② 대손의 회계처리방법 : 충당금설정법

이 방법은 매출액 또는 수취채권잔액으로부터 회수불능채권의 금액을 추정하여 차변에 대손상각비, 대변에 대손충당금으로 기입하는 방법이다. 이 방법에 의하면 회수불능채권의 추정액과 대손충당금의 잔액을 비교하여 양자의 차액만큼 대손충당금 계정에 추가로 설정하거나 환입한다.

대손충당금의 설정 (회계연도 말)	[기말대손추산액 〉 설정 전 충당금 잔액] (차) 대손상각비 ××××××	 (대) 대손충당금 ××××××
	[기말대손추산액〈설정 전 충당금 잔액] (차) 대손충당금 ××××××	 (대) 대손충당금환입 ××××××
대손의 확정	[대손확정액 ≤ 설정 전 충당금 잔액] (차) 대손충당금 ××××××	 (대) 매출채권 ××××××
	[대손확정액 ≥ 설정 전 충당금 잔액] (차) 대손충당금 ×××××× 대손상각비 ××××××	 (대) 매출채권 ××××××
상각채권의 회수	(차) 매출채권 ×××××× (차) 현금 ××××××	(대) 대손충당금 ×××××× (대) 매출채권 ××××××

이 방법의 장점은 수익을 창출하는 과정에서 발생하는 원가는 그 특정 수익이 보고된 기간의 비용으로 처리되어야 한다는 수익·비용 대응의 원칙에 기초를 두고 있고, 재무상태표에 보고되는 자산은 장래에 실제로 실현될 것으로 예상되는 금액, 즉 순실현가능가치로 평가해야 한다는 사실에 기초를 두고 있다는 점에서 이론적 타당성이 있다. 하지만 단점으로 대손율의 설정에 있어서 회계담당자의 주관이 개입될 가능성이 높고, 대손율 차이에 따라 기업 간 비교가능성이 저해될 가능성이 있다는 점이다.

■ 금융자산

금융자산이란 현금과 금융상품을 말한다.

금융상품은 거래당사자 일방에서 금융자산을 발생시키고 동시에 거래상대방에게 금융부채나 지분상품을 발생시키는 모든 계약을 말한다. 여기서 계약이란 명확한 경제적 결과를 가지고 법적 구속력을 가지고 있고 자의적으로 회피할 여지가 적은 둘 이상의 당사자 간의 합의를 말하는 것으로 계약에 의하지 않은 자산과 부채는 금융자산, 금융부채가 아니다. 한국채택국제회계기준에서는 금융상품을 보유자에게 금융자산을 발생시키고 동시에 상대방에게 금융부채나 지분상품을 발생시키는 모든 계약으로 정의하였다.

① 금융자산(보유자)

㉠ 현금

㉡ 다른 기업의 지분상품

㉢ 다음 중 하나에 해당하는 계약상의 권리

ⓐ 거래상대방에게서 현금 등 금융자산을 수취할 계약상의 권리

ⓑ 잠재적으로 유리한 조건으로 거래상대방과 금융자산이나 금융부채를 교환하기로 한 계약상의 권리

㉣ 기업이 자신의 지분상품으로 결제되거나 결제될 수 있는 다음 중 하나의 계약

ⓐ 수취할 자기지분상품의 수량이 변동 가능한 비파생상품

ⓑ 확정 수량의 자기지분상품에 대하여 확정 금액의 현금 등 금융자산을 교환하여 결제하는 방법이 아닌 방법으로 결제되거나 결제될 수 있는 파생상품

② 금융부채(발행자)

㉠ 다음 중 하나에 해당하는 계약상의 의무

ⓐ 거래상대방에게 현금 등 금융자산을 인도하거나 한 계약상 의무

ⓑ 잠재적으로 불리한 조건으로 거래상대방과 금융자산이나 금융부채를 교환하기로 한 계약상 의무

㉡ 지분상품으로 결제되거나 결제될 수 있는 다음 중 하나의 계약

ⓐ 인도할 지분상품의 수량이 변동 가능한 비파생상품

ⓑ 확정 수량이 지분상품에 대하여 확정 금액의 현금 등 금융자산을 교환하여 결제하는 방법이 아닌 방법으로 결제되거나 결제될 수 있는 파생상품

③ 지분상품(발행자) : 기업의 자산에서 모든 부채를 차감한 후의 잔여지분을 나타내는 모든 계약을 말한다.

■ 재고자산

재고자산이란 기업의 정상적인 영업활동에서 판매를 목적으로 보유하는 실물자산으로서 이에는 상품, 제품, 반제품, 재공품, 원재료, 저장품 등이 있다. 재고자산의 취득원가는 매입가액 또는 제조원가에 부대비용을 가산하여 결정한다. 기말에 가서는 개별법, 선입선출법, 이동평균법, 총평균법 등을 적용하여 평가한다. 기업회계기준에서는 시가와 취득원가를 비교하여 시가가 취득원가보다 낮은 경우 시가로 평가하는 저가기준에 의한 재고자산 평가방법을 택하고 있다.

재고자산의 원가흐름의 가정 비교(물가상승 가정)

- 당기순이익의 크기: 후입선출법 〈 총평균법 〈 이동평균법 〈 선입선출법
- 매출원가의 크기: 선입선출법 〈 이동평균법 〈 총평균법 〈 후입선출법
- 기말재고액의 크기: 후입선출법 〈 총평균법 〈 이동평균법 〈 선입선출법

■ 유형자산

① 유형자산의 개념

유형자산은 재화의 생산, 용역의 제공, 타인에 대한 임대 또는 자체적으로 사용할 목적으로 보유하는 것으로, 물리적 형체가 있으며 1년을 초과하여 사용되는 자산을 말한다. 즉, 유형자산은 기업의 목적 달성을 위하여 영업활동에 사용할 목적으로 장기간 보유하고 있는 영업용 또는 업무용 자산을 말하는 것으로 토지, 건물, 구축물, 선박, 차량운반구, 공구와 기구, 비품, 건설 중인 자산 등이 있는데 이 중 토지와 건설 중인 자산은 비상각 자산이다.

② 감가상각비의 계산방법

㉠ 정액법

- 감가상각비 = (취득원가 – 잔존가액) × 상각률
- 상각률 = 1 ÷ 내용연수

㉡ 정률법

- 감가상각비 = (취득원가 – 감가상각누계액) × 상각률
- 미상각잔액 = 취득원가 – 감가상각누계액
- 정률 $= 1 - \sqrt[n]{\frac{\text{잔존가치}}{\text{취득원가}}}$ (n = 내용연수)

㉢ 생산량비례법

감가상각비 = (취득원가 − 잔존가액) × 당기실제생산량 ÷ 추정총생산량

㉣ 연수합계법

- 감가상각비 = (취득가액 − 잔존가액) × 잔여내용연수 ÷ 내용연수의 급수 합계
- 내용연수의 급수 합계 = 내용연수 × (1 + 내용연수) ÷ 2

㉤ 이중체감잔액법

- 감가상각비 = 유형자산의 미상각잔액(장부금액) × 감가상각률
  = (취득원가 − 감가상각누계액) × 감가상각률
- 상각률 = (1 ÷ 내용연수) × 2

■ 무형자산

① 무형자산의 개념

무형자산이란 재화의 생산이나 용역의 제공, 타인에 대한 임대 또는 관리에 사용할 목적으로 기업이 보유하고 있으며, 물리적 형체가 없지만 식별 가능하고 기업이 통제하고 있으며 미래 경제적 효익이 있는 비화폐성 자산을 말한다. 이러한 무형자산에는 산업재산권, 라이선스와 프랜차이즈, 저작권, 컴퓨터소프트웨어, 개발비, 임차권리금, 광업권 및 어업권 등이 포함된다.

② 개발비

개발비는 신제품·신기술 등의 개발과 관련하여 발생한 비용으로서 개별적으로 식별 가능하고 미래의 경제적 효익을 확실하게 기대할 수 있는 것이다. 무형자산을 창출하기 위한 내부 프로젝트를 연구단계와 개발단계로 구분할 수 없는 경우에는 그 프로젝트에서 발생한 지출은 모두 연구단계에서 발생한 것으로 본다.

㉠ 연구단계에서 발생하는 무형자산은 인식하지 않는다. 연구단계에 대한 지출은 발생 시점에 비용으로 인식한다. 연구활동의 예는 다음과 같다.

ⓐ 새로운 지식을 얻고자 하는 활동

ⓑ 연구결과나 기타 지식을 탐색, 평가, 최종 선택, 응용하는 활동

ⓒ 재료, 장치, 제품, 공정, 시스템이나 용역에 대한 여러 가지 대체안을 탐색하는 활동

ⓓ 새롭거나 개선된 재료, 장치, 제품, 공정, 시스템이나 용역에 대한 여러 가지 대체안을 제안, 설계, 평가, 최종 선택하는 활동

㉡ 개발단계는 연구단계보다 훨씬 더 진전되어 있는 상태이기 때문에 어떤 경우에는 내부 프로젝트의 개발단계에서는 무형자산을 식별할 수 있으며, 그 무형자산이 미래 경제적 효익을 창출할 것임을 제시할 수 있다. 개발활동의 예는 다음과 같다.

ⓐ 생산이나 사용 전의 시제품과 모형을 설계, 제작, 시험하는 활동

ⓑ 새로운 기술과 관련된 공구, 주형, 금형 등을 설계하는 활동

ⓒ 상업적 생산목적으로 실현 가능한 경제적 규모가 아닌 시험공장을 설계, 건설, 가동하는 활동

ⓓ 신규 또는 개선된 재료, 장치, 제품, 공정, 시스템이나 용역에 대하여 최종적으로 선정된 안을 설계, 제작, 시험하는 활동

개발단계에서 발생한 지출을 무형자산으로 인식하기 위한 요건(모두 충족해야 함)

- 무형자산을 사용하거나 판매하기 위해 그 자산을 완성할 수 있는 기술적 실현 가능성
- 무형자산을 완성하여 사용하거나 판매하려는 기업의 의도
- 무형자산을 사용하거나 판매할 수 있는 기업의 능력
- 무형자산이 미래 경제적 효익을 창출하는 방법. 그 중에서도 특히 무형자산의 산출물이나 무형자산 자체를 거래하는 시장이 존재함을 제시할 수 있거나 무형자산을 내부적으로 사용할 것이라면 그 유용성을 제시할 수 있어야 함
- 무형자산의 개발을 완료하고 그것을 판매하거나 사용하는 데 필요한 기술적/재정적 자원 등의 입수 가능성
- 개발과정에서 발생한 무형자산 관련 지출을 신뢰성 있게 측정할 수 있는 기업의 능력

■ 투자부동산

① 투자부동산인 항목의 사례

㉠ 장기 시세차익을 얻기 위하여 보유하고 있는 토지 : 정상적인 영업과정에서 단기간에 판매하기 위하여 보유하는 토지는 제외한다.

㉡ 장래 사용목적을 결정하지 못한 채로 보유하고 있는 토지(만약 토지를 자가사용할지 또는 정상적인 영업과정에서 단기간에 판매할지를 결정하지 못한 경우 당해 토지는 시세차익을 얻기 위하여 보유하고 있는 것으로 본다.)

㉢ 직접 소유(또는 금융리스를 통해 보유)하고 운용리스로 제공하고 있는 건물

㉣ 운용리스로 제공하기 위하여 보유하고 있는 미사용 건물

㉤ 미래에 투자부동산으로 사용하기 위하여 건설 또는 개발 중인 부동산

② 투자부동산이 아닌 항목의 사례

㉠ 정상적인 영업과정에서 판매하기 위한 부동산이나 이를 위하여 건설 또는 개발 중인 부동산 : 예를 들면 가까운 장래에 판매하거나 개발하여 판매하기 위한 목적으로만 취득한 부동산이 있다.

㉡ 제3자를 위하여 건설 또는 개발 중인 부동산(건설계약)

㉢ 자가사용부동산 : 미래에 자가사용하기 위한 부동산, 미래에 개발 후 자가사용할 부동산, 종업원이 사용하고 있는 부동산(종업원이 시장가격으로 임차료를 지급하고 있는지 여부는 관계없음), 처분예정인 자가사용부동산을 포함한다.

㉣ 금융리스로 제공한 부동산

제 4 장 부채의 본질과 분류 및 회계처리

■ 부채의 의의와 분류

기업회계기준에서는 부채를 유동부채와 비유동부채로 분류하고 있다. 매입채무, 미지급비용 등 영업활동과 관련된 부채는 1년 또는 정상영업순환주기에 따라 유동부채와 비유동부채로 분류하고, 기타의 부채는 1년을 기준으로 구분한다.

■ 유동부채

유동부채란 재무상태표일로부터 만기가 1년 이내에 도래하는 부채를 유동부채라 한다. 유동부채에는 매입채무, 단기차입금, 미지급금, 선수금, 예수금, 미지급비용, 유동성장기부채, 선수수익 등이 포함된다.

■ 화폐의 시간가치

① 미래가치

$$FVn = PV(1+r)^n = PV \times CVIFt,\ n$$

$$\rightarrow (1+r)^n = \text{복리이자요소}(CVIF)$$

② 현재가치

$$PV = FVn(1+r)^{-n} = FVn \times PVIFt,\ n$$
$$\rightarrow (1+r)^{-n} = \text{현가이자요소(PIVF)} = 1/\ CVIF$$

③ 영구연금의 현재가치

$$PV(\text{영구연금}) = \frac{C}{1+r} + \frac{C}{(1+r)^2} + \frac{C}{(1+r)^3} + \cdots = \frac{C}{r}$$

④ 연금의 현재가치(현가이자요소)

$$PV(\text{연금}) = \frac{C}{1+r} + \cdots + \frac{C}{(1+r)^n} = C\left[\frac{1}{r} - \frac{1}{r(1+r)^n}\right] = C \times PVIFA_{r,n}$$

⑤ 연금의 미래가치(복리이자요소)

$$FV_n(\text{연금}) = C(1+r)^{n-1} + \cdots + C = C\left[\frac{(1+r)^n}{r} - \frac{1}{r}\right] = C \times CVIFA_{r,n}$$

■ **비유동부채**

① 사채와 주식의 차이점

사채와 주식은 기업의 장기자금의 주요 조달 원천이지만 다음과 같은 차이점이 있다.

㉠ 사채는 회사의 채무이지만 주식은 회사의 채무가 아니다. 즉, 사채를 소유한 사람은 회사의 채권자로서 회사의 외부인이지만 주식을 소유한 사람은 주주이며 회사의 구성원이다.

㉡ 사채권자는 회사의 경영에 참여할 수 없으나 주주는 주주총회에서 의결권을 행사함으로써 경영에 참여할 수 있다.

㉢ 회사는 사채권자에 대하여 이익의 유무에 관계없이 일정한 이자를 지급해야 하나 주주에 대해서는 불확정적인 이익을 배당한다.

㉣ 사채는 만기에 상환되고 회사 해산의 경우에 주식에 우선하여 변제되는 데 반하여 주식은 상환되지 않고 잔여재산이 있으면 분배받는다.

② 유효이자율법과 정액법의 비교

발행유형	유효이자율법, 정액법		유효이자율법		정액법	
	사채의 장부 가액	현금이자 비용	할인(할증)액 상각	총이자 비용	할인(할증)액 상각	총이자 비용
할인발행	증가	일정	증가	증가	일정	일정
할증발행	감소	일정	증가	감소	일정	일정

※ 유효이자율법에 의하면 사채발행차금상각액은 할인발행, 할증발행 모두 항상 증가하고, 총이자비용은 할인발행은 증가하고, 할증발행은 감소한다.

■ 충당부채 및 우발부채

① 충당부채의 의의

㉠ 충당부채의 개념

부채인식의 요건은 과거 사건의 결과로 현재 기업 실체가 부담하고 있고 미래에 자원의 유출 또는 사용이 예상되는 의무이다. 하지만 부채인식에는 현재 시점에서 누구에게 언제 지급해야 할지 확정할 필요는 없다. 회계에서는 지출 시기와 금액이 확정되지 않은 부채를 충당부채라 한다. 충당부채를 인식하기 위해서는 과거 사건으로 인한 의무가 미래행위와 독립적이어야 한다. 즉, 충당부채는 과거 사건이나 거래의 결과에 의한 현재의무로서, 지출의 시기 또는 금액이 불확실하지만 그 의무를 이행하기 위해 자원이 유출될 가능성이 높고(확률적 발생확률이 50% 초과), 당해 금액의 신뢰성 있는 추정이 가능한 의무이다. 충당부채는 결제에 필요한 미래 지출의 시기 또는 금액의 불확실성으로 인하여 매입채무와 미지급비용과 같은 기타 부채와 구별된다. 또한, 우발부채와도 구분된다. 즉, 우발부채는 과거사건에 의하여 발생하였으나 기업이 전적으로 통제할 수 없는 하나 이상의 불확실한 미래사건의 발생 여부에 의하여서만 그 존재가 확인되는 잠재적 의무, 또는 과거사건에 의하여 발생하였으나 당해 의무를 이행하기 위하여 경제적 효익을 갖는 자원이 유출될 가능성이 높지 아니한 경우, 또는 당해 의무를 이행하여야 할 금액을 신뢰성 있게 측정할 수 없는 경우에 해당하여 인식하지 아니하는 현재의무이다. 우발부채는 부채로 인식하지 아니한다.

㉡ 충당부채는 다음의 요건을 모두 충족하는 경우에 인식한다.

ⓐ 과거사건의 결과로 현재의무가 존재한다.

ⓑ 당해 의무를 이행하기 위하여 경제적 효익을 갖는 자원이 유출될 가능성이 높다.

ⓒ 당해 의무의 이행에 소요되는 금액을 신뢰성 있게 추정할 수 있다.

② 우발부채

우발부채란 다음의 ① 또는 ②에 해당하는 잠재적인 부채를 말하며, 부채로 인식하지 아니한다.

㉠ 과거 사건은 발생하였으나 기업이 전적으로 통제할 수 없는 하나 또는 그 이상의 불확실한 미래사건의 발생 여부에 의해서만 그 존재여부가 확인되는 잠재적인 의무

㉡ 과거 사건이나 거래의 결과로 발생한 현재 의무이지만 그 의무를 이행하기 위하여 경제적 효익을 갖는 자원이 유출될 가능성이 매우 높지 않거나 그 가능성은 매우 높으나 그 의무를 이행하여야 할 금액을 신뢰성 있게 추정할 수 없는 경우

③ 우발자산

우발자산이란 과거 사건에 의하여 발생하였으나 기업이 전적으로 통제할 수는 없는 하나 이상의 불확실한 미래사건의 발생 여부에 의하여서만 그 존재가 확인되는 잠재적 자산으로써 이것은 재무제표에 인식하지 아니한다. 즉, 우발이득과 우발자산은 어느 경우에나 재무제표의 본문에 인식해서는 안 되며, 단지 경제적 효익을 가진 자원의 유입 가능성이 높으면 우발자산을 주석으로 기재해야 한다. 그러나 수익의 실현이 거의 확실시되거나 자원이 유입될 것이 확정되는 상황변화가 발생하면 해당 기간에 관련 자산과 수익을 인식해야 한다.

충당부채와 우발부채/우발자산의 인식

금액 추정 가능성 / 자원유출/유입 가능성	신뢰성 있는 금액 추정 여부	
	추정 가능	추정 불가능
높음	충당부채(F/S) /우발자산(주석)	우발부채(주석) /우발자산(공시없음)
아주 낮지 않음	우발부채(주석)/우발자산(공시없음)	
희박	공시하지 않음	

제 5 장 자본의 본질과 분류 및 회계처리

■ 기업형태와 자본계정

① 주식회사

㉠ 주식회사는 사원(주주)의 지위가 균등한 비율적 단위로 세분화된 형식(주식)을 가지고, 사원은 주식의 인수가액을 한도로 회사에 대하여 출자의무를 부담할 뿐, 회사채무자에 대하여 아무런 책임을 지지 않는 회사를 말한다.

㉡ 주식회사를 설립함에는 발기인이 정관을 작성하여야 하고, 설립의 방법에 따라 발기설립과 모집설립이 있다.

㉢ 사원은 균등한 비율적 단위로 세분화한 주식을 중심으로 출자를 하고 이에 따른 권리·의무를 가지며, 그 출자는 원칙적으로 현금이며 신용이나 노무출자는 제한된다.

㉣ 주식은 주식회사의 구성단위로서의 금액의 뜻과 주주의 회사에 대한 권리·의무를 내용으로 하는 지위라는 두 가지 뜻이 있는데 이러한 주식을 표창하는 요식의 유가증권으로서 주권이 발행된다.

㉤ 주주는 자기가 인수한 주식의 금액을 한도로 회사에 출자의무를 질 뿐 그 밖의 아무런 책임을 지지 않고, 회사채권자를 보호하기 위한 특별한 조치(자본에 관한 3원칙)가 강구되어 있다.

㉥ 의사결정기관으로서의 주주총회와 집행기관으로서의 이사회·대표이사가 있다.

㉦ 감독기관으로서의 감사는 필요적 상설기관이다.

㉧ 주주의 지위를 표창하는 주식은 자유로이 양도할 수 있고 정관으로써도 이를 제한할 수 없다.

㉨ 사원의 퇴사제도는 없으나 주식회사는 일인회사까지 인정된다.

㉩ 해산은 주주총회의 특별결의가 있으면 된다. 이 외에 존립기간의 만료 기타 정관으로 정한 사유의 발생, 합병, 파산한 경우, 법원의 해산명령 또는 판결이 있었을 경우 등에 해산한다.

㉪ 주식회사는 경제적으로 사회에 널리 분산된 소자본을 규합하여 대규모의 공동기업으로 경영하는데 적합한 회사이다.

② **자본의 개념** : 자본은 자산에서 부채를 차감한 순자산으로 잔여지분 또는 소유주지분 등으로 정의한다. 또한, 자본은 자본금, 자본잉여금, 자본조정, 기타포괄손익누계액, 이익잉여금 등으로 구분한다.

■ 주식회사의 자본

주식회사는 기업의 경영활동에 장기간 사용할 자금을 조달하기 위해 주식을 발행한다.

기업회계기준상 자본금계정은 주주의 불입자본 중 상법의 규정에 따라 수권자본의 범위 내에서 이사회의 의결로 발행된 주식의 액면가액으로 회사의 정관에 자본금으로 확정되어 있는 법정자본금을 의미한다. 자본금은 '액면가액 × 발행주식수'로 계산한 금액이다. 주식의 발행형태에 따라 액면발행, 할증발행(주식발행초과금), 할인발행(주식할인발행차금)이 있다.

증자와 감자의 회계처리

구분		회계처리		비고
증자	유상증자	(차) 당좌예금 ×××	(대) 자본금 ××× 주식발행초과금 ×××	주금납입
	무상증자	(차) 이익잉여금 ×××	(대) 자본금 ×××	자본전입, 주식배당
감자	유상감자	(차) 자본금 ×××	(대) 당좌예금 ×××	매입소각
	무상감자	(차) 자본금 ×××	(대) 미처리결손금 ××× 감자차익 ×××	결손보전

■ 납입자본

기업의 자산에 대한 주주의 청구권으로서의 자본은 주주가 불입한 자본(납입자본)과 기업의 경제활동 결과로 늘어난 잉여금으로 구성된다. 즉, 기업의 자본은 자본거래와 영업활동 등의 결과에 의한 증감으로 구분할 수 있으며 자본거래에 의해 증가된 자본을 자본금 또는 납입자본이라 하고 영업활동 등의 결과에 의해 증가된 자본을 이익잉여금 또는 유보이익이라고 한다.

■ 이익잉여금

① 법정적립금

㉠ 이익준비금 : 상법 규정에 의하여 자본의 1/2에 달할 때까지 매 결산 시 금전에 의한 이익배당액의 1/10 이상의 금액을 최소한 적립하도록 한 법정적립금을 말한다.

㉡ 기타 법정적립금 : 상법 이외의 법령에 의하여 의무적으로 적립하여야 하는 법정적립금으로서 기업합리화적립금과 재무구조개선적립금 등이 있다.

② 임의적립금

그 설정 목적에 따라 적극적 적립금과 소극적 적립금으로 구분된다.

㉠ 적극적 적립금 : 기업의 순자산을 증대시키기 위한 목적으로 자본을 유보하는 적립금으로써 사업확장적립금과 감채적립금 등이 있다.

㉡ 소극적 적립금 : 장차 거액의 손실이나 지출로 인하여 기업의 순자산이 감소할 것을 대비하여 적립하는 적립금으로써 배당평균적립금, 결손보전적립금, 세법상 준비금 등이 있다.

③ 미처분이익잉여금

당기분 이익잉여금처분계산서상의 이익잉여금을 처분하기 전의 금액으로 전기이월 미처분이익잉여금에 당기순손익, 회계변경누적효과 등을 가감하여 표시한다.

■ **자본유지조정 및 기타포괄손익**

① **자본유지조정**: 자산과 부채에 대한 재평가 또는 재작성은 자본의 증가나 감소를 초래한다. 이와 같은 자본의 증가 또는 감소는 수익과 비용의 정의에 부합하지만 이 항목들은 특정 자본유지 개념에 따라 포괄손익계산서에는 포함하지 아니하고 자본유지조정 또는 재평가적립금으로 자본에 포함한다.

② **자본조정**: 자본거래에 해당하나 최종 납입된 자본으로 볼 수 없거나 자본의 가감 성격으로 자본금이나 자본잉여금으로 분류할 수 없는 항목을 말한다. 즉 자본조정이란 자본거래로 인한 순자산의 변동으로써 자본잉여금과는 달리 일시적인 성격을 갖고 있어서 관련 후속거래가 종료되면 소멸될 항목을 말한다. 다시 말해 자본의 어느 항목에도 속하지 아니하는 임시적 성격의 자본항목으로 자기주식, 주식할인발행차금, 자기주식처분손실, 감자차손, 신주청약증거금, 출자전환채무, 주식매수선택권, 미교부주식배당금, 전환권대가, 신주인수권대가 등이 포함된다.

③ **기타포괄손익**: 포괄손익은 투자 및 주주에 대한 분배가 아닌 거래나 회계사건으로 인하여 일정 회계기간 동안 발생한 순자산의 변동액을 말한다. 이러한 순자산의 변동은 당기순손익에서 제외되지만 포괄손익에는 포함되는 손익항목을 기타포괄손익이라고 한다. 포괄손익을 보고하는 목적은 순자산의 변동 중 주주와의 자본거래를 제외한 모든 거래와 기타 경제적 사건을 측정하기 위한 것이며 당기순손익에 기타포괄손익을 가감하여 산출한 포괄손익의 내용을 주석으로 기재하도록 규정되어 있다.

주식배당, 무상증자, 주식분할, 주식병합의 비교

구분	주식배당		무상증자	주식분할	주식병합
	시가법	액면가액법			
자본금	증가	증가	증가	불변	불변
자본잉여금	증가	불변	감소 가능	불변	불변
이익잉여금	감소	감소	감소 가능	불변	불변
자본 총계	불변	불변	불변	불변	불변
발행주식 수	증가	증가	증가	증가	감소
1주당 액면	불변	불변	불변	감소	증가

제 6 장 수익·비용의 인식 및 측정

■ 이익의 개념 및 측정

당기순손익의 계산 방법에는 재산법과 손익법이 있다.

① 재산법 : 회계연도 초의 자본금과 회계연도 말의 자본금을 비교해서 당기순손익을 계산하는 방법을 말한다. 즉, 기말자본에서 기초자본을 차감하여 당기순손익을 계산한다. 이 경우 기말자본금이 크면 당기순이익이 나타나지만 기초자본금이 크면 당기순손실이 발생한다.

② 손익법 : 회계기간 동안의 총수익과 총비용을 비교해서 당기순손익을 계산하는 방법을 말한다. 즉, 총수익에서 총비용을 차감하여 당기순손익을 구하는 것이다.

■ 수익의 인식 및 측정

① 수익인식시기

구분	수익인식시기
상품 등 일반매출액	상품·제품 등을 판매하여 인도하는 시점
위탁매출액	수탁자가 위탁품을 판매한 날
시용매출액	매입자가 매입의사표시를 한 날
용역·예약매출	진행기준. 단, 진행기준을 적용함에 있어 공사·제조 및 용역제공과 관련한 수익·원가 또는 진행률 등을 합리적으로 추정할 수 없거나 수입금액의 회수 가능성이 크지 않은 경우에는 발생원가범위 내에서 회수 가능한 금액을 수익으로 인식하고 발생원가 전액을 비용으로 계상
단기·장기할부 매출액	상품·제품 등을 판매하여 인도하는 시점. 다만, 장기할부의 경우 이자 상당액은 현재가치할인차금으로 계상하여, 기간의 경과에 따라 수익으로 인식
토지·건물 등의 처분	잔금청산일, 소유권이전등기일 및 매입자의 사용 가능일 중 가장 빠른 날

② 수익인식의 5단계

㉠ 1단계 : 고객과의 계약 식별

계약은 둘 이상의 당사자 사이에 집행가능한 권리와 의무가 생기게 하는 합의이다. 다음 기준을 모두 충족하는 때에만 고객과의 계약에서 생기는 수익으로 인식할 고객과의 계약으로 회계처리한다.

ⓐ 계약당사자들이 계약을 승인하고 각자의 의무를 수행하기로 확약한다.
ⓑ 이전할 재화나 용역과 관련된 각 당사자의 권리를 식별할 수 있다.
ⓒ 이전할 재화나 용역의 지급조건을 식별할 수 있다.
ⓓ 계약에 상업적 실질이 있다. 여기에서 상업적 실질이란 계약의 결과로 기업의 미래현금흐름의 위험, 시기, 금액이 변동될 것으로 예상되는 경우를 말한다.
ⓔ 고객에게 이전할 재화나 용역에 대하여 받을 권리를 갖게 될 대가의 회수가능성이 높다.

㉡ 2단계 : 수행의무의 식별

계약 개시 시점에 고객과의 계약에서 약속한 재화나 용역을 검토하여 고객에게 다음 중 어느 하나를 이전하기로 한 각 약속을 하나의 수행의무로 식별한다.

ⓐ 구별되는 재화나 용역 또는 재화나 용역의 묶음 : 다음 기준을 모두 충족한다면 고객에게 약속한 재화나 용역은 구별되는 것이다.

효익 획득 가능성	고객이 재화나 용역 그 자체에서 효익을 얻거나 고객이 쉽게 구할 수 있는 다른 자원과 함께하여 그 재화나 용역에서 효익을 얻을 수 있다.
식별 가능성	고객에게 재화나 용역을 이전하기로 하는 약속을 계약 내의 다른 약속과 별도로 식별해낼 수 있다.

ⓑ 실질적으로 서로 같고 고객에게 이전하는 방식도 같은 일련의 구별되는 재화나 용역 : 일련의 구별되는 재화나 용역이 기간에 걸쳐 수행의무를 이행하고, 수행의무의 진행률을 같은 방법으로 측정하는 경우 일련의 구별되는 재화나 용역을 하나의 수행의무로 본다.

㉢ 3단계 : 거래가격의 산정

거래가격은 고객에게 약속한 재화나 용역을 이전하고 그 대가로 기업이 받을 권리를 갖게 될 것으로 예상하는 금액이며, 제3자를 대신해서 회수한 금액은 제외한다. 또한, 거래가격을 산정하기 위해서는 계약조건과 기업의 사업관행을 참고한다.

ⓐ 변동대가
ⓑ 변동대가 추정치의 제약
ⓒ 반품권이 있는 판매
ⓓ 계약에 있는 유의적인 금융요소
ⓔ 비현금대가
ⓕ 고객에게 지급할 대가

㉣ 4단계 : 거래가격을 계약 내 수행의무에 배분

거래가격을 배분하는 목적은 기업이 고객에게 약속한 재화나 용역을 이전하고 그 대가로 받을 권리를 갖게 될 금액을 나타내는 금액으로 각 수행의무(또는 구별되는 재화나 용역)에 거래가격을 배분하는 것이다. 이때 거래가격 배분의 목적에 맞게 거래가격은 상대적 개별판매가격을 기준으로 계약에서 식별된 각 수행의무에 배분한다. 거래가격을 상대적 개별판매가격에 기초하여 각 수행의무에 배분하기 위하여 계약 개시시점에 계약상 각 수행의무의 대상인 구별되는 재화나 용역의 개별판매가격을 산정하고 이 개별판매가격에 비례하여 거래가격을 배분한다. 다만, 개별판매가격을 직접 관측할 수 없다면 배분 목적에 맞게 거래가격이 배분되도록 합리적인 범위에서 구할 수 있는 모든 정보(시장조건, 기업 특유요소, 고객이나 고객층에 대한 정보 포함)를 고려하여 개별 판매가격을 추정한다.

개별판매가격 추정방법

- 시장평가 조정 접근법 : 기업이 재화나 용역을 판매하는 시장을 평가하여 그 시장에서 고객이 그 재화나 용역에 대해 지급하려는 가격을 추정할 수 있다. 비슷한 재화나 용역에 대한 경쟁자의 가격을 참조하고 그 가격에 기업의 원가와 이윤을 반영하기 위해 필요한 조정을 하는 방법을 포함할 수도 있다.
- 예상원가 이윤 가산 접근법 : 수행의무를 이행하기 위한 예상원가를 예측하고 여기에 그 재화나 용역에 대한 적절한 이윤을 더할 수 있다.
- 잔여접근법 : 재화나 용역의 개별판매가격은 총 거래가격에서 계약에서 약속한 그 밖의 재화나 용역의 관측 가능한 개별판매가격의 합계를 차감하여 추정할 수 있다. 그러나 잔여접근법은 판매가격이 매우 다양하거나 불확실한 경우에만 개별판매가격 추정에 사용할 수 있다.

㉤ 5단계 : 수행의무를 이행할 때 수익을 인식

기업이 약속한 재화나 용역을 고객에게 이전하여 수행의무를 이행할 때, 즉 고객이 재화나 용역을 통제하게 되는 때에 수익을 인식한다. 자산에 대한 통제란 자산을 사용하도록 지시하고 자산의 나머지 효익의 대부분을 획득할 수 있는 능력을 말한다. 통제에는 다른 기업이 자산의 사용을 지시하고 그 자산에서 효익을 획득하지 못하게 하는 능력이 포함된다. 자산의 효익은 다양한 방법으로 직접적으로나 간접적으로 획득할 수 있는 잠재적인 현금흐름(유입이 있거나 유출이 감소)이다. 인식하는 수익 금액은 이행한 수행의무에 배분된 금액이다.

ⓐ 한 시점에 이행하는 수행의무 : 통제를 한 시점에 이전

수행의무가 기간에 걸쳐 이행되지 않는다면 그 수행의무는 한 시점에 이행되는 것이다. 고객이 약속된 자산을 통제하고 기업이 수행의무를 이행하는 시점을 판단하기 위해 다음의 예와 같은 통제 이전의 지표를 참고하여 통제의 이전을 확인할 수 있다.

- 기업은 자산에 대해 현재 지급청구권이 있다. 즉, 고객이 자산에 대해 지급할 현재 의무가 있다.
- 고객에게 자산의 법적 소유권이 있다. 법적 소유권의 이전은 자산을 고객이 통제하게 되었음을 나타낼 수 있다.
- 기업이 자산의 물리적 점유를 이전하였다. 물리적 점유는 고객이 '자산의 사용을 지시하고 자산의 나머지 효익의 대부분을 획득할 능력'이 있거나 '그 효익에 다른 기업이 접근하지 못하게 하는 능력'이 있음을 나타낸다.
- 자산의 소유에 따른 유의적인 위험과 보상이 고객에게 있다. 자산의 소유에 따른 유의적인 위험과 보상이 고객에게 이전되었다는 것은 자산의 사용을 지시하고 자산의 나머지 효익의 대부분을 획득할 능력이 고객에게 있음을 나타낼 수 있다.
- 고객이 자산을 인수하였다. 고객이 자산을 인수한 것은 '자산의 사용을 지시하고 자산의 나머지 효익의 대부분을 획득할 능력'이 고객에게 있음을 나타낼 수 있다.

ⓑ 기간에 걸쳐 이행하는 수행의무 : 통제를 기간에 걸쳐 이전

다음 기준 중 어느 하나를 충족하면 기업은 재화나 용역에 대한 통제를 기간에 걸쳐 이전하므로 기간에 걸쳐 수행의무를 이행하는 것이고, 따라서 기간에 걸쳐 수익을 인식한다.

- 고객은 기업이 수행하는 대로 기업의 수행에서 제공하는 효익을 동시에 얻고 소비한다(예 청소 용역과 같이 일상적이거나 반복적인 용역).
- 기업이 수행하여 만들어지거나 가치가 높아지는 대로 고객이 통제하는 자산 (예 재공품)을 기업이 만들거나 그 자산가치를 높인다.
- 기업이 수행하여 만든 자산이 기업 자체에는 대체 용도가 없고, 지금까지 수행을 완료한 부분에 대해 집행 가능한 지급청구권이 기업에 있다.

기간에 걸쳐 이행하는 수행의무에 대하여 그 수행의무 완료까지의 진행률을 측정하여 기간에 걸쳐 수익을 인식한다. 진행률을 측정하는 목적은 고객에게 약속한 재화나 용역에 대한 통제를 이전(기업의 수행의무 이행)하는 과정에서 기업의 수행 정도를 나타내기 위한 것이다. 시간이 흐르면서 상황이 바뀜에 따라 수행의무의 산출물 변동을 반영하기 위해 진행률을 새로 수정하고, 이러한 진행률의 변동은 회계추정의 변경으로 회계처리한다.

진행률 측정 방법

① 산출법
- 계약에서 약속한 재화나 용역의 나머지 부분의 가치와 비교하여 지금까지 이전한 재화나 용역이 고객에 주는 가치의 직접 측정에 기초하여 수익을 인식하는 방법
- 예 지금까지 수행을 완료한 정도를 조사, 달성한 결과에 대한 평가, 도달한 단계, 경과한 시간, 생산한 단위나 인도한 단위
- 단점 : 진행률을 측정하는 데에 사용하는 산출물을 직접 관측하지 못할 수 있고, 과도한 원가를 들이지 않고는 산출법을 적용하기 위해 필요한 정보를 구하지 못할 수도 있음

② 투입법
- 수행의무의 이행에 예상되는 총투입물 대비 수행의무를 이행하기 위한 기업의 노력이나 투입물에 기초하여 수익을 인식하는 방법
- 예 소비한 자원, 사용한 노동시간, 발생원가, 경과한 시간, 사용한 기계시간
- 단점 : 기업의 투입물과 고객에게 재화나 용역에 대한 통제를 이전하는 것 사이에 직접적인 관계가 없을 수 있음

■ 비용의 인식 및 측정

비용은 경영활동의 전 과정을 통해 발생하므로 자산을 사용하거나 감소될 때마다 비용을 인식해야 한다. 하지만 현실적으로 엄격하게 이것을 적용하기 어려우므로 수익이 인식된 시점에 수익과 관련한 비용을 인식하게 되는데 이를 수익·비용 대응의 원칙이라 한다.

제 7 장 재무제표

■ 재무상태표

재무상태표의 구성요소인 자산, 부채, 자본은 각각 다음과 같이 구분한다.

① 자산은 유동자산과 비유동자산으로 구분한다. 일반기업회계기준과 중소기업회계기준에서는 유동자산을 당좌자산과 재고자산으로 다시 세분하고, 비유동자산을 투자자산, 유형자산, 무형자산, 기타비유동자산으로 다시 세분한다.

② 부채는 유동부채와 비유동부채로 구분한다.

③ 자본은 자본금, 자본잉여금, 자본조정, 기타포괄손익누계액, 이익잉여금으로 구분한다. K-IFRS에서는 자본을 납입자본, 이익잉여금, 기타자본구성요소로 분류하고 있으며, 중소기업회계기준에서는 자본을 자본금, 자본잉여금, 자본조정 및 이익잉여금으로 구분하고 있다.

■ 포괄손익계산서

K-IFRS에서는 포괄손익계산서의 표시 방법에 관계 없이 비용을 성격별 또는 기능별로 구분하여 작성하도록 되어 있다. 비용을 기능별로 분류할 경우에는 비용의 성격에 대한 추가정보를 공시한다.

① 비용을 성격별로 분류할 때에는 비용을 성격별로 감가상각비, 원재료, 운송비, 급여, 광고선전비 등으로 통합하며, 기능별로 재배분하지 않는다.

② 비용을 기능별로 물류원가, 관리활동원가 등으로 구분할 경우에는 매출원가를 다른 비용과 분리하여 공시한다. 기능별 분류법은 매출원가법이라고도 부른다.

■ 자본변동표

자본변동표에는 자본금, 자본잉여금, 자본조정, 기타포괄손익누계액, 이익잉여금의 각 항목별로 기초잔액, 변동사항, 기말잔액을 표시한다.

① 자본금의 변동은 유상증자, 유상감자, 무상증자, 무상감자와 주식배당 등에 의하여 발생하며, 자본금은 보통주자본금과 우선주자본금으로 구분하여 표시한다.

② 자본잉여금의 변동은 유상증자, 유상감자, 무상증자, 무상감자와 결손금처리 등에 의하여 발생하며, 주식발행초과금과 기타자본잉여금으로 구분하여 표시한다.

③ 자본조정의 변동은 자기주식은 구분하여 표시하고, 기타자본조정은 통합하여 표시할 수 있다.

④ 기타포괄손익누계액의 변동은 매도가능증권평가손익, 해외사업환산손익 및 현금흐름위험회피 파생상품평가손익은 구분하여 표시하고 그 밖의 항목은 그 금액이 중요할 경우에는 적절히 구분하여 표시할 수 있다.

⑤ 이익잉여금의 변동은 다음과 같은 항목으로 구분하여 표시한다.

㉠ 회계정책의 변경으로 인한 누적효과

㉡ 중대한 전기오류수정손익

㉢ 연차배당(당기 중에 주주총회에서 승인된 배당금액으로 하되 현금배당과 주식배당으로 구분하여 기재)과 기타 전기말 미처분이익잉여금의 처분

㉣ 중간배당(당기 중에 이사회에서 승인된 배당금액)

㉤ 당기순손익

㉥ 기타 : ㉠ 내지 ㉤ 외의 원인으로 당기에 발생한 이익잉여금의 변동으로 하되, 그 금액이 중요한 경우에는 적절히 구분하여 표시한다.

■ 현금흐름표

현금흐름표는 현금흐름을 영업활동, 투자활동 및 재무활동 현금흐름으로 구분하여 표시하고, 이 세 가지 활동의 순현금흐름에 기초의 현금을 가산하여 기말의 현금을 산출하는 형식으로 표시한다.

① **영업활동으로 인한 현금흐름** : 영업활동은 주요 수익창출 활동뿐만 아니라 투자활동이나 재무활동에 속하지 아니하는 거래와 사건을 모두 포함한 활동을 말한다. 영업활동은 주로 제품의 생산과 판매활동, 상품과 용역의 구매와 판매활동 및 관리활동을 포함한다.
영업활동 현금흐름의 예는 다음과 같다.
㉠ 재화의 판매와 용역제공에 따른 현금유입
㉡ 로열티, 수수료, 중개료 및 기타수익에 따른 현금유입
㉢ 재화와 용역의 구입에 따른 현금유출
㉣ 종업원과 관련하여 직·간접으로 발생하는 현금유출
㉤ 보험회사의 경우 수입보험료, 보험금, 연금 및 기타 급부금과 관련된 현금유입과 현금유출
㉥ 법인세의 납부 또는 환급(단, 재무활동과 투자활동에 명백히 관련되는 것은 제외)
㉦ 단기매매목적으로 보유하는 계약에서 발생하는 현금유입과 현금유출

② **투자활동으로 인한 현금흐름** : 투자활동이라 함은 현금의 대여와 회수활동, 유가증권·투자자산·유형자산 및 무형자산의 취득과 처분활동 등을 말한다. 투자활동 현금흐름의 예는 다음과 같다.
㉠ 유형자산, 무형자산 및 기타 장기성 자산의 취득에 따른 현금유출(자본화된 개발원가와 자가건설 유형자산에 관련된 지출 포함)과 처분에 따른 현금유입
㉡ 다른 기업의 지분상품이나 채무상품 및 조인트벤처 투자지분의 취득에 따른 현금유출과 처분에 따른 현금유입(단, 현금성 자산으로 간주되는 상품이나 단기매매목적으로 보유하는 상품의 취득에 따른 유출액과 처분에 따른 유입액은 제외)
㉢ 제3자에 대한 선급금 및 대여금에 의한 현금유출과 회수에 따른 현금유입(단, 금융회사의 현금 선지급과 대출채권은 제외)
㉣ 선물계약, 선도계약, 옵션계약 및 스왑계약에 따른 현금유출과 현금유입(단, 단기매매목적으로 계약을 보유하거나 현금유출입이 재무활동으로 분류되는 경우는 제외)

③ **재무활동으로 인한 현금흐름** : 재무활동이라 함은 현금의 차입 및 상환활동, 신주발행이나 배당금의 지급활동 등과 같이 부채 및 자본 계정에 영향을 미치는 거래를 말한다. 재무활동 현금흐름의 예는 다음과 같다.
㉠ 주식이나 기타 지분상품의 발행에 따른 현금유입
㉡ 주식의 취득이나 상환에 따른 소유주에 대한 현금유출
㉢ 담보·무담보부사채 및 어음의 발행과 기타 장·단기 차입에 따른 현금유입
㉣ 차입금의 상환에 따른 현금유출
㉤ 리스 이용자의 금융리스부채 상환에 따른 현금유출

제 8 장 재무제표의 분석

■ 재무제표 분석의 의의 및 방법

① **재무제표 분석의 의의**: 재무제표 분석은 이해관계자들이 요구하는 기업과 관련된 정보를 회계자료인 재무제표의 수치들로부터 도출하고 해석하는 과정을 말한다. 즉, 재무제표 분석은 재무제표를 의사결정에 유용한 정보로 산출해 내는 것으로 재무제표에는 금액으로 측정가능한 재무회계정보만을 표시하고 있다. 반면에 경영분석은 재무회계정보 이외에 비재무정보를 포함한 기업과 관련된 모든 정보를 대상으로 분석하는 것으로 경영분석이 재무제표 분석보다 분석범위가 더 넓다고 할 수 있다.

② **재무제표 분석의 방법**

㉠ 수평적 분석

수평적 분석이란 한 회계기간 이상의 재무제표 자료를 분석하는 것으로 추세분석 또는 시계열분석이라고 한다. 일반적으로 한 기업 재무제표의 각 구성항목을 기간의 경과에 따라 증감분석한다. 즉, 비교재무제표의 대응항목 증가 또는 감소를 백분율로 표시하여 분석하는 것으로 수평적 분석은 전기의 회계보고서 대응항목과 비교하는 형식으로 이루어지는데, 이때 비교하는 항목 금액의 증감이 증감의 백분율과 함께 표시하는 것이 보통이다. 수평적 분석은 기업의 상태가 개선되고 있는지 혹은 악화되고 있는지를 판단할 수 있을 뿐만 아니라, 미래에 대한 예측에도 도움이 된다. 수평적 분석의 한계점은 절대적인 평가를 할 수 없다는 것이다.

㉡ 수직적 분석

수직적 분석은 한 시점에서 재무제표의 구성항목의 상대적 크기, 즉 요소구성 비율을 분석하는 것이다. 무엇보다 재무제표의 어느 한 보고서 전체에 대한 구성 부분을 백분율로 나타내는 경우가 있는데, 이를 구성비율분석법이라고도 한다. 재무상태표의 차변 또는 대변의 합계금액을 100으로 하고, 자산 또는 부채 및 자본의 각 구성항목 금액을 합계금액에 대한 백분율로 표시하는 경우가 그 예이다. 구성 비율에 의해 표시된 재무제표를 백분율 또는 공통형 재무제표라고 한다.

■ 백분율 등 비율에 의한 재무제표 분석

재무비율 분석의 절차는 다음과 같다.

① 미리 정해진 재무비율 계산 공식에 따라 분석 대상기업의 재무비율을 계산한다.

② 계산된 재무비율을 표준비율과 비교한다. 이 경우 표준비율로는 일반적으로 분석대상 기업이 속한 산업의 평균비율 등이 많이 사용된다.

③ 표준비율과 비교한 결과를 보고 분석 대상기업의 경영 및 재무상태의 건전성 여부 등을 판단한다. 이 경우 특정 비율만으로 그 기업의 경영상태 등을 판단해서는 안 되고 다른 재무비율들을 고려하여 종합적으로 분석하여야 한다.

■ 수익성과 안정성 분석

구분	비율
수익성 비율	• 총자산순이익률(%) = $\frac{\text{순이익}}{\text{총자산}} \times 100$ • 자기자본순이익률(%) = $\frac{\text{순이익}}{\text{자기자본}} \times 100$ • 매출액순이익률(%) = $\frac{\text{순이익}}{\text{매출액}} \times 100$
안전성 비율	• 부채비율(%) = $\frac{\text{총부채}}{\text{자기자본}} \times 100$ • 이자보상비율(%) = $\frac{\text{이자전세전당기순이익}(EBIT)}{\text{이자비용}} \times 100$ • 비유동장기적합율(%) = $\frac{\text{비유동자산}}{\text{자기자본} + \text{비유동부채}} \times 100$

■ 유동성과 활동성 분석

유동성 비율	• 유동비율(%) = $\frac{유동자산}{유동부채} \times 100$ • 당좌비율(%) = $\frac{당좌자산}{유동부채} \times 100$ • 순운전자본구성비율(%) = $\frac{순운전자본}{총자산} \times 100$
활동성 비율	• 매출채권회전율 = $\frac{매출액}{평균매출채권}$ • 매출채권평균회수기간 = $\frac{365일}{매출채권회전율}$ • 재고자산회전율 = $\frac{매출원가}{평균재고자산}$ • 재고자산평균회전기간 = $\frac{365일}{재고자산회전율}$ • 총자본회전율 = $\frac{매출액}{평균총자본}$

■ [부록] 일반기업회계기준

[재무상태표]

<table>
<tr><td rowspan="6">자산</td><td rowspan="2">유동자산</td><td>당좌자산</td></tr>
<tr><td>재고자산</td></tr>
<tr><td rowspan="4">비유동자산</td><td>투자자산</td></tr>
<tr><td>유형자산</td></tr>
<tr><td>무형자산</td></tr>
<tr><td>기타비유동자산</td></tr>
<tr><td colspan="3">자산총계</td></tr>
<tr><td colspan="2" rowspan="2">부채</td><td>유동부채</td></tr>
<tr><td>비유동부채</td></tr>
<tr><td colspan="2" rowspan="5">자본</td><td>자본금</td></tr>
<tr><td>자본잉여금</td></tr>
<tr><td>자본조정</td></tr>
<tr><td>기타포괄손익누계액</td></tr>
<tr><td>이익잉여금</td></tr>
<tr><td colspan="3">부채 및 자본 총계</td></tr>
</table>

[손익계산서]

<table>
<tr><td>매출액</td><td>+</td></tr>
<tr><td>매출원가</td><td>−</td></tr>
<tr><td colspan="2">매출총이익</td></tr>
<tr><td>판매비와 관리비</td><td>−</td></tr>
<tr><td colspan="2">영업이익</td></tr>
<tr><td>영업외수익</td><td>+</td></tr>
<tr><td>영업외비용</td><td>−</td></tr>
<tr><td colspan="2">법인세비용차감전계속사업손익</td></tr>
<tr><td>계속사업손익법인세비용</td><td>−</td></tr>
<tr><td colspan="2">계속사업이익</td></tr>
<tr><td>중단사업손익</td><td>±</td></tr>
<tr><td colspan="2">당기순이익</td></tr>
</table>

[현금흐름표]

<table>
<tr><td>영업활동으로 인한 현금흐름</td><td>±</td></tr>
<tr><td>투자활동으로 인한 현금흐름</td><td>±</td></tr>
<tr><td>재무활동으로 인한 현금흐름</td><td>±</td></tr>
<tr><td colspan="2">현금의 증감</td></tr>
<tr><td>기초의 현금</td><td>+</td></tr>
<tr><td colspan="2">기말의 현금</td></tr>
</table>

[이익잉여금처분계산서]

<table>
<tr><td rowspan="5">미처분이익잉여금</td><td>전기이월미처분이익잉여금</td></tr>
<tr><td>회계정책변경누적효과</td></tr>
<tr><td>전기오류수정</td></tr>
<tr><td>중간배당액</td></tr>
<tr><td>당기순이익</td></tr>
<tr><td rowspan="2">임의적립금 등의 이입액</td><td>적극적 적립금</td></tr>
<tr><td>소극적 적립금</td></tr>
<tr><td colspan="2">합계</td></tr>
<tr><td rowspan="6">이익잉여금 처분액</td><td>이익준비금</td></tr>
<tr><td>기타법정적립금</td></tr>
<tr><td>주식할인발행차금상각액</td></tr>
<tr><td>배당금</td></tr>
<tr><td>사업확장적립금</td></tr>
<tr><td>감채적립금</td></tr>
<tr><td colspan="2">차기이월미처분이익잉여금</td></tr>
</table>

재무회계의 기초

I wish you the best of luck!

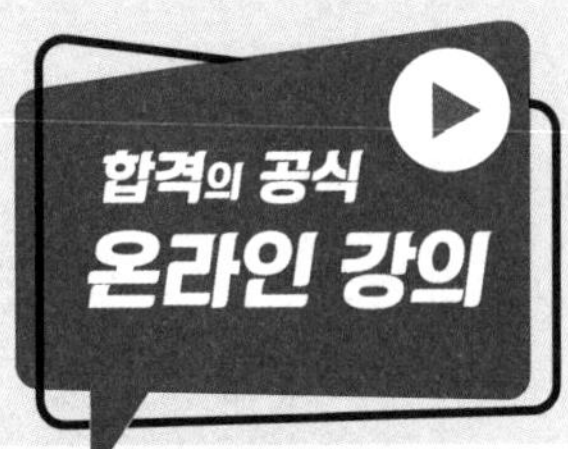

제 1 장 재무회계의 기초

제 1 절 회계와 재무정보

1 회계의 의의

회계는 정보이용자가 사정에 정통하여 판단이나 의사결정을 내릴 수 있도록 경제적 정보를 식별, 측정, 전달하는 과정이다. 즉, 이는 재무적 성격을 갖는 거래나 사건(기업의 회계자료)을 일정한 원리에 따라 기록·분류하여 재무제표를 작성하며 이를 회계정보 이용자들의 경제적 의사결정에 유용한 정보를 제공하는 것이다.

더 알아두기

부기와 회계

① 부기

부기는 기업의 경영활동과정에서 발생한 거래를 장부에 기록, 분류, 요약하는 것을 말한다.

㉠ 단식부기 : 거래나 경제적 사건에 있어서 결과 중심으로 기록하며, 현금의 유입과 유출 시점에 주로 회계처리가 이루어진다.

㉡ 복식부기 : 거래나 경제적 사건에 있어서 원인과 결과로 사건을 기록하며, 현금의 유입과 유출이 아니라 거래의 발생에 초점을 두고 회계처리가 이루어진다.

② 회계

회계(Accounting)는 한 회계 기간에 발생한 경제적 사건을 장부에 기록하는 기술뿐만 아니라 회계정보가 정보이용자의 의사결정에 유용하게 이용될 수 있도록 전달하는 과정까지도 포함한다.

2 재무정보

(1) 재무보고란 조직 외부의 의사결정자들에게 기업에 관한 정보를 제공하는 것이며, 기업의 현재 시점의 재무적 건전성 및 미래의 전망을 개괄적으로 보여준다.

(2) 기업을 둘러싼 의사결정자들은 재무보고를 토대로 올바른 경영의사결정을 내릴 수 있어서 사회적 자원의 최적 배분 실현이 가능해진다.

(3) 재무보고는 기업의 다양한 이해관계자들의 합리적인 경제적 의사결정을 위해 경영자가 기업실체의 재무상태, 경영성과, 자본변동, 현금흐름 등에 관한 정보를 제공하는 것이다. 이때 재무보고의 가장 주된 수단은 재무제표이다.

(4) 인식, 측정, 처리, 기록의 과정을 거친 회계 정보는 재무보고의 형태로 기업 외부의 다양한 이해관계가 있는 정보이용자들에게 제공된다.

(5) 재무보고는 재무회계 정보를 정보이용자들에게 제공하는 일련의 과정으로 그 안에 재무상태표, 포괄손익계산서, 자본변동표, 현금흐름표 등을 포함한다.

재무정보의 기능

① 재무정보는 자본시장에서 정보 비대칭으로 인해 존재하는 역선택의 문제를 완화하여 자본이 투자자로부터 기업에게로 원활히 공급될 수 있도록 하는 데 도움을 준다.
② 재무정보는 자본시장에서 발생할 수 있는 대리인의 기회주의적인 행위인 도덕적 해이라는 문제를 해결하는 데 도움을 준다.
③ 재무정보는 경제실체 간 자원의 이동에 관한 의사결정에 직·간접적으로 영향을 준다.
④ 재무정보는 자본주의 시장경제체제에서 희소한 경제적 자원이 자본시장을 통해 효율적으로 배분되도록 하는 데 도움을 준다.
⑤ 재무정보는 정부가 효율적이고 적절한 자원배분을 위한 정책을 수립하는 데 도움을 준다.

제 2 절 재무회계의 환경과 국제회계기준

1 재무회계의 환경

(1) 전자공시제도

① 기업이 인터넷을 통해 경영상의 주요사항을 알리는 것으로 이러한 공시제도는 금융감독원의 전자공시시스템(DART)을 통해 관리된다. 금융감독원은 1999년 '전자공시제도'를 도입한 이후 기업들의 공시서류를 서면과 전자문서로 병행 제출하도록 하는 시험 기간을 거친 뒤 2001년부터 전자공시제도의 전면 시행에 들어갔다.

② 공시에는 기업이 자율적으로 하는 자율공시, 소문이나 보도 내용에 대해 해명하는 조회공시, 신규사업이나 사업계획 등을 자진하여 밝히는 자진공시 등이 있다.

③ 공시는 투자자를 보호할 목적으로 하는 것이므로 다음과 같은 신속성, 정확성, 용이성, 공정성의 요소를 모두 갖추어야 한다.

㉠ 공시할 사안이 발생하면 투자자가 신속하게 판단할 수 있도록 지체 없이 알려야 한다.

㉡ 금액이나 시기 등의 정보를 확실하게 알려 믿음을 주어야 한다.

㉢ 투자자가 쉽게 이해할 수 있도록 정보 내용을 설명해야 한다.

㉣ 모든 이해관계자에게 차별 없이 정보가 전달되도록 공시해야 한다.

(2) 회계의 사회적 기능

① **대리인 이론**

재무제표를 통해 제공하는 회계 정보에 있어서 투자자로부터 자금을 위탁받아 경영을 수행한 경영자가 수탁받은 자원의 효율적이고 효과적인 운영에 따른 성과를 보고하는 데 회계를 이용함으로써 대리인 이론이 성립할 수 있다.

② **자원의 효율적 배분**

경제적으로 유한한 자원이 더 효율성이 높은 기업으로 집중되도록 하려면 어느 기업이 효율적인 기업인지를 회계보고를 통해 알려주어야 한다.

2 국제회계기준

회계원칙을 '기업회계기준'이라 하고, 우리나라는 2011년부터 한국채택국제회계기준을 전면 도입하였다. 우리나라의 기업회계기준은 한국채택국제회계기준, 일반기업회계기준, 특수분야 회계기준으로 분류된다.

(1) 한국채택국제회계기준(K-IFRS)

'주식회사의 외부감사에 관한 법률'의 적용대상기업 중 '자본시장과 금융투자업에 관한 법률'에 따른 주권상장법인의 회계처리에 적용하는 기준이다. 비상장법인의 경우에도 한국채택국제회계기준을 선택·적용할 수 있다.

① 국제적으로 통용되는 회계기준을 채택함으로써 회계정보의 신뢰성을 향상시키고, 다른 나라로부터의 자금조달이 용이해지며 차입원가를 절감할 수 있다.

② 한국채택국제회계기준은 회계처리에 대하여 구체적인 회계처리 방법을 제시하기보다는 전문가적 판단을 중시하는 접근방법을 따르고 있다.

③ 한국채택국제회계기준의 연결범위에 있어서 연결재무제표는 지배기업의 모든 종속기업을 포함하여야 한다.

④ 한국채택국제회계기준은 2011년도부터 모든 주권상장법인이 의무적으로 적용하되 원하는 기업은 2009년부터 조기 적용하고 있다.

⑤ 한국채택국제회계기준은 국제회계기준위원회에서 공표한 국제회계기준을 기초로 한국회계기준위원회에서 제정하고, 금융위원회에 보고한 후 공표한 것이다.

⑥ 한국채택국제회계기준의 특징으로 원칙 중심의 회계기준, 연결재무제표 중심의 회계기준, 공시의 강화, 공정가치 적용확대 등을 들 수 있다.

(2) 일반기업회계기준

'주식회사의 외부감사에 관한 법률'의 적용대상기업 중 한국채택국제회계기준에 따라 회계처리하지 않는 비상장법인이 적용해야 하는 회계처리기준이다. 일반기업회계기준도 기준서와 해석서로 구성된다.

제 3 절 회계의 목적

회계는 회계 정보이용자의 경제적 의사결정에 유용한 정보를 제공하는 것을 목적으로 한다.

1 재무보고를 위한 개념체계의 목적

(1) 한국회계기준위원회가 일관된 개념에 기반하여 한국채택국제회계기준을 제·개정하는 데 도움을 준다.

(2) 특정 거래나 다른 사건에 적용할 회계기준이 없거나 회계기준에서 회계정책 선택이 허용되는 경우에 재무제표 작성자가 일관된 회계정책을 개발하는 데 도움을 준다.

(3) 모든 이해관계자가 회계기준을 이해하고 해석하는 데 도움을 준다.

2 일반목적 재무보고의 목적

일반목적 재무보고의 목적은 현재 및 잠재적 투자자, 대여자와 그 밖의 채권자가 기업에 자원을 제공하는 것과 관련된 의사결정을 할 때 유용한 보고기업 재무정보를 제공하는 것이다. 그 의사결정은 다음을 포함한다.

(1) 지분상품 및 채무상품의 매수, 매도 또는 보유

(2) 대여 및 기타 형태의 신용제공 또는 결제

(3) 기업의 경제적 자원 사용에 영향을 미치는 경영진의 행위에 대한 의결권 또는 영향을 미치는 권리행사

제 4 절 회계의 분야

회계는 경제활동을 수행하는 가계, 기업, 정부 등 모든 경제단위를 대상으로 정보를 산출하고 제공하는 중요한 역할을 수행하는데 회계의 영역은 다음과 같이 나누어진다.

1 재무회계

재무회계는 투자자, 채권자, 정부 등 기업의 다양한 외부정보이용자들을 보고 대상으로 하는 회계 분야이다. 기업의 다양한 이해관계자들 각각의 개별욕구 충족은 현실적으로 불가능하므로 대표적 이해관계자인 투자자, 채권자를 중심으로 해서 공통적인 욕구를 수렴하여 회계정보를 산출한다. 따라서 재무회계는 이러한 공통의 정보욕구 하에서 일반목적의 재무제표를 작성하고 제공한다.

2 관리회계

관리회계는 내부정보이용자인 경영자가 경영활동을 계획하고 통제하는데 필요한 정보를 제공하는 회계분야이다. 경영자는 제품의 가격결정, 목표이익 달성을 위한 판매 수량결정, 설비투자결정 등에 관한 정보를 필요로 하는데 관리회계는 이러한 정보를 제공한다. 즉, 관리회계의 정보에는 기업의 재무적 정보뿐만 아니라 경영자의 의사결정에 필요한 판단자료까지 포함하게 되며, 재무회계와 달리 일반적으로 인정된 회계원칙에 구애를 받지 않고 다양한 형태로 정보가 제공된다.

3 원가회계

원가회계는 제조기업이 제조하여 판매하는 제품의 원가를 계산하는 것이다. 제품의 원가정보는 기업의 내부정보이용자의 관리의사결정에도 사용되고, 그 제품의 매출에 대응되는 매출원가를 계산하여 이익을 보고한다는 재무회계 관점에서 외부정보이용자를 위한 정보로도 제공되지만, 관리의사결정을 위한 기초자료로 원가정보가 사용된다는 점에서 관리회계의 영역에 포함시키기도 한다.

4 세무회계

기업은 과세관청에 각 과세기간에 대해 법인세 등 세금을 납부해야 하는데 이때는 회계적 관점에서의 이익을 계산하는 것이 아니라 세법상의 관점에서의 이익을 계산하여 이에 대한 세금을 계산하고 납부해야 한다. 이렇게 세법에 따라 납부할 세금을 계산하는 것을 세무회계라 한다.

회계의 종류

구분	내용
재무회계	채권자, 투자자 등 외부정보이용자에게 유용한 정보 제공
관리회계	경영자 등 내부정보이용자에게 유용한 정보 제공
원가회계	기업이 생산 및 공급하는 재화와 서비스의 생산원가를 계산
세무회계	기업의 일정 기간의 과세소득을 산정
회계감사	기업이 작성한 재무제표의 신뢰성을 검증하여 그에 대한 적정의견, 한정의견, 부적정의견, 의견거절 등을 판단

제1장

OX로 점검하자

※ 다음 지문의 내용이 맞으면 O, 틀리면 ×를 체크하시오. [1~10]

01 회계는 한 회계기간에 발생한 경제적 사건을 장부에 기록하는 기술뿐만 아니라 회계 정보가 정보 이용자의 의사결정에 유용하게 이용될 수 있도록 전달하는 과정까지도 포함한다. ( )

02 단식부기는 거래나 경제적 사건에 있어서 원인과 결과로 사건을 기록하며, 현금의 유입과 유출이 아니라 거래의 발생에 초점을 두고 회계처리가 이루어진다. ( )

03 재무보고란 조직 외부의 의사결정자들에게 기업에 관한 정보를 제공하는 것이며, 기업의 현재 시점의 재무적 건전성 및 미래의 전망을 개괄적으로 보여준다. ( )

04 공시에는 기업이 자율적으로 하는 자율공시, 소문이나 보도 내용에 대해 해명하는 자진공시, 신규사업이나 사업계획 등을 자진하여 밝히는 조회공시 등이 있다. ( )

05 한국채택국제회계기준은 회계처리에 대하여 구체적인 회계처리 방법을 제시하기보다는 전문가적 판단을 중시하는 접근방법을 따르고 있다. ( )

06 한국채택국제회계기준의 특징으로 원칙 중심의 회계기준, 별도재무제표 중심의 회계기준, 공시의 강화, 공정가치 적용확대 등을 들 수 있다. ( )

정답과 해설 01 O 02 × 03 O 04 × 05 O 06 ×

02 복식부기는 거래나 경제적 사건에 있어서 원인과 결과로 사건을 기록하며, 현금의 유입과 유출이 아니라 거래의 발생에 초점을 두고 회계처리가 이루어진다.

04 공시에는 기업이 자율적으로 하는 자율공시, 소문이나 보도 내용에 대해 해명하는 조회공시, 신규사업이나 사업계획 등을 자진하여 밝히는 자진공시 등이 있다.

06 한국채택국제회계기준의 특징으로 원칙 중심의 회계기준, 연결재무제표 중심의 회계기준, 공시의 강화, 공정가치 적용확대 등을 들 수 있다.

07 회계는 회계정보이용자의 경제적 의사결정에 유용한 정보를 제공하는 것을 목적으로 한다. ( )

08 재무회계는 투자자, 채권자, 정부 등 기업의 다양한 외부정보이용자들을 보고 대상으로 하는 회계분야이다. ( )

09 관리회계는 내부정보이용자인 경영자가 경영활동을 계획하고 통제하는데 필요한 정보를 제공하는 회계분야이다. ( )

10 세무회계는 기업이 작성한 재무제표의 신뢰성을 검증하여 그에 대한 적정의견, 한정의견, 부적정의견, 의견거절 등을 판단한다. ( )

정답과 해설 07 O 08 O 09 O 10 ×

10 회계감사는 기업이 작성한 재무제표의 신뢰성을 검증하여 그에 대한 적정의견, 한정의견, 부적정의견, 의견거절 등을 판단한다.

제 1 장

실전예상문제

해설 & 정답 checkpoint

01 다음 중 재무정보에 대한 설명으로 옳지 않은 것은?

① 재무보고란 조직 외부의 의사결정자들에게 기업에 관한 정보를 제공하는 것이며, 기업의 현재 시점의 재무적 건전성 및 미래의 전망을 개괄적으로 보여준다.

② 재무보고는 기업의 다양한 이해관계자들의 합리적인 경제적 의사결정을 위해 경영자가 기업 실체의 재무상태, 경영성과, 자본변동, 현금흐름 등에 관한 정보를 제공하는 것이다.

③ 인식, 측정, 처리, 기록의 과정을 거친 회계 정보는 재무보고의 형태로 기업 내부의 다양한 이해관계가 있는 정보이용자들에게 제공된다.

④ 재무보고는 재무회계 정보를 정보이용자들에게 제공하는 일련의 과정으로 그 안에 재무상태표, 포괄손익계산서, 자본변동표, 현금흐름표 등을 포함한다.

01 인식, 측정, 처리, 기록의 과정을 거친 회계 정보는 재무보고의 형태로 기업 외부의 다양한 이해관계가 있는 정보이용자들에게 제공된다.

02 다음 중 전자공시제도에 대한 설명으로 옳지 않은 것은?

① 공시에는 기업이 자율적으로 하는 자율공시, 소문이나 보도내용에 대해 해명하는 조회공시, 신규사업이나 사업계획 등을 자진하여 밝히는 자진공시 등이 있다.

② 공시는 투자자를 보호할 목적으로 하는 것이므로 신속성, 정확성, 용이성, 공정성의 요소를 모두 갖추어야 한다.

③ 기업이 인터넷을 통해 경영상의 주요사항을 알리는 것으로 이러한 공시제도는 금융감독원의 전자공시시스템(DART)을 통해 관리된다.

④ 공시의 정확성이란 모든 이해관계자에게 차별 없이 정보가 가도록 공시해야 한다는 것을 의미한다.

02 공시의 공정성이란 모든 이해관계자에게 차별 없이 정보가 가도록 공시해야 한다는 것을 의미한다.

정답 01 ③ 02 ④

checkpoint 해설 & 정답

03 한국채택국제회계기준의 특징으로 원칙 중심의 회계기준, 연결재무제표 중심의 회계기준, 공시의 강화, 공정가치 적용확대 등을 들 수 있다.

03 한국채택국제회계기준(K-IFRS)에 대한 설명으로 옳지 않은 것은?

① 한국채택국제회계기준은 회계처리에 대하여 구체적인 회계처리 방법을 제시하기보다는 전문가적 판단을 중시하는 접근방법을 따르고 있다.

② 한국채택국제회계기준의 연결범위에 있어서 연결재무제표는 지배기업의 모든 종속기업을 포함하여야 한다.

③ 한국채택국제회계기준은 국제회계기준위원회에서 공표한 국제회계기준을 기초로 한국회계기준위원회에서 제정하고, 금융위원회에 보고한 후 공표한 것이다.

④ 한국채택국제회계기준의 특징으로 원칙 중심의 회계기준, 연결재무제표 중심의 회계기준, 공시의 강화, 공정가치 적용축소 등을 들 수 있다.

04 한국채택국제회계기준에서 규정하고 있는 기본 재무제표는 재무상태표, 포괄손익계산서, 현금흐름표, 자본변동표 및 주석이다.

04 한국채택국제회계기준에서 규정하고 있는 기본 재무제표가 아닌 것은?

① 재무상태표

② 포괄손익계산서

③ 현금흐름표

④ 이익잉여금처분계산서

정답 03 ④ 04 ④

해설 & 정답 checkpoint

05 다음 중 재무회계와 관리회계에 관한 설명으로 <u>틀린</u> 것은?

① 관리회계의 주된 목적은 경영자의 관리적 의사결정에 유용한 정보를 제공하는 것이다.
② 재무회계의 주된 목적은 정보이용자의 경제적 의사결정에 유용한 정보를 제공하는 것이다.
③ 관리회계는 일반적으로 인정된 회계원칙에 따라 정해진 양식으로 보고해야 한다.
④ 재무회계는 법적 강제력이 있는 반면 관리회계는 내부보고 목적이므로 법적 강제력이 없다.

05 관리회계는 공통된 기준이나 정해진 보고형식이 없으나 재무회계는 일반적으로 인정된 회계처리 기준에 따라 작성된다.

06 투자자, 채권자, 정부 등 기업의 다양한 외부정보이용자들을 보고 대상으로 하는 회계분야는 어디인가?

① 재무회계
② 관리회계
③ 원가회계
④ 세무회계

06 재무회계는 투자자, 채권자, 정부 등 기업의 다양한 외부정보이용자들을 보고 대상으로 하는 회계분야이다.

07 다음 회계에 대한 설명 중 옳은 것은?

① 관리회계는 외부보고 목적의 회계이다.
② 재무회계의 주요 정보이용자는 기업 내부 이해관계자이다.
③ 원가회계는 제품의 제조원가를 계산하고 원가를 관리하는 기법을 다룬다.
④ 회계감사는 세금계산을 위한 회계이다.

07 재무회계는 외부보고 목적의 회계이며, 관리회계의 주요 정보이용자는 기업 내부 이해관계자이다. 또한, 세금계산을 위한 회계는 세무회계이다.

정답 05 ③ 06 ① 07 ③

checkpoint 해설 & 정답

01
정답 재무회계, 관리회계, 원가회계, 세무회계
해설 [문제 하단의 표 참고]

02
정답 ① 부기
② 회계
㉠ 단식부기
㉡ 복식부기

주관식 문제

01 회계는 경제활동을 수행하는 가계, 기업, 정부 등 모든 경제단위를 대상으로 정보를 산출하고 제공하는 중요한 역할을 수행한다. 이러한 회계의 영역(종류)에 대해 쓰시오.

재무회계	채권자, 투자자 등 외부정보이용자에게 유용한 정보 제공
관리회계	경영자 등 내부정보이용자에게 유용한 정보 제공
원가회계	기업이 생산 및 공급하는 재화와 서비스의 생산원가를 계산
세무회계	기업의 일정기간의 과세소득을 산정

02 다음 빈칸에 알맞은 용어를 쓰시오.

(①)는 기업의 경영활동과정에서 발생한 거래를 장부에 기록, 분류, 요약하는 것을 말하는 것으로 여기에는 (㉠)와 (㉡)가 있다. (㉠)는 거래나 경제적 사건에 있어서 결과 중심으로 기록하며, 현금의 유입과 유출 시점에 주로 회계처리가 이루어지는 반면에, (㉡)는 거래나 경제적 사건에 있어서 원인과 결과로 사건을 기록하며, 현금의 유입과 유출이 아니라 거래의 발생에 초점을 두고 회계처리가 이루어진다. (①)보다 광범위한 개념으로 (②)는 한 회계기간에 발생한 경제적 사건을 장부에 기록하는 기술뿐만 아니라 회계 정보가 정보이용자의 의사결정에 유용하게 이용될 수 있도록 전달하는 과정까지도 포함한다.

고득점으로 대비하는 가장 똑똑한 수험서!

재무회계의 개념체계

I wish you the best of luck!

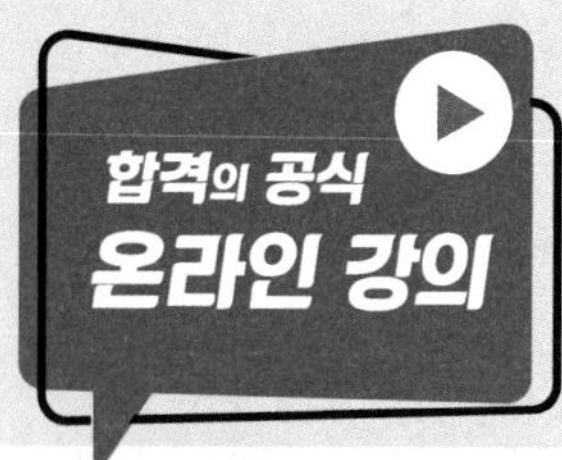

제 2 장 재무회계의 개념체계

제 1 절 재무보고의 목적 및 질적 특성

1 재무보고의 목적

(1) 재무보고는 현재 및 잠재적인 투자자와 채권자 그리고 기타 정보이용자들이 투자와 신용제공 및 이와 유사한 문제에 대한 합리적인 의사결정을 하는데 유용한 정보를 제공하여야 한다.

(2) 재무보고는 현재 및 잠재적인 투자자와 채권자 그리고 기타 정보이용자들이 배당이나 이자 및 증권의 매각, 대여금의 상환 등으로부터 유입될 것으로 예상되는 현금 수취액의 금액과 시기 및 불확실성을 평가하는 데 도움이 되는 정보를 제공하여야 한다.

(3) 재무보고는 기업의 경제적 자원과 경제적 자원에 대한 청구권 및 자원과 청구권에 변동을 일으키는 거래와 사건, 환경의 영향 등에 관한 정보를 제공하여야 한다.

2 재무제표의 작성과 표시를 위한 개념체계

(1) 질적 특성

일반목적 재무보고를 통해 제공되는 정보가 그 목적을 달성하기 위해 갖추어야 할 주요 속성을 말한다. 근본적으로 재무정보가 유용하기 위해서는 목적이 적합해야 하고 나타내고자 하는 바를 충실하게 표현해야 한다. 더불어 재무정보가 비교 가능하고, 검증 가능하며, 적시성 있고, 이해 가능한 경우에는 그 재무정보의 유용성은 보강된다.

(2) 근본적 질적 특성

근본적 질적 특성은 다음의 ①과 ② 모두 만족하여야 유용할 수 있다. 만약 하나라도 만족하지 않는 경우에는 유용하지 않은 정보가 될 수 있다.

① **목적 적합성**

의사결정에 유용한 정보가 되려면 정보이용자의 경제적 의사결정에 차이가 발생하도록 할 수 있어야 하는데 이를 목적 적합성이라고 한다. 재무정보에 예측가치와 확인가치 모두가 있는 경우 그 재무정보는 의사결정에 차이가 나도록 할 수 있다. 또한, 중요성은 기업 특유한 측면의 목적 적합성을 의미한다.

㉠ **예측가치** : 미래예측을 위해 사용될 수 있는 재무정보의 가치를 의미한다. 그러나 재무정보 그 자체가 예측치 또는 예상치일 필요는 없다.

㉡ **확인가치(피드백 가치)** : 과거의 평가를 확인하거나 변경하는데 사용될 수 있는 재무정보의 가치를 의미한다.

㉢ **중요성** : 정보가 누락되거나 잘못 기재되어 특정 보고기업의 재무정보에 근거한 정보이용자의 의사결정에 영향을 미칠 수 있는 정보로서의 가치를 의미한다.

② **표현 충실성**

나타내고자 하는 현상을 충실하게 표현해야 하는데 이를 표현 충실성이라고 한다. 완벽함을 달성하기는 어려우므로 완전하고, 중립적이며, 오류가 없어야 하는 특성을 가능한 정도까지 극대화해야 한다. 다만, 충실한 표현 그 자체가 반드시 유용한 정보를 만들어 내지는 않는다.

㉠ **완전한 서술** : 정보이용자가 현상을 이해하는데 필요한 모든 정보의 제공을 의미한다.

㉡ **중립적 서술** : 정보의 선택이나 표시에 편의가 없는 재무정보의 제공을 의미한다.

㉢ **오류 없는 서술** : 현상의 기술이나 절차상에 오류나 누락이 없는 정보의 제공을 의미한다. 그러나 모든 면에서 완벽하게 정확함을 의미하는 것은 아니다.

(3) 보강적 질적 특성

두 가지 방법이 모두 목적이 적합하고, 충실하게 표현하는 것인 경우 이 두 가지 중 어느 방법을 사용해야 할지를 결정하는 데 도움을 준다. 다만, 앞의 두 가지 중 한 가지가 만족되지 않는 경우 개별적으로든 전체적으로든 그 정보를 유용하게 할 수 없다.

① **비교 가능성** : 기업 간 비교 가능성과 기간 사이의 비교 가능성이 있는 정보의 제공을 의미한다. 제공되는 정보 간의 유사성과 차이점을 정보이용자가 식별하고 이해할 수 있어야 하는 것으로 일관성 및 통일성과는 다르다.

② **검증 가능성** : 나타난 현상에 대해 정보이용자가 검증 가능할 수 있는 정보의 제공을 의미한다. 제공되는 정보에 대하여 합리적인 판단력이 있고 독립적인 서로 다른 관찰자가 어떤 서술이 충실한 표현이라는데 의견이 일치할 수 있어야 한다.

③ **적시성** : 의사결정에 영향을 미칠 수 있도록 적시성 있는 정보의 제공을 의미한다.

④ **이해 가능성** : 정보이용자에게 쉽게 이해될 수 있는 정보의 제공을 의미한다. 또한, 정보가 복잡하다는 이유로 재무보고서에서 제외하면 안 된다.

(4) 유용한 재무보고에 대한 제약: 원가

재무정보의 보고에는 원가가 소요되고, 해당 정보 보고의 효익이 그 원가를 정당화한다는 것이 중요하다. 원가는 재무보고로 제공될 수 있는 정보에 대한 포괄적 제약요인이다.

(5) 재무제표 작성의 기본 가정: 계속기업의 가정

① 계속기업이란 예상 가능한 기간 동안 영업을 계속할 것이라는 가정하에 재무제표를 작성하는 것을 의미한다.

② 역사적 원가주의, 감가상각, 수익비용대응 개념, 유동성배열법 모두 계속기업 가정을 근거로 하고 있다.

③ 청산 등의 의도가 있는 경우 다른 기준을 적용하여 작성하는 것이 타당할 수 있으며, 이때 적용한 기준은 별도로 공시하여야 한다.

3 개념체계와 K-IFRS와의 관계

(1) 개념체계의 위상

개념체계는 외부 이용자를 위한 재무보고의 기초가 되는 개념을 정립한다. 개념체계는 한국채택국제회계기준이 아니므로 특정한 측정과 공시 문제에 관한 기준을 정하지 아니하며, **개념체계는 어떤 경우에도 특정 한국채택국제회계기준에 우선하지 않는다.**

(2) 개념체계의 목적

① 새로운 한국채택국제회계기준의 제정 및 개정 검토에 도움을 준다.

② 한국채택국제회계기준에서 허용하는 대체적인 회계처리방법 수의 축소를 위한 근거를 제공한다.

③ 재무제표의 작성 시 한국채택국제회계기준을 적용하고 한국채택국제회계기준이 미비한 주제에 대한 회계처리를 하는 데 도움을 준다.

④ 재무제표가 한국채택국제회계기준을 따르고 있는지에 대해 감사인의 의견형성에 도움을 준다.

⑤ 재무제표에 포함된 정보를 재무제표의 이용자가 해석하는 데 도움을 준다.

⑥ 한국채택국제회계기준을 제정하는 데 사용한 접근방법에 대한 정보를 제공한다.

제 2 절 재무제표와 구성요소

더 알아두기

전체 재무제표

① 전체 재무제표는 다음을 모두 포함하여야 한다.
   ㉠ 기말 재무상태표
   ㉡ 기간 포괄손익계산서
   ㉢ 기간 자본변동표
   ㉣ 기간 현금흐름표
   ㉤ 주석(유의적인 회계정책 및 그 밖의 설명으로 구성)
   ㉥ 회계정책을 소급하여 적용하거나, 재무제표의 항목을 소급하여 재작성 또는 재분류하는 경우 가장 이른 비교기간의 기초 재무상태표

② 각각의 재무제표는 전체 재무제표에서 동등한 비중으로 표시한다.

1 재무상태표

재무상태표(statement of financial position)란 **일정 시점에 있어서 기업의 재무상태를 나타내는 재무제표**이다. 재무상태표는 자산, 부채, 자본으로 구성되며 여기서 재무상태란 기업의 자산, 부채, 자본의 상태를 말한다.

(1) 자산

자산(assets)이란 **과거의 거래나 사건의 결과로 특정 실체에 의해 획득된 미래의 경제적 효익**이다. 즉, 용역잠재력이 있는 자원을 말한다. 자산은 보편적으로 1년을 기준으로 유동자산과 비유동자산으로 구분된다.

(2) 부채

부채(liabilities)란 **과거의 거래나 사건의 결과로 미래에 특정 실체에 자산이나 용역을 이전해야 하는 특정 실체의 의무**이다. 즉, 기업이 장래에 타인에게 갚아야 할 빚이다. 부채도 1년을 기준으로 유동부채와 비유동부채로 구분된다.

(3) 자본

자본(owner's equity)은 **자산에서 부채를 차감한** 것으로 **순자산, 잔여지분 또는 소유주지분**이라고도 한다. 자본은 자본금 및 자본잉여금, 자본조정, 이익잉여금, 기타포괄손익누계액으로 구성된다.

2 포괄손익계산서

포괄손익계산서(comprehensive income statement)란 일정 기간의 경영성과에 대한 정보를 제공하는 재무보고서를 말한다. 포괄손익계산서는 수익, 비용, 이익, 기타포괄손익으로 구성되며 포괄손익계산서를 통해 일정 기간의 기업의 이익에 관한 정보를 제공한다.

(1) 수익

수익(revenue)은 기업이 일정 기간 동안 경영활동을 통해 벌어들인 금액을 말한다. 수익 항목으로는 매출액, 기타수익 등이 있다.

(2) 비용

비용(expense)은 기업이 일정 기간 동안 수익을 얻기 위하여 소비된 재화 및 용역의 원가를 말한다. 비용 항목으로는 매출원가, 물류원가, 관리비, 기타비용, 금융원가, 법인세비용 등이 있다.

(3) 이익

수익에서 비용을 차감한 금액을 순이익(net income)이라고 한다. 반대로 비용이 수익을 초과할 경우 그 초과액은 순손실이라 한다.

(4) 기타포괄손익

당기 손익거래에서 발생한 항목 중에서 미실현손익을 말한다. 예로는 매도가능증권평가손익, 파생상품평가손익 등이 있다. 당기의 기타포괄손익은 재무상태표의 자본항목인 기타포괄손익누계액에 누적되어 표시된다.

3 자본변동표

자본변동표(statement of changes in equity)는 일정기간 동안 발생한 자본의 변동을 나타내는 재무제표이다. 자본변동표는 소유주의 투자, 소유주에 대한 분배로 구성되며 자본변동표를 통해 자본의 구성항목인 자본금, 자본잉여금, 자본조정, 기타포괄손익누계액 및 이익잉여금(또는 결손금)의 연간 변동 내역을 보여준다.

(1) 소유주의 투자

소유주의 투자란 주주들의 회사에 대한 투자를 말하는 것으로서 순자산의 증가를 가져온다.

(2) 소유주에 대한 분배

소유주에 대한 분배란 현금배당 등을 함으로써 회사의 순자산이 감소하게 되는 것을 말한다.

4 현금흐름표

현금흐름표(statement of cash flows)는 **일정 기간 기업의 현금흐름을 나타내는 표**로써 발생주의 회계의 문제점을 보완하기 위해 작성한다. 현금흐름표는 영업활동으로 인한 현금흐름, 투자활동으로 인한 현금흐름, 재무활동으로 인한 현금흐름으로 구성되며 이를 통해 활동별로 발생되는 현금의 흐름에 관한 전반적인 정보를 상세하게 제공해준다.

(1) 영업활동으로 인한 현금흐름

영업활동으로 인한 현금흐름이란 제품의 생산과 상품 및 용역의 구매·판매활동에 해당하는 영업활동에 의한 현금의 유입과 유출을 말한다.

(2) 투자활동으로 인한 현금흐름

투자활동으로 인한 현금흐름이란 고정자산 취득 및 처분, 투자유가증권 취득 및 처분과 관련하여 증감되는 현금의 유입과 유출을 말한다.

(3) 재무활동으로 인한 현금흐름

재무활동으로 인한 현금흐름이란 은행 차입 및 주식발행, 배당금 지급 등과 같이 회사자금 조달활동으로 인해 증감되는 현금의 유입과 유출을 말한다.

5 주석

(1) 주석의 정의

주석(footnotes)은 **각주**라고도 부르며 재무제표 본문의 특정 항목에 대한 추가적 정보를 재무제표 본문 밖의 '**별지**'에 기술한 것을 말한다.

(2) 주석의 기본적인 사항

기본적인 주석 사항은 회사의 개황과 주요 영업내용, 회사가 채택한 회계정책, 자산과 부채의 측정기준 등이 있다.

더 알아두기

주기

주기(parenthetical disclosure)란 정보이용자에게 충분한 정보 제공을 위해 재무제표의 내용 중 필요한 사항에 보충적으로 설명을 첨부하는 것으로 재무제표상의 해당 과목 다음에 그 회계 사실의 내용을 간단한 문자 또는 숫자로 **괄호** 안에 표시하여 설명하는 것을 말한다.

더 알아두기

회계순환과정과 재무제표의 연계성

회계는 경영활동을 수행하는 과정에서 발생하는 경제적 사건을 식별하고 측정하여 전달하는 시스템으로, 거래기록에서 출발하여 재무보고에 이르는 모든 과정을 회계순환과정이라고 한다. 일반적으로 회계의 순환과정은 기중거래를 기록하는 과정과 결산작업을 수행하는 과정으로 이루어진다.

① **거래의 식별**: 회계상 거래인 순자산의 변동과 수익과 비용의 발생 식별
② **분개**: 복식부기 제도, 거래의 이중성의 성질 이용, 분개장 또는 전표에 기록
③ **원장에 전기**: 분개장 또는 전표상의 내용을 원장에 기록하는 과정
④ **수정 전 시산표 작성**: 결산의 예비절차
⑤ **결산수정분개**: 결산수정사항의 분개와 원장전기
⑥ **수정 후 시산표와 정산표**: 결산수정사항을 분개장과 원장에 기록
⑦ **재무제표 작성**: 재무상태표, 포괄손익계산서, 자본변동표, 현금흐름표, 주석
⑧ **손익계정 마감**: 집합손익계정 설정, 수익, 비용 계정의 마감
⑨ **재무상태표 계정 마감**: 자산, 부채, 자본 계정의 마감과 이월

재무제표의 연계성이란 재무제표가 서로 연결되어 있다는 의미로 재무상태표와 손익계산서는 **당기순이익**을 매개로 연결되어 있다.

제 3 절 인식과 측정

인식(recognition)은 재무제표 요소 정의에 부합하고 인식기준을 충족하는 항목을 재무상태표나 포괄손익계산서에 반영하는 과정이며 측정(measurement)은 재무제표 기본요소의 금액을 결정하는 것이다.

1 인식기준

인식이란 **재무제표 요소의 정의를 충족하고 인식기준을 충족하는 항목을 재무제표에 반영하는 과정**을 말한다. 재무제표 요소의 정의에 부합하는 항목이 다음 기준을 충족한다면 재무제표에 인식되어야 한다.

(1) 그 항목과 관련된 미래경제적 효익이 기업에 유입되거나 기업으로부터 유출될 가능성이 높다.

(2) 그 항목의 원가 또는 가치를 신뢰성 있게 측정할 수 있다.

인식기준을 충족하는 항목은 재무상태표나 포괄손익계산서에 인식하여야 한다.
따라서 관련된 회계정책의 공시, 주석 또는 설명 자료만으로 특정 항목의 인식을 대신할 수 없다.

① **자산의 인식**
자산은 미래경제적 효익이 기업에 유입될 가능성이 높고 해당 항목의 원가 또는 가치를 신뢰성 있게 측정할 수 있을 때 재무상태표에 인식한다.

② **부채의 인식**
부채는 현재 의무의 이행에 따라 경제적 효익이 내재된 자원의 유출 가능성이 높고 결제될 금액에 대해 신뢰성 있게 측정할 수 있을 때 재무상태표에 인식한다.

③ **수익의 인식**
수익은 자산의 증가나 부채의 감소와 관련하여 미래경제적 효익이 증가하고 이를 신뢰성 있게 측정할 수 있을 때 포괄손익계산서에 인식한다.

④ **비용의 인식**
비용은 자산의 감소나 부채의 증가와 관련하여 미래경제적 효익이 감소하고 이를 신뢰성 있게 측정할 수 있을 때 포괄손익계산서에 인식한다.

인식은 자산, 부채, 자본, 수익, 비용과 같은 재무제표 요소 중 하나의 정의를 충족하는 항목을 재무제표에 반영하기 위해 포착하는 과정이며 그러한 재무제표 중 하나에 어떤 항목을 명칭과 화폐 금액으로 나타내고 그 항목을 해당 재무제표의 하나 이상의 합계액에 포함시키는 것을 의미한다.
자산과 부채의 인식 결과 수익, 비용 또는 자본변동을 인식하는 것이 재무제표 이용자들에게 목적 적합성과 표현의 충실성 같은 유용한 정보를 제공하는 경우에는 자산이나 부채를 인식한다.

더 알아두기

현금기준과 발생기준
현금기준(cash basis)이란 현금을 수취하거나 지급하는 시점에서 거래를 인식하고 장부에 기록하는 것이고, 발생기준(accrual basis)이란 현금의 유입과 유출에 관계 없이 거래나 그 밖의 사건의 영향을 발생한 기간에 인식하고 장부에 기록하는 것이다.
기업은 현금흐름 정보를 제외하고는 발생기준 회계를 사용하여 재무제표를 작성한다. 이 경우 각 항목이 개념체계의 정의와 인식요건을 충족할 때 자산, 부채, 자본, 수익, 비용으로 인식한다.

2 측정기준

측정은 재무상태표와 포괄손익계산서에 인식되고 평가되어야 할 재무제표 요소의 화폐금액을 결정하는 과정을 말한다. 측정기준은 측정대상 항목에 대해 식별된 속성을 나타내는 것으로 역사적 원가와 현행가치로 나눌 수 있다.

(1) 역사적 원가

자산을 취득하거나 창출할 때의 역사적 원가는 자산의 취득 또는 창출에 발생한 원가의 가치로써 자산을 취득 또는 창출하기 위하여 지급한 대가와 거래원가를 포함한다. 부채가 발생하거나 인수할 때의 역사적 원가는 발생시키거나 인수하면서 수취한 대가에서 거래원가를 차감한 가치이다.

① **장점** : 신뢰성과 검증 가능성이 있으며 객관적이다.

② **단점** : 수익·비용 대응의 원칙이 잘 이루어지지 않으며, 자산의 공정가치를 표시하지 못한다.

(2) 현행가치

① **공정가치** : 측정일에 시장참여자 사이의 정상거래에서 자산을 매도할 때 받거나 부채를 이전할 때 지급하게 될 가격을 말한다.

② **자산의 사용가치 및 부채의 이행가치**

㉠ 자산의 사용가치 : 기업이 자산의 사용과 궁극적인 처분으로 얻을 것으로 기대하는 현금흐름 또는 그 밖의 경제적 효익의 현재가치를 말한다.

㉡ 부채의 이행가치 : 기업이 부채를 이행할 때 이전해야 하는 현금이나 그 밖의 경제적 자원의 현재가치를 말한다.

③ **현행원가**

자산의 현행원가는 측정일 현재 동등한 자산의 원가로써 측정일에 지급할 대가와 그 날에 발생할 거래원가를 포함한다. 부채의 현행원가는 측정일 현재 동등한 부채에 대해 수취할 수 있는 대가에서 그 날에 발생할 거래원가를 차감한다.

㉠ 장점 : 수익·비용 대응의 원칙이 잘 이루어지며, 목적이 적합한 정보를 제공한다.

㉡ 단점 : 신뢰성이 결여되며, 자의성 개입으로 이익조작 가능성이 있다.

더 알아두기

현재가치

자산은 정상적인 영업과정에서 그 자산이 창출할 것으로 기대되는 미래 순현금유입액의 현재 할인가치로 평가한다. 부채는 정상적인 영업과정에서 그 부채를 상환할 때 필요할 것으로 예상되는 미래 순현금유출액의 현재할인가치로 평가한다.

더 알아두기

자본의 측정

자본의 총장부금액은 직접 측정하지 않고 인식된 모든 자산의 장부금액에서 인식된 모든 부채의 장부금액을 차감한 금액으로 한다.

제2장

OX로 점검하자

※ 다음 지문의 내용이 맞으면 O, 틀리면 ×를 체크하시오. [1~10]

01 근본적으로 재무정보가 유용하기 위해서는 목적이 적합해야 하고 나타내고자 하는 바를 충실하게 표현해야 한다. ( )

02 중요성이란 정보가 누락되거나 잘못 기재되어 특정 보고기업의 재무정보에 근거한 정보이용자의 의사결정에 영향을 미칠 수 있는 정보로서의 가치를 말한다. ( )

03 오류 없는 서술이란 현상의 기술이나 절차상에 오류나 누락이 없는 정보의 제공을 말하는 것으로 모든 면에서 완벽하게 정확함을 의미하는 것은 아니다. ( )

04 비교 가능성은 기업 간 비교 가능성과 기간 사이의 비교 가능성으로 나누어 분석할 수 있다. ( )

05 원가는 재무보고로 제공될 수 있는 정보에 대한 포괄적 제약요인으로 작용한다. ( )

06 개념체계는 어떤 경우에도 특정 한국채택국제회계기준에 우선한다. ( )

07 재무상태표란 일정시점에 있어서 기업의 재무상태를 나타내는 재무제표이다. ( )

08 포괄손익계산서란 일정기간의 경영성과에 대한 정보를 제공하는 재무보고서를 말한다. ( )

09 현금흐름표는 영업활동으로 인한 현금흐름, 투자활동으로 인한 현금흐름, 재무활동으로 인한 현금흐름으로 구성된다. ( )

10 주기란 재무제표 본문의 특정 항목에 대한 추가적 정보를 재무제표 본문 밖의 '별지'에 기술한 것을 말한다. ( )

정답과 해설 01 O 02 O 03 O 04 O 05 O 06 × 07 O 08 O 09 O 10 ×

06 개념체계는 어떤 경우에도 특정 한국채택국제회계기준에 우선하지 않는다.
10 주석은 각주라고도 부르며 재무제표 본문의 특정 항목에 대한 추가적 정보를 재무제표 본문 밖의 '별지'에 기술한 것을 말한다.

제 2 장 실전예상문제

해설 & 정답 checkpoint

01 다음 중 재무보고를 위한 개념체계의 설명으로 옳지 않은 것은?

① 개념체계는 한국채택국제회계기준이 아니므로 특정한 측정과 공시에 관한 기준을 정하지 아니한다.

② 개념체계가 한국채택국제회계기준과 상충되는 경우에는 개념체계가 한국채택국제회계기준보다 우선한다.

③ 개념체계는 한국회계기준위원회가 관련 업무를 통해 축적한 경험을 기초로 수시로 개정될 것이다.

④ 재무정보가 완벽하고 충실한 표현을 하기 위해서는 서술이 완전하고 중립적이며 오류가 없어야 한다.

01 한국채택국제회계기준은 언제나 재무보고를 위한 개념체계보다 우선하여 적용된다.

02 다음 중 재무보고를 위한 개념체계의 설명으로 옳지 않은 것은?

① 재무제표를 통해 제공되는 정보가 이용자에게 유용하기 위해 갖추어야 할 속성을 질적 특성이라 하는데 개념체계가 제시하는 근본적 질적 특성으로는 목적 적합성과 충실한 표현이다.

② 수익은 기업의 정상영업활동의 일환으로 발생하는 반면, 차익은 기업의 정상영업활동의 일환이나 그 이외의 활동에서 발생할 수 있다. 그러나 개념체계에서는 차익을 수익과 별개의 요소로 보지 않는다.

③ 자산의 취득은 지출의 발생과 밀접한 관련이 있으므로 취득 시 지출이 발생하지 않은 증여받은 재화는 자산의 정의를 충족하지 않는다.

④ 재무상태표와 포괄손익계산서에 인식되고 평가되어야 할 재무제표 요소의 화폐금액을 결정하는 과정을 측정이라 한다.

02 자산의 정의에 부합하면 자산이 되므로 지출 발생 여부와는 무관하다.

정답 01 ② 02 ③

checkpoint 해설 & 정답

03 근본적 질적 특성으로 목적 적합성과 표현 충실성이 있다.

03 다음 중 근본적 질적 특성에 해당하는 것은?

① 비교 가능성과 검증 가능성
② 검증 가능성과 적시성
③ 적시성과 이해 가능성
④ 목적 적합성과 표현 충실성

04 목적 적합성에는 예측가치, 확인가치, 중요성이 있다.

04 다음 중 목적 적합성에 해당하지 않는 것은?

① 예측가치
② 확인가치
③ 적시성
④ 중요성

05 보강적 질적 특성에는 비교 가능성, 검증 가능성, 적시성, 이해 가능성이 있다.

05 다음 중 보강적 질적 특성에 해당하지 않는 것은?

① 비교 가능성
② 검증 가능성
③ 이해 가능성
④ 중립성

정답 03 ④ 04 ③ 05 ④

해설 & 정답 checkpoint

06 역사적 원가주의나 감가상각비의 계상 등은 회계의 어떤 가정에 근거를 두고 있는가?

① 계속기업의 가정
② 목적 적합성
③ 표현의 충실성
④ 보수주의

06 역사적 원가주의, 감가상각, 수익비용대응 개념, 유동성배열법 모두 계속기업의 가정을 근거로 하고 있다.

07 회계처리과정에서 2개 이상의 선택 가능한 방법이 있는 경우에는 재무적 기초를 견고히 하는 관점에 따라 처리하여야 한다는 회계의 일반원칙은 무엇인가?

① 충분성의 원칙
② 안전성의 원칙
③ 명료성의 원칙
④ 중요성의 원칙

07 안전성의 원칙은 보수주의라고 불리는데 보수주의란 회계처리과정에서 2개 이상의 선택 가능한 방법이 있는 경우에는 재무적 기초를 견고히 하는 관점에 따라 처리하여야 한다는 회계의 일반원칙이다.
[한국회계기준원(www.kasb.or.kr) 회계 기준서 참고]

08 다음 중 보강적 질적 특성 중의 하나인 이해 가능성에 대한 설명에 해당하는 것은?

① 제공되는 정보 간의 유사성과 차이점을 정보이용자가 식별하고 이해할 수 있어야 한다.
② 제공되는 정보에 대하여 합리적인 판단력이 있고 독립적인 서로 다른 관찰자가 어떤 서술이 충실한 표현이라는데 의견이 일치할 수 있어야 한다.
③ 의사결정에 영향을 미칠 수 있도록 적시성 있는 정보의 제공을 의미한다.
④ 정보가 복잡하다는 이유로 재무보고서에서 제외하면 안 된다.

08 이해 가능성이란 정보이용자에게 쉽게 이해될 수 있는 정보의 제공을 의미하는 것으로 정보가 복잡하다는 이유로 재무보고서에서 제외하면 안 된다.

정답 06 ① 07 ② 08 ④

checkpoint 해설 & 정답

09 재무보고를 위한 개념체계에서는 계속기업을 유일한 기본 가정으로 규정하고 있다.

10 기타포괄손익은 당기 손익거래에서 발생한 항목 중에서 미실현손익을 말한다.

11 현금흐름표는 영업활동으로 인한 현금흐름, 투자활동으로 인한 현금흐름, 재무활동으로 인한 현금흐름으로 구성되며 이를 통해 활동별로 발생되는 현금의 흐름에 관한 전반적인 정보를 상세하게 제공해준다.

정답 09 ② 10 ④ 11 ③

09 재무보고를 위한 개념체계에서 기본 가정은 무엇인가?

① 발생주의
② 계속기업의 가정
③ 역사적 원가주의
④ 완전공시의 원칙

10 다음 중 포괄손익계산서에 대한 설명으로 옳지 않은 것은?

① 포괄손익계산서란 일정기간의 경영성과에 대한 정보를 제공하는 재무보고서를 말한다.
② 포괄손익계산서는 수익, 비용, 이익, 기타포괄손익으로 구성된다.
③ 수익에서 비용을 차감한 금액을 순이익이라고 한다.
④ 기타포괄손익은 당기 손익거래에서 발생한 항목 중에서 실현손익을 말한다.

11 현금흐름표는 활동별로 구분하여 작성되는데 이의 구성요소가 아닌 것은?

① 영업활동으로 인한 현금흐름
② 투자활동으로 인한 현금흐름
③ 세무활동으로 인한 현금흐름
④ 재무활동으로 인한 현금흐름

12 재무제표 요소의 측정과 자본유지의 개념에 대한 다음의 설명 중 옳지 않은 것은?

① 부채의 현행원가는 현재 시점에서 그 의무를 이행하는데 필요한 현금이나 현금성 자산의 할인한 금액으로 평가한다.
② 부채의 이행가치는 정상적인 영업과정에서 부채를 상환하기 위해 지급될 것으로 예상되는 현금이나 현금성 자산의 할인하지 아니한 금액으로 평가한다.
③ 실물자본유지개념을 사용하기 위해서는 자산과 부채를 현행원가 기준에 따라 측정해야 한다.
④ 재무자본유지개념과 실물자본유지개념의 주된 차이는 기업의 자산과 부채에 대한 가격변동 영향의 처리방법에 있다.

해설 & 정답 checkpoint

12 부채의 현행원가는 현재 시점에서 그 의무를 이행하는데 필요한 현금이나 현금성 자산의 할인하지 아니한 금액으로 평가한다.

13 동일하거나 동등한 자산을 현재 시점에서 취득할 경우 그 대가로 지불하여야 할 현금이나 현금성 자산의 금액으로 평가하는 자산의 측정기준은?

① 역사적 원가
② 순실현가능가치
③ 현행원가
④ 현재가치

13 현행원가란 동일하거나 동등한 자산을 현재 시점에서 취득할 경우 그 대가로 지불하여야 할 현금이나 현금성 자산의 금액을 말한다.

정답 12 ① 13 ③

checkpoint 해설 & 정답

주관식 문제

01 역사적 원가와 현행원가의 장점과 단점에 대해 각각 서술하시오.

02 일반적으로 회계의 순환과정은 기중거래를 기록하는 과정과 결산작업을 수행하는 과정으로 이루어진다. 이 과정에 대해 단계별로 설명하시오.

01

정답
- 역사적 원가의 장점은 신뢰성과 검증 가능성이 있으며 객관적이다. 하지만 수익·비용 대응의 원칙이 잘 이루어지지 않으며, 자산의 공정가치를 표시하지 못한다는 단점이 있다.
- 현행원가의 장점은 수익·비용 대응의 원칙이 잘 이루어지며, 목적이 적합한 정보를 제공한다. 그러나 신뢰성이 결여되며, 자의성 개입으로 이익조작 가능성의 단점이 있다.

02

정답
① 거래의 식별 : 회계상 거래인 순자산의 변동과 수익과 비용의 발생 식별
② 분개 : 복식부기 제도, 거래의 이중성의 성질 이용, 분개장 또는 전표에 기록
③ 원장에 전기 : 분개장 또는 전표상의 내용을 원장에 기록하는 과정
④ 수정 전 시산표 작성 : 결산의 예비절차
⑤ 결산수정분개 : 결산수정사항의 분개와 원장전기
⑥ 수정 후 시산표와 정산표 : 결산수정사항을 분개장과 원장에 기록
⑦ 재무제표 작성 : 재무상태표, 포괄손익계산서, 자본변동표, 현금흐름표, 주석
⑧ 손익계정 마감 : 집합손익계정 설정, 수익, 비용 계정의 마감
⑨ 재무상태표 계정 마감 : 자산, 부채, 자본 계정의 마감과 이월

해설 회계는 경영활동을 수행하는 과정에서 발생하는 경제적 사건을 식별하고 측정하여 전달하는 시스템으로, 거래기록에서 출발하여 재무보고에 이르는 모든 과정을 회계순환과정이라고 한다. 일반적으로 회계의 순환과정은 기중거래를 기록하는 과정과 결산작업을 수행하는 과정으로 이루어진다.

03 다음 빈칸에 알맞은 용어를 쓰시오.

인식이란 재무제표 요소의 정의를 충족하고 인식기준을 충족하는 항목을 재무제표에 반영하는 과정을 말한다. (①)은 미래경제적 효익이 기업에 유입될 가능성이 높고 해당 항목의 원가 또는 가치를 신뢰성 있게 측정할 수 있을 때 재무상태표에 인식하며, (②)는 현재 의무의 이행에 따라 경제적 효익이 내재된 자원의 유출 가능성이 높고 결제될 금액에 대해 신뢰성 있게 측정할 수 있을 때 재무상태표에 인식한다. (③)은 자산의 증가나 부채의 감소와 관련하여 미래경제적 효익이 증가하고 이를 신뢰성 있게 측정할 수 있을 때 포괄손익계산서에 인식하며, (④)은 자산의 감소나 부채의 증가와 관련하여 미래경제적 효익이 감소하고 이를 신뢰성 있게 측정할 수 있을 때 포괄손익계산서에 인식한다.

해설 & 정답 checkpoint

03

정답 ① 자산
② 부채
③ 수익
④ 비용

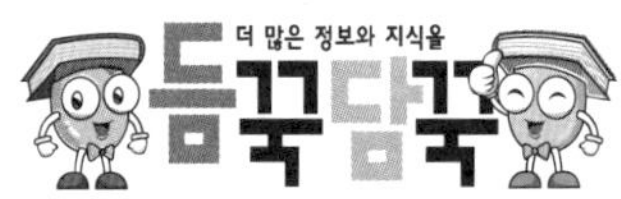

여기서 멈출 거예요? 고지가 바로 눈앞에 있어요.
마지막 한 걸음까지 SD에듀가 함께할게요!

자산의 본질과 분류 및 회계처리

I wish you the best of luck!

제3장 자산의 본질과 분류 및 회계처리

제 1 절 자산의 본질과 분류

1 자산의 본질

자산은 과거 사건의 결과로 기업이 통제하는 미래 경제적 효익을 창출할 것으로 기대하는 자원이다. 자산이 갖는 미래 경제적 효익이란 직접 또는 간접으로 미래 현금 및 현금성 자산의 기업 유입에 기여하게 될 잠재력을 말한다. 이러한 잠재력은 기업의 영업활동의 일부인 생산과 관련될 수 있다. 또한, 자산이 갖는 미래 경제적 효익은 다양한 형태로 기업에 유입될 수 있는데 자산은 기업이 판매하는 재화나 용역의 생산에 개별적으로 또는 그 밖의 자산과 복합적으로 사용된다.

2 자산의 분류

자산은 1년을 기준으로 유동자산과 비유동자산으로 분류한다. 다만, 정상적인 영업주기 내에 판매되거나 사용되는 재고자산과 회수되는 매출채권 등은 보고기간 종료일로부터 1년 이내에 실현되지 않더라도 유동자산으로 분류한다. 이 경우 유동자산으로 분류한 금액 중 1년 이내에 실현되지 않을 금액을 주석으로 기재한다. 또한, 장기미수금이나 투자자산에 속하는 매도가능증권 또는 만기보유증권 등의 비유동자산 중 1년 이내에 실현되는 부분은 유동자산으로 다시 분류한다.

(1) 유동자산

유동자산은 단기간 내에 현금화되거나 정상적인 영업활동으로 소멸되는 경제적 자원을 말하는 것으로 종류는 크게 당좌자산과 재고자산으로 나눌 수 있다.

① 기업의 정상영업주기 내에 실현될 것으로 예상하거나 정상영업주기 내에 판매하거나 소비할 의도가 있다. 여기서 영업주기란 영업활동을 위한 자산의 취득 시점부터 그 자산이 현금이나 현금성 자산으로 실현되는 시점까지 소요되는 기간을 의미한다.

② 주로 단기매매 목적으로 보유하고 있다.

③ 보고기간 후 12개월 이내에 실현될 것으로 예상한다.

④ 현금이나 현금성 자산으로써 교환이나 부채상환 목적으로의 사용에 대한 제한 기간이 보고기간 후 12개월 이상이 아니다.

위의 경우에는 유동자산으로 분류하고 그 밖의 모든 자산은 비유동자산으로 분류한다.

(2) 유동자산의 분류

① **당좌자산** : 판매과정을 거치지 않고 현금으로 교환할 수 있는 유동자산이며, 현금 및 현금성 자산, 매출채권, 단기금융자산, 미수금, 미수수익, 선급금, 선급비용 등이 이에 속한다.

② **재고자산** : 판매과정을 통하여 현금 또는 다른 자산으로 교환되거나 제품의 제조활동에 투입할 목적으로 보유하는 유동자산을 말하며, 상품, 제품, 반제품, 재공품, 원재료, 저장품 등이 있다. 원재료나 저장품은 제조활동에 투입되어 제품이 완성되면 제품의 원가로 변화되고 제품은 판매활동을 거쳐 현금화된다.

(3) 비유동자산

비유동자산은 장기성 자산으로 투자자산, 유형자산, 무형자산, 기타 비유동자산으로 구분된다. 투자 목적으로 보유하는 자산은 투자자산으로, 영업활동에 사용할 목적으로 장기간 보유하고 있는 영업용 자산은 유형자산으로 분류하여야 한다. 그리고 무형자산은 물리적 형체가 없지만 식별 가능하고, 기업이 통제하고 있는 미래 경제적 효익을 창출하는 비화폐성 자산이다.

(4) 비유동자산의 분류

① **투자자산** : 장기적인 투자수익을 목적으로 보유하는 주식이나 채권 등의 금융자산, 타인에 대한 임대를 목적으로 보유하는 유·무형 자산, 영업활동에 사용되지 않는 투자부동산, 특정 목적의 장기성 예금, 그리고 다른 기업을 지배하거나 통제할 목적으로 장기간 보유하는 관계기업투자주식을 포함한다.

② **유형자산** : 재화의 생산이나 용역의 제공 또는 자체적으로 사용할 목적으로 보유하면서 물리적 형태가 있는 비유동자산으로써 토지, 건물, 구축물, 기계장치, 선박, 차량 운반구, 비품, 건설 중인 자산 등이 이에 속한다.

③ **무형자산** : 재화의 생산이나 용역의 제공 또는 자체적으로 사용할 목적으로 보유하면서 물리적 형태는 없지만 식별 가능한 비유동자산으로써 산업재산권, 광업권, 어업권, 차지권, 저작권, 개발비, 프랜차이즈, 영업권 등이 이에 속한다. 무형자산에 속하는 자산도 사용이나 시간의 경과에 따라 원가가 소멸하는 것으로 보고 소멸되는 것으로 추정되는 부분을 계산하여 비용으로 회계처리한다.

④ **기타 비유동자산** : 투자자산, 유형자산, 무형자산에 속하지 않은 비유동자산으로써 투자수익이 없고 다른 자산으로 분류하기 어려운 자산을 말한다. 이에는 이연법인세자산, 임차보증금, 장기성 매출채권, 장기선급비용, 장기선급금, 장기미수금 등이 있다.

제 2 절 현금 및 현금성 자산

1 현금 및 현금성 자산의 의의

(1) 현금 및 현금성 자산이란 현금(통화 및 통화대용증권)과 예금(당좌예금·보통예금) 및 현금성 자산으로 구성된다.

① 현금이란 통화, 통화대용증권 및 요구불예금을 의미한다.

② 통화란 지폐와 주화로 구성되며, 통화대용증권이란 통화로 대신 사용할 수 있는 증권이라는 뜻으로 수표 등을 의미한다.

③ 요구불예금이란 사용이 필요할 때 요구하면 즉시 지불해 주는 예금이라는 뜻으로 일반적인 보통예금이나 당좌예금 등을 의미한다.

④ 현금성 자산이라 함은 큰 거래비용이 없이 현금으로 전환이 용이하고, 이자율 변동에 따른 가치변동의 위험이 중요하지 않은 유가증권 및 단기금융상품으로서, 취득 당시 만기가 3개월 이내에 도래하는 것을 말한다(예 3개월 이내 환매 조건의 환매채와 양도성예금증서, 초단기수익증권 등). 주의할 점은 우표나 수입인지는 현금처럼 유통될 수 없으므로 소모품(비)이나 선급비용으로 분류하고 차용증서는 대여금으로 분류한다. 또한, 선일자수표는 매출채권 또는 미수금으로 분류한다.

더 알아두기

현금 및 현금성 자산의 분류

구분		정의	예시
현금 및 현금성 자산	현금	통화	주화 또는 지폐
		통화대용증권	자기앞수표, 타인발행수표, 만기도래국공채, 우편환, 배당금지급통지표
		요구불예금	당좌예금, 보통예금
	현금성 자산	취득당시 만기가 3개월 이내에 도래	만기가 3개월 이내인 채권, 상환우선주, 수익증권, 환매채, 양도성예금증서
당기 손익 인식 금융 자산	단기	금융기관이 취급하는 정형화된 금융상품으로, 단기적 자금운용 목적으로 소유하거나 기한이 1년 이내에 도래하는 것	1년 이내에 만기가 도래하는 정기예·적금, 수익증권, 양도성예금증서 등
	장기	그 밖의 금융상품	1년 이후에 만기가 도래하는 정기예·적금 등

(2) 기업에서 현금관리를 위해 도입하고 있는 내부통제시스템은 다음과 같은 것들이 있으며, 이러한 것들은 각각 사용하는 것보다 통합하여 사용하여야 효율적인 현금관리를 할 수 있다.

① 입금된 모든 현금은 즉시 거래은행에 당좌예금으로 예입하고, 소액현금을 지급하는 경우를 제외하고는 현금으로 지급하지 않도록 한다.

② 소액현금 이외의 모든 거래대금 지급은 수표를 발행하여 지급하고, 수표에는 반드시 책임자가 서명날인하도록 한다.

③ 현금의 수납을 담당하는 직원과 현금계정에 대한 회계처리를 담당하는 직원은 분담하여 각각 처리하도록 한다.

④ 거래대금을 지급하는 경우 그 정당성 및 적법성을 확인하는 절차를 갖도록 한다.

⑤ 은행계정 조정표는 현금의 수납이나 수표발행업무를 담당하지 않는 제3의 직원이 작성하도록 한다.

⑥ 현금계정의 보조부로 현금의 수납내용을 상세하게 기록하는 현금수입장, 현금지출장 및 현금출납장 등을 활용하도록 한다.

2 현금과부족

장부상 현금 잔액과 실제 현금 잔액이 계산의 착오나 거래의 누락 등에 의해서 일치하지 않는 경우 처리하는 임시계정으로서 외부에 공시하는 재무제표에 표시되어서는 안 된다. 따라서 현금불일치를 발견하였을 때 현금과부족이라는 임시계정에 회계처리하였다가, 추후 차이 내역을 규명하여 해당 계정으로 회계처리한다. 그러나 결산 시까지 그 원인이 밝혀지지 않는 경우 부족액은 잡손실 계정으로 처리하고, 초과액은 잡이익 계정으로 대체 처리하여야 한다.

3 당좌예금

당좌예금은 기업이 은행과 당좌계약을 맺고서 은행에 현금을 예입하고 필요에 따라 수표를 발행하여 현금을 인출할 수 있는 예금이다. 기업은 예금할 때 현금, 타인발행의 수표 등으로 예입하고 은행으로부터 수표장을 받아 수표를 발행한다. 상품, 물품 등의 대금지급에 수표를 사용함으로써 은행이 대금지급을 대행해 주는 셈이 되어 영업상 편리한 예금이다. 당좌예금 계정의 차변에는 현금의 예입이 기록되고 대변에는 인출이 기입된다. 따라서 잔액은 보통 차변에 남아 당좌예금의 현재액을 나타내게 된다.
당좌예금의 인출은 당좌예금잔액의 범위 내에서 행해지는 것이 원칙이다. 그러나 은행과 미리 당좌차월계약을 체결하여 일정한 한도 내에서 예금 잔액을 초과하여도 수표를 발행하여 은행이 지급할 수 있도록 하는데, 이것을 당좌차월이라고 한다. **당좌차월은 회사의 은행에 대한 부채라고 볼 수 있어 단기차입금으로 분류한다.** 금융회사의 요구에 따라 즉시 상환하여야 하는 당좌차월은 기업의 현금관리 일부를 구성하는데 이때 당좌차월은 현금 및 현금성 자산의 구성요소에 포함된다.

더 알아두기

당좌차월의 회계처리방법

① 제1법 : 당좌예금과 당좌차월을 구별하는 경우
당좌예금잔액을 초과하여 당좌수표를 발행할 경우 잔액을 초과하는 부분을 당좌차월계정으로 처리하고 추후 당좌예입되는 금액에서 차감하는 방법이다. 기말에 당좌차월계정의 잔액이 있으면 단기차입금으로 대체 처리한다.

② 제2법 : 당좌예금과 당좌차월을 구별하지 않는 경우
회계 기간 중에는 당좌예금으로만 처리하였다가 기말에 당좌예금잔액이 차변 잔액이면 당좌예금계정으로, 반대로 대변 잔액이면 단기차입금계정으로 처리한다.

4 소액현금제도

소액현금제도란 기업 내에서 소액의 현금지출을 필요로 하는 경우 소액현금기금을 설정하고 그 기금에서 필요한 현금을 지출하는 제도를 말한다. 결산 시 소액현금계정의 잔액은 현금계정에 포함시켜 보고한다.

(1) 정액자금전도제도

일정액의 현금을 전도하고 일정 기간 후에 실제 사용액을 보고 받으면 실제 사용액과 동일한 금액의 자금을 보충해 주어 소액현금자금은 언제나 일정액 수준을 유지시키는 방법이다.

(2) 부정액자금전도제도

소액현금의 설정 금액이 일정하지 않고 보충할 때마다 변동하며 현금 잔액이 거의 없는 경우에 적당한 금액을 수시로 보충해 주는 방법이다.

5 현금출납장과 당좌예금출납장

(1) 현금출납장

현금장부란 현금의 수입/지출을 기록하는 장부로 현금출납장, 현금수입장, 현금지급장, 소액현금출납장 등을 말한다. 현금출납장은 현금의 수입/지출을, 현금수입장은 현금의 수입액만을, 현금지급장은 현금의 지급액만을 기록하는 장부이다. 이들 현금장부는 보조부로 사용될 수도 있는데 복수분개장제도의 경우에는 특수분개장의 하나가 된다.
현금출납장은 현금거래가 많지 않고 복잡하지 않은 중소기업의 경우에 많이 사용되며, 대기업에서와 같이 현금거래가 많고 복잡하면 현금출납장을 분리하여 현금수입장과 현금지급장을 각각 작성할 필요가 있다. 이렇게 함으로써 현금의 수납여부와 지급업무를 분리하여 실무적으로도 편리하다.

(2) 당좌예금출납장

당좌예금에 관한 장부로는 당좌예금출납장, 현금 당좌예금출납장, 수표기입장 등이 있다. 당좌예금출납장은 당좌예금의 예입과 인출을 기록한 장부이고, 현금 당좌예금출납장은 현금출납장과 당좌예금출납장을 합친 장부이며, 수표기입장은 수표발행을 순서대로 기입한 장부이다. 기업의 거래가 많고 복잡하면 현금 당좌예금출납장보다는 당좌예금출납장, 수표기입장이 많이 사용된다.

6 은행계정조정표

(1) 의의

일정 시점에서 회사의 당좌예금 잔액과 은행의 당좌예금원장 잔액이 어느 한쪽의 기장오류로 인하여 불일치하는 경우 이들 양자 간의 차이를 조사하여 수정하여야 하는데, 이때 작성하는 표가 은행계정조정표이다.

(2) 불일치 사유

① **기발행미결제수표** : 회사는 수표를 발행하여 당좌예금이 감소하였지만 동 수표가 은행에 지급제시되지 않아 은행 측에서는 당좌예금의 출금처리가 되지 않은 것으로 은행 측의 잔액을 차감하여 수정하여야 한다.

② **은행미기입예금** : 회사에서는 입금기록을 하였으나 은행 측에서 입금기록을 하지 않는 경우로 회사가 은행 마감 후 입금한 경우가 대표적이다. 이 경우에는 은행 측에 가산하여 수정하여야 한다.

③ **회사미통지예금** : 은행에서 입금으로 기록하였으나 회사 측에서는 입금처리되지 않는 경우로 회사는 입금을 기록하여 회사 측 잔액을 증가시켜 수정하여야 한다.

④ **회사미기입출금** : 은행에서는 출금처리하였으나 회사가 출금 사실을 통지받지 못하여 출금처리를 하지 못한 경우로 회사는 예금잔액을 감소시키는 수정을 해야 한다.

⑤ **기장의 오류** : 회사나 은행에서 장부기입의 누락이나 금액의 착오를 일으킨 경우로 회사 측의 오류일 때에는 회사의 금액을 조정하고, 은행 측의 오류일 경우에는 은행잔액을 조정하여 일치시킨다.

더 알아두기

특정 현금과 예금

기업이 현금 또는 예금으로 보유하고 있는 것이라도 법률에 의하여 압류되거나 주주배당특정예금, 감채충당부채특정예금, 종업원연금기금 및 기타 특정기금 등과 같이 사용이 제한된 현금과 예금은 당좌자산의 현금및현금성자산에서 분리하여 별도로 특정현금과 예금계정을 설정하여 처리한다. 그리고 특정 현금과 예금이 중요하지 않는 경우에는 투자자산 중 장기금융상품으로 통합하여 표시하고 그 내용을 주석으로 기재하면 된다.

제 3 절 매출채권 및 기타채권

매출채권은 기업의 계속적이며 반복적인 주된 영업활동에서 발생되는 채권으로 외상매출금과 받을어음이 있으며, 매출채권은 매출의 발생과 동시에 생겨난다.

1 외상매출금 및 매출처원장

(1) 외상매출금

외상매출금은 일반적 상거래에서 발생한 채권을 말하며, 상품이나 제품을 외상으로 판매하고 대금을 회수하지 않은 미수액이다. 매출에누리는 불량품, 수량 부족, 견본과의 상이 등으로 인하여 매출액에서 차감되는 금액이고, 매출환입은 일단 매출되었던 상품을 반환받은 것으로 매출액에서 차감된다. 매출할인은 할인기간 내에 대금을 상환하는 것으로 매출액에서 차감되는 금액이다.

(2) 매출처원장

외상거래의 기장 시에는 총계정원장에 통제계정인 외상매출금 계정을 설정하고, 보조원장으로 매출처원장을 거래처별로 설정하여 회계처리하는 것이 편리하다. 통제계정은 총계정원장에는 하나의 계정을 두고 그 계정 아래 보조원장을 두어 인명계정을 통제할 수 있도록 한 계정이다. 외상거래에 있어서 통제계정은 총계정원장의 외상매출금계정이 되고, 이들 통제계정에 대해 보조원장의 거래처별 계정은 채권의 상세한 내역을 나타내는 것이다. 통제계정을 사용할 경우에 통제계정의 잔액은 보조원장의 개별계정의 금액이 바뀌지 않는 한 변동될 수 없어 통제계정의 잔액은 개별계정의 잔액과 항상 일치한다.

2 받을어음 및 받을어음 기입장

(1) 받을어음

어음은 상품의 외상거래에 있어서 구두 약속보다 법적 구속력이 있기 때문에 신뢰성이 있는 증거가 된다. 상품을 매출하고 약속어음을 받으면 받을어음 계정 차변에 기록한다. 어음은 어음수취인과 만기일, 만기금액, 채무자인 어음발행인의 거래은행, 이자율(이자부 어음) 등이 기재된다.

(2) 받을어음 기입장

받을어음 기입장은 받을어음을 발생순서에 따라 기입하되 거래내용·금액·어음종류·발행인 등 명세를 기입하는 장부이다. 이 장부로부터 특정일 현재의 받을어음의 현재액을 알 수 있다. 받을어음 기입장은 회계장부상으로는 보조부로서 보조기입장에 속한다.

3 매출에누리·매출환입·매출할인

(1) 매출에누리

매출에누리란 제품 또는 상품에 결함 또는 하자가 있는데 그 결함 또는 하자가 중대하지 아니하여 대금을 감액해 주는 것이다. 매출에누리는 매출수익에서 차감하고 그만큼 받을 수 있는 권리가 사라지므로 매출채권에서도 차감해 주어야 한다.

(2) 매출환입

매출환입이란 제품 또는 상품에 중대한 결함 또는 하자가 있어 그 제품 또는 상품을 반품받는 것이다. 매출환입은 매출수익에서 차감하고 그만큼 받을 수 있는 권리가 사라지므로 매출채권에서도 차감해 주어야 한다.

(3) 매출할인

매출할인이란 외상대금의 조기회수에 대한 대가로 금액을 일부 할인해주는 것이다. 외상거래 시 매출할인에 대한 조건이 '2/10, n/30'이라는 말은 30일 외상거래 조건이나 10일 이내에 상환할 시에는 2%의 매출할인을 적용하겠다는 의미이다.

4 매출채권의 양도와 대손의 처리

(1) 매출채권의 양도

매출채권은 받을어음과 외상 매출금으로 구성되는데, **받을어음을 양도하는 것을 어음할인**이라고 하며 **외상 매출금을 양도하는 것을 팩토링(factoring)**이라고 한다. 기업은 거액의 매출채권 보유로 인한 자금부담을 완화시키기 위하여 매출채권의 양도와 담보 등의 방법으로 현금화하기도 한다. 이러한 양도는 그 경제적 실질에 따라 매각거래와 차입거래로 구분된다. 당해 채권에 대한 권리와 의무가 양도인과 분리되어 실질적으로 이전되는 경우는 매각거래로 판단되는 양도로 보아 회계처리한다.

배서양도	(차) 보통예금	×××	(대) 받을어음	×××
어음할인 (매각거래)	(차) 보통예금 매출채권처분손실	××× ×××	(대) 받을어음	×××
어음할인 (차입거래)	(차) 보통예금 이자비용	××× ×××	(대) 단기차입금	×××

더 알아두기

매출채권의 제거조건

① 위험과 보상 : 위험과 보상의 대부분을 양도했다면 매출채권을 제거시킨다.
② 통제 : 매출채권의 소유에 따른 위험과 보상의 대부분을 양도했다는 판단이 명확하지 않을 경우 통제기준을 적용한다. 즉, 매출채권에 대한 통제를 보유하고 있지 않다고 판단되면 해당 매출채권을 제거시킨다.

③ **지속적 관여** : 매출채권에 대한 통제를 보유하고 있으면 해당 매출채권에 대하여 지속적인 관여를 하고 있는 것으로 보고, 지속적인 관여의 정도에 상당하는 부분까지 해당 매출채권을 제거시키지 않고 계속하여 인식한다.

(2) 대손의 처리

① 대손의 의의

기업이 보유한 모든 채권을 100% 회수한다는 것은 거의 불가능하다. 채무자의 부도, 파산, 사망 등으로 어느 일정 정도 회수 불가능한 위험을 가지고 있다. 예를 들면, 거래처의 재정 궁핍·파산·재해, 기업주의 행방불명·사망 등으로 인하여 채권의 회수가 불가능하게 될 수 있다. 수취채권의 회수가 불가능하게 되어 발생한 손실을 '대손'이라고 한다.

② 대손상각비와 대손충당금

대손상각비는 모두 회수불능 채권에 대한 손실을 계상하는 비용 계정으로 매출채권에 대한 것일 경우 판매비와 관리비로 분류하고, 기타채권에 대한 것일 경우 영업외비용으로 분류한다. 매출채권의 대손(손상)상각 회계처리방법에는 직접상각법과 충당금설정법이 있으나, 한국채택국제회계기준은 이 중 충당금설정법만을 인정하고 있다.

대손충당금은 충당금 설정법에 의하여 설정되는 것으로 수취채권의 잔액 중 회수불능채권의 추정금액을 나타내는 것이다. 이것은 자산인 수취채권으로부터 차감되어 수취채권의 장부가액을 나타내기 위한 수취채권의 평가계정이다. **한국채택국제회계기준은 대손상각비의 인식은 매출채권의 추정미래현금흐름의 현재가치에 기초하여 장부금액과의 차이를 대손상각비로 인식한다.**

대손충당금의 기말잔액 = 손상 고려 전 매출채권의 명목 금액 − 매출채권 현재가치

③ 대손의 회계처리방법

㉠ 직접 상각법

이 방법은 특정 채권이 대손되기 전까지는 전혀 회계처리하지 않고, 특정 채권의 회수가 실제로 불가능하게 되었을 때 회수 불가능한 금액을 당기 비용으로 인식하고 동시에 수취채권에서 직접 차감하는 방법이다.

(차) 대손상각비	×××	(대) 매출채권(외상매출금)	×××

이 방법의 장점은 대손액이 추정치가 아니고 실제 발생액이므로 회계자료의 객관성이 높고, 실무상 적용하기 쉽고 편리하다는 점이다. 하지만 단점으로는 수익·비용 대응의 원칙에 위배될 수 있고, 재무상태표상 수취채권의 순실현가치가 표시되지 않는다는 점이다.

㉡ 충당금설정법

이 방법은 매출액 또는 수취채권잔액으로부터 회수불능채권의 금액을 추정하여 차변에 대손상각비, 대변에 대손충당금으로 기입하는 방법이다. 이 방법에 의하면 회수불능채권의 추정액과 대손충당금의 잔액을 비교하여 양자의 차액만큼 대손충당금 계정에 추가로 설정하거나 환입한다.

구분	차변	금액	대변	금액
대손충당금의 설정 (회계연도 말)	[기말대손추산액 〉 설정 전 충당금 잔액]			
	(차) 대손상각비	×××××	(대) 대손충당금	×××××
	[기말대손추산액〈설정 전 충당금 잔액]			
	(차) 대손충당금	×××××	(대) 대손충당금환입	×××××
대손의 확정	[대손확정액 ≤ 설정 전 충당금 잔액]			
	(차) 대손충당금	×××××	(대) 매출채권	×××××
	[대손확정액 ≥ 설정 전 충당금 잔액]			
	(차) 대손충당금	×××××	(대) 매출채권	×××××
	대손충당금	×××××		
상각채권의 회수	(차) 매출채권	×××××	(대) 대손충당금	×××××
	(차) 현금	×××××	(대) 매출채권	×××××

이 방법의 장점은 수익을 창출하는 과정에서 발생하는 원가는 그 특정수익이 보고된 기간의 비용으로 처리되어야 한다는 수익·비용 대응의 원칙에 기초를 두고 있고, 재무상태표에 보고되는 자산은 장래에 실제로 실현될 것으로 예상되는 금액, 즉 순실현가능가치로 평가해야 한다는 사실에 기초를 두고 있다는 점에서 이론적 타당성이 있다. 하지만 단점으로 대손율의 설정에 있어서 회계담당자의 주관이 개입될 가능성이 높고, 대손율 차이에 따라 기업 간 비교 가능성이 저해될 가능성이 있다는 점이다.

더 알아두기

손상차손의 회계처리

K-IFRS에 의하면 매 보고 기간 말인 결산일에 금융상품(매출채권)의 신용위험이 유의적으로 증가하였는지 판단하고, 미래 전망 정보를 포함하여 합리적이고 뒷받침될 수 있는 모든 정보를 고려하여 기대신용손실을 추정하고 그 금액을 손상차손(손실충당금)으로 인식한다.

기대신용손실은 매출채권에서 수취하지 못할 것으로 추정한 현금흐름인 현금부족액의 현재가치가 채무불이행 발생위험으로 가중평균한 금액을 말한다. 그리고 기대신용손실을 측정할 때 실무적으로 충당금설정률표를 사용하여 기대신용손실을 계산할 수 있다.

K-IFRS에 의하면 당기손익-공정가치측정 금융자산을 제외한 상각후원가 측정 금융자산과 기타포괄손익-공정가치측정 금융자산도 매기 말 손상 여부를 평가하여 그 금융자산의 추정미래현금흐름에 악영향이 예상되는 경우에는 손상차손을 인식하도록 규정하고 있다. 손상차손은 모든 수취채권에서 발생하고 회계처리도 동일하다.

상각후원가를 장부금액으로 하는 금융자산인 대여금 및 수취채권 등 상각후원가 측정 금융자산의 손상차손은 당해 자산의 장부금액과 최초 인식 시점에서 계산된 유효이자율로 할인한 추정미래현금흐름의 현재가치의 차이로 측정한다. 이 경우 아직 발생하지 아니한 미래의 대손은 미래예상현금흐름에 포함하지 아니한다.

5 기타의 수취채권

(1) 단기대여금

차용증서, 어음 등을 받고 현금 및 현금성 자산을 대여할 때 그 채권을 대여금이라 하며, 재무상태표일로부터 대여기간이 1년 이내인 경우를 단기대여금이라 한다. 즉, 금전소비대차계약에 따른 자금의 대여거래로 회수기한이 1년 이내에 도래하는 채권으로써 어음의 만기일 이전에 결산일이 도래하면 수정분개를 통하여 실현된 이자를 당기의 이자수익으로 계상한다.

(2) 미수금

미수금은 재고자산의 매매와 같은 일반적 상거래(주된 영업활동) 이외에서 발생한 미수채권으로 유가증권, 비유동자산의 처분 등으로 나타나는 채권이다.

(3) 미수수익

당기 중에 당해 기간 귀속되는 수익은 발생하였으나 결산일까지 현금을 수령하지 못한 경우 결산일까지 발생된 수익을 인식하며 상대계정으로 미수수익(자산계정)을 인식한다. 즉, 미수수익은 발생수익의 계상을 말하는 것으로 당기에 속하는 수익으로서 아직 받지 못한 부분이 있을 경우에는 해당하는 금액을 당기의 수익으로 대변에 기록하는 동시에 같은 금액을 미수수익이라는 자산으로 차변에 기록하는 수정분개를 하여야 한다.

(4) 선급금

거래처로부터 상품, 제품, 원재료, 부품 등과 같은 자산을 인도받기 전에 자산의 취득 대가의 일부 또는 계약금을 먼저 지급하였을 경우 그 금액을 유동자산인 선급금으로 처리한다.

(5) 선급비용

당기에 지출한 금액 중에서 차기 이후에 기간경과분이 도래하는 비용은 당기에 비용으로 인식하지 않고 선급비용으로 자산 처리한 후 차기 이후에 기간이 경과하면 비용으로 인식한다. 즉, 선급비용은 비용의 이연을 말하는 것으로 이미 비용으로 지출한 금액 중에서 당기에 전액 비용화되지 않고 차기에 비용화되어야 할 금액이 있는 경우가 있다. 이러한 경우, 결산 시에 차기에 속할 비용을 당기의 비용으로부터 차감하고 미리 지급한 선지급 부분을 자산으로 계상하여야 한다. 자산으로 계상된 부분을 선급비용이라고 하며, 이는 비용의 미경과분 또는 비용의 이연 부분이라고 할 수 있다.

(6) 가지급금

가지급금은 현금이 지급되었으나 계정과목·금액을 확정할 수 없을 때 일시적으로 처리하는 자산계정이다. 예를 들면, 사원의 출장으로 인한 여비의 전도, 내용불명의 지급 등이 있다.

(7) 미결산계정

현금의 수급이 없고 거래 자체가 완료되지 않아 처리할 계정과목이나 금액이 미확정인 경우 잠정적으로 처리하는 계정이 미결산계정이다. 예를 들면, 건물이 소실되어 보험회사에 화재보험금을 청구하였으나 아직 금액이 결정되지 않았을 경우, 또는 소송 중인 채권·채무가 아직 판결이 나지 않았을 경우가 있다. 미결산계정은 차변과 대변의 과목명칭이 동일한데, 차변이면 채권적 성질의 것이고 대변이면 채무적 성질의 것이다. 그러나 양자가 동시에 존재할 경우에는 미결산채권과 미결산채무로 구별하여 처리할 수도 있다. 미결산계정은 가지급금·가수금의 경우와 마찬가지로 공표용 재무제표에 표시되어서는 안 되나 편의상 기중의 회계처리에는 나타날 수 있다. 기중에 나타나더라도 결산 시에는 해당 계정과목으로 대체하여 없애야 한다.

제 4 절 금융자산

1 금융자산의 의의

금융자산이란 **현금과 금융상품**을 말한다. 금융상품은 거래당사자 일방에서 금융자산을 발생시키고 동시에 거래상대방에게 금융부채나 지분상품을 발생시키는 모든 계약을 말한다. 여기서 계약이란 명확한 경제적 결과를 가지고 법적 구속력을 가지고 있고 자의적으로 회피할 여지가 적은 둘 이상의 당사자 간의 합의를 말하는 것으로 계약에 의하지 않은 자산과 부채는 금융자산, 금융부채가 아니다. 한국채택국제회계기준에서는 금융상품을 보유자에게 금융자산을 발생시키고 동시에 상대방에게 금융부채나 지분상품을 발생시키는 모든 계약으로 정의하였다.

(1) 금융자산(보유자)

① 현금

② 다른 기업의 지분상품

③ 다음 중 하나에 해당하는 계약상의 권리

㉠ 거래상대방에게서 현금 등 금융자산을 수취할 계약상의 권리

㉡ 잠재적으로 유리한 조건으로 거래상대방과 금융자산이나 금융부채를 교환하기로 한 계약상의 권리

④ 기업이 자신의 지분상품으로 결제되거나 결제될 수 있는 다음 중 하나의 계약

㉠ 수취할 자기지분상품의 수량이 변동가능한 비파생상품

㉡ 확정 수량의 자기지분상품에 대하여 확정 금액의 현금 등 금융자산을 교환하여 결제하는 방법이 아닌 방법으로 결제되거나 결제될 수 있는 파생상품

더 알아두기

파생상품의 개념

파생상품은 K-IFRS 제1109호의 적용 범위에 해당하면서 다음 세 가지 특성을 모두 가진 금융상품 또는 기타계약을 말한다.

① 기초변수의 변동에 따라 가치가 변동한다. 기초변수는 이자율, 금융상품가격, 일반상품가격, 환율, 가격 또는 비율의 지수, 신용등급이나 신용지수 또는 기타 변수를 말한다. 다만, 비금융변수의 경우에는 계약의 당사자에게 특정되지 아니하여야 한다.
② 최초 계약 시 순투자금액이 필요하지 않거나 시장요소의 변동에 비슷한 영향을 받을 것으로 기대되는 다른 유형의 계약보다 적은 순투자금액이 필요하다.
③ 미래에 결제된다.

(2) 금융부채(발행자)

① 다음 중 하나에 해당하는 계약상의 의무
- ㉠ 거래상대방에게 현금 등 금융자산을 인도하거나 한 계약상 의무
- ㉡ 잠재적으로 불리한 조건으로 거래상대방과 금융자산이나 금융부채를 교환하기로 한 계약상 의무

② 지분상품으로 결제되거나 결제될 수 있는 다음 중 하나의 계약
- ㉠ 인도할 지분상품의 수량이 변동 가능한 비파생상품
- ㉡ 확정수량이 지분상품에 대하여 확정 금액의 현금 등 금융자산을 교환하여 결제하는 방법이 아닌 방법으로 결제되거나 결제될 수 있는 파생상품

(3) 지분상품(발행자)

기업의 자산에서 모든 부채를 차감한 후의 잔여지분을 나타내는 모든 계약을 말한다.

2 금융자산의 분류

금융자산에 해당하는 계정으로는 현금 및 현금성 자산, 매출채권, 미수금, 대여금, 지분상품 및 채무상품 등이 있으며, 금융부채에 해당하는 계정으로는 매입채무, 미지급금, 차입금, 사채 등이 있다. 반면에 선급금, 선급비용, 재고자산, 유형자산, 무형자산, 투자부동산 등은 비금융자산이라고 할 수 있다.

(1) 현금

화폐(현금)는 교환의 수단이므로 금융자산이며, 재무제표에 모든 거래를 인식하고 측정하는 기준이 된다. 현금은 통화, 통화대용증권, 요구불예금으로 구성된다.

(2) 다른 기업의 지분상품

다른 기업이 발행한 주식 등을 취득하여 보유하는 경우 금융자산으로 분류한다.

(3) 금융자산을 수취하거나 잠재적인 유리한 조건으로 금융자산이나 금융부채를 교환할 계약상의 권리

① 매출채권과 매입채무
② 받을어음과 지급어음
③ 대여금과 차입금
④ 투자사채와 사채

(4) 자기지분상품으로 결제될 수 있는 계약

기업이 자기지분상품으로 결제되는 계약을 체결하는 경우 그 대가로 수취하는 자기지분상품은 금융자산으로 분류한다.

3 지분상품

(1) 당기손익-공정가치측정 금융자산(FVPL 금융자산)

지분상품의 경우 단기매매목적으로 보유한다면 당기손익-공정가치측정 금융자산으로 분류하여야 한다. 여기서 단기매매란 일반적으로 매입과 매도가 단기간에 적극적이고 빈번하게 이루어지는 것을 말하며, 일반적인 주식은 단기간 내의 매매차익을 얻기 위하여 취득하는 금융상품으로 보는 것이 일반적이다. 또한, 당기손익-공정가치측정 금융자산은 공정가치로 공시해야 하는데 여기서 공정가치란 측정일에 시장참여자 사이의 정상거래에서 자산을 매도하면서 수취하거나 부채를 이전하면서 지급하게 될 가격을 의미한다.

① 취득 시

당기손익-공정가치측정 금융자산의 취득 시에는 취득 시점의 공정가치를 장부가액으로 회계처리한다.

(차) FVPL 금융자산	×××	(대) 현금	×××

② 회계기간 말(후속측정 : 기말평가)

당기손익-공정가치측정 금융자산은 회계기간 말에 공정가치로 평가하는데 공정가치평가로 인한 당기손익-공정가치측정 금융자산평가손익은 당기손익으로 처리하도록 하고 있다.

(차) FVPL 금융자산	×××	(대) FVPL 금융자산평가이익	×××
또는			
(차) FVPL 금융자산평가손실	×××	(대) FVPL 금융자산	×××

③ **배당금수익**

배당금은 받을 권리가 확정되고 경제적 효익의 유입 가능성이 높으며 배당액을 신뢰성 있게 측정할 수 있을 때 수익으로 인식한다. 일반적으로 배당결의는 주주총회에서 하므로 정기주주총회에서 배당 결의 시에 수익으로 인식한다.

주주총회 결의 시	(차) 미수수익	×××	(대) 배당금수익	×××
배당금 수령 시	(차) 현금	×××	(대) 미수수익	×××

④ **처분 시**

일반적인 자산의 처분과 마찬가지로 처분가액과 장부가액을 비교하여 처분손익을 인식한다.

(차) 현금	×××	(대) FVPL 금융자산	×××
		FVPL 금융자산처분이익	×××

(2) 기타포괄손익-공정가치측정선택 금융자산(FVOCI 금융자산)

지분상품 중에서 최초 인식 시점에 지분상품 중 단기매매항목이 아니고 조건부 대가도 아닌 지분상품을 기타포괄손익-공정가치측정선택 금융자산으로 분류되도록 선택하였다면 기타포괄손익-공정가치측정선택 금융상품으로 분류한다.

기타포괄손익-공정가치측정선택 금융자산은 당기손익-공정가치측정 금융자산에서처럼 회계기간 말의 공정가치로 평가해서 공시해야 하나, 일반적인 기타포괄손익-공정가치측정 금융자산과 다른 점은 처분 시에 공정가치평가 수행 후 처분에 대한 회계처리를 함으로써 처분손익이 당기손익으로 인식되지 않는다는 것이다.

① **취득 시**

기타포괄손익-공정가치측정선택 금융자산의 취득 시에는 일반적인 자산의 취득과 마찬가지로 취득원가(공정가치 + 취득부대비용)를 장부가액으로 회계처리한다.

(차) FVOCI 금융자산	×××	(대) 현금	×××

② **회계기간 말(후속측정: 기말평가)**

기타포괄손익-공정가치측정선택 금융자산은 공정가치로 평가하는데 공정가치평가로 인한 평가손익은 실현된 손익이 아니다. 미실현손익을 당기손익으로 인식하면 현금배당 압력이 있을 수도 있고 정보이용자가 실현된 것으로 오인할 수도 있으므로 기타포괄손익으로 처리하여 미실현손익을 명확히 표시한다.

(차) FVOCI 금융자산	×××	(대) FVOCI 금융자산평가이익	×××
또는			
(차) FVOCI 금융자산평가손실	×××	(대) FVOCI 금융자산	×××

③ **배당금수익**

배당금은 받을 권리가 확정되고 경제적 효익의 유입 가능성이 높으며 배당액을 신뢰성 있게 측정할 수 있을 때 수익으로 인식한다. 일반적으로 배당결의는 주주총회에서 하므로 정기주주총회에서 배당 결의 시에 수익으로 인식한다.

구분	차변	금액	대변	금액
주주총회 결의 시	(차) 미수수익	×××	(대) 배당금수익	×××
배당금 수령 시	(차) 현금	×××	(대) 미수수익	×××

④ **처분 시**

일반적인 자산의 처분과 마찬가지로 처분가액과 장부가액을 비교하여 처분손익을 인식하는데, 여기서 장부가액이란 처분 전 공정가치평가를 수행한 후의 금액이다. 따라서 처분손익이 인식되지 아니한다. 또한, 기타포괄손익에 남아있는 기타포괄손익-공정가치측정선택 금융자산평가손익은 이익잉여금으로 직접 대체할 수도 있다.

차변	금액	대변	금액
(차) FVOCI 금융자산	×××	(대) FVOCI 금융자산평가이익	×××
(차) 현금	×××	(대) FVOCI 금융자산	×××

4 채무증권

채무증권의 경우 사업모형이 계약상 현금흐름을 수취하기 위해 보유한다면 상각후원가측정 금융자산으로 분류하고, 사업모형이 계약상 현금흐름의 수취와 금융자산의 매도라는 둘을 통해 목적을 이루고자 한다면 기타포괄손익-공정가치측정 금융자산으로 분류한다. 또한, 회계불일치의 해소 등 특정한 조건을 충족하는 경우에는 당기손익-금융가치측정 금융자산으로 지정하여 분류할 수 있다.

(1) 상각후원가측정 금융자산(AC 금융자산)

계약조건에 따라 원금과 이자의 현금흐름이 생기는 금융자산에 투자하는 목적은 당해 금융자산을 중도에 매각하려 하기보다는 당해 금융자산의 보유를 통해 관련 이자와 현금을 회수하는 것을 사업목적으로 하는 경우가 일반적이다.

① **취득 시**

상각후원가측정 금융자산의 취득 시에는 공정가치에 거래원가를 가산한 취득원가를 장부가액으로 회계처리한다.

차변	금액	대변	금액
(차) AC 금융자산	×××	(대) 현금	×××

② **회계기간 말(후속측정: 기말평가)**

상각후원가측정 금융자산의 회계기간 말에는 유효이자율법에 따라서 유효이자를 이자수익으로 인식하며 그에 따른 상각후원가를 기말장부가액으로 표시한다.

③ **이자수익**

기업회계에서 이자수익은 유효이자율법에 따라 인식하는 것을 원칙으로 하고 있다. 유효이자율법에 따른 이자수익을 인식하기 위해서는 유효이자율법 상각표를 이용할 수 있다.

(차) 현금	×××	(대) 이자수익	×××
		AC 금융자산익	×××

④ **처분 시**

㉠ 만기상환

상각후원가측정 금융자산은 만기까지 보유하면서 이자와 원금을 회수하는 것이 목적이므로 처분이란 일반적으로 만기상환을 의미하며 이 경우 처분손익은 발생하지 않을 것이다.

(차) 현금	×××	(대) AC 금융자산	×××

㉡ 중도상환

상각후원가측정 금융자산에 있어서 중도에 현금화해야 하는 특수한 상황일 경우 이자지급일 사이에 처분하다면 발생 이자를 이자수익으로 인식한 후 처분가액과 장부가액을 비교하여 처분손익을 인식하여야 한다.

구분	차변	금액	대변	금액
이자수익 인식	(차) 현금 AC 금융자산	××× ×××	(대) 이자수익	×××
상각후원가측정 금융자산처분	(차) 현금 AC 금융자산	××× ×××	(대) 이자수익 AC 금융자산처분이익	×××

(2) 기타포괄손익-공정가치측정 금융자산(FVOCI 금융자산)

채무증권을 보유하면서 이자와 원금을 수취하고, 또한 상황에 따라 그 채무증권을 매도하여 목적을 이루려는 사업모형의 경우에는 기타포괄손익-공정가치측정 금융자산으로 인식하고 회계기간 말의 공정가치로 평가해서 공시하는 것이 필요하다.

① **취득 시**

기타포괄손익-공정가치측정 금융자산의 취득 시에는 공정가치에 거래원가를 포함한 취득원가를 장부가액으로 회계처리한다.

(차) FVOCI 금융자산	×××	(대) 현금	×××

② **회계기간 말(후속측정 : 기말평가)**

기타포괄손익-공정가치측정 금융자산은 공정가치로 평가하는데, 상각후원가와 비교하여 산정된 공정가치평가로 인한 평가손익은 실현된 손익이 아니므로 기타포괄손익누계액으로 처리하여 미실현 손익임을 명확히 표시한다. 기타포괄손익-공정가치측정 금융자산의 이자수익도 역시 최초 취득 시 결정된 유효이자율을 적용한 유효이자율법에 따라 인식하므로 장부가액을 상각후원가로 조정되어 있을 것이다. 공정가치평가를 할 때는 상각후원가와 비교하여 기타포괄손익-공정가치측정 금융자산평가손익을 인식하는 것이다.

(차) FVOCI 금융자산	×××	(대) FVOCI 금융자산평가이익	×××
또는			
(차) FVOCI 금융자산평가손실	×××	(대) FVOCI 금융자산	×××

③ **이자수익**

기업회계에서 이자수익은 유효이자율법에 따라 인식하는 것을 원칙으로 하고 있다. 기타포괄손익-공정가치측정 금융자산의 이자수익도 역시 최초 취득 시 결정된 유효이자율을 적용한 유효이자율법에 따라 인식하며 그 결과 장부가액은 상각후원가로 조정되어 있을 것이다.

(차) 현금	×××	(대) 이자수익	×××
FVOCI 금융자산	×××		

④ **처분 시**

일반적인 자산의 처분과 마찬가지로 처분가액과 장부가액을 비교하여 처분손익을 인식하는데, 여기서 장부가액이란 기타포괄손익누계액으로 기록되어 있는 기타포괄손익-공정가치측정 금융자산평가손익을 반영한 후의 금액이다. 기타포괄손익-공정가치측정 금융자산평가손익을 반영한 장부가액은 결국 취득원가가 되므로 공정가치평가를 하면서 평가손익을 기타포괄손익누계액으로 처리한다는 것은 기타포괄손익-공정가치측정 금융자산의 공정가치 정보를 제공하면서 동시에 취득원가정보를 함께 제공해 줄 수 있다는 장점이 있다. 물론 이자지급일 사이에 처분한다면 발생이자를 이자수익으로 인식한 후 일반적인 자산의 처분과 마찬가지로 처분가액과 장부가액을 비교하여 처분손익을 인식한다.

구분	차변	금액	대변	금액
이자수익 인식	(차) 현금	×××	(대) 이자수익	×××
	FVOCI 금융자산	×××		
기타포괄손익-공정가가치측정 금융자산처분	(차) 현금	×××	(대) FVOCI 금융자산	×××
	FVOCI 금융자산평가이익	×××	FVOCI 금융자산처분이익	

(3) 당기손익-공정가치측정 금융자산(FVPL 금융자산)

서로 다른 기준에 따라 자산이나 부채를 측정하거나 그에 따른 손익을 인식하는 경우에 측정이나 인식의 불일치(회계불일치)가 발생할 수 있는데 이때 금융자산을 당기손익-공정가치측정 금융자산으로 분류하여 이러한 불일치를 제거하거나 유의적으로 줄일 수 있다면 최초 인식 시점에 해당 금융자산을 당기손익-공정가치측정금융자산으로 지정할 수 있다.

① 취득 시

당기손익-공정가치측정 금융자산의 취득 시에는 취득 시점의 공정가치를 장부가액으로 회계처리한다.

(차) FVPL 금융자산	×××	(대) 현금	×××

② 회계기간 말(후속측정 : 기말평가)

당기손익-공정가치측정 금융자산은 회계기간 말 공정가치로 평가하는데, 이때 발생하는 당기손익-공정가치측정 금융자산평가손익은 회계불일치를 제거하거나 유의적으로 감소시키기 위한 것이므로 당기손익으로 인식한다.

(차) FVPL 금융자산	×××	(대) FVPL 금융자산평가이익	×××
또는			
(차) FVPL 금융자산평가손실	×××	(대) FVPL 금융자산	×××

③ 이자수익

당기손익-공정가치측정 금융자산의 경우에는 유효이자를 계산하는 것이 중요하지 않다. 따라서 현금으로 지급받은 현금 이자를 이자수익으로 인식한다.

(차) 현금	×××	(대) 이자수익	×××
		미수이자	×××

④ 처분 시

일반적인 자산의 처분과 마찬가지로 처분가액과 장부가액을 비교하여 처분손익을 인식한다.

(차) 현금	×××	(대) FVPL 금융자산	×××
		FVPL 금융자산처분이익	×××

더 알아두기

지분법

① 지분법의 의의

지분상품은 일반적인 투자수익 획득목적 이외에도 의결권의 확보를 통해 관계기업의 의사결정에 영향을 미치기 위한 목적으로 보유하기도 한다. 이때 의결권을 일정 이상 보유하게 되면 관계기업에 유의적인 영향력을 행사하게 되는데 이 경우 지분법을 적용하여 회계처리하도록 규정하고 있다.

지분법이란 유의적인 영향력이 있는 경우 투자자산을 최초에 원가로 인식하고, 취득 시점 이후 발생한 피투자자의 순자산 변동액 중 투자자의 몫을 해당 투자자산에 가감하여 보고하는 회계처리방법을 말한다. 즉 투자자의 당기순손익에는 피투자자의 당기순손익 중 투자자의 몫에 해당하는 금액을 포함하고, 투자자의 기타포괄손익에는 피투자자의 기타포괄손익 중 투자자의 몫에 해당하는 금액을 포함한다.

② 유의적인 영향력

기업이 직접 또는 간접으로 피투자자에 대한 의결권의 **20% 이상**을 소유하고 있다면 유의적인 영향력을 보유하는 것으로 본다. 이는 투자자가 피투자자의 재무정책과 영업정책에 관한 의사결정에 참여할 수 있는 능력이 있음을 의미한다. 다만 유의적인 영향력이 없다는 사실을 명백하게 제시할 수 있는 경우는 그러하지 아니하다. 반대로 기업이 직접 또는 간접으로 피투자자에 대한 의결권의 20% 미만을 소유하고 있다면 유의적인 영향력이 없는 것으로 본다. 다만 유의적인 영향력을 보유하고 있다는 사실을 명백하게 제시할 수 있는 경우에는 그러하지 아니하다.

다음과 같은 경우에는 피투자자에 대한 의결권의 20% 미만을 소유하고 있더라도 유의적인 영향력을 행사할 수도 있다.

㉠ 피투자자의 이사회나 이에 준하는 의사결정기구에 참여
㉡ 배당이나 다른 분배에 관한 의사결정에 참여하는 것을 포함하여 정책결정과정에 참여
㉢ 기업과 피투자자 사이의 중요한 거래
㉣ 경영진의 상호 교류
㉤ 필수적 기술정보의 제공

5 금융부채

금융부채는 다음의 부채를 말한다.

(1) 다음 중 하나에 해당하는 계약상 의무

① 거래상대방에게 현금 등 금융자산을 인도하기로 한 계약상 의무
② 잠재적으로 불리한 조건으로 거래상대방과 금융자산이나 금융부채를 교환하기로 한 계약상 의무

(2) 자기지분상품(자기주식)으로 결제되거나 결제될 수 있는 다음 중 하나의 계약

① 인도할 자기지분상품의 수량이 변동 가능한 비파생상품

② 확정 수량의 자기지분상품에 대하여 확정 금액의 현금 등 금융자산을 교환하여 결제하는 방법이 아닌 방법으로 결제되거나 결제될 수 있는 파생상품

(3) 금융부채의 최초 측정 및 후속측정

① 금융부채의 최초 측정

금융부채는 최초 인식 시 공정가치로 측정한다. 다만, 당기손익-공정가치측정 금융부채가 아닌 경우 당해 금융부채의 발행과 직접 관련되는 거래원가는 최초인식하는 공정가치에 차감하여 측정한다.

② 금융부채의 후속측정

최초 인식 후 다음을 제외한 모든 금융부채는 유효이자율법을 사용하여 상각후원가로 측정한다.

㉠ 당기손익-공정가치측정 금융부채

㉡ 금융자산의 양도가 제거조건을 충족하지 못하거나 지속적 관여 접근법이 적용되는 경우에 생기는 금융부채

㉢ 금융보증계약

㉣ 시장이자율보다 낮은 이자율로 대출하기로 한 약정

㉤ 사업결합에서 취득자가 인식하는 조건부 대가

유효이자율법이란 금융부채의 상각후원가를 계산하고 관련 기간에 걸쳐 이자비용을 배분하는 방법으로 금융부채는 상각후원가로 측정한다. 즉, 유효이자율법에 따라 이자비용을 인식하며 발행차금을 상각하여 후속측정된 장부가액을 계산한다.

더 알아두기

금융부채의 제거

금융부채의 제거란 이미 금융부채를 재무상태표에서 삭제하는 것으로 금융부채는 소멸한 경우, 즉 계약상 의무가 이행, 취소 또는 만료된 경우에만 재무상태표에서 제거한다. 기존 차입자와 대여자가 실질적으로 다른 조건으로 채무상품을 교환하거나 기존 금융부채의 조건이 실질적으로 변경된 경우에는 최초의 금융부채를 제거하고 새로운 금융부채를 인식한다. 소멸하거나 제3자에게 양도한 금융부채의 장부금액과 지급한 대가의 차액은 당기손익으로 인식한다.

예제 문제

(주)한국이 위의 투자주식을 다음과 같이 분류할 경우 각 시점별 각각의 회계처리를 하시오.

- (주)한국은 2021년 초 (주)제주가 발행한 보통주식 2,000주(액면가액 ₩1,000)를 1주당 ₩2,000에 취득하였다.
- 2021년 말 (주)제주 주식의 1주당 공정가치는 ₩2,200이다.
- (주)제주는 2022년 3월 초 5%의 현금배당을 결의한 후 지급하였다.
- 2022년 말 (주)제주 주식의 1주당 공정가치는 ₩1,800이다.
- (주)한국은 2023년 5월 보유 중인 (주)제주의 주식을 1주당 ₩2,000에 전량 매각하였다.

(1) 당기손익-공정가치측정 금융자산

(2) 기타포괄손익-공정가치측정선택 금융자산

풀이

(1) 당기손익-공정가치측정 금융자산(FVPL 금융자산)

일자	회계처리			
2021년 초	(차) FVPL 금융자산	4,000,000	(대) 현금	4,000,000
2021년 말	(차) FVPL 금융자산	400,000	(대) FVPL 금융자산 평가이익	400,000
2022년 배당 시	(차) 현금	100,000	(대) 배당금수익	100,000
2022년 말	(차) FVPL 금융자산 평가손실	800,000	(대) FVPL 금융자산	800,000
2023년 처분 시	(차) 현금	4,000,000	(대) FVPL 금융자산 FVPL 금융자산 처분이익	3,600,000 400,000

(2) 기타포괄손익-공정가치측정선택 금융자산(FVOCI 금융자산)

일자	회계처리			
2021년 초	(차) FVOCI 금융자산	4,000,000	(대) 현금	4,000,000
2021년 말	(차) FVOCI 금융자산	400,000	(대) FVOCI 금융자산 평가이익	400,000
2022년 배당 시	(차) 현금	100,000	(대) 배당금수익	100,000
2022년 말	(차) FVOCI 금융자산 평가이익 FVOCI 금융자산 평가손실	400,000 400,000	(대) FVOCI금융자산	800,000
2023년 처분 시	(차) FVOCI 금융자산 (차) 현금	4,00,000 4,000,000	(대) FVOCI 금융자산 평가손실 FVOCI 금융자산	400,000 4000,000

제 5 절 재고자산

1 재고자산의 의의와 분류

(1) 재고자산의 의의

재고자산이란 기업의 정상적인 영업활동에서 판매를 목적으로 보유하는 실물자산으로서 이에는 상품, 제품, 반제품, 재공품, 원재료, 저장품 등이 있다. 재고자산의 취득원가는 매입가액 또는 제조원가에 부대비용을 가산하여 결정한다. 기말에 가서는 개별법, 선입선출법, 이동평균법, 총평균법 등을 적용하여 평가한다. 기업회계기준에서는 시가와 취득원가를 비교하여 시가가 취득원가보다 낮은 경우 시가로 평가하는 저가기준에 의한 재고자산 평가방법을 택하고 있다.

더 알아두기

재고자산의 사례

통상적인 영업활동이 부동산판매를 목적으로 하는 기업이 보유하고 있는 토지는 재고자산(상품)이지만 제조업을 영위하는 기업이 판매 목적으로 보유하고 있는 토지는 통상적인 영업활동 과정이 아니므로 투자자산(투자부동산)이며 사용하기 위하여 보유하고 있는 토지는 유형자산(토지)이라고 할 수 있다.

판매를 목적으로 현재 사용 중인 자산은 재고자산(제조업의 경우는 재공품, 건설업에 있어서 도급공사의 경우는 미성공사, 분양공사의 경우는 미완성주택)이지만 사용을 위해 현재 생산 중인 자산은 유형자산(건설 중인 자산)으로 분류하여야 한다.

① **상기업의 재고자산**

재고자산의 매입원가는 매입가격에 수입관세와 제세금(과세당국으로부터 추후 환급받을 수 있는 금액은 제외), 매입운임, 하역료 그리고 완제품, 원재료 및 용역의 취득과정에 직접 관련된 기타 원가를 가산한 금액이다. 매입할인, 리베이트 및 기타 유사한 항목은 매입원가를 결정할 때 차감한다.

② **제조업의 재고자산**

매매업을 영위하는 기업의 재고자산은 주로 상품인 데 반해, 제조업을 영위하는 기업의 재고자산은 주로 원재료, 재공품 및 제품으로 구성된다. 매매업을 영위하는 기업의 상품은 판매될 때 매출원가로 대체되는 반면, 제조업을 영위하는 기업은 원재료가 생산과정에 투입되어 재공품으로 전환되고, 생산과정이 완료되면 재공품이 제품으로 대체되며, 제품이 판매될 때 매출원가로 대체된다. 이때, 원재료가 제품으로 전환되는데 소요되는 원가를 전환원가라고 한다. 전환원가는 직접 노무원가 등 생산량과 직접 관련된 원가와 고정 및 변동제조간접원가의 체계적인 배부액을 포함한다.

고정제조간접원가는 공장 건물이나 기계장치의 감가상각비와 수선유지비 및 공장 관리비처럼 생산량과 상관없이 비교적 일정한 수준을 유지하는 간접 제조원가를 말한다. 변동제조간접원가는 간접 재료원가나 간접 노무원가처럼 생산량에 따라 직접적으로 또는 거의 직접적으로 변동하는 제조원가를 말한다.

(2) 상품의 특수한 매매

① **미착상품**

멀리 떨어진 지역으로부터 상품을 매입하는 경우 상품이 도착하지 않은 상태에서 화물인수증이나 선하증권 등과 같은 화물대표증권을 통해 매입한다. 이때 운반 중에 있는 상품을 미착상품이라 한다. 미착상품은 상품은 도착하지 않았지만 이미 소유권은 매입자에게 있는 것이 일반적이다.

더 알아두기

미착상품(FOB 선적지 인도조건과 FOB 목적지 인도조건)

- FOB 선적지 인도조건 : 이미 선적된 시점에서 매입된 것으로 계상하게 되므로 매입자의 기말재고자산으로 포함시켜야 하며, 판매회사의 재고자산에 포함시켜서는 안된다.
- FOB 목적지 인도조건 : 목적지에 도착된 시점에서 매입되는 것으로 계상하므로 아직은 판매자의 재고자산이다. 그러므로 매입회사의 재고자산에 포함시켜서는 안된다.

② **위탁판매**

특정 지역에 유통망이 없으면 그 지역 판매업자에게 상품의 판매를 부탁할 수 있다. 이렇게 타인에게 상품의 판매를 위탁하여 판매하는 것을 위탁판매라고 한다. 위탁판매를 위해서 특정 지역의 판매자(수탁자)에게 옮겨진 상품을 적송품이라 한다.

③ **시용판매**

고객이 상품을 시험적으로 사용해 보고 매입의사를 표시하면 매출로 인식하는 판매를 시용판매라고 한다. 시용판매에서 상품은 고객에게 인도되었지만 고객이 시험 사용 중인 상품을 시용품(시송품)이라 한다.

④ **할부판매**

상품의 판매대금을 여러 차례로 분할하여 받는 조건으로 판매하는 것을 할부판매라고 한다. 할부판매는 인도시점에서 매출로 인식한다.

⑤ **반품률이 높은 재고자산**

반품률이 높은 상품판매의 경우에는 반품률의 합리적 추적 가능성 여부에 따라 재고자산의 포함 여부를 결정한다. 따라서 반품률을 과거의 경험 등에 의하여 합리적으로 추적 가능한 경우에는 상품 인도시점에 반품률을 적절히 반영하여 판매된 것으로 보아 판매자의 재고자산에서 제외한다. 그러나 반품률을 합리적으로 추정할 수 없는 경우에는 구매자가 상품인수를 수락하거나 반품기간이 종료된 시점까지는 판매자의 재고자산에 포함한다.

더 알아두기

재매입약정 판매

재매입약정은 자산을 판매하고 그 자산을 다시 사기로 약속하거나 다시 살 수 있는 선택권을 갖는 계약이며, 회사가 판매한 자산을 원래 판매가격보다 낮은 금액으로 다시 사는 계약이라면 리스로 회계처리하고, 회사가 판매한 자산을 원래 판매가격 이상의 금액으로 다시 사는 계약이라면 금융약정(금전대차거래)으로 회계처리한다. 이러한 경우에는 판매로 보지 아니하므로 회사의 재고자산에 포함시켜야 한다.

(3) 재고자산의 분류

① **상품** : 판매를 목적으로 구입한 상품·FOB 선적지 기준의 미착상품·적송품 등으로 하며, 부동산매매업에 있어서 판매를 목적으로 소유하는 토지·건물 기타 이와 유사한 부동산은 상품으로 한다.

② **제품** : 판매를 목적으로 제조한 생산품·부산물 등으로 하며, 제조기업에서는 제품·재공품·원재료 등으로 재고자산이 구성되어 있다.

③ **반제품** : 제조를 목적으로 하는 기업에서 자가제조한 중간제품과 부분품 등으로 하며, 이 상태에서 외부에 판매하거나 추가 가공을 통해 완성품으로 판매할 수도 있다.

④ **재공품** : 제조를 목적으로 하는 기업에서 제품 또는 반제품의 제조를 위하여 제조 과정에 있는 것으로 이 상태에서는 외부에 판매하지 못한다.

⑤ **원재료** : 제조를 목적으로 하는 기업에서 제품을 생산하기 위해 보유하고 있는 원료·재료·매입부분품·미착원재료 등으로 한다.

⑥ **저장품** : 제조를 위해 사용하는 소모품·소모용기구비품·수선용부분품 및 기타 저장품으로 한다.

(4) 매입장과 매출장

① 매입장

㉠ 매입장이란 매입순서에 따라 상품매입을 기입하는 장부로 날짜, 매입처, 상품명, 수량, 단가, 금액, 대금지급방법 등이 기재된다.

㉡ 매입장에는 매입대금 이외에도 매입제비용이 기입되고 매입에누리와 환출도 기입된다.

㉢ 매입에누리와 환출은 붉은 글씨로 기입하여 차감 항목임을 표시한다.

㉣ 장부를 마감할 때에는 총매입액에서 이를 차감하여 순매입액을 표시한다.

㉤ 보통 매입장은 거래처로부터 받은 송장·청구서·영수증 등을 자료로 하여 기입한다.

㉥ 매입장으로부터 원장으로 전기할 때 총매입액(매입운임 포함)은 매입계정에 기재하고, 환출액은 매입에누리와 함께 매입에누리와 환출계정에 기재한다.

㉦ 매입장은 여러 개의 난을 설정하여 복잡하게 작성할 수도 있는데 매입액, 매입운임, 매입에누리와 환출, 상품명, 지급조건 등의 난을 둘 수 있다.

② 매출장

㉠ 매출장은 매출순서에 따라 상품매출을 기입하는 장부로 날짜, 매출처, 상품명, 수량, 단가, 금액, 대금결제방법 등이 기재된다.

㉡ 매출장에는 매출대금 이외에도 매출에누리와 환입이 기입된다.

㉢ 매출에누리와 환입은 붉은 글씨로 기입하여 차감 항목임을 표시하는데, 장부를 마감할 때에 총매출액에서 이를 차감하여 순매출액을 산출한다.

㉣ 매출장으로부터 원장으로 전기할 때 총매출액은 매출계정에 기입하고, 매출에누리는 매출환입과 함께 매출에누리와 환입계정에 기입한다.

㉤ 매출장은 매입장처럼 여러 개의 난을 설정하여 매출액, 매출에누리와 환입, 상품명, 판매조건 등의 난을 둘 수 있다.

더 알아두기

상품재고장

상품재고장이란 상품의 입고와 출고 시 상품의 종류별로 기록하여 각 상품의 증감변동 및 잔액을 표시하는 보조원장이다. 상품재고장이 있으면 언제든지 상품의 재고를 파악할 수 있을 뿐만 아니라 창고에 보관 중인 실제의 재고수량을 상품재고장의 수량과 대조함으로써 재고자산의 관리를 할 수도 있다.

2 재고자산의 평가방법

(1) 재고자산의 수량 결정

① 실지재고조사법

실지재고조사법은 기중 입고, 출고가 발생할 때마다 상품계정에 기록하지 않고, 기말에 실사를 통해 파악된 기말재고수량을 파악하고 판매가능수량 중 기말재고수량을 제외한 나머지는 판매되거나 사용된 것으로 간주하는 방법이다. 실지재고조사법은 재고자산의 구입 시에만 수량을 기재하고 판매, 사용 시에는 기록하지 않는다. 실지재고조사법은 재고자산을 구입하는 경우 매입계정에 회계처리하고, 결산일에 매출원가로 인식한다.

기초재고량 + 당기매입량 − 기말재고량(실제) = 당기판매수량

장점은 편리하고 저가품인 다량의 상품취급업체에 적합하나, 단점으로 기말재고조사의 실시로 영업에 지장을 줄 수 있고 재고감모손실이 매출원가에 포함된다는 점이다.

② **계속 기록법**

계속 기록법은 재고자산의 입·출고 시점마다 구입수량, 단가 및 금액에 대한 기록을 계속적으로 관리하는 방법이다. 계속 기록법에서는 당기 판매가능수량 중에서 당기에 실제로 판매된 수량을 차감하여 기말재고수량을 계산하는 방법이다. 재고자산 입·출고시마다 수량과 금액을 계속적으로 기록하는 방법이다. 재고자산의 구입 시 매입계정을 설정하지 않고 재고자산 계정으로 회계처리하였다가 판매 시에 매출원가로 인식한다.

기초재고량 + 당기매입량 − 당기판매수량 = 장부상 기말재고수량

장점은 재고감모손실이 매출원가에 포함되지 않고 통제목적에 적합한 반면, 단점은 창고의 재고액을 알 수 없고 번잡하며 외부보고목적에 부적합하다는 점이다.

(2) 재고자산의 단가결정

재고자산의 판매량 및 기말재고수량에 필요한 단가를 결정하는 방법으로 원가흐름의 가정에 따라 다음과 같이 나눈다.

① **개별법**

가장 이상적인 방법으로 구입 시 상품마다의 가격표를 붙여 두었다가 출고될 때에 가격에 표시된 매입가격을 개별수익에 대응하도록 하는 방법이다. 특수한 경우(보석류)를 제외하고는 적용하기 어렵다.

② **선입선출법**

선입선출법(FIFO)은 먼저 매입된 것이 먼저 팔린다는 가정하에 따라서 최근에 매입한 것이 기말재고자산으로 남고 먼저 매입한 것이 매출원가를 구성하므로 물가상승 시 당기순이익이 과대계상되고 기말재고자산도 과대계상된다. 선입선출법은 재고실사법이나 계속 기록법 중에서 어떠한 방법을 선택하더라도 매출원가와 기말재고의 금액이 동일하다.

③ **총평균법**

총평균법은 1년 동안의 재고자산 원가를 가중평균하여 단가를 결정하는 방법으로 총매입원가를 총매입수량으로 나눠 단위당 원가를 계산하는 방법이다. 총평균법은 장부를 계속 기록하지 않아도 평균단가를 산출하므로 실지재고조사법의 경우에 사용한다. 실지재고조사법은 매입과 매출의 순서에 관계 없이 가중평균하여 평균단가를 한번 결정한다. 총평균법의 적용은 재고실사법과 일치한다.

④ **이동평균법**

이동평균법은 **재고자산의 매입 시마다 현재까지의 총매입원가를 총수량으로 나누어 재고자산의 단위당 원가로 계산하는 방법**이다. 이동평균법하에서 평균단가는 매입이 발생할 때마다 산출된다. 즉, 이동평균법은 장부를 계속 기록하면서 단가를 구하므로 계속 기록법에서만 사용할 수 있다. 계속 기록법하에서 평균법을 적용하여 재고자산의 가액을 결정하면 매출이 있을 때마다 매출원가가 계산된다.

더 알아두기

재고자산의 원가흐름의 가정 비교(물가상승 가정)
㉠ 당기순이익의 크기 : 후입선출법 〈 총평균법 〈 이동평균법 〈 선입선출법
㉡ 매출원가의 크기 : 선입선출법 〈 이동평균법 〈 총평균법 〈 후입선출법
㉢ 기말재고액의 크기 : 후입선출법 〈 총평균법 〈 이동평균법 〈 선입선출법

(3) 재고자산의 추정

재고자산의 추정은 분기 및 반기 재무제표를 작성할 때 분기 말 또는 반기 말 재고금액을 결정하거나 화재, 자연재해, 도난 등으로 재고자산이 손상되었을 때 그 손실을 추정하기 위하여 사용된다.

① **매출총이익률법**

매출총이익률법은 기초재고액에 당기매입액을 가산한 금액인 판매가능 재고자산이 회계처리의 대상이 되고, 판매된 재고자산의 원가는 매출원가가 되며, 판매되지 않은 재고자산의 원가는 기말재고액이 된다는 가정에 근거하여 계산된다.

매출액에 원가율(= 1 − 매출총이익률)을 곱하여 매출원가를 추정하고 판매가능 재고자산에서 추정 매출원가를 차감하여 기말재고액을 추정한다. 따라서 매출총이익률이 합리적으로 추정될 수 있고 안정적이라면 이 방법을 이용하여 재고자산을 추정하여도 무난하다고 본다.

② **매출가격환원법**

매출가격환원법은 **소매재고법**이라고도 하며, 소매업을 전문으로 하는 백화점이나 슈퍼마켓 등에서 많이 적용되는 방법이다. 이 방법에서는 매출가격으로 계산된 기말재고액에 원가율을 곱하여 원가기준의 기말재고액을 계산하게 된다.

㉠ 매출가격기준의 기말재고액 = 매출가격기준의 판매가능액 − 당기 매출액
㉡ 원가기준의 기말재고액 = 매출가격기준의 기말재고액 × 원가율
㉢ 원가율 = 원가기준의 판매가능액 ÷ 매출가격기준의 판매가능액

(4) 재고자산의 저가평가

기말재고자산 평가 시 저가법을 적용하는데 **저가법이란 취득원가와 공정가액을 비교하여 낮은 가액으로 평가하는 방법을 말한다**. 다음의 경우에는 재고자산의 원가를 회수하기 어려울 수 있다. 즉, 판매로 장부가액만큼의 회수를 할 수 없는 경우를 말한다.

① 물리적으로 손상된 경우
② 완전히 또는 부분적으로 진부화된 경우
③ 판매가격이 하락한 경우
④ 완성하거나 판매하는데 필요한 원가가 상승한 경우

위와 같은 상황의 경우 재고자산의 장부가액과 순실현가치와의 차이인 재고자산평가손실은 발생한 기간에 비용으로 인식하며 재고자산을 순실현가치로 감액한다. 재고자산을 취득원가 이하의 순실현가능가치로 감액하는 저가법은 자산의 장부금액이 판매나 사용으로부터 실현될 것으로 기대되는 금액을 초과하여서는 아니된다는 견해와 일관성이 있다.
여기서 순실현가능가치란 정상적인 영업과정의 예상판매가격에서 예상되는 추가완성원가와 판매비용을 차감한 금액을 의미하며, 정상적인 영업과정에서 재고자산의 판매를 통해 실현할 것으로 기대하는 순매각금액을 말한다.
재고자산을 순실현가치로 감액하는 저가법은 항목별로 적용한다. 그러나 경우에 따라서는 서로 유사하거나 관련 있는 항목들을 통합하여 적용하는 것이 적절할 수 있다. 이러한 경우로는 재고자산 항목이 유사한 목적 또는 용도를 동일한 제품군과 관련되고, 동일한 지역에서 생산되어 판매되며, 실무적으로 동일한 제품군에 속하는 다른 항목과 구분하여 평가할 수 없는 경우를 들 수 있다. 그러나 예를 들어 완제품 또는 특정 영업부문에 속하는 모든 재고자산과 같은 분류에 기초하여 저가법을 적용하는 것은 적절하지 아니하다. 용역제공기업은 일반적으로 용역대가가 청구되는 용역별로 원가를 집계한다. 그러므로 그러한 각 용역은 별도의 항목으로 취급되어야 한다.
완성될 제품이 원가 이상으로 판매될 것으로 예상하는 경우에는 그 생산에 투입하기 위해 보유하는 원재료 및 기타 소모품을 감액하지 아니한다. 그러나 원재료가격이 하락하여 제품의 원가가 순실현가능가치를 초과할 것으로 예상된다면 해당 원재료를 순실현가능가치로 감액한다. 이 경우 원재료의 현행대체원가는 순실현가능가치에 대한 최선의 이용 가능한 측정치가 될 수 있다.
매 후속 기간에 순실현가능가치를 변동으로 순실현가능가치가 상승한 명백한 증거가 있는 경우에는 최초의 장부금액을 초과하지 않는 범위 내에서 평가손실을 환입한다. 그 결과 새로운 장부금액은 취득원가와 수정된 순실현가능가치 중 작은 금액이 된다. 판매가격의 하락 때문에 순실현가능가치로 감액한 재고항목을 후속 기간에 계속 보유하던 중 판가가격이 상승한 경우가 이에 해당한다.

(5) 재고자산감모손실 및 재고자산평가손실

① 재고자산감모손실

제고를 조사한 결과 보관 중의 파손, 분실, 도난 등의 원인으로 인하여 장부상의 재고액과 실지재고액이 일치하지 않는 경우 동 차액을 재고자산감모손실이라 한다. 이 경우에는 재고자산감모손실계정을 설정하여 그 차변에 기입하고 동시에 장부잔액을 그만큼 감소시킨다. 정상적으로 발생하는 감모손실은 매출원가에 가산한다. 비정상적으로 발생하는 감모손실은 기타비용(영업외비용)으로 분류한다. 여기서 정상감모손실은 재고자산의 매입이나 제조과정에서 회피불가능한 지출이다.

② **재고자산평가손실**

실지재고액의 시가가 취득원가보다 하락한 경우에는 그 차액을 재고자산평가손실이라 하며, 재고자산평가손실계정을 설정하여 그 차변에 기입하고, 역시 장부잔액을 그만큼 감소시킨다. 기업회계기준에서는 저가기준을 적용할 때 재고자산의 취득원가와 비교되는 공정가치는 순실현가능가치(예상판매가격 – 예상처분비용)로 평가하도록 하고 있다.

재고자산평가손실이 발생하는 경우 재고자산평가손실충당금(누계액)은 재고자산의 차감적 평가계정으로 표시하고 재고자산평가손실은 매출원가에 가산한다.

예제 문제

01 다음은 (주)메타의 기말재고자산 평가와 관련된 자료이다.

장부수량	실지재고수량	취득단가	단위당 시가	기초상품재고액	당기매입액
1,000개	950개	₩1,000	₩900	₩800,000	₩5,000,000

재고감모분 중 20%는 원가성이 있으며 나머지는 원가성이 없는 것으로 판단된다.

(물음 1) 매출원가로 계상될 재고자산감모손실을 구하라.

(물음 2) 영업외비용으로 계상될 재고자산감모손실을 구하라.

(물음 3) 재고자산평가손실을 구하라.

(물음 4) 재무상태표에 기록될 기말재고자산가액을 구하라.

(물음 5) 손익계산서에 기록될 당기매출원가를 구하라.

풀이

(물음 1) ₩10,000
(물음 2) ₩40,000
(물음 3) ₩95,000
(물음 4) ₩855,000
(물음 5) ₩4,905,000

더 알아두기

3분법

3분법에서 상품계정은 상품, 매입, 매출로 분할된다. 즉, 상품을 매입하면 매입계정에 차기하고, 반대로 상품을 매출하면 매출계정에 대기한다. 또한, 매입에누리와 환출은 매입계정에서 차감하고, 매출에누리와 환입은 매출계정에서 차감한다. 따라서, 3분법에 있어서 매입계정의 잔액은 순매입액을, 매출계정의 잔액은 순매출액을 나타낸다.

3분법을 사용할 경우 상품의 매입/매출 시 상품계정이 나타나지 않아 기말에는 기말상품재고액을 계상함으로써 상품계정에 대한 정리분개를 하여야 한다. 즉, 전기이월상품액을 차기이월상품액으로 수정하는 분개가 필요하다. 이를 위해서 전기이월액을 매입계정에 대체하고, 차기이월액을 매입계정에서 차감한다. 그 이유는 전기이월액과 당기매입액을 합치면 판매가능상품액이 되고, 이로부터 차기이월액을 차감하면 매출원가를 산출할 수 있기 때문이다. 따라서 전기이월액을 당기에 매입한 것으로 간주하여 매입에 가산하고, 차기이월액을 매입에서 차감하여 매출원가를 산출한다. 즉, 매출원가는 매입계정의 차변잔액이 된다. 따라서 매입계정은 매출원가계산을 위해 설정된 임시계정이며, 기말 수정분개를 거치고 나면 그 계정잔액은 0이 되므로 최종적으로 포괄손익계산서나 재무상태표에 나타나지 않는다. 이 경우의 분개와 계정기입은 다음과 같다.

① 전기이월상품액의 매입계정 대체

(차) 매입 ××× (대) 상품 ×××

② 차기이월상품액의 매입계정 대체

(차) 상품 ××× (대) 매입 ×××

③ 매입계정잔액의 집합손익계정 대체

(차) 집합손익 ××× (대) 매입 ×××

④ 매출계정잔액의 집합손익계정 대체

(차) 매출 ××× (대) 집합손익 ×××

예제 문제

02 다음은 (주)한국의 2020년 상품거래를 나타낸 것이다. (단, 회계기간은 6개월이다.)

- 7월 1일 기초상품재고액은 ₩4,000이다.
- 7월 17일 상품 ₩8,000을 외상으로 매입하다.
- 8월 22일 상품 ₩9,000(원가 ₩6,000)을 외상으로 매출하다.
- 9월 27일 상품 ₩10,000을 외상으로 매입하다.
- 11월 11일 상품 ₩11,000(원가 ₩8,000)을 매출하고 대금은 현금으로 받다.
- 12월 31일 상품에 대한 실지재고 결과 ₩8,000의 상품이 남아있는 것이 확인되었다.

(물음 1) 계속 기록법과 실지재고조사법으로 상품거래의 회계처리를 나타내시오.

(물음 2) 계속 기록법과 실지재고조사법하에서 각각 매출원가를 구하시오.

(물음 3) 계속 기록법과 실지재고조사법하에서 각각 매출총이익을 구하시오.

풀이

(물음 1) 상품거래의 회계처리

<table>
<tr><th>일자</th><th>계속 기록법</th><th colspan="2">실지재고조사법</th></tr>
<tr><td>7월 1일</td><td>없음</td><td colspan="2">없음</td></tr>
<tr><td>7월 17일</td><td>(차) 상품 8,000
(대) 외상매입금 8,000</td><td colspan="2">(차) 매입 8,000
(대) 외상매입금 8,000</td></tr>
<tr><td>8월 22일</td><td>(차) 외상매출금 9,000
(대) 매출 9,000
(차) 매출원가 6,000
(대) 상품 6,000</td><td colspan="2">(차) 외상매출금 9,000
(대) 매출 9,000</td></tr>
<tr><td>9월 27일</td><td>(차) 상품 10,000
(대) 외상매입금 10,000</td><td colspan="2">(차) 매입 10,000
(대) 외상매입금 10,000</td></tr>
<tr><td>11월 11일</td><td>(차) 현금 11,000
(대) 매출 11,000
(차) 매출원가 8,000
(대) 상품 8,000</td><td colspan="2">(차) 현금 11,000
(대) 매출 11,000</td></tr>
<tr><td rowspan="2">12월 31일
(결산 시)</td><td rowspan="2">없음</td><td>3분법</td><td>4분법</td></tr>
<tr><td>(차) 매입 4,000
(대) 이월상품 4,000
(차) 이월상품 8,000
(대) 매입 8,000</td><td>(차) 매출원가 4,000
(대) 이월상품 4,000
(차) 매출원가 18,000
(대) 매입 18,000
(차) 이월상품 8,000
(대) 매출원가 8,000</td></tr>
</table>

(물음 2) 매출원가의 산정

계속 기록법과 실지재고조사법하에서의 매출원가는 모두 ₩14,000으로 동일하다.

(물음 3) 매출총이익의 산정

계속 기록법과 실지재고조사법하에서의 매출총이익은 모두 ₩6,000으로 동일하다.

더 알아두기

생물자산과 수확물의 최초인식

① 생물자산은 최초 인식시점에 순공정가치로 측정한다.
② 생물자산의 경우 매 보고기간 말 순공정가치를 재측정하여 평가손익을 당기손익에 반영한다.
③ 수확물은 최초 인식시점에 순공정가치로 측정한다.
④ 수확물은 매 보고기간 말 순공정가치를 재측정하지 않는다.

제 6 절 유형자산

1 유형자산의 의의 및 종류

(1) 유형자산의 의의

유형자산은 재화의 생산, 용역의 제공, 타인에 대한 임대 또는 자체적으로 사용할 목적으로 보유하는 것으로, 물리적 형체가 있으며 1년을 초과하여 사용되는 자산을 말한다. 즉, 유형자산은 기업의 목적 달성을 위하여 영업활동에 사용할 목적으로 장기간 보유하고 있는 영업용 또는 업무용 자산을 말하는 것으로 토지, 건물, 구축물, 선박, 차량운반구, 공구와 기구, 비품, 건설 중인 자산 등이 있는데 이 중 토지와 건설 중인 자산은 비상각 자산이다.

(2) 유형자산의 종류

① **토지** : 영업활동에 사용하고 있는 대지, 임야, 전답, 잡종지 등을 말한다. 기업이 토지를 보유하고 있더라도 영업활동으로 사용할 목적이 아닌 투자목적으로 보유하고 있는 토지는 투자자산으로 분류되고, 매매목적으로 보유하고 있는 토지는 재고자산으로 분류된다.

보유목적	자산의 분류	계정과목
판매목적	재고자산	상품
사용목적	유형자산	토지
투자목적	투자자산	투자부동산

② **건물** : 영업활동으로 사용하고 있는 건물과 건물의 부속설비 등을 말한다.

③ **구축물** : 교량, 부교, 저수지, 갱도, 굴뚝, 정원설비 및 기타의 토목설비 또는 공작물 등을 말한다.

④ **기계장치** : 기계장치와 운송설비 및 기타의 부속설비 등을 말한다.

⑤ **건설 중인 자산** : 유형자산의 건설을 위한 재료비, 노무비 및 경비로 하되, 건설을 위하여 지출한 도급금액 또는 취득한 기계 등을 말한다. 건설 중인 자산은 감가상각의 대상이 되지 않는데 그 이유는 아직 영업활동에 사용되지 않고 있기 때문이다.

⑥ **차량운반구** : 철도차량, 자동차 및 기타의 육상운반구 등으로 한다.

⑦ **선박, 비품, 공기구 등**

더 알아두기

차입원가의 자본화

적격자산의 취득, 건설 또는 생산과 직접 관련된 차입원가는 미래 경제적 효익의 발생 가능성이 높고 신뢰성 있게 측정 가능할 경우에 당해 자산 원가의 일부로 자본화하여야 한다. 여기에서 적격자산이란 의도된 용도로 사용하거나 판매 가능한 상태에 이르게 하는데 상당한 기간을 필요로 하는 자산을 의미하며 재고자산, 제조설비자산, 전력생산설비, 무형자산, 투자부동산도 경우에 따라 적격자산이 될 수 있다. 또한, 차입원가란 자금의 차입과 관련하여 발생하는 이자 및 기타원가를 의미한다.

2 유형자산의 취득

유형자산을 취득하는 시점에서 장부에 기록해야 할 유형자산의 가치는 자산가치를 가장 객관적으로 측정할 수 있는 취득원가로 기록하는 것을 원칙으로 하고 있다. 유형자산은 구입, 제작 또는 건설, 현물출자, 교환, 증여, 무상취득 등 여러 가지 형태로 취득한다.

유형자산의 취득원가 = 순수구입대금 + 부대비용

부대비용은 본래 의도한 용도에 적합한 상태에 이르기까지 발생한 모든 비용을 의미한다.

더 알아두기

유형자산의 취득원가가 아닌 경우

- 새로운 시설을 개설하는데 소요되는 원가
- 새로운 상품과 서비스를 소개하는데 소요되는 원가
- 새로운 지역에서 또는 새로운 고객을 대상으로 영업을 하는데 소요되는 원가
- 기업의 영업 전부 또는 일부를 재배치하거나 재편성하는 과정에서 발생하는 원가
- 유형자산과 관련된 산출물에 대한 수요가 형성되는 과정에서 발생하는 가동손실과 같은 초기 가동손실
- 유형자산을 취득 또는 사용 가능한 상태로 준비하는 과정과 직접 관련이 없는 경비
- 관리 및 기타 일반간접원가

(1) 구입에 의한 취득

자산의 매입가격에 부대비용을 가산하여 취득원가로 기록한다. 취득원가는 구입원가 또는 제작원가 및 경영진이 의도하는 방식으로 자산을 가동하는데 필요한 장소와 상태에 이르게 하는데 직접 관련되는 원가로 다음 ①부터 ⑨까지 관련된 지출 등으로 구성된다. 그러나, 자산의 취득과정에서 발생한 매입에누리와 환출 및 매입할인이 있는 경우에는 이를 취득원가에서 차감한다.

① 설치장소 준비를 위한 지출
② 외부 운송 및 취급비용
③ 설치비
④ 설계와 관련하여 전문가에게 지급하는 수수료
⑤ 유형자산의 취득과 관련하여 국·공채 등을 불가피하게 매입하는 경우 해당 채권의 매입금액과 회계기준에 따라 평가한 현재가치와의 차액
⑥ 자본화대상인 차입원가
⑦ 취득세 등 유형자산의 취득과 직접 관련된 제세공과금
⑧ 해당 유형자산의 경제적 사용이 종료된 후 원상회복을 위하여 그 자산을 제거·해체하거나 또는 부지를 복원하는데 소요될 것으로 추정되는 원가가 충당부채의 인식요건을 충족하는 경우 그 지출의 현재가치

⑨ 유형자산이 정상적으로 작동되는지 여부를 시험하는 과정에서 발생하는 원가. 단, 시험과정에서 생산된 재화의 순매각금액은 당해 원가에서 차감한다.

(2) 자가제작과 자가건설에 의한 취득

유형자산을 기업 스스로 제작하거나 건설하는 경우에는 제작과 건설에 소요되는 모든 직접재료비 및 직접노무비뿐만 아니라 건설 및 제작에 관련하여 발생하는 모든 간접비도 유형자산의 취득원가로 계상한다. 이 경우 건설 또는 제작에 소요된 재료비, 노무비, 경비 등의 지출액은 우선 건설 중인 자산 계정으로 처리한 후 건설 또는 제작이 완료된 시점에 해당 유형자산 계정으로 대체한다. 다만, 자가건설에 따른 내부이익과 자가건설 과정에서 원재료, 인력 및 기타 자원의 낭비로 인한 비정상적인 원가는 취득원가에 포함하지 않는다.

(3) 주식발행에 의한 취득

주식을 발행하여 유형자산을 구입한 경우에 유형자산을 판매한 자에게 교부한 주식의 발행가격을 기준으로 취득원가를 계상하도록 하고 있다. 즉, 현물출자를 통해 취득한 유형자산의 취득원가는 교부한 주식의 공정가치를 기초로 한다고 볼 수 있다.

(4) 교환에 의한 취득

① 동종자산과의 교환

동일한 업종 내에서 유사한 용도로 사용되고 공정가치가 비슷한 동종자산과의 교환으로 유형자산을 취득하거나, 동종자산에 대한 지분과의 교환으로 유형자산을 양도하는 경우에는 제공된 유형자산으로부터의 수익창출과정이 아직 완료되지 않았기 때문에 교환에 따른 거래손익을 인식하지 않아야 하며, 교환으로 받은 자산의 취득원가는 교환으로 제공한 자산의 장부금액으로 한다. 다만, 교환되는 동종자산의 공정가치가 유사하지 않은 경우에는 거래조건의 일부로 현금과 같은 다른 종류의 자산이 포함될 수 있다. 이 경우 교환에 포함된 현금 등의 금액이 유의적이라면 동종자산의 교환으로 보지 않는다.

② 이종자산과의 교환

기업이 현재 소유하고 있는 유형자산을 양도하면서 이종의 유형자산을 교환하여 취득하는 경우가 있는데 이때 다른 종류의 자산과의 교환으로 취득한 유형자산의 취득원가는 교환을 위하여 제공한 자산의 공정가치로 측정한다. 다만, 교환을 위하여 제공한 자산의 공정가치가 불확실한 경우에는 교환으로 취득한 자산의 공정가치를 취득원가로 할 수 있다. 자산의 교환에 현금수수액이 있는 경우에는 현금수수액을 반영한 공정가치로 취득원가를 결정한다.

(5) 일괄취득

둘 이상의 유형자산을 일괄취득하는 경우 개별 자산의 취득원가는 일괄취득원가를 각 자산의 공정가치 비율로 안분하여 계산한다. 단, 토지와 건물의 일괄취득은 다음으로 구분하여 취득원가를 계산하여야 한다.

① **토지와 건물을 모두 사용할 목적으로 일괄취득하는 경우**

일괄취득원가에 취득세, 중개수수료 등 취득부대원가를 가산한 금액을 토지와 건물의 공정가치비율로 안분하여 계산한다. 단, 토지와 건물 중 공정가치를 측정할 수 없는 자산이 있는 경우 공정가치의 측정이 가능한 자산의 공정가치를 해당 자산의 원가로 하고 일괄취득원가의 잔액을 공정가치를 측정할 수 없는 자산의 취득원가로 계산한다.

② **토지만 사용할 목적으로 일괄취득하는 경우**

취득 후 건물을 철거하고 토지만 사용할 목적으로 취득한 경우 일괄취득원가 전액이 토지의 취득원가이다. 따라서 취득 후 발생하는 건물의 철거비용도 토지를 사용 가능한 상태로 만드는 데 소요된 비용이므로 토지의 취득원가에 가산한다.

(6) 정부보조에 의한 취득

정부보조금이란 기업의 영업활동과 관련하여 과거나 미래에 일정한 조건을 충족하였거나 충족할 경우 기업에게 자원을 이전하는 형식의 정부지원을 말하며, 합리적으로 가치를 산정할 수 없는 정부지원과 기업의 정상적인 거래와 구분할 수 없는 정부와의 거래는 제외한다. 정부보조금은 보상금, 조성금 또는 장려금 등의 명칭으로도 불리기도 한다.

① **자산 관련 보조금**

자산 관련 정부 보조금은 재무상태표에 이연수익으로 표시하거나 자산의 장부금액을 결정할 때 차감하여 표시한다.

㉠ 이연수익법 : 보조금을 이연수익으로 인식하여 자산의 내용연수에 걸쳐 체계적인 기준으로 당기손익에 인식하는 방법이다.

㉡ 자산차감법 : 자산의 장부금액을 계산할 때 보조금을 차감하는 방법이다. 보조금은 감가상각자산의 내용연수에 걸쳐 감가상각비를 감소시키는 방식으로 당기손익으로 인식한다.

② **수익 관련 보조금**

수익 관련 정부 보조금은 당기손익의 일부로 별도의 계정이나 기타수익과 같은 일반계정으로 표시하거나 관련 비용에서 보조금을 차감하는 회계처리를 할 수도 있다.

더 알아두기

복구원가

복구원가란 유형자산의 경제적 사용이 종료된 후에 원상회복을 위하여 그 자산을 제거 또는 해체하거나 부지를 복원하는데 소요될 것으로 추정되는 비용을 말한다.

복구원가는 복구원가가 부채의 인식요건을 충족하면 복구원가의 현재가치를 해당 유형자산의 취득원가에 가산하고 동액을 **복구충당부채**라는 계정과목으로 하여 부채로 계상한다. 또한, 매년 복구충당부채의 기초잔액에 유효이자율을 적용한 금액을 이자비용 성격인 복구충당부채전입액으로 인식하여 복구충당부채에 가산하고 실제 복구원가가 지출되는 시점에서 복구충당부채 금액과 실제 발생된 복구공사비와의 차액은 당기손익으로 처리한다.

3 유형자산의 후속원가 발생

유형자산의 취득 이후에 발생하는 추가적 지출을 말한다. 일반적으로 추가적 비용은 수선유지비용, 개량, 증설, 재배치 등의 비용이다. 이러한 비용을 자산으로 계상할 것인가(자본적 지출) 또는 비용으로 계상할 것인가(수익적 지출)의 문제가 자본적 지출과 수익적 지출의 문제이다. 이론적으로 지출의 효익이 미래까지 미치는 지출은 자본적 지출로 하여 자산으로 계상하고, 지출의 효익이 당기에 끝나는 지출은 수익적 지출로 하여 비용으로 계상한다.

(1) 자본적 지출

당해 유형자산의 미래 경제적 효익을 증가시키는 지출로써 해당 자산의 내용연수를 증가시키거나 가치를 현실적으로 증가시키는 지출로 자산으로 처리한다. 증설, 개량, 엘리베이터 설치, 냉·난방장치의 설치 등이 자본적 지출에 해당된다.

① 생산용량의 증대 혹은 시설확장을 위한 지출
② 생산능률을 향상시켜 원가를 실질적으로 감소시키는 지출
③ 유형자산의 내용연수를 연장시키는 지출

(2) 수익적 지출

당해 유형자산의 성능 수준을 원상을 회복하거나 능률을 유지하기 위한 지출로 발생 시점에 비용으로 회계처리한다. 수선, 소액의 지출, 건물의 도장, 소모된 부속품이나 벨트의 교체 등이 수익적 지출에 해당된다.

① 수선유지를 위한 경상적 지출
② 일정 금액 이하 소액지출
③ 본래의 정상적 기능을 유지·발휘시키는 지출
④ 비능률적이거나 비합리적인 지출

(3) 후속측정(재평가)

기업은 보유하고 있는 유형자산에 대하여 원가모형이나 재평가모형 중 하나를 회계정책으로 선택하여 유형자산 분류별로 동일하게 적용한다.

① **원가모형** : 최초인식 후에 유형자산은 원가에서 감가상각누계액과 손상차손누계액을 차감한 금액을 장부금액으로 한다.
② **재평가모형** : 최초인식 후에 공정가치를 신뢰성 있게 측정할 수 있는 유형자산은 재평가일의 공정가치에서 이후의 감가상각누계액과 손상차손누계액을 차감한 재평가금액을 장부금액으로 한다. 재평가는 보고기간 말에 자산의 장부금액이 공정가치와 중요하게 차이가 나지 않도록 주기적으로 수행한다.

자산손상

자산손상을 인식하려는 목적은 자산의 장부금액이 회수가능액보다 큰 금액으로 표시되지 않도록 하는 데 있다. 자산의 장부금액이 자산의 매각 또는 사용으로 회수될 금액을 초과한다면 자산은 그 자산의 회수가능액을 초과하는 금액을 장부금액으로 하게 된다. 이러한 경우에는 자산이 손상되었다고 하여 자산손상에 대한 규정은 자산손상이 개별적으로 규정되어 있는 재고자산, 건설계약에서 발생한 자산, 이연법인세자산, 종업원급여에서 발생한 자산, 금융자산 등을 제외한 모든 자산의 손상에 관한 회계처리에 적용한다.

4 유형자산의 감가상각

유형자산은 시간이 경과하거나 사용 정도에 따라 일정기간 후에는 그 가치가 소멸되어 기업에 더 이상 경제적 효익을 제공하지 못하게 된다. 따라서 기업은 유형자산의 취득원가를 수익에 대응시키기 위하여 합리적이고 체계적인 방법에 따라 배분하여야 하는데, 이러한 절차를 감가상각이라 한다.

(1) 감가상각비의 계산요소

감가상각비는 자산의 취득원가, 잔존가치, 내용연수 그리고 감가상각방법에 의해 결정된다. 감가상각대상금액이란 유형자산의 취득원가에서 잔존가치를 차감한 금액을 말한다.

① **취득원가** : 유형자산의 구입가액 또는 제작가액에 이를 사용하게 되기까지의 부대비용을 가산한 금액이다.

② **내용연수** : 수익획득을 위하여 실제로 자산을 사용할 수 있을 것으로 기대되는 기간으로, 내용연수의 추정 시는 물리적 감가·기능적 감가가 나타날 것도 예상하여 결정하는데 일종의 자산의 사용예상연수를 의미한다.

③ **잔존가액** : 폐기 및 처분될 때 받을 수 있는 추정처분가액을 말한다. 단, 잔존가치를 영으로 하면 정률법의 상각률을 산정할 수 없으므로 정률법의 상각률을 산정할 경우에는 취득원가의 5%를 잔존가치로 한다.

(2) 감가상각비의 계산방법

① **정액법** : 유형자산의 취득원가를 매 기간 균등하게 상각하는 방법이다. 이 방법은 계산절차가 간단하여 비교적 기능적 감가가 적게 나타나는 건물이나 구축물 등에 적합하다.

- 감가상각비 = (취득원가 − 잔존가액) × 상각률
- 상각률 = 1 ÷ 내용연수

② **정률법** : 기초의 장부가액에서 상각률을 곱하여 감가상각비를 구하는 방법으로 자산의 취득 초기에 많이 상각하는 방법이다.

- 감가상각비 = (취득원가 − 감가상각누계액) × 상각률
- 미상각잔액 = 취득원가 − 감가상각누계액
- 정률 = $1 - \sqrt[n]{\frac{\text{잔존가치}}{\text{취득원가}}}$ (n = 내용연수)

③ **생산량비례법** : 생산량에 비례하여 상각하는 방법으로 유전, 광산 등 감모성 자산에 적합하다.

감가상각비 = (취득원가 − 잔존가액) × 당기실제생산량 ÷ 추정총생산량

④ **연수합계법** : 정률법의 대용으로 사용할 수 있는 것으로 정률법과 마찬가지로 상각비가 가감된다. 연수합계법이 갖는 특징은 정률법과 다름이 없으나 정률법에 비하여 가감의 정도가 낮다. 연수합계법에 의한 감가상각액은 다음의 계산식에 의해 구한다.

- 감가상각비 = (취득가액 − 잔존가액) × 잔여내용연수 ÷ 내용연수의 급수 합계
- 내용연수의 급수 합계 = 내용연수 × (1 + 내용연수) ÷ 2

⑤ **이중체감잔액법** : 이중체감잔액법은 정액법상각률에 2배를 곱하여 상각률을 구한 후 여기에 기초장부금액을 곱하여 감가상각비를 계산하는 방법이다.

- 감가상각비 = 유형자산의 미상각잔액(장부금액) × 감가상각률
  = (취득원가 − 감가상각누계액) × 감가상각률
- 상각률 = (1 ÷ 내용연수) × 2

더 알아두기

감가상각방법의 선택에 따른 세금효과

기업이 어떤 감가상각방법을 선택하느냐에 따라 내용연수 동안 동일한 감가상각 대상금액을 감가상각하게 되나, 연간 감가상각비는 다르게 계산되며 이로 인해 법인세차감전이익이 달라지므로 법인세 부담액도 달라진다.

정액법보다 정률법이나 연수합계법 등과 같은 가속상각법으로 감가상각을 하는 경우 내용연수의 초기 연도에 더 많은 감가상각비를 인식하므로 초기 연도의 법인세차감전이익이 적게 계상되어 초기 연도에는 세금을 적게 부담하게 된다. 물론 이 경우 내용연수의 후기로 갈수록 법인세차감전이익이 많게 계상되어 후기 연도에 세금을 더 부담하게 된다.

5 유형자산의 처분

유형자산을 매각하거나 영구적으로 폐기하여 미래 경제적 효익이 기대하지 못할 때 장부상에서 제거한다. 처분과 관련하여 발생하는 계정과목은 유형자산처분손익(영업외손익)이 발생한다.

더 알아두기

유형자산의 감액손실

유형자산은 원칙적으로 취득원가를 기준으로 평가한다. 그러나 유형자산의 진부화 또는 시장가치의 급격한 하락 등으로 인하여 공정가액이 장부가액을 현저하게 밑돌게 되는 경우 감액손실을 인식하여야 한다. 즉, 유형자산을 공정가액으로 감액조정하고 그 금액을 유형자산감액손실 계정 차변과 감액손실누계액 계정 대변에 기록한다.

유형자산에 대하여 감액손실을 인식하는 것은 저가기준을 적용하는 것과 같다. 그러나 재고자산의 저가기준이 시가가 장부가액에 미달하기만 하면 적용하는 것과 달리 유형자산의 감액손실은 공정가액이 장부가액에 현저하게 미달한 경우에만 적용한다. 유형자산감액손실은 영업외비용으로 처리하고, 감액손실누계액은 유형자산에서 차감하는 형식으로 기재한다.

예제 문제

(주)메타는 2013년 1월1일에 기계를 취득하였다. 이 기계의 취득 및 사용 정보는 다음과 같다.

취득원가	₩6,000,000
잔존가치	₩600,000
경제적 내용연수	4년
정률법 상각률	43.8%

총사용가능시간	10,000시간
총생산가능수량	24,000단위
실제사용시간	3,000시간
실제생산량	7,000단위

(물음 1) 2016년도 정액법으로 계산된 감가상각비를 구하라.

(물음 2) 2015년도 정률법으로 계산된 감가상각비를 구하라.

(물음 3) 2014년도 연수합계법으로 계산된 감가상각비를 구하라.

(물음 4) 2013년도 생산량비례법으로 계산된 감가상각비를 구하라.

(물음 5) 2013년도 사용시간비례법으로 계산된 감가상각비를 구하라.

풀이

(물음 1) ₩1,350,000
(물음 2) ₩830,038
(물음 3) ₩1,620,000
(물음 4) ₩1,575,000
(물음 5) ₩1,620,000

제 7 절 무형자산

1 무형자산의 의의 및 종류

(1) 무형자산의 의의

무형자산이란 재화의 생산이나 용역의 제공, 타인에 대한 임대 또는 관리에 사용할 목적으로 기업이 보유하고 있으며, 물리적 형체가 없지만 식별 가능하고 기업이 통제하고 있으며 미래 경제적 효익이 있는 비화폐성자산을 말한다. 이러한 무형자산에는 산업재산권, 라이선스와 프랜차이즈, 저작권, 컴퓨터소프트웨어, 개발비, 임차권리금, 광업권 및 어업권 등이 포함된다.

(2) 무형자산의 종류

① **산업재산권**

㉠ 일정기간 독점적·배타적으로 이용할 수 있는 권리로서 특허권, 실용신안권, 의장권, 상표권 등을 말한다.

㉡ 특허권은 신기술이나 신제품 등의 특정 발명이 특허법에 등록되어 기업이 일정기간 독점적·배타적으로 사용할 수 있는 권리를 말한다.

㉢ 실용신안권, 의장권 및 상표권은 각기 특정고안, 특정의장 및 특정상표를 관련법에 등록하여 소유자가 일정 기간 독점적으로 사용할 수 있는 무형의 법적 권리를 말한다.

㉣ 상호권은 상인이 타인의 방해를 받지 않고 상호를 사용하며, 타인이 부정하게 상호를 사용하는 것을 막을 수 있는 권리를 말한다.

② **라이선스와 프랜차이즈** : 라이선스는 특정 기술이나 지식을 일정기간 동안 이용할 수 있는 권리이며, 프랜차이즈는 일정한 지역 내에서 특정한 상품을 독점적으로 판매하거나 용역을 독점적으로 사용할 수 있는 권리이다.

③ **광업권** : 광업법에 의하여 등록된 일정한 광구에서 등록한 광물과 그 광산에 같이 있는 다른 광물을 채굴하여 취득할 수 있는 권리를 말한다.

④ **어업권** : 수산업법에 의하여 등록된 일정한 수면에서 독점적·배타적으로 어업을 경영할 권리를 말한다.

⑤ **차지권** : 임차료 또는 지대를 지급하고 타인이 소유하는 토지를 사용하여 수익을 얻을 수 있는 권리를 말한다.

⑥ **저작권** : 특정한 저작물을 독점적·배타적으로 사용할 수 있는 권리를 말한다.

⑦ **컴퓨터 소프트웨어** : 무형자산의 인식조건을 충족하는 소프트웨어를 구입하여 사용하는 경우 동 구입비용은 컴퓨터 소프트웨어의 과목으로 하여 무형자산으로 처리한다.

⑧ **영업권**

㉠ 영업권의 의미

영업권은 기업을 경영하는 가운데 이루어진 정상적인 수익력을 초과하는 초과수익력을 의미한다. 기업회계기준서 제1103호 '사업결합'에서 영업권은 매수취득(사업결합매수)한 영업권만 인정한다. 즉, 내부적으로 창출한 영업권은 인정하지 않는다. 영업권의 손상차손은 인식하지만 손상차손의 환입은 인정하지 않는다. 이는 금액의 신뢰성 있는 추정이 어렵기 때문이다.

㉡ 영업권의 평가방법

ⓐ 순자산평가법

순자산평가법은 합병이나 영업양수를 하는 경우 인수하는 순자산 공정가치를 초과하여 지급하는 금액을 영업권으로 계상하는 방법이다.

> 영업권 = 합병 등의 대가로 지급한 금액 − 취득한 순자산의 공정가치

ⓑ 순이익환원법

순이익환원법은 피합병기업의 평균순이익액을 정상수익률로 나누어 산출한 평균순이익액의 자본화액에서 피합병기업의 순자산가액을 차감한 잔액을 영업권평가액으로 계상하는 방법이다.

> 영업권 = 평균순이익액 ÷ 정상수익률 − 순자산가액

ⓒ 초과수익환원법

초과수익환원법은 피합병기업의 평균순이익액에서 동종기업의 평균순이익액을 차감하여 산출한 초과순이익액을 정상수익률로 나누어 자본화한 금액을 영업권평가액으로 계상하는 방법이다.

> 영업권 = [평균순이익액 ÷ (순자산가액 × 정상수익률)] ÷ 정상수익률
> = 초과순이익액 ÷ 정상수익률

⑨ **개발비**

개발비는 신제품·신기술 등의 개발과 관련하여 발생한 비용으로서 개별적으로 식별이 가능하고 미래의 경제적 효익을 확실하게 기대할 수 있는 것이다. 내부적으로 창출한 무형자산이 인식기준을 충족하는지를 평가하기 위하여 무형자산의 창출과정을 연구단계와 개발단계로 구분한다. 무형자산을 창출하기 위한 내부 프로젝트를 연구단계와 개발단계로 구분할 수 없는 경우에는 그 프로젝트에서 발생한 지출은 모두 **연구단계**에서 발생한 것으로 본다.

연구단계에서 발생하는 무형자산은 인식하지 않는다. 연구단계에 대한 지출은 발생시점에 비용으로 인식한다. 연구활동의 예는 다음과 같다.

> ㉠ 새로운 지식을 얻고자 하는 활동
> ㉡ 연구결과나 기타 지식을 탐색, 평가, 최종 선택, 응용하는 활동
> ㉢ 재료, 장치, 제품, 공정, 시스템이나 용역에 대한 여러 가지 대체안을 탐색하는 활동
> ㉣ 새롭거나 개선된 재료, 장치, 제품, 공정, 시스템이나 용역에 대한 여러 가지 대체안을 제안, 설계, 평가, 최종 선택하는 활동

개발단계는 연구단계보다 훨씬 더 진전되어 있는 상태이기 때문에 어떤 경우에는 내부 프로젝트의 개발단계에서는 무형자산을 식별할 수 있으며, 그 무형자산이 미래 경제적 효익을 창출할 것임을 제시할 수 있다. 개발활동의 예는 다음과 같다.

㉠ 생산이나 사용 전의 시제품과 모형을 설계, 제작, 시험하는 활동
㉡ 새로운 기술과 관련된 공구, 주형, 금형 등을 설계하는 활동
㉢ 상업적 생산 목적으로 실현 가능한 경제적 규모가 아닌 시험공장을 설계, 건설, 가동하는 활동
㉣ 신규 또는 개선된 재료, 장치, 제품, 공정, 시스템이나 용역에 대하여 최종적으로 선정된 안을 설계, 제작, 시험하는 활동

더 알아두기

개발단계에서 발생한 지출을 무형자산으로 인식하기 위한 요건(모두 충족해야 함)

① 무형자산을 사용하거나 판매하기 위해 그 자산을 완성할 수 있는 기술적 실현 가능성
② 무형자산을 완성하여 사용하거나 판매하려는 기업의 의도
③ 무형자산을 사용하거나 판매할 수 있는 기업의 능력
④ 무형자산이 미래 경제적 효익을 창출하는 방법. 그 중에서도 특히 무형자산의 산출물이나 무형자산 자체를 거래하는 시장이 존재함을 제시할 수 있거나 무형자산을 내부적으로 사용할 것이라면 그 유용성을 제시할 수 있어야 함
⑤ 무형자산의 개발을 완료하고 그것을 판매하거나 사용하는 데 필요한 기술적/재정적 자원 등의 입수 가능성
⑥ 개발과정에서 발생한 무형자산 관련 지출을 신뢰성 있게 측정할 수 있는 기업의 능력

개발비는 비경상개발비와 경상개발비로 나뉜다. 무형자산으로 계상되는 개발비에는 비경상개발비만 계상되고, 경상개발비는 판매비와 관리비로 계상하도록 하고 있으나, 제조와 관련한 경상개발비는 제조경비로 처리된다. 연구비는 판매비와 관리비로 처리한다.

2 무형자산의 상각

무형자산의 상각이란 유형자산의 감가상각과 마찬가지로 무형자산의 원가와 효익을 체계적으로 대응시키는 과정이다. 무형자산을 상각할 경우에는 일반적으로 **정액법**이 사용된다. 기업회계기준에서는 무형자산의 상각방법으로 합리적인 방법을 선택하여 적용하도록 하고 있으며, 합리적인 상각방법을 정할 수 없는 경우에는 정액법을 사용하여 당해 무형자산의 사용 가능한 시점부터 합리적인 기간 동안 상각하도록 하고 있다. 다만 독점적·배타적인 권리를 부여하고 있는 관계법령이나 계약에 의하여 정해진 경우를 제외하고는 상각기간은 20년을 초과하지 못하도록 규정하고 있다.

더 알아두기

무형자산의 내용연수

① 내용연수가 유한한 경우 상각을 수행한다.
② 내용연수가 비한정인 경우 상각하지 않으며, 매년 또는 무형자산의 손상을 시사하는 징후가 있을 때 손상검사를 수행한다.
③ 내용연수가 비한정인 무형자산의 내용연수를 유한으로 변경하는 것은 회계추정의 변경으로 회계처리한다.

3 인식 후의 측정

무형자산의 회계정책으로 원가모형이나 재평가모형을 선택할 수 있다.

(1) 원가모형

최초인식 후에 무형자산은 원가에서 상각누계액과 손상차손누계액을 차감한 금액을 장부금액으로 한다.

(2) 재평가모형

최초인식 후에 무형자산은 재평가일의 공정가치에서 이후의 상각누계액과 손상차손누계액을 차감한 재평가금액을 장부금액으로 한다. 공정가치는 활성시장을 기초로 하여 측정한다. 보고기간 말에 자산의 장부금액이 공정가치와 중요하게 차이가 나지 않도록 주기적으로 재평가를 실시한다.

무형자산의 손상차손

자산의 진부화 및 시장가치의 급격한 하락 등으로 무형자산의 회수가능가액이 장부금액에 중요하게 미달하는 경우에는 장부금액을 회수가능가액으로 조정하고 차액을 손상차손으로 처리한다. 다만, 차기 이후에 감액된 자산의 회수가능가액이 장부금액을 초과하게 되는 경우에는 자산이 감액되기 전 장부금액의 상각 후 잔액을 한도로 초과액을 손상차손환입으로 처리한다. 그리고 사용을 중지하고 처분을 위해 보유하는 무형자산은 사용을 중지한 시점의 장부금액으로 유지하고, 모든 회계연도 말에 회수가능가액을 평가하여 손상차손을 인식한다.

4 무형자산의 제거

제거란 장부에서 삭제한다는 의미인데 무형자산의 장부금액은 다음과 같은 때에 제거한다.

(1) 처분하는 때

(2) 사용이나 처분을 통하여 미래 경제적 효익이 기대되지 않을 때(폐기)

무형자산의 제거로 인하여 발생하는 이익이나 손실은 순매각가액과 장부금액의 차이로 결정한다. 그 이익이나 손실은 자산을 제거할 때 당기손익으로 인식한다.

무형자산의 취득원가에 포함되지 않는 지출의 예

① 새로운 제품이나 용역의 홍보원가(광고와 판매촉진 활동원가 포함)
② 새로운 지역에서 또는 새로운 계층의 고객을 대상으로 사업을 수행하는데 발생하는 원가
③ 관리원가와 기타 일반경비원가
④ 경영자가 의도하는 방식으로 운용될 수 있으나 사용이 시작되지 않은 기간에 발생한 원가
⑤ 자신의 산출물에 대한 수요가 확립되기 전까지 발생하는 손실과 같은 초기 영업손실
⑥ 무형자산 개발과 관련된 활동 중 반드시 필요하지 않은 부수적인 활동과 관련된 수입과 지출
⑦ 무형자산을 사용하거나 재배치하는데 발생하는 지출

더 알아두기

K-IFRS에 규정된 웹사이트 원가 회계처리 사례

지출 단계/성격	회계처리
• 계획 • 실현 가능성 연구 수행 • 하드웨어와 소프트웨어의 세부사항 정의 • 대안 제품과 공급자의 평가 • 선택사항 결정	기업회계기준서 제1038호 문단 54에 따라 발생시점에 비용으로 인식한다.
• 응용프로그램과 하부구조 개발 • 하드웨어의 구매 또는 개발	기업회계기준서 제1016호의 요구사항을 적용한다.
• 도메인 등록 • 운영 소프트웨어 개발(예 운영 시스템과 서버 소프트웨어) • 응용프로그램의 코드 개발 • 웹 서버에 개발한 응용프로그램 설치 • 안정성 테스트	웹사이트가 경영자가 의도하는 방식으로 운영될 수 있게 준비하는 데 직접 관련되지 않으면서 웹사이트가 기업회계기준서 제1038호 문단 21과 문단 57[1]의 인식기준을 충족하는 경우가 아닌 한 지출을 발생시점에 비용으로 인식한다.

• 그래픽 디자인 개발 • 웹 페이지의 외양(예 화면배치와 색상) 설계	웹사이트가 경영자가 의도하는 방식으로 운영될 수 있게 준비하는 데 직접 관련되지 않으면서, 웹사이트가 기업회계기준서 제1038호 문단 21과 문단 57[(1)]의 인식기준을 충족하는 경우가 아닌 한 지출을 발생시점에 비용으로 인식한다.
• 콘텐츠 개발 • 웹사이트 개발이 완료되기 전에 텍스트나 그래픽 속성의 정보를 창출·구매·작성(예 링크 생성과 태그 식별) 및 웹사이트에 업로드한다. 콘텐츠의 예는 기업, 판매목적으로 제공되는 재화 또는 용역 및 가입자들이 이용하는 주제들에 대한 정보를 포함한다.	콘텐츠가 기업 자체의 재화와 용역에 대한 광고와 판매촉진을 위해 개발되었다면(예 재화의 디지털 사진), 기업회계기준서 제1038호 문단 69(3)에 따라 발생시점에 비용으로 인식한다. 그 외의 경우로서 웹사이트가 경영자가 의도하는 방식으로 운영될 수 있게 준비하는 데 직접 관련되지 않으면서, 웹사이트가 IAS 38 문단 21과 문단 57[(1)]의 인식기준을 충족하는 경우가 아닌 한 지출을 발생시점에 비용으로 인식한다.
• 운영 • 그래픽 갱신과 콘텐츠 수정 • 새로운 기능, 특성 및 콘텐츠 추가 • 검색엔진에 웹사이트 등록 • 데이터의 백업 • 보안 접근의 검토 • 웹사이트 사용 분석	무형자산의 정의와 기업회계기준서 제1038호 문단 18에 규정되어 있는 인식기준을 충족하는지 평가한다. 충족하는 경우 지출은 웹사이트 자산의 장부금액으로 인식한다.
• 기타 • 경영자가 의도하는 방식으로 운영될 수 있게 준비하는 데 직접 관련되지 않는 판매, 관리, 및 기타 간접비 지출 • 명확히 식별된 비효율로 인한 손실과 웹사이트가 계획된 성과를 내기 전에 발생한 초기 운영손실(예 초기 오류 검사) • 웹사이트를 운영하기 위한 직원의 훈련비	기업회계기준서 제1038호 문단 65~70에 따라 발생시점에 비용으로 인식한다.

(1) 기업이 주로 자체의 재화와 용역의 판매촉진과 광고를 위해 웹사이트를 개발하는 데 사용된 모든 지출은 기업회계기준서 제1038호 문단 68에 따라 발생시점에 비용으로 인식한다.

제 8 절 투자부동산

1 투자자산의 개념과 종류

(1) 투자자산의 개념

투자자산은 기업의 주된 사업목적은 아니지만 여유자금을 장기간 투자하여 다른 회사를 지배하거나 장기간 많은 수익을 얻고자 하는 목적으로 취득한 자산을 말한다.

(2) 투자자산의 종류

① **매도가능금융자산(기존 K-IFRS 1039호)**
매도가능금융자산은 대부분 장기보유목적이므로 공정가치 변동을 당기손익에 포함시키면 미래현금흐름을 왜곡시킬 수 있다. 따라서 매도가능금융자산에서 발생한 공정가치 변동은 당기손익으로 인식하지 않고 자본의 기타포괄손익(미실현손익)으로 처리한다.

② **만기보유금융자산(기존 K-IFRS 1039호)**
만기보유증권은 만기가 고정되어 있고 지급금액이 확정되었거나 결정 가능한 금융자산으로서 만기까지 보유할 적극적 의도와 능력이 있는 금융자산을 말하며 채무증권으로 분류된다.

③ **투자부동산**
투자부동산이란 자산의 가격상승을 기대하며 또는 비영업용으로 투자를 목적으로 소유하는 토지 및 건물 등의 부동산을 말한다.

④ **장기대여금**
장기대여금이란 대여금의 회수일이 재무상태표 작성일로부터 1년 이후에 도래하는 성질의 것을 말한다. 그러나 만기가 결산일 현재 1년 이내로 도달하는 대여금의 경우에는 단기대여금(유동성장기대여금)으로 재분류하여야 한다.

2 기타 비유동자산의 개념과 종류

(1) 기타 비유동자산의 개념

비유동자산 중 투자자산 및 유형자산, 무형자산에 속하지 않는 자산을 의미한다.

(2) 기타 비유동자산의 종류

① **임차보증금** : 타인소유의 부동산이나 동산을 사용하기 위하여 임대차계약을 체결하는 경우에 월세 등을 지급하는 조건으로 임차인이 임대인에게 지급하는 보증금을 말한다.

② **전세권** : 전세금을 지급하고 타인의 부동산을 그 용도에 따라 사용, 수익하는 권리이다.

③ **장기매출채권** : 유동자산에 속하지 아니하는 일반적 상거래에서 발생한 장기의 외상매출금 및 받을어음을 말한다.

④ **이연법인세자산** : 이연법인세자산이란 현재 존재하는 일시적 차이로 인하여 미래에 지급하여야 할 법인세가 감소하게 되는 경우, 즉 차감할 일시적 차이가 존재하는 경우의 법인세에 관련된 자산을 말한다.

더 알아두기

이연법인세자산의 분류

- 법인세 관련 이연법인세자산은 재무상태표의 다른 자산과 구분하여 표시되어야 하며 또한 당기법인세부담액과 당기법인세환급액과도 구분하여야 한다.
- 이연법인세자산은 관련된 자산 항목의 재무상태표상 분류에 따라 당좌자산 또는 기타 비유동자산으로 분류한다.
- 세무상 결손금에 따라 인식하게 되는 이연법인세자산의 경우처럼 재무상태표상 자산항목 또는 부채항목과 관련되지 않은 이연법인세자산은 일시적 차이의 예상소멸시기에 따라 유동항목과 기타 비유동항목으로 분류하여야 한다.

3 투자부동산의 정의 및 인식기준

(1) 투자부동산의 정의

투자부동산이란 임대수익이나 시세차액 또는 두 가지 모두를 얻기 위하여 소유자나 금융리스의 이용자가 보유하고 있는 부동산을 말한다. 다음은 투자부동산의 예이다.

① **장기 시세차익을 얻기 위하여 보유하고 있는 토지** : 정상적인 영업과정에서 단기간에 판매하기 위하여 보유하는 토지는 제외한다.
② **장래 사용목적을 결정하지 못한 채로 보유하고 있는 토지** : 만약 토지를 자가사용할지 또는 정상적인 영업과정에서 단기간에 판매할지를 결정하지 못한 경우 당해 토지는 시세차익을 얻기 위하여 보유하고 있는 것으로 본다.
③ 직접 소유(또는 금융리스를 통해 보유)하고 운용리스로 제공하고 있는 건물
④ 운용리스로 제공하기 위하여 보유하고 있는 미사용 건물
⑤ 미래에 투자부동산으로 사용하기 위하여 건설 또는 개발 중인 부동산

투자부동산은 임대수익이나 시세차익을 위해 보유하는 자산이므로 같은 형태의 부동산이라 해도 부동산매매업에서 판매를 목적으로 보유하는 부동산은 재고자산으로 분류되며, 자가사용부동산의 경우에는 유형자산으로 분류하여야 한다. 다음은 투자부동산이 아닌 항목의 예이다.

> ① **정상적인 영업과정에서 판매하기 위한 부동산이나 이를 위하여 건설 또는 개발 중인 부동산**: 예를 들면 가까운 장래에 판매하거나 개발하여 판매하기 위한 목적으로만 취득한 부동산이 있다.
> ② 제3자를 위하여 건설 또는 개발 중인 부동산(건설계약)
> ③ **자가사용부동산**: 미래에 자가사용하기 위한 부동산, 미래에 개발 후 자가사용할 부동산, 종업원이 사용하고 있는 부동산(종업원이 시장가격으로 임차료를 지급하고 있는지 여부는 관계없음), 처분예정인 자가사용부동산을 포함한다.
> ④ 금융리스로 제공한 부동산

(2) 인식 후의 측정

투자부동산의 후속측정에는 원가모형이나 공정가치모형 중 하나를 선택하여 모든 투자부동산에 적용해야 한다. 다만, 투자부동산을 공정가치로 측정해 온 경우라면 비교할만한 시장의 거래가 줄어들거나 시장가격정보를 쉽게 얻을 수 없게 되더라도 당해 부동산을 처분할 때까지 또는 유형자산으로 계정대체하거나 정상영업활동의 일환으로 판매하기 위하여 개발을 시작하기 전까지는 계속하여 공정가치로 측정한다.

① **원가모형**: 원가모형에 의하여 측정하는 투자부동산 중 감가상각대상자산은 유형자산과 마찬가지로 감가상각을 하여야 하고 투자부동산의 공정가치는 주석으로 공시해야 한다.

② **공정가치모형**: 공정가치모형의 개념은 주로 공정가치가 투자부동산의 경영성과를 가장 목적이 적합하고 투명하게 보여준다는 관점에 기초하기 때문에 공정가치모형을 적용하였을 경우 투자부동산이 공정가치 변동으로 발생하는 손익은 발생한 기간의 당기손익에 반영하며, 감가상각은 적용하지 않는다.

(3) 계정대체

부동산의 사용목적 변경이 다음과 같은 사실로 입증되는 경우에만 투자부동산의 대체가 발생한다.

① **자가사용의 개시**: 투자부동산을 자가사용부동산으로 대체
② **자가사용의 종료**: 자가사용부동산을 투자부동산으로 대체
③ **정상적인 영업과정에서 판매하기 위한 개발의 시작**: 투자부동산을 재고자산으로 대체
④ **제3자에게 운용리스 제공**: 재고자산을 투자부동산으로 대체
⑤ **건설이나 개발의 완료**: 건설 중인 자산(유형자산)을 투자부동산으로 대체

4 투자부동산의 제거

투자부동산의 제거란 투자부동산을 처분하거나 투자부동산의 사용을 영구히 중지하고 처분으로도 더 이상의 경제적 효익을 기대할 수 없는 경우에는 제거한다. 이때 투자부동산의 폐기나 처분으로 발생하는 손익은 순처분금액과 장부금액의 차액이며 폐기나 처분이 발생한 기간에 당기손익으로 인식한다. 또한, 처분대가는 공정가치로 인식하며, 지급이 이연되는 경우 수취하는 대가의 현금등가액으로 인식하고 명목금액과 현금등가액의 차이는 대금회수기간 동안 이자수익으로 인식한다.

더 알아두기

투자부동산의 식별

① 부동산 중 일부분은 투자목적으로, 나머지 부분은 자가사용목적으로 보유하는 경우
- ㉠ 부분별로 분리 매각 또는 금융리스로 제공이 가능한 경우 : 투자부동산과 유형자산으로 각각 분리 계상
- ㉡ 부분별로 분리 매각 또는 금융리스로 제공이 불가능한 경우 : 투자부동산의 비중을 고려하여 투자부동산 또는 유형자산으로 계상

② 부동산 소유자가 부수적인 용역을 제공하는 경우
- ㉠ 제공용역이 경미한 경우 : 투자부동산으로 분류(예 건물 관리용역 제공 등)
- ㉡ 제공용역이 유의적인 경우 : 자가사용부동산(유형자산)으로 분류(예 호텔경영 등)

③ 연결실체 간 부동산 운용리스
- ㉠ 개별재무상태표 : 투자부동산
- ㉡ 연결재무상태표 : 자가사용부동산(유형자산)

제3장

OX로 점검하자

제 1 절 자산의 본질과 분류

※ 다음 지문의 내용이 맞으면 O, 틀리면 ×를 체크하시오. [1~10]

01 자산은 과거 사건의 결과로 기업이 통제하는 미래 경제적 효익을 창출할 것으로 기대하는 자원이다. ( )

02 정상적인 영업주기 내에 판매되거나 사용되는 재고자산과 회수되는 매출채권 등은 보고 기간 종료일로부터 1년 이내에 실현되지 않더라도 유동자산으로 분류한다. ( )

03 장기미수금 등의 비유동자산 중 1년 이내에 실현되는 부분은 유동자산으로 다시 분류한다. ( )

04 유동자산의 종류에는 크게 당좌자산과 재고자산으로 나눌 수 있다. ( )

05 미수금, 미수수익, 재공품, 선급비용은 당좌자산에 속한다. ( )

06 반제품, 선급금, 원재료, 저장품은 재고자산에 속한다. ( )

07 비유동자산은 투자자산, 유형자산, 무형자산, 기타 비유동자산으로 구분된다. ( )

08 무형자산은 물리적 형체가 없지만 식별 가능하고, 기업이 통제하고 있는 미래 경제적 효익을 창출하는 화폐성 자산이다. ( )

09 구축물, 차량 운반구, 비품, 건설 중인 자산은 유형자산에 속한다. ( )

10 산업재산권, 연구비, 프랜차이즈, 영업권은 무형자산에 속한다. ( )

정답과 해설 01 O 02 O 03 O 04 O 05 × 06 × 07 O 08 × 09 O 10 ×

05 미수금, 미수수익, 선급금, 선급비용은 당좌자산에 속한다.
06 반제품, 재공품, 원재료, 저장품은 재고자산에 속한다.
08 무형자산은 물리적 형체가 없지만 식별 가능하고, 기업이 통제하고 있는 미래 경제적 효익을 창출하는 비화폐성 자산이다.
10 산업재산권, 개발비, 프랜차이즈, 영업권은 무형자산에 속한다.

제 2 절 현금 및 현금성 자산

※ 다음 지문의 내용이 맞으면 O, 틀리면 ×를 체크하시오. [1~10]

01 현금이란 통화, 통화대용증권 및 요구불예금을 의미한다. (   )

02 현금성 자산이라 함은 큰 거래비용이 없이 현금으로 전환이 용이하고, 이자율 변동에 따른 가치변동의 위험이 중요하지 않은 유가증권 및 단기금융상품으로서, 취득 당시 만기가 3개월 이내에 도래하는 것을 말한다. (   )

03 우표나 수입인지 및 차용증서는 현금처럼 유통될 수 없으므로 소모품(비)이나 선급비용으로 분류한다. (   )

04 선일자수표는 대여금으로 분류한다. (   )

05 현금과부족은 장부상 현금 잔액과 실제 현금잔액이 계산의 착오나 거래의 누락 등에 의해서 일치하지 않는 경우 처리하는 임시계정으로서 외부에 공시하는 재무제표에 표시되어서는 안 된다. (   )

06 당좌예금 계정의 차변에는 현금의 예입이 기록되고 대변에는 인출이 기입된다. (   )

정답과 해설 01 O 02 O 03 × 04 × 05 O 06 O

03 우표나 수입인지는 현금처럼 유통될 수 없으므로 소모품(비)이나 선급비용으로 분류하고 차용증서는 대여금으로 분류한다.

04 선일자수표는 매출채권 또는 미수금으로 분류한다.

07 소액현금제도란 기업 내에서 소액의 현금지출을 필요로 하는 경우 소액현금기금을 설정하고 그 기금에서 필요한 현금을 지출하는 제도를 말하는 것으로 결산 시 소액현금계정의 잔액은 현금계정에 포함시켜 보고한다. (   )

08 당좌예금에 관한 장부로는 당좌예금출납장, 현금 당좌예금출납장, 수표기입장 등이 있다. (   )

09 기발행미결제수표란 회사는 수표를 발행하여 당좌예금이 감소하였지만 동 수표가 은행에 지급제시되지 않아 은행 측에서는 당좌예금의 입금처리가 되지 않은 것으로 은행 측의 잔액을 가산하여 수정하여야 한다. (   )

10 회사미기입출금이란 은행에서는 입금처리하였으나 회사가 입금 사실을 통지받지 못하여 입금처리를 하지 못한 경우로 회사는 예금잔액을 증가시키는 수정을 해야 한다. (   )

정답과 해설 07 O 08 O 09 × 10 ×

09 기발행미결제수표란 회사는 수표를 발행하여 당좌예금이 감소하였지만 동 수표가 은행에 지급제시되지 않아 은행 측에서는 당좌예금의 출금처리가 되지 않은 것으로 은행 측의 잔액을 차감하여 수정하여야 한다.

10 회사미기입출금이란 은행에서는 출금처리하였으나 회사가 출금 사실을 통지받지 못하여 출금처리를 하지 못한 경우로 회사는 예금잔액을 감소시키는 수정을 해야 한다.

제 3 절 매출채권 및 기타채권

※ 다음 지문의 내용이 맞으면 O, 틀리면 ×를 체크하시오. [1~10]

01 매출채권은 기업의 계속적이며 반복적인 주된 영업활동에서 발생되는 채권으로 외상매출금과 받을어음이 있다. ( )

02 외상거래의 기장 시에는 총계정원장에 통제계정인 외상매출금 계정을 설정하고, 보조원장으로 매출처 원장을 거래처별로 설정하여 회계처리 하는 것이 편리하다. ( )

03 매입에누리와 매출환입은 매출수익에서 차감하고 그만큼 받을 수 있는 권리가 사라지므로 매출채권에서도 차감해 주어야 한다. ( )

04 외상거래 시 매출할인에 대한 조건이 '2/10, n/30'이라는 말은 30일 외상거래 조건이나 2일 이내에 상환할 시에는 10%의 매출할인을 적용하겠다는 의미이다. ( )

05 매출채권은 받을어음과 외상매출금으로 구성되는데, 받을어음을 양도하는 것을 어음할인이라고 하며 외상매출금을 양도하는 것을 팩토링이라고 한다. ( )

06 대손상각비는 모두 회수불능채권에 대한 손실을 계상하는 비용계정으로 매출채권에 대한 것일 경우 판매비와 관리비로 분류하고, 기타채권에 대한 것일 경우 영업외비용으로 분류한다. ( )

정답과 해설 01 O 02 O 03 × 04 × 05 O 06 O

03 매출에누리와 매출환입은 매출수익에서 차감하고 그만큼 받을 수 있는 권리가 사라지므로 매출채권에서도 차감해 주어야 한다.

04 외상거래 시 매출할인에 대한 조건이 '2/10, n/30'이라는 말은 30일 외상거래 조건이나 10일 이내에 상환할 시에는 2%의 매출할인을 적용하겠다는 의미이다.

07 충당금설정법의 단점으로는 수익·비용 대응의 원칙에 위배될 수 있고, 재무상태표상 수취채권의 순실현가치가 표시되지 않는다는 점이다. (   )

08 미수금은 재고자산의 매매와 같은 일반적 상거래(주된 영업활동) 이외에서 발생한 미수채권으로 유가증권, 비유동자산의 처분 등으로 나타나는 채권이다. (   )

09 거래처로부터 상품, 제품, 원재료, 부품 등과 같은 자산을 인도받기 전에 자산의 취득대가의 일부 또는 계약금을 먼저 지급하였을 경우 그 금액을 유동자산인 선급금으로 처리한다. (   )

10 가수금은 현금이 지급되었으나 계정과목·금액을 확정할 수 없을 때 일시적으로 처리하는 자산계정이다. (   )

정답과 해설 07 × 08 O 09 O 10 ×

07 직접 상각법의 단점으로는 수익·비용 대응의 원칙에 위배될 수 있고, 재무상태표상 수취채권의 순실현가치가 표시되지 않는다는 점이다.

10 가지급금은 현금이 지급되었으나 계정과목·금액을 확정할 수 없을 때 일시적으로 처리하는 자산계정이다.

제 4 절 금융자산

※ 다음 지문의 내용이 맞으면 O, 틀리면 ×를 체크하시오. [1~10]

01 금융자산이란 현금과 금융상품을 말한다. ( )

02 금융상품은 거래당사자 일방에서 금융자산을 발생시키고 동시에 거래상대방에게 금융부채만을 발생시키는 모든 계약을 말한다. ( )

03 선급금, 선급비용, 재고자산, 유형자산, 무형자산, 투자부동산 등은 비금융자산이라고 할 수 있다. ( )

04 기업이 자기지분상품으로 결제되는 계약을 체결하는 경우 그 대가로 수취하는 자기지분상품은 금융자산으로 분류한다. ( )

05 당기손익-공정가치측정 금융자산은 회계기간 말에 공정가치로 평가하는데 공정가치평가로 인한 당기손익-공정가치측정 금융자산평가손익은 기타포괄손익으로 처리하도록 하고 있다. ( )

06 기타포괄손익-공정가치측정선택 금융자산은 공정가치로 평가하는데 공정가치평가로 인한 평가손익은 실현된 손익이 아니므로 기타포괄손익으로 처리하여 미실현손익을 명확히 표시한다. ( )

정답과 해설 01 O 02 × 03 O 04 O 05 × 06 O

02 금융상품은 거래당사자 일방에서 금융자산을 발생시키고 동시에 거래상대방에게 금융부채나 지분상품을 발생시키는 모든 계약을 말한다.

05 당기손익-공정가치측정 금융자산은 회계기간 말에 공정가치로 평가하는데 공정가치평가로 인한 당기손익-공정가치측정 금융자산평가손익은 당기손익으로 처리하도록 하고 있다.

07 채무증권의 경우 사업모형이 계약상 현금흐름을 수취하기 위해 보유한다면 상각후원가측정 금융자산으로 분류하고, 사업모형이 계약상 현금흐름의 수취와 금융자산의 매도 둘 다를 통해 목적을 이루고자 한다면 기타포괄손익-공정가치측정 금융자산으로 분류한다. (　　)

08 상각후원가측정 금융자산의 회계기간 말에는 정액법에 따라서 액면이자를 이자수익으로 인식하며 그에 따른 상각후원가를 기말장부가액으로 표시한다. (　　)

09 지분법이란 유의적인 영향력이 있는 경우 투자자산을 최초에 원가로 인식하고, 취득시점 이후 발생한 피투자자의 순자산 변동액 중 투자자의 몫을 해당 투자자산에 가감하여 보고하는 회계처리방법을 말한다. (　　)

10 금융부채는 최초인식시 공정가치로 측정하는데, 당기손익-공정가치측정 금융부채가 아닌 경우 당해 금융부채의 발행과 직접 관련되는 거래원가는 최초인식하는 공정가치에 차감하여 측정한다. (　　)

정답과 해설 07 O 08 × 09 O 10 O

08 상각후원가측정 금융자산의 회계기간 말에는 유효이자율법에 따라서 유효이자를 이자수익으로 인식하며 그에 따른 상각후원가를 기말장부가액으로 표시한다.

제 5 절 재고자산

※ 다음 지문의 내용이 맞으면 O, 틀리면 ×를 체크하시오. [1~10]

01 판매를 목적으로 현재 사용 중인 자산은 재고자산이지만 사용을 위해 현재 생산 중인 자산은 유형자산으로 분류하여야 한다. ( )

02 재고자산의 매입원가는 매입가격에 수입관세와 제세금(과세당국으로부터 추후 환급받을 수 있는 금액 포함), 매입운임, 하역료 그리고 완제품, 원재료 및 용역의 취득과정에 직접 관련된 기타 원가를 가산한 금액이다. ( )

03 전환원가는 직접 노무원가 등 생산량과 직접 관련된 원가와 고정 및 변동제조간접원가의 체계적인 배부액을 포함한다. ( )

04 재고자산의 반품률을 합리적으로 추정할 수 없는 경우에는 구매자가 상품인수를 수락하거나 반품기간이 종료된 시점까지는 판매자의 재고자산에 포함한다. ( )

05 재공품은 제조를 목적으로 하는 기업에서 제품 또는 반제품의 제조를 위하여 제조 과정에 있는 것으로 이 상태에서도 외부에 판매할 수 있다. ( )

정답과 해설 01 O 02 × 03 O 04 O 05 ×

02 재고자산의 매입원가는 매입가격에 수입관세와 제세금(과세당국으로부터 추후 환급받을 수 있는 금액은 제외), 매입운임, 하역료 그리고 완제품, 원재료 및 용역의 취득과정에 직접 관련된 기타 원가를 가산한 금액이다.

05 재공품은 제조를 목적으로 하는 기업에서 제품 또는 반제품의 제조를 위하여 제조 과정에 있는 것으로 이 상태에서는 외부에 판매하지 못한다.

06 계속 기록법의 단점으로 기말재고조사의 실시로 영업에 지장을 줄 수 있고 재고감모손실이 매출원가에 포함된다는 점이다. (　　)

07 매출가격환원법은 소매재고법이라고도 하며, 소매업을 전문으로 하는 백화점이나 슈퍼마켓 등에서 많이 적용되는 방법이다. (　　)

08 기말재고자산 평가 시 저가법을 적용하는데 저가법이란 취득원가와 공정가액을 비교하여 낮은 가액으로 평가하는 방법을 말한다. (　　)

09 재고자산을 순실현가치로 감액하는 저가법은 항목별로 적용하지만 경우에 따라서는 서로 유사하거나 관련 있는 항목들을 통합하여 적용하는 것이 적절할 수 있다. (　　)

10 재고자산평가손실이 발생하는 경우 재고자산평가손실충당금은 재고자산의 차감적 평가계정으로 표시하고 재고자산평가손실은 매출원가에서 차감한다. (　　)

정답과 해설 06 × 07 O 08 O 09 O 10 ×

06 실지재고조사법의 단점으로 기말재고조사의 실시로 영업에 지장을 줄 수 있고 재고감모손실이 매출원가에 포함된다는 점이다.

10 재고자산평가손실이 발생하는 경우 재고자산평가손실충당금은 재고자산의 차감적 평가계정으로 표시하고 재고자산평가손실은 매출원가에 가산한다.

제 6 절 유형자산

※ 다음 지문의 내용이 맞으면 O, 틀리면 ×를 체크하시오. [1~10]

01 유형자산에 해당하는 건설 중인 자산도 감가상각의 대상이 된다. ( )

02 자산의 취득과정에서 발생한 매입에누리와 환출 및 매입할인이 있는 경우에는 이를 취득원가에서 차감한다. ( )

03 주식을 발행하여 유형자산을 구입한 경우에 유형자산을 판매한 자에게 교부한 주식의 발행가격을 기준으로 취득원가를 계상하도록 하고 있다. ( )

04 이종의 유형자산을 교환하여 취득하는 경우 다른 종류의 자산과의 교환으로 취득한 유형자산의 취득원가는 교환을 위하여 제공한 자산의 공정가치로 측정한다. ( )

05 둘 이상의 유형자산을 일괄취득하는 경우 개별 자산의 취득원가는 일괄취득원가를 각 자산의 장부가치비율로 안분하여 계산한다. ( )

06 자산관련정부보조금은 재무상태표에 이연수익으로 표시하거나 자산의 장부금액을 결정할 때 차감하여 표시한다. ( )

정답과 해설 01 × 02 O 03 O 04 O 05 × 06 O

01 건설 중인 자산은 감가상각의 대상이 되지 않는다.
05 둘 이상의 유형자산을 일괄취득하는 경우 개별 자산의 취득원가는 일괄취득원가를 각 자산의 공정가치 비율로 안분하여 계산한다.

07 수익적 지출은 해당 자산의 내용연수를 증가시키거나 가치를 현실적으로 증가시키는 지출로 자산으로 처리한다. (　　)

08 감가상각비는 자산의 취득원가, 잔존가치, 내용연수 그리고 감가상각방법에 의해 결정된다. (　　)

09 정률법은 기초의 장부가액에서 상각률을 곱하여 감가상각비를 구하는 방법으로 자산의 취득 초기에 많이 상각하는 방법이다. (　　)

10 정액법보다 연수합계법으로 감가상각을 하는 경우 내용연수의 후기 연도에 더 많은 감가상각비를 인식하므로 후기 연도에는 세금을 적게 부담하게 된다. (　　)

정답과 해설 07 × 08 O 09 O 10 ×

07 자본적 지출은 해당 자산의 내용연수를 증가시키거나 가치를 현실적으로 증가시키는 지출로 자산으로 처리한다.

10 정액법보다 연수합계법으로 감가상각을 하는 경우 내용연수의 초기 연도에 더 많은 감가상각비를 인식하므로 초기 연도에는 세금을 적게 부담하게 된다.

제 7 절 무형자산

※ 다음 지문의 내용이 맞으면 O, 틀리면 ×를 체크하시오. [1~10]

01 무형자산에는 산업재산권, 라이선스와 프랜차이즈, 저작권, 컴퓨터소프트웨어, 개발비, 임차권리금, 광업권 및 어업권 등이 포함된다. (   )

02 산업재산권은 일정기간 독점적·배타적으로 이용할 수 있는 권리로서 특허권, 실용신안권, 의장권, 상표권 등을 말한다. (   )

03 내부적으로 창출한 영업권은 인정하지 않는다. (   )

04 순이익환원법은 합병이나 영업양수를 하는 경우 인수하는 순자산 공정가치를 초과하여 지급하는 금액을 영업권으로 계상하는 방법이다. (   )

05 무형자산을 창출하기 위한 내부 프로젝트를 연구단계와 개발단계로 구분할 수 없는 경우에는 그 프로젝트에서 발생한 지출은 모두 개발단계에서 발생한 것으로 본다. (   )

06 연구비는 판매비와 관리비로 처리한다. (   )

정답과 해설 01 O 02 O 03 O 04 × 05 × 06 O

04 순자산평가법은 합병이나 영업양수를 하는 경우 인수하는 순자산 공정가치를 초과하여 지급하는 금액을 영업권으로 계상하는 방법이다.

05 무형자산을 창출하기 위한 내부 프로젝트를 연구단계와 개발단계로 구분할 수 없는 경우에는 그 프로젝트에서 발생한 지출은 모두 연구단계에서 발생한 것으로 본다.

07 재료, 장치, 제품, 공정, 시스템이나 용역에 대한 여러 가지 대체안을 탐색하는 활동은 개발단계에 해당한다. (   )

08 상업적 생산목적으로 실현 가능한 경제적 규모가 아닌 시험공장을 설계, 건설, 가동하는 활동은 연구단계에 해당한다. (   )

09 무형자산의 회계정책으로 원가모형이나 재평가모형을 선택할 수 있다. (   )

10 무형자산의 제거로 인하여 발생하는 이익이나 손실은 순매각가액과 장부금액의 차이로 결정되고 그 이익이나 손실은 자산을 제거할 때 당기손익으로 인식한다. (   )

정답과 해설 07 × 08 × 09 O 10 O

07 재료, 장치, 제품, 공정, 시스템이나 용역에 대한 여러 가지 대체안을 탐색하는 활동은 연구단계에 해당한다.

08 상업적 생산목적으로 실현 가능한 경제적 규모가 아닌 시험공장을 설계, 건설, 가동하는 활동은 개발단계에 해당한다.

제 8 절 투자부동산

※ 다음 지문의 내용이 맞으면 O, 틀리면 ×를 체크하시오. [1~10]

01 투자자산은 기업의 주된 사업목적은 아니지만 여유자금을 장기간 투자하여 다른 회사를 지배하거나 장기간 많은 수익을 얻고자 하는 목적으로 취득한 자산을 말한다. (　　)

02 매도가능금융자산에서 발생한 공정가치 변동은 당기손익으로 인식하지 않고 자본의 기타포괄손익(미실현손익)으로 처리한다. (　　)

03 투자부동산이란 임대수익이나 시세차액 또는 두 가지 모두를 얻기 위하여 소유자나 금융리스의 이용자가 보유하고 있는 부동산을 말한다. (　　)

04 기타 비유동자산이란 비유동자산 중 유형자산과 무형자산에 속하지 않는 자산을 의미한다. (　　)

05 이연법인세자산이란 현재 존재하는 일시적 차이로 인하여 미래에 지급하여야 할 법인세가 증가하게 되는 경우, 즉 가산할 일시적 차이가 존재하는 경우의 법인세에 관련된 자산을 말한다. (　　)

06 운용리스로 제공하기 위하여 보유하고 있는 미사용 건물은 투자부동산으로 분류한다. (　　)

정답과 해설 01 O 02 O 03 O 04 × 05 × 06 O

04 기타 비유동자산이란 비유동자산 중 투자자산 및 유형자산, 무형자산에 속하지 않는 자산을 의미한다.

05 이연법인세자산이란 현재 존재하는 일시적 차이로 인하여 미래에 지급하여야 할 법인세가 감소하게 되는 경우, 즉 차감할 일시적 차이가 존재하는 경우의 법인세에 관련된 자산을 말한다.

07 금융리스로 제공한 부동산은 투자부동산으로 분류하지 않는다. (   )

08 투자부동산의 후속측정에는 원가모형이나 공정가치모형 중 하나를 선택하여 모든 투자부동산에 적용해야 한다. (   )

09 공정가치 모형에 의하여 측정하는 투자부동산 중 감가상각대상자산은 감가상각을 하여야 하고 투자부동산의 원가는 주석으로 공시해야 한다. (   )

10 원가 모형에 의하여 측정하는 투자부동산은 감가상각을 하지 않는다. (   )

정답과 해설 07 O 08 O 09 × 10 ×

09 원가모형에 의하여 측정하는 투자부동산 중 감가상각대상자산은 감가상각을 하여야 하고 투자부동산의 공정가치는 주석으로 공시해야 한다.
10 공정가치 모형에 의하여 측정하는 투자부동산은 감가상각을 하지 않는다.

제 3 장 실전예상문제

checkpoint 해설 & 정답

제 1 절 자산의 본질과 분류

01 다음 중 유동자산에 속하는 것은?

① 재고자산
② 유형자산
③ 무형자산
④ 투자자산

01 유동자산은 단기간 내에 현금화되거나 정상적인 영업활동으로 소멸되는 경제적 자원을 말하는 것으로 이의 종류에는 크게 당좌자산과 재고자산으로 나눌 수 있다.

02 다음 중 비유동자산에 속하지 <u>않는</u> 것은?

① 무형자산
② 유형자산
③ 당좌자산
④ 투자자산

02 비유동자산은 장기성 자산으로 투자자산, 유형자산, 무형자산, 기타 비유동자산으로 구분된다.

03 다음 중 기타 비유동자산에 속하지 <u>않는</u> 것은?

① 임차보증금
② 장기선급금
③ 장기미수금
④ 산업재산권

03 기타 비유동자산이란 투자자산, 유형자산, 무형자산에 속하지 않은 비유동자산으로써 투자수익이 없고 다른 자산으로 분류하기 어려운 자산을 말하는 것으로 이연법인세자산, 임차보증금, 장기성 매출채권, 장기선급비용, 장기선급금, 장기미수금 등이 있다.

정답 01 ① 02 ③ 03 ④

해설 & 정답 checkpoint

04 다음 중 유형자산에 속하지 않는 것은?

① 구축물
② 비품
③ 개발비
④ 건설 중인 자산

04 유형자산이란 재화의 생산이나 용역의 제공 또는 자체적으로 사용할 목적으로 보유하면서 물리적 형태가 있는 비유동자산으로써 토지, 건물, 구축물, 기계장치, 선박, 차량운반구, 비품, 건설 중인 자산 등이 이에 속한다.

05 다음 중 무형자산에 속하지 않는 것은?

① 저작권
② 이연법인세자산
③ 프랜차이즈
④ 영업권

05 무형자산이란 재화의 생산이나 용역의 제공 또는 자체적으로 사용할 목적으로 보유하면서 물리적 형태는 없지만 식별 가능한 비유동자산으로써 산업재산권, 광업권, 어업권, 차지권, 저작권, 개발비, 프랜차이즈, 영업권 등이 이에 속한다.

06 자산의 정의에 대한 설명으로 옳지 않은 것은?

① 자산은 1년을 기준으로 유동사산과 비유동자산으로 분류한다.
② 기업의 자산은 과거의 거래나 그 밖의 사건에서 창출된다.
③ 특정 실체에 영향을 미치는 거래나 사건이 자산으로 분류되기 위해서는 미래 경제적 효익이 있어야 한다.
④ 자산은 반드시 물리적 형태를 가지고 있거나 경제적인 가치가 있어야 한다.

06 자산은 반드시 물리적 형태를 가지고 있어야 되는 것은 아니다.

정답 04 ③ 05 ② 06 ④

checkpoint 해설 & 정답

07 장기미수금이나 투자자산에 속하는 매도가능증권 또는 만기보유증권 등의 비유동자산 중 1년 이내에 실현되는 부분은 유동자산으로 다시 분류한다.

01
정답 자산은 과거 사건의 결과로 기업이 통제하는 미래 경제적 효익을 창출할 것으로 기대하는 자원이다. 자산이 갖는 미래 경제적 효익이란 직접 또는 간접으로 미래 현금 및 현금성 자산 기업에의 유입에 기여하게 될 잠재력을 말한다. 이러한 잠재력은 기업의 영업활동의 일부인 생산과 관련될 수 있다. 또한, 자산이 갖는 미래 경제적 효익은 다양한 형태로 기업에 유입될 수 있는데 자산은 기업이 판매하는 재화나 용역의 생산에 개별적으로 또는 그 밖의 자산과 복합적으로 사용된다.

정답 07 ④

07 다음 중 자산에 대한 설명으로 옳지 않은 것은?

① 자산이 갖는 미래 경제적 효익이란 직접 또는 간접으로 미래 현금 및 현금성 자산의 기업유입에 기여하게 될 잠재력을 말한다.
② 자산은 과거 사건의 결과로 기업이 통제하는 미래 경제적 효익을 창출할 것으로 기대하는 자원이다.
③ 정상적인 영업주기 내에 판매되거나 사용되는 재고자산과 회수되는 매출채권 등은 보고기간 종료일로부터 1년 이내에 실현되지 않더라도 유동자산으로 분류한다.
④ 장기미수금은 1년 이내에 실현되는 부분이 있더라도 유동자산으로 다시 분류하지 아니한다.

주관식 문제

01 자산의 의미와 그 본질에 대해 서술하시오.

해설 & 정답 checkpoint

제 2 절 현금 및 현금성 자산

01 다음 중 현금성 자산에 대한 설명으로 <u>틀린</u> 것은?

① 현금성 자산으로 분류되는 단기의 개념은 1년 또는 정상영업 주기 이내이다.
② 현금성 자산이란 유동성이 매우 높은 단기투자자산이다.
③ 확정된 금액의 현금으로 전환이 용이해야 한다.
④ 가치변동의 위험이 중요하지 않아야 한다.

01 현금성 자산으로 분류되는 것은 취득 당시 만기 또는 상환기일이 3개월 이내인 단기투자자산이다.

02 다음 중 현금 및 현금성 자산에 해당하지 <u>않는</u> 것은?

① 타인발행수표
② 요구불예금
③ 당좌차월
④ 배당금지급통지표

02 당좌차월은 단기차입금으로 분류한다.

03 기업에서 효율적인 현금관리를 위해 도입하고 있는 내부통제시스템에 대한 설명으로 옳지 <u>않은</u> 것은?

① 현금의 수납을 담당하는 직원과 현금계정에 대한 회계처리를 담당하는 직원은 분담하여 각각 처리하도록 한다.
② 거래대금을 지급하는 경우 그 정당성 및 적법성을 확인하는 절차를 갖도록 한다.
③ 은행계정조정표는 현금의 수납이나 수표발행업무를 담당하지 않는 제3의 직원이 작성하는 것을 금지하도록 한다.
④ 현금계정의 보조부로 현금의 수납내용을 상세하게 기록하는 현금수입장, 현금지출장 및 현금출납장 등을 활용하도록 한다.

03 은행계정조정표는 현금의 수납이나 수표발행업무를 담당하지 않는 제3의 직원이 작성하도록 한다.

정답 01 ① 02 ③ 03 ③

checkpoint 해설 & 정답

04 회사미통지예금은 회사 측에서 가산해야 하는 항목이다.

05 용도가 밝혀지면 해당 계정에 대체하고 그렇지 않으면 잡손실 또는 잡이익으로 회계처리한다.

06 당좌차월을 상환한 후 나머지를 당좌예입한다.

정답 04 ② 05 ③ 06 ②

04 은행계정조정표의 조정항목 중 회사 측에서 가산해야 하는 항목은?

① 은행수수료
② 회사미통지예금
③ 이자비용
④ 부도수표

05 현금과부족계정이 결산까지 밝혀지지 않으면 어떻게 회계처리하는가?

① 가지급계정
② 미결산계정
③ 잡손실 또는 잡이익
④ 현금

06 상품 ₩1,000,000을 매출하고 대금은 수표로 받아 당좌예입한 경우 차변에 기입할 계정과목과 금액은? (단, 당좌차월 잔액이 ₩400,000이다.)

① 현금 ₩1,000,000
② 당좌예금 ₩600,000과 당좌차월 ₩400,000
③ 당좌예금 ₩1,000,000
④ 당좌예금 ₩400,000과 당좌차월 ₩600,000

07 사용이 제한되어 있는 예금으로 기간이 1년 내에 도래하는 것은 무엇으로 처리하는가?

① 현금 및 현금성 자산
② 단기금융자산
③ 장기금융자산
④ 당좌차월

08 '회계과는 용도계에 제 경비를 지급하기 위한 자금으로 당좌수표 100,000원을 발행하여 선급하다.'의 거래에 해당하는 분개는?

① (차) 소액현금 100,000원 (대) 당좌예금 100,000원
② (차) 가지급금 100,000원 (대) 당좌예금 100,000원
③ (차) 선급금 100,000원 (대) 당좌예금 100,000원
④ (차) 당좌예금 100,000원 (대) 소액현금 100,000원

09 직원가불금 및 차용증서는 어떻게 처리하는가?

① 매출채권 또는 미수금
② 단기대여금
③ 선급비용 또는 소모품
④ 단기차입금

해설 & 정답 checkpoint

07 사용이 제한되어 있는 예금으로 기간이 1년 내에 도래하는 것은 단기금융자산으로 처리한다.

08 소액현금의 증가와 당좌예금의 감소로 회계처리한다.

09 직원가불금 및 차용증서는 단기대여금으로 처리한다.

정답 07 ② 08 ① 09 ②

checkpoint 해설 & 정답

10 선일자수표는 매출채권 또는 미수금으로 처리한다.

10 **다음 중 선일자수표는 어떻게 처리하는가?**

① 매출채권 또는 미수금
② 단기대여금
③ 선급비용 또는 소모품
④ 단기차입금

주관식 문제

01 **소액현금제도에서 정액자금전도제도와 부정액자금전도제도에 대해 각각 설명하시오.**

01
정답
- 정액자금전도제도 : 일정액의 현금을 전도하고 일정기간 후에 실제 사용액을 보고 받으면 실제 사용액과 동일한 금액의 자금을 보충해 주어 소액현금자금은 언제나 일정액 수준을 유지시키는 방법이다.
- 부정액자금전도제도 : 소액현금의 설정 금액이 일정하지 않고 보충할 때마다 변동하며 현금잔액이 거의 없는 경우에 적당한 금액을 수시로 보충해 주는 방법이다.

정답 10 ①

02 다음 자료를 보고 (물음 1)과 (물음 2)에 답하시오.

(주)한국은 2015년 12월 31일 자금담당직원이 회사자금을 횡령하고 잠적한 사건이 발생하였다. 12월 31일 현재 회사 장부상 당좌예금계정 잔액을 검토한 결과 ₩106,000이었으며, 은행 측 당좌예금계정 잔액을 조회한 결과 ₩70,000으로 확인되었다. 회사 측 잔액과 은행 측 잔액이 차이가 나는 이유는 다음과 같다고 할 경우 그 차액은 자금담당직원이 회사에서 횡령한 것으로 추정한다.

- 은행 미기입예금 ₩60,000
- 은행수수료 ₩10,000
- 기발행 미인출수표 ₩50,000
- 미통지입금 ₩46,000
- 타사발행수표를 (주)한국의 당좌예금 계좌에서 차감한 금액 ₩22,000

(물음 1) 수정 후 회사 측과 은행 측의 올바른 잔액의 계산식과 정답을 쓰시오.

(물음 2) 자금담당직원이 회사에서 횡령한 것으로 추정할 수 있는 금액의 계산식과 정답을 쓰시오.

해설 & 정답 checkpoint

02

정답 (물음 1)

- 회사 측
  = 106,000 − 10,000 + 46,000
  = ₩142,000
- 은행 측
  = 70,000 + 60,000 − 50,000 − 22,000
  = ₩102,000

(물음 2)

횡령액 = 142,000 − 102,000
= ₩40,000

checkpoint 해설 & 정답

03 다음 자료는 (주)가나의 2020년 12월 31일 결산일 현재의 현금 및 예금 등의 내역이다. 이 자료를 이용하여 아래 물음에 답하시오.

지폐와 동전	₩30,000
당좌차월	₩55,000
수입인지	₩11,000
타인발행수표	₩60,000
당좌개설보증금	₩80,000
배당금지급통지표	₩20,000
만기가 2개월 이내인 투자목적 채권 (2020년 12월 1일 취득)	₩150,000
양도성 예금증서(120일 만기)	₩500,000
기일이 도래한 공채이자표	₩10,000
일반적 상거래상의 선일자수표	₩220,000
환매채(2020년 11월 1일 취득한 90일 환매조건)	₩300,000
정기적금 (2년 후 만기도래)	₩400,000
정기적금 (1년 이내 만기도래)	₩600,000

(물음 1) 현금 및 현금성 자산의 금액은 얼마인지 계산식과 정답을 쓰시오.

(물음 2) 단기금융자산의 금액은 얼마인지 계산식과 정답을 쓰시오.

(물음 3) 장기금융자산의 금액은 얼마인지 계산식과 정답을 쓰시오.

03

정답 (물음 1)

지폐와 동전 ₩30,000 + 타인발행수표 ₩60,000 + 배당금지급통지표 ₩20,000 + 만기가 2개월 이내인 투자목적 채권 ₩150,000 + 기일이 도래한 공채이자표 ₩10,000 + 환매채 ₩300,000 = ₩570,000

(물음 2)

양도성 예금증서 ₩500,000 + 정기적금 ₩600,000 = ₩1,100,000

(물음 3)

당좌개설보증금 ₩80,000 + 정기적금 ₩400,000 = ₩480,000

해설 & 정답 checkpoint

제 3 절 매출채권 및 기타채권

01 다음 중 외상매출금에 대한 설명으로 옳지 않은 것은?

① 외상매출금은 일반적 상거래에서 발생한 채권을 말한다.
② 외상거래의 기장 시에는 총계정원장에 통제계정인 외상매출금 계정을 설정하고, 보조원장으로 매출처 원장을 거래처별로 설정하여 회계처리하는 것이 편리하다.
③ 매출환입은 불량품, 수량 부족, 견본과의 상이 등으로 인하여 매출액에서 차감되는 금액이고, 매출에누리는 일단 매출되었던 상품을 반환받은 것으로 매출액에서 차감된다.
④ 매출할인은 할인기간 내에 대금을 상환하는 것으로 매출액에서 차감되는 금액이다.

01 매출에누리는 불량품, 수량 부족, 견본과의 상이 등으로 인하여 매출액에서 차감되는 금액이고, 매출환입은 일단 매출되었던 상품을 반환받은 것으로 매출액에서 차감된다.

02 결산일 현재 매출채권 잔액은 ₩1,000,000이며 이에 대한 결산 전 대손충당금 잔액은 ₩80,000이다. 기업회계기준에 따라 기말의 매출채권 잔액에 대하여 1%의 대손충당금을 설정할 경우 재무상태표에 표시되는 매출채권의 순장부금액은 얼마인가?

① 1,000,000원
② 990,000원
③ 920,000원
④ 910,000원

02 매출채권 순장부금액
= 1,000,000원 − 10,000원
= 990,000원

정답 01 ③ 02 ②

checkpoint 해설 & 정답

03 대손상각비는 모두 회수불능채권에 대한 손실을 계상하는 비용계정으로 매출채권에 대한 것일 경우 판매비와 관리비로 분류하고, 기타채권에 대한 것일 경우 영업외비용으로 분류한다.

04 200,000,000원 × 1% − (1,200,000원 + 200,000원) = 600,000원

정답 03 ① 04 ①

03 다음 중 대손상각비에 대한 설명으로 옳지 않은 것은?

① 대손상각비는 모두 회수불능채권에 대한 손실을 계상하는 비용계정으로 매출채권에 대한 것일 경우 영업외비용으로 분류하고, 기타채권에 대한 것일 경우 판매비와 관리비로 분류한다.
② 대손충당금은 충당금설정법에 의하여 설정되는 것으로 수취채권의 잔액 중 회수불능채권의 추정금액을 나타내는 것이다.
③ 한국채택국제회계기준은 대손상각비의 인식은 매출채권의 추정미래현금흐름의 현재가치에 기초하여 장부금액과의 차이를 대손상각비로 인식한다.
④ 충당금설정법의 장점은 수익을 창출하는 과정에서 발생하는 원가는 그 특정수익이 보고된 기간의 비용으로 처리되어야 한다는 수익·비용 대응의 원칙에 기초를 두고 있다는 점이다.

04 다음 자료에서 2015년 말 대손충당금 추가설정액은 얼마인가? (단, 대손충당금은 매출채권 잔액의 1%를 설정하며, 전기회수불능채권은 대손충당금으로 상계처리한 것으로 가정한다.)

2015년 1월 1일 : 대손충당금 이월액 1,200,000원
2015년 7월 1일 : 전기회수불능채권 현금회수액 200,000원
2015년 12월 31일 : 매출채권잔액 200,000,000원

① 600,000원
② 800,000원
③ 1,000,000원
④ 1,200,000원

해설 & 정답 checkpoint

05 (주)토펙이엔씨는 유형자산 처분에 따른 미수금 기말 잔액 ₩45,000,000에 대하여 2%의 대손충당금을 설정하려 한다. 기초 대손충당금 ₩400,000이 있었고 당기 중 ₩320,000 대손이 발생되었다면 보충법에 의하여 기말 대손충당금 설정 분개로 올바른 것은?

	(차)	(대)
①	대손상각비 ₩820,000	대손충당금 ₩820,000
②	기타의 대손상각비 ₩820,000	대손충당금 ₩820,000
③	대손상각비 ₩900,000	대손충당금 ₩900,000
④	기타의 대손상각비 ₩900,000	대손충당금 ₩900,000

05 유형자산 처분에 따른 미수금은 기타의 대손상각비로 처리하고, 대손충당금 설정액은 45,000,000원 × 2% − 80,000원 = 820,000원이다.

06 기말에 기설정된 대손충당금 잔액이 ₩30,000이고, 기말에 매출채권잔액 ₩1,000,000에 대해 2%의 대손충당금을 설정했을 경우 옳은 분개는?

	(차)	(대)
①	매출채권 ₩10,000	대손충당금 ₩10,000
②	대손충당금 ₩10,000	매출채권 ₩10,000
③	대손충당금 ₩10,000	대손충당금환입 ₩10,000
④	대손상각비 ₩10,000	대손충당금환입 ₩10,000

06 대손충당금환입
= 30,000 − (1,000,000 × 2%)
= ₩10,000

07 다음 중 받을어음 계정의 차변에 기록되는 항목은?

① 약속어음의 수취
② 어음금액의 회수
③ 어음의 배서양도
④ 어음의 할인

07 약속어음을 수취하는 경우 받을어음 계정 차변에 기록된다.

정답 05 ② 06 ③ 07 ①

checkpoint 해설 & 정답

08 • 대손충당금
= (1,500,000 × 5%)
+ (800,000 × 10%)
+ (500,0000 × 20%)
+ (300,000 × 50%)
= ₩405,000
• 대손상각비
= 405,000 − (250,000 − 130,000 + 20,000 − 70,000)
= ₩335,000

09 무이자부어음
= 1,200,000 × 12% × 1/12
= ₩12,000

정답 08 ① 09 ②

08 (주)춘천의 2015년 1월 1일 현재 대손충당금 잔액은 ₩250,000이며, 2015년 중 대손확정된 금액은 ₩130,000이고 대손된 채권 중 회수된 금액은 ₩20,000이다. (주)춘천은 대손추산액을 산정하는 방법으로 연령분석법을 사용하고 있으며, 2015년 말 현재 매출채권을 연령별로 분석한 자료와 회수율은 다음과 같다. (주)춘천이 2015년도 포괄손익계산서에 인식할 대손상각비와 2015년 말 현재 재무상태표의 대손충당금 잔액은 얼마인가?

연령	금액	회수예상율
1개월 이내	1,500,000	95%
1개월 ~ 3개월	800,000	90%
3개월 ~ 6개월	500,000	80%
6개월 ~ 12개월	300,000	50%
12개월 이상	70,000	0%

① 대손상각비 : ₩335,000 대손충당금 : ₩405,000
② 대손상각비 : ₩335,000 대손충당금 : ₩475,000
③ 대손상각비 : ₩365,000 대손충당금 : ₩405,000
④ 대손상각비 : ₩365,000 대손충당금 : ₩475,000

※ 다음 자료를 보고 물음에 답하시오. [09~10]

2015년 6월 1일 (주)한국은 판매대금으로 만기가 2015년 9월 30일인 액면금액 ₩1,200,000의 어음을 거래처로부터 수취하였다. (주)한국은 2015년 9월 1일 동 어음을 은행에서 할인하였으며, 은행의 할인율은 연 12%였다. 단, 어음할인은 제거요건을 충족시킨다고 가정하며 이자는 월할계산한다.

09 동 어음이 무이자부 어음인 경우 어음 할인 시 (주)한국이 인식할 매출채권처분손실은 얼마인가?

① ₩10,000
② ₩12,000
③ ₩24,000
④ ₩36,000

해설 & 정답 checkpoint

10 동 어음이 연 10% 이자부 어음인 경우 어음 할인 시 (주)한국이 인식할 매출채권처분손실은 얼마인가?

① ₩2,400 ② ₩12,000
③ ₩12,400 ④ ₩27,600

10 • 할인일의 어음가치
= 1,200,000 + 1,200,000 × 10% × 3/12 = ₩1,230,000
• 현금수령액
= (1,200,000 + 1,200,000 × 10% × 4/12) − (1,240,000 × 12% × 1/12) = ₩1,227,600
• 이자부 어음
= 1,230,000 − 1,227,600
= ₩2,400

11 만기 이전에 어음을 은행 등 금융기관에 양도하고 현금을 조달하는 것을 무엇이라고 하는가?

① 어음의 할인
② 어음의 부도
③ 어음의 회수
④ 팩토링

11 만기 이전에 어음을 은행 등 금융기관에 양도하고 현금을 조달하는 것을 어음의 할인이라고 하며, 팩토링은 외상매출금의 할인을 말한다.

정답 10 ① 11 ①

checkpoint 해설 & 정답

※ 다음 자료를 보고 물음에 답하시오. [12~13]

(주)가나는 2014년 12월 25일에 (주)다라팩토링에 액면 ₩3,500,000의 매출채권을 다음과 같은 조건으로 양도하였다. (단, 매출채권의 양도가 제거요건을 충족시킨다.)

- (주)다라팩토링은 매출채권 액면가의 3%를 금융비용으로 부과하고, 5%를 매출할인 및 매출환입 목적으로 유보한 후 나머지 잔액을 (주)가나에 지급하였다. 매출할인 및 매출환입에 대한 유보액은 이후 실제 발생액에 따라 양자 간에 정산하기로 하였다.
- (주)가나는 양도한 매출채권에 대하여 대손처리를 한 적이 없으며, 이후 대손 발생에 대한 위험은 (주)다라팩토링이 전액 부담한다. (주)다라팩토링은 12월 말에 당해 매출채권에 대하여 1%의 대손충당금을 설정하였다.
- 2015년 1월과 2월 중 당해 매출채권과 관련하여 매출환입 ₩70,000과 매출할인 ₩15,000이 발생하였으며, ₩30,000은 회수가 불가능한 것으로 판명되었고, 나머지는 현금으로 회수되었다.

12 (주)가나가 인식할 매출채권처분손실은 얼마인가?

① ₩90,000
② ₩105,000
③ ₩160,000
④ ₩175,000

13 거래 정산 시 (주)가나가 (주)다라팩토링으로부터 수취할 현금은 얼마인가?

① ₩55,000
② ₩90,000
③ ₩160,000
④ ₩175,000

12 매출채권처분손실
= 3,500,000 × 3% = ₩105,000

13 정산 시의 현금수령액
= 3,500,000 × 5% − 70,000
− 15,000 = ₩90,000

정답 12 ② 13 ②

해설 & 정답 checkpoint

주관식 문제

01 매출채권의 제거조건에 대해 설명하시오.

01

정답
- 위험과 보상 : 위험과 보상의 대부분을 양도했다면 매출채권을 제거시킨다.
- 통제 : 매출채권의 소유에 따른 위험과 보상의 대부분을 양도했다는 판단이 명확하지 않을 경우 통제기준을 적용한다. 즉, 매출채권에 대한 통제를 보유하고 있지 않다고 판단되면 해당 매출채권을 제거시킨다.
- 지속적 관여 : 매출채권에 대한 통제를 보유하고 있으면 해당 매출채권에 대하여 지속적인 관여를 하고 있는 것으로 보고, 지속적인 관여의 정도에 상당하는 부분까지 해당 매출채권을 제거시키지 않고 계속하여 인식한다.

02 (주)하나는 2001년 1월 1일 매출에 대한 대가로 액면 금액 ₩500,000, 만기 2001년 12월 31일, 표시이자율 연 5%인 약속어음을 받았다. (주)하나는 동 어음을 2001년 7월 1일에 10%의 할인율을 적용하여 은행에 할인하였다. 동 거래가 어음의 매각거래에 해당하는 경우와 차입거래에 해당하는 경우를 각각 구분하여 할인 시점의 회계처리를 하시오.

02

정답
- 매각거래

(차)	현금	₩498,750
	매출채권처분손실	₩13,750
(대)	매출채권	₩500,000
	이자수익	₩12,500

- 차입거래

(차)	현금	₩498,750
	이자비용	₩26,250
(대)	단기차입금	₩525,000

checkpoint 해설 & 정답

03 2020년 12월 31일 결산법인인 (주)합격의 외상매출금과 대손에 관한 자료는 다음과 같다.

- 2020년 1월 1일: 대손충당금 기초잔액은 ₩1,000이다.
- 2020년 5월 18일: 당기에 매출한 ₩1,500의 외상매출금이 회수불가능하다고 판명되었다.
- 2020년 10월 25일: 전기에 대손충당금으로 대손처리한 외상매출금 ₩200이 회수되었다.
- 2020년 12월 31일: 기말수정분개 전 외상매출금 잔액은 ₩40,000이며, 외상매출금 추정미래현금흐름에 대한 자료는 다음과 같다.

외상매출금의 연령	금액(₩)	회수 가능률(%)	회수가능 금액(₩)
16일 미만	15,000	95	14,250
16일부터 30일까지	9,000	85	7,650
31일부터 45일까지	7,000	80	5,600
46일부터 90일까지	5,000	70	3,500
91일부터 180일까지	3,000	60	1,800
180일 초과	1,000	0	0
계	40,000		32,800

(물음 1) 2020년 5월 18일자 회계처리를 하시오.

(물음 2) 2020년 10월 25일자 회계처리를 하시오.

(물음 3) 2020년 12월 31일자 회계처리를 하시오.

(물음 4) 기말 재무상태표에 표시될 대손충당금과 포괄손익계산서에 표시될 대손상각비는 각각 얼마인지 계산식과 정답을 쓰시오.

03

정답 (물음 1)

(차) 대손충당금 ₩1,000
대손상각비 ₩500
(대) 매출채권 ₩1,500

(물음 2)

(차) 현금 ₩200
(대) 대손충당금 ₩200

(물음 3)

(차) 대손충당금 ₩200
대손상각비 ₩800
(대) 매출채권 ₩1,000

(차) 대손상각비 ₩6,200
(대) 대손충당금 ₩6,200

(물음 4)

- 대손충당금
  = ₩39,000 − ₩32,800
  = ₩6,200
- 대손상각비
  = ₩500 + ₩800 + ₩6,200
  = ₩7,500

해설 & 정답 checkpoint

제 4 절 금융자산

01 다음 중 금융자산에 대한 설명으로 옳지 않은 것은?

① 금융자산이란 현금과 금융상품을 말한다.
② 금융상품은 거래당사자 일방에서 금융자산을 발생시키고 동시에 거래상대방에게 금융부채나 지분상품을 발생시키는 모든 계약을 말한다.
③ 계약에 의하지 않은 자산과 부채도 금융자산, 금융부채가 될 수 있다.
④ 계약이란 명확한 경제적 결과를 가지고 법적 구속력을 가지고 있고 자의적으로 회피할 여지가 적은 둘 이상의 당사자 간의 합의를 말하는 것이다.

01 계약에 의하지 않은 자산과 부채는 금융자산, 금융부채가 아니다.

02 다음 중 보유자 입장에서 금융자산에 해당하지 않는 것은?

① 기업의 자산에서 모든 부채를 차감한 후의 잔여지분을 나타내는 모든 계약
② 거래상대방에게서 현금 등 금융자산을 수취할 계약상의 권리
③ 기업이 자신의 지분상품으로 결제되거나 결제될 수 있는 수취할 자기지분상품의 수량이 변동 가능한 비파생상품
④ 잠재적으로 유리한 조건으로 거래상대방과 금융자산이나 금융부채를 교환하기로 한 계약상의 권리

02 기업의 자산에서 모든 부채를 차감한 후의 잔여지분을 나타내는 모든 계약은 발행자 입장에서 지분상품에 해당한다.

정답 01 ③ 02 ①

checkpoint 해설 & 정답

03 다른 기업의 지분상품은 보유자 입장에서 금융자산에 해당한다.

04 선급금, 선급비용, 재고자산, 유형자산, 무형자산, 투자부동산 등은 비금융자산에 해당한다.

05 금융자산에 해당하는 계정으로는 현금 및 현금성 자산, 매출채권, 미수금, 대여금, 지분상품 및 채무상품 등이 있으며, 금융부채에 해당하는 계정으로는 매입채무, 미지급금, 차입금, 사채 등이 있다.

정답 03 ④ 04 ③ 05 ②

03 다음 중 발행자 입장에서 금융부채에 해당하지 않는 것은?

① 거래상대방에게 현금 등 금융자산을 인도하거나 한 계약상 의무
② 잠재적으로 불리한 조건으로 거래상대방과 금융자산이나 금융부채를 교환하기로 한 계약상 의무
③ 지분상품으로 결제되거나 결제될 수 있는 인도할 지분상품의 수량이 변동가능한 비파생상품
④ 다른 기업의 지분상품

04 금융자산을 수취하거나 잠재적인 유리한 조건으로 금융자산이나 금융부채를 교환할 계약상의 권리에 해당하지 않는 것은?

① 매출채권과 매입채무
② 투자사채와 사채
③ 선급비용과 재고자산
④ 대여금과 차입금

05 다음 중 금융자산에 해당하지 않는 것은?

① 현금 및 현금성 자산
② 투자부동산
③ 지분상품
④ 채무상품

해설 & 정답 checkpoint

06 당기손익-공정가치측정 금융자산에 대한 설명으로 옳지 않은 것은?

① 지분상품의 경우 단기매매목적으로 보유한다면 당기손익-공정가치측정 금융자산으로 분류하여야 한다.

② 당기손익-공정가치측정 금융자산의 취득 시에는 취득 시점의 공정가치를 장부가액으로 회계처리한다.

③ 당기손익-공정가치측정 금융자산은 회계기간 말에 공정가치로 평가하는데 공정가치평가로 인한 당기손익-공정가치측정 금융자산 평가손익은 기타포괄손익으로 처리하도록 하고 있다.

④ 일반적인 주식은 단기간 내의 매매차익을 얻기 위하여 취득하는 금융상품으로 보는 것이 일반적이다.

06 당기손익-공정가치측정 금융자산은 회계기간 말에 공정가치로 평가하는데 공정가치평가로 인한 당기손익-공정가치측정 금융자산 평가손익은 당기손익으로 처리하도록 하고 있다.

07 기타포괄손익-공정가치측정선택 금융자산에 대한 설명으로 옳지 않은 것은?

① 기타포괄손익-공정가치측정선택 금융자산의 취득 시에는 공정가치에 취득부대비용을 포함한 취득원가를 장부가액으로 회계처리한다.

② 처분 시 처분가액과 장부가액을 비교하여 처분손익을 인식하는데, 여기서 장부가액이란 처분 전 공정가치평가를 수행하기 전의 금액이므로 이에 따라 처분손익이 인식된다.

③ 기타포괄손익-공정가치측정선택 금융자산은 공정가치로 평가하는데 공정가치평가로 인한 평가손익은 기타포괄손익으로 처리하도록 하고 있다.

④ 배당금은 받을 권리가 확정되고 경제적효익의 유입가능성이 높으며 배당액을 신뢰성 있게 측정할 수 있을 때 수익으로 인식한다.

07 일반적인 자산의 처분과 마찬가지로 처분가액과 장부가액을 비교하여 처분손익을 인식하는데, 여기서 장부가액이란 처분 전 공정가치평가를 수행한 후의 금액이다. 따라서 처분손익이 인식되지 아니한다.

정답 06 ③ 07 ②

checkpoint 해설 & 정답

08 기업회계에서 이자수익은 유효이자율법에 따라 인식하는 것을 원칙으로 하고 있다.

09 기업이 직접 또는 간접으로 피투자자에 대한 의결권의 20% 이상을 소유하고 있다면 유의적인 영향력을 보유하는 것으로 본다.

정답 08 ① 09 ③

08 상각후원가측정 금융자산에 대한 설명으로 옳지 않은 것은?

① 기업회계에서 이자수익은 정액법에 따라 인식하는 것을 원칙으로 하고 있다.
② 상각후원가측정 금융자산은 만기까지 보유하면서 이자와 원금을 회수하는 것이 목적이므로 처분이란 일반적으로 만기상환을 의미하며 이 경우 처분손익은 발생하지 않을 것이다.
③ 상각후원가측정 금융자산의 취득 시에는 공정가치에 거래원가를 가산한 취득원가를 장부가액으로 회계처리한다.
④ 상각후원가측정 금융자산의 회계기간 말에는 유효이자율법에 따라서 유효이자를 이자수익으로 인식하며 그에 따른 상각후원가를 기말장부가액으로 표시한다.

09 다음 중 지분법에 대한 설명으로 옳지 않은 것은?

① 투자자의 당기순손익에는 피투자자의 당기순손익 중 투자자의 몫에 해당하는 금액을 포함한다.
② 투자자의 기타포괄손익에는 피투자자의 기타포괄손익 중 투자자의 몫에 해당하는 금액을 포함한다.
③ 기업이 직접 또는 간접으로 피투자자에 대한 의결권의 50% 이상을 소유하고 있다면 유의적인 영향력을 보유하는 것으로 본다.
④ 유의적인 영향력이 있다면 이는 투자자가 피투자자의 재무정책과 영업정책에 관한 의사결정에 참여할 수 있는 능력이 있음을 의미한다.

10 **피투자자에 대한 의결권의 20% 미만을 소유하고 있더라도 유의적인 영향력을 행사할 수도 있는 경우에 해당하지 않는 것은?**

① 투자자의 이사회나 이에 준하는 의사결정기구에 참여
② 경영진의 상호 교류
③ 필수적 기술정보의 제공
④ 기업과 피투자자 사이의 중요한 거래

11 **다음 중 지분법 회계처리에 관한 설명으로 가장 올바르지 않은 것은?**

① 지분법은 취득시점에서 관계기업투자자산을 취득원가로 기록한다.
② 피투자회사의 당기순이익 중 투자회사의 지분에 해당하는 금액은 투자회사의 지분법이익으로 보고된다.
③ 피투자회사가 배당금 지급을 결의한 시점에 투자회사가 수취하게 될 배당금 금액을 투자주식 계정에서 직접 차감한다.
④ 취득시점 이후 발생한 피투자회사의 순자산 변동액은 투자주식 계정에 전혀 반영하지 않는다.

12 **금융부채의 회계처리에 대한 설명으로 옳지 않은 것은?**

① 금융부채는 최초 인식 시 공정가치로 측정한다.
② 당기손익-공정가치측정 금융부채를 포함하여 당해 금융부채의 발행과 직접 관련되는 거래원가는 최초인식하는 공정가치에 차감하여 측정한다.
③ 소멸하거나 제3자에게 양도한 금융부채의 장부금액과 지급한 대가의 차액은 당기손익으로 인식한다.
④ 기존 차입자와 대여자가 실질적으로 다른 조건으로 채무상품을 교환하거나 기존 금융부채의 조건이 실질적으로 변경된 경우에는 최초의 금융부채를 제거하고 새로운 금융부채를 인식한다.

해설 & 정답 checkpoint

10 피투자자의 이사회나 이에 준하는 의사결정기구에 참여하는 경우에는 피투자자에 대한 의결권의 20% 미만을 소유하고 있더라도 유의적인 영향력을 행사할 수도 있다.

11 지분법이란 유의적인 영향력이 있는 경우 투자자산을 최초에 원가로 인식하고, 취득시점 이후 발생한 피투자자의 순자산 변동액 중 투자자의 몫을 해당 투자자산에 가감하여 보고하는 회계처리방법을 말한다.

12 당기손익-공정가치측정 금융부채가 아닌 경우 당해 금융부채의 발행과 직접 관련되는 거래원가는 최초인식하는 공정가치에 차감하여 측정한다.

정답 10 ① 11 ④ 12 ②

checkpoint 해설 & 정답

13 공정가치로 평가하므로 재무상태표 상의 당기손익-공정가치측정금융자산은 ₩600,000으로 표시한다.

14 채무증권은 사업모형에 따라 상각후원가측정 금융자산 또는 기타포괄손익-공정가치측정 금융자산으로 분류한다.

정답 13 ③ 14 ③

13 기초에 단기매매목적으로 ₩500,000에 구입한 (주)하나주식의 기말 현재 시가는 ₩600,000으로 평가되었다. 다음 중 기말에 (주)하나주식에 대한 회계처리로 틀린 것은?

① 차변에는 당기손익-공정가치측정금융자산 ₩100,000으로 분개한다.
② 대변에는 당기손익-공정가치측정금융자산평가이익 ₩100,000으로 분개한다.
③ 재무상태표상의 당기손익-공정가치측정금융자산은 ₩500,000으로 표시한다.
④ 당기손익-공정가치측정금융자산평가이익은 기타수익으로 처리한다.

14 다음 중 상각후원가측정 금융자산에 관한 설명으로 가장 올바르지 않은 것은?

① 상각후원가측정 금융자산은 유효이자율법을 적용하여 상각후원가로 평가한다.
② 원칙적으로 지분상품은 상각후원가측정 금융자산으로 분류될 수 없다.
③ 원칙적으로 모든 채무증권은 상각후원가측정 금융자산으로 분류한다.
④ 상각후원가측정 금융자산 취득 시 지출된 거래원가는 취득원가에 우선 가산한 후 유효이자율법에 의해 이자수익에 가감한다.

15 (주)대한은 2021년 초에 (주)민국의 주식 1,000주를 시세차익 목적으로 취득하여 당기손익-공정가치측정 금융자산으로 보유하고 있던 중 2022년 말의 공정가치로 처분하였다. (주)대한이 2022년의 포괄손익계산서에 계상할 처분손익은 얼마인가?

일자	구분	주당금액
2021년 1월 3일	취득원가	₩100,000
2021년 12월 31일	공정가치	₩95,000
2022년 12월 31일	공정가치	₩102,000

① 손실 ₩5,000,000
② 손실 ₩7,000,000
③ 이익 ₩2,000,000
④ 이익 ₩7,000,000

해설 & 정답 checkpoint

15 당기손익-공정가치측정 금융자산은 처분할 경우 공정가치로 평가했던 장부가액과 처분가액을 비교하여 처분손익을 계상한다.

정답 15 ④

checkpoint 해설 & 정답

※ 다음 자료를 보고 물음에 답하시오. [16 ~ 17]

(주)한국은 2021년 초 지분상품을 거래원가 ₩2,000을 포함하여 ₩52,000에 구입하였고, 이 지분상품의 2021년 말 공정가치는 ₩49,000이다. (주)한국은 2022년 4월 초 공정가치인 ₩51,000에 지분상품을 처분하였다. 단, 처분 시 거래원가는 발생하지 않았다.

16 처분이익 = 51,000 − 49,000 = ₩2,000

16 위 지분상품을 당기손익-공정가치측정 금융자산으로 인식했을 경우 처분으로 인한 당기손익은 얼마인가?

① 손실 ₩1,000
② ₩0
③ 이익 ₩1,000
④ 이익 ₩2,000

17 기타포괄손익-공정가치측정 금융자산에 해당하는 지분상품을 처분할 때는 처분손익을 인식하지 않는다. 다만, 처분 시에 거래원가가 있다면 처분손익이 발생할 수 있다. [문제 하단의 표 참고]

17 위 지분상품을 기타포괄손익-공정가치측정 금융자산으로 최초 선택하여 인식했을 때 처분으로 인한 당기손익은 얼마인가?

① 손실 ₩1,000
② ₩0
③ 이익 ₩1,000
④ 이익 ₩2,000

»»

구분	당기손익-공정가치측정 금융자산 회계처리		기타포괄손익-공정가치측정 금융자산 회계처리	
2021년 초	(차) 금융자산 (대) 현금	52,000 52,000	(차) 금융자산 (대) 현금	52,000 52,000
2021년 말	(차) 평가손실 (대) 금융자산	3,000 3,000	(차) 기타포괄손실 (대) 금융자산	3,000 3,000
2022년 4월 초	(차) 현금 (대) 금융자산 처분이익	51,000 49,000 2,000	(차) 금융자산 (차) 현금 (대) 기타포괄손실 (대) 금융자산	2,000 51,000 2,000 51,000

정답 16 ④ 17 ②

주관식 문제

01 (주)서울은 (주)제주가 2020년 1월 1일 발행한 액면가액 ₩100,000의 사채(이자율 연 12%, 매년 말 이자지급, 만기 3년)를 2020년 3월 1일에 현금 ₩97,000에 단기투자목적으로 구입하였다. 이때 올바른 회계처리는 어떻게 되는가?

02 (주)하늘은 (주)바다가 2021년 1월 1일에 발행한 다음과 같은 조건의 사채를 발행일에 취득하여 FVOCI 금융자산으로 분류하였다.

- 액면금액 : ₩1,000,000
- 표시이자율 : 연 8%(매년 12월 31일 후급)
- 만기상환일 : 2023년 12월 31일

사채발행일 현재 유효이자율은 연 10%(해당 사채의 취득원가인 현재가치는 ₩950,244가 됨)이며 해당 사채의 2021년 말과 2022년 말의 공정가치는 각각 ₩960,000, ₩990,000이다. 2022년 말 현재 재무상태표에 당해 채무상품과 관련하여 계상되어야 할 FVOCI 금융자산평가이익 금액은 얼마인가?

해설 & 정답 checkpoint

01

정답 (차) 미수이자 ₩2,000
(대) 현금 ₩97,000
FVPL 금융자산 ₩95,000

① 미수이자
= ₩100,000 × 12% × 2/12
= ₩2,000

② FVPL 금융자산
= ₩97,000 − ₩2,000
= ₩95,000

02

정답 ① 2021년 12월 31일 상각후원가
= 950,244 × 1.1 − 80,000
= 965,268

② 2022년 12월 31일 상각후원가
= 965,268 × 1.1 − 80,000
= 981,795

③ 2022년 12월 31일 재무상태표상 FVOCI 금융자산평가이익
= 990,000 − 981,795 = 8,205

④ 2022년 12월 31일 회계처리

(차)	현금	80,000
	FVOCI 금융자산	16,527
(대)	이자수익	96,527(주1)

(차)	FVOCI 금융자산	13,473
(대)	FVOCI 금융자산 평가손실	5,268(주2)
	FVOCI 금융자산 평가이익	8,205

(주1) (950,244 + 15,024) × 10% = 96,527

(주2) 960,000 − 965,268 = 5,268(평가손실)

checkpoint 해설 & 정답

03
정답 150,000 + 9,000 = ₩159,000
해설 (1) 투자·평가차액
= 150,000 − 350,000 × 30%
= ₩45,000
(2) 영업권
= 45,000 − (10,000(재고) + 50,000(기계)) × 30%
= ₩27,000
(3) 지분법이익
= (50,000−10,000−50,000÷5) × 30% = ₩9,000
(4) 관계기업투자주식의 장부금액
= 150,000 + 9,000
= ₩159,000

03 (주)대한은 2020년 초에 (주)민국의 의결권 있는 보통주 30주(지분율 30%)를 ₩150,000에 취득하였다. 이로서 (주)대한은 (주)민국에 대해 유의적인 영향력을 행사할 수 있게 되었다. 다음 자료를 보고 (주)대한이 (주)민국의 보통주를 지분법에 따라 회계처리하는 경우, 2020년 말 재무제표에 계상되는 관계기업투자주식의 장부금액은 얼마인지 계산식과 정답을 쓰시오. (단, 법인세효과는 고려하지 않는다.)

취득일 현재 (주)민국의 순자산장부금액은 ₩350,000이며, 자산·부채의 장부금액과 공정가치가 차이나는 내역은 다음과 같다.

계정과목	장부금액	공정가치
재고자산	₩50,000	₩60,000
기계장치	₩100,000	₩150,000

위의 자산 중 재고자산은 2020년 중에 전액 외부에 판매되었으며, 기계장치는 2020년 초 현재 잔존내용연수 5년에 잔존가치 없이 정액법으로 상각한다.
2020년에 (주)민국이 보고한 당기순이익은 ₩50,000이며, 동 기간 중에 결의되거나 지급된 배당금은 없다.

해설 & 정답 checkpoint

제 5 절 재고자산

01 다음 중 재고자산에 대한 설명으로 옳지 않은 것은?

① 재고자산이란 기업의 정상적인 영업활동에서 판매를 목적으로 보유하는 실물자산으로서 이에는 상품, 제품, 반제품, 재공품, 원재료, 저장품 등이 있다.
② 재고자산의 취득원가는 매입가액 또는 제조원가에 부대비용을 가산하여 결정한다.
③ 기말에 가서는 개별법, 선입선출법, 이동평균법, 총평균법 등을 적용하여 평가한다.
④ 재고자산 평가방법으로 기업회계기준에서는 시가와 취득원가를 비교하여 시가가 취득원가보다 낮은 경우 취득원가로 평가한다.

01 기업회계기준에서는 시가와 취득원가를 비교하여 시가가 취득원가보다 낮은 경우 시가로 평가하는 저가기준에 의한 재고자산 평가방법을 택하고 있다.

02 고객이 상품을 시험적으로 사용해 보고 매입의사를 표시하면 매출로 인식하는 판매를 무엇이라 하는가?

① 위탁판매
② 시용판매
③ 할부판매
④ 수탁판매

02 고객이 상품을 시험적으로 사용해 보고 매입의사를 표시하면 매출로 인식하는 판매를 시용판매라고 한다.

정답 01 ④ 02 ②

checkpoint 해설 & 정답

03 매출가격환원법은 소매재고법이라고도 하며, 소매업을 전문으로 하는 백화점이나 슈퍼마켓 등에서 많이 적용되는 방법이다.

04 재고자산은 정상적인 영업과정에서 판매를 위하여 보유하거나 생산 중에 있는 자산 및 생산이나 용역제공에 사용될 원재료나 소모품 등을 말한다.

05 도착지 인도기준에 의하여 운송 중인 매입상품은 판매자의 재고자산이다.

정답 03 ④ 04 ① 05 ①

03 재고자산 단가결정에 있어서 소매업을 전문으로 하는 백화점이나 슈퍼마켓 등에서 많이 적용하는 방법은?

① 선입선출법
② 총평균법
③ 이동평균법
④ 매출가격환원법

04 다음 중 재무상태표상 재고자산으로 분류되어야 할 항목으로 가장 올바르지 않은 것은?

① 의류회사에서 공장 일부를 폐쇄하면서 처분하고자 하는 설비자산
② 자동차제조회사의 공장에서 생산 중에 있는 미완성 엔진
③ 건설회사에서 분양사업을 위해 신축하는 건물
④ 부동산매매업을 영위하는 기업에서 보유하는 판매 목적 토지

05 다음 항목 중 기말재고자산에 포함되지 않는 것은?

① 도착지 인도기준에 의하여 운송 중인 매입상품
② 수탁자에게 판매를 위탁하기 위하여 발송한 상품
③ 선적지 인도기준에 의하여 운송 중인 매입상품
④ 소비자가 구입의사를 표시하기 전에 시용판매된 제품

해설 & 정답 checkpoint

06 다음 중 물가가 지속적으로 상승하고 기말수량이 기초수량을 초과하는 경우 원가흐름의 가정 비교가 틀린 것은?

① 기말재고자산 : 선입선출법 〉 이동평균법 〉 총평균법 〉 후입선출법
② 매출원가 : 선입선출법 〈 이동평균법 〈 총평균법 〈 후입선출법
③ 법인세 : 선입선출법 〉 이동평균법 〉 총평균법 〉 후입선출법
④ 현금흐름 : 선입선출법 〉 이동평균법 〉 총평균법 〉 후입선출법

06 현금흐름은 '선입선출법 〈 이동평균법 〈 총평균법 〈 후입선출법'의 순서이다.

07 다음 중 재고자산으로 분류해야 하는 것은?

① 증권회사가 판매 목적으로 보유하고 있는 장기투자증권
② 가구회사가 영업활동에 사용할 목적으로 보유하고 있는 가구
③ 부동산회사가 투자목적으로 보유하고 있는 토지
④ 수탁자가 대리판매를 하기 위해 보유하고 있는 상품

07 재고자산은 판매 목적으로 보유하고 있는 자산을 말한다.

08 다음 중 상품계정의 보조원장이 아닌 것은?

① 매출장
② 상품재고장
③ 매입처원장
④ 매출처원장

08 매출장이나 매입장은 상품계정의 보조기입장이다.

정답 06 ④ 07 ① 08 ①

checkpoint 해설 & 정답

09 매입환출 ₩100,000이 발생한 경우 3분법에 의한 분개로 '(차) 매입채무 100,000 (대) 매입 100,000'으로 나타낸다.

10 상품 순매입액
= 530,000 + 15,000 − 40,000 − 10,000 − 25,000
= 470,000원

11 매출원가
= 1,500,000 + 3,000,000 + 200,000 − 90,000 − 2,000,000 − 50,000
= 2,560,000원

정답 09 ④ 10 ③ 11 ①

09 매입환출 ₩100,000이 발생한 경우 3분법에 의한 분개로 맞는 것은?

①	(차) 상품 100,000		(대) 매입채무 100,000	
②	(차) 매입 100,000		(대) 매입채무 100,000	
③	(차) 매입채무 100,000		(대) 상품 100,000	
④	(차) 매입채무 100,000		(대) 매입 100,000	

10 다음 자료에 의하여 상품 순매입액을 계산하면 얼마인가?

- 기초상품재고액 : 45,000원
- 총매입액 : 530,000원
- 매입환출액 : 40,000원
- 매입에누리액 : 10,000원
- 매입할인액 : 25,000원
- 매출할인액 : 10,000원
- 상품 매입운임 : 15,000원

① 460,000원 ② 465,000원
③ 470,000원 ④ 475,000원

11 다음 자료에서 매출원가를 구하면 얼마인가?

- 기초상품재고액 : 1,500,000원
- 매입에누리 : 90,000원
- 당기매입액 : 3,000,000원
- 기말상품재고액 : 2,000,000원
- 매입운임 : 200,000원
- 매입환출 : 50,000원

① 2,560,000원 ② 2,580,000원
③ 2,610,000원 ④ 2,700,000원

해설 & 정답 checkpoint

12 계속 기록법하에서만 사용할 수 있는 재고자산 원가배분방법은 무엇인가?

① 선입선출법
② 총평균법
③ 이동평균법
④ 매출가격환원법

12 계속 기록법하에서만 사용할 수 있는 재고자산 원가배분방법은 이동평균법이다.

13 다음 중 실지재고조사법과 계속 기록법에 대한 설명 중 옳지 않은 것은?

① 실지재고조사법은 기말에 재고수량을 직접 확인하는 방법이다.
② 계속 기록법은 상품의 입, 출고를 기록하여 기말재고수량을 간접적으로 파악하는 방법이다.
③ 계속 기록법은 현재의 재고수준을 필요할 때마다 장부상 확인 가능하다.
④ 실지재고조사법은 기중에 매출원가와 상품재고액을 언제든 파악할 수 있는 방법이다.

13 실지재고조사법은 기말 재고수량의 파악을 통해 기말상품과 매출원가를 파악하려는 방법이다.

정답 12 ③ 13 ④

checkpoint 해설 & 정답

※ 다음 자료를 보고 물음에 답하시오. [14 ~ 15]

(주)국세는 상품재고자산의 단위원가 결정방법으로 매입시마다 평균을 계산하는 가중평균법을 채택하고 있다. (주)국세의 2015년 상품재고자산과 관련된 자료는 다음과 같다.

구분	수량(개)	단위당 원가(₩)
기초재고(1월 1일)	200	100
매입(5월 1일)	200	200
매출(8월 1일)	300	-
매입(9월 27일)	100	300
장부상 기말재고	200	-
실사결과 기말재고	150	-

2015년 말 현재 상품재고자산의 단위당 순실현가능가치는 ₩200이다. 단, 2015년 기초재고의 단위당 원가와 순실현가능가치는 동일하였다고 가정한다.

14 (주)국세가 2015년에 인식하여야 할 재고자산감모손실은 얼마인가?

① ₩3,750
② ₩9,000
③ ₩10,000
④ ₩11,250

15 (주)국세가 2015년에 인식하여야 할 재고자산평가손실은 얼마인가?

① ₩3,750
② ₩5,000
③ ₩6,000
④ ₩11,250

14 재고자산감모손실
= (200 − 150) × 225
= ₩11,250

15 재고자산평가손실
= 150개 × (225 − 200) = ₩3,750

정답 14 ④ 15 ①

해설 & 정답 checkpoint

※ 다음 자료를 보고 물음에 답하시오. [16 ~ 17]

(주)춘천은 재고자산에 대해 평균법을 적용하고 있다.

일자	적요	수량(개)	단가(₩)	금액(₩)
9월 1일	기초재고	1,000	10	10,000
9월 11일	매입	2,000	11	22,000
9월 21일	매출	2,000	-	-
9월 27일	매입	1,000	12	12,000
9월 30일	기말재고	2,000	-	-

16 실지재고조사법하에서 9월의 판매재고자산 원가는 얼마인가?

① ₩21,000
② ₩21,333
③ ₩22,000
④ ₩23,000

16 실지재고조사법하에서 판매재고자산 원가 = 10,000 + 34,000 − 22,000
= ₩22,000

17 계속 기록법하에서 9월의 판매재고자산 원가는 얼마인가?

① ₩21,000
② ₩21,333
③ ₩22,000
④ ₩23,000

17 계속 기록법하에서 판매재고자산 원가
= 2,000 × (10,000 + 22,000) / 3,000
= ₩21,333

정답 16 ③ 17 ②

checkpoint 해설 & 정답

18 재고자산의 판매와 관련된 비용은 판매비와 관리비로 인식한다.

19 (60개 × 150원) + (50개 × 120원) = 15,000원

20 이월상품과 외상매입금이 과소계상 되었다. 자기자본과 당기순이익에는 영향이 없다.

정답 18 ① 19 ③ 20 ④

18 **재고자산과 관련한 다음 설명 중 가장 옳지 않은 것은?**

① 재고자산의 판매와 관련된 비용은 재고자산의 원가에 포함한다.
② 소매재고법은 실제원가가 아닌 추정에 의한 원가결정방법으로 주로 유통업에서 사용한다.
③ 재고자산의 감모손실은 주로 수량의 감소에 기인한다.
④ 재고자산의 평가손실은 시가의 하락에 기인한다.

19 **(주)토펙이엔씨의 2015년 기중거래는 다음과 같다. 계속 기록법과 선입선출법에 의한 2015년 기말재고자산은 얼마인가?**

구분	월일	수량	단가	합계
기초재고	1월 1일	10개	100원	1,000원
매입	7월 5일	200개	150원	30,000원
매출	9월 10일	150개	300원	45,000원
매입	11월 15일	50개	120원	6,000원

① 14,000원　　② 14,500원
③ 15,000원　　④ 15,500원

20 **(주)SVC는 기말재고조사법으로 회계처리하는 회사이다. 동사가 2016년 말에 외상구입한 상품에 대한 매입기록을 하지 않았으며, 이 상품이 기말재고 실사 시 누락되었다고 할 때 2016년 말의 자산, 부채, 자기자본과 당기순이익에 미치는 영향으로 올바른 것은?**

	자산	부채	자기자본	당기순이익
①	영향없음	과소계상	과대계상	과대계상
②	영향없음	과대계상	과소계상	과소계상
③	과소계상	과대계상	영향없음	영향없음
④	과소계상	과소계상	영향없음	영향없음

해설 & 정답 checkpoint

21 다음 중 재고자산의 평가에 관한 설명으로 틀린 것은?

① 재고자산은 취득원가와 순실현가능가치 중 낮은 금액으로 측정한다.
② 원재료의 현행대체원가가 장부금액보다 낮게 추정된다면 예외 없이 재고자산평가손실이 발생한다.
③ 상품 및 제품의 순실현가능가액은 예상판매가격에서 추가예상원가 및 기타 판매비용을 차감한 금액으로 추정한다.
④ 재고자산의 판매가 계약에 의해 확정되어 있는 경우 순실현가능가액은 그 계약가격이다.

21 완성될 제품이 원가 이상으로 판매될 것으로 예상하는 경우에는 그 생산에 투입하기 위해 보유하는 원재료 및 기타 소모품을 감액하지 아니한다.

22 한국채택국제회계기준에서 인정하지 않는 재고자산 단가결정 방법은?

① 개별법
② 선입선출법
③ 후입선출법
④ 가중평균법

22 후입선출법은 실제물량흐름과는 관계없이 가장 최근에 취득한 자산이 먼저 판매된 것으로 가정하여 판매가능상품을 매출원가와 기말재고에 배분하는 방법으로 한국채택국제회계기준에서는 인정하지 않는다.

정답 21 ② 22 ③

checkpoint 해설 & 정답

01
정답 ① 매출총이익
② 판매가능액
③ 판매가능액
④ 총수익

02
정답 매출총이익
= 500,000 − 10,000 − 20,000
− 100,000 − 200,000 + 5,000
+ 5,000 + 100,000
= 280,000원

주관식 문제

01 다음 등식이 성립되도록 빈칸에 알맞은 용어를 쓰시오.

(1) 당기매출액 − 매출원가 = (①)
(2) 기초상품재고액 + 당기상품매입액 − 매입에누리와 환출 − 매입할인 + 매입운임 = (②)
(3) 매출원가 + 기말상품재고액 = (③)
(4) 순이익 + 총비용 = (④)

02 다음 자료를 이용하여 매출총이익을 계산하면 얼마인지 계산식과 정답을 쓰시오.

- 총매출액 : 500,000원
- 기말상품재고액 : 100,000원
- 매출에누리 : 10,000원
- 매출할인 : 20,000원
- 매입할인 : 5,000원
- 총매입액 : 200,000원
- 매입환출 : 5,000원
- 기초상품재고액 : 100,000원

03 다음 자료를 보고 (물음 1)과 (물음 2)에 답하시오.

다음은 (주)한국의 재고자산에 관한 거래자료이다. 모든 거래는 외상으로 이루어졌다. 재고자산의 실사결과 기말재고자산의 수량은 125개로 밝혀졌다.

거래내용	수량(개)	단가(₩)
기초재고	120	300
당기매입	240	300
당기매출	230	500

(물음 1) 계속 기록법에 의한 매출원가와 기말재고는 각각 얼마인가?

(물음 2) 실지재고조사법에 의한 매출원가와 기말재고는 각각 얼마인가?

해설 & 정답 checkpoint

03

정답 (물음 1)

- 매출원가 = 230개 × ₩300
  = ₩69,000
- 기말재고 = ₩36,000 + ₩72,000
  − ₩69,000
  = ₩39,000

(물음 2)

- 기말재고 = 125개 × ₩300
  = ₩37,500
- 매출원가 = ₩36,000 + ₩72,000
  − ₩37,500
  = ₩70,500

checkpoint 해설 & 정답

04
정답 기말재고액
= 400,000 + 270,000 × 1/3
+ 60,000 + 50,000
= ₩600,000

04 (주)하나는 2023년 12월 31일 실사를 통하여 창고에 보관 중인 상품이 ₩400,000(원가)인 것으로 확인하였다. 다음의 자료를 고려한 (주)하나의 기말상품재고액은 얼마인가? (단, 재고자산감모손실 및 재고자산평가손실은 없다.)

- (주)하나가 고객에게 인도한 시송품의 원가는 ₩270,000이며, 이 중 3분의 1에 대해서는 기말 현재 고객으로부터 매입의사를 통보받지 못하였다.
- (주)하나가 (주)대전으로부터 도착지인도조건으로 매입하여 기말 현재 운송 중인 상품의 원가는 ₩80,000이며 2024년 1월 10일 도착 예정이다.
- (주)하나와 위탁판매계약을 체결한 (주)제주에서 기말 현재 판매되지 않고 보관 중인 상품의 원가는 ₩60,000이다.
- (주)하나가 (주)독도로부터 선적지인도조건으로 매입하여 기말 현재 운송 중인 상품의 원가는 ₩50,000이며 2024년 1월 20일 도착 예정이다.

해설 & 정답 checkpoint

제 6 절 유형자산

01 다음 중 유형자산의 특징으로 옳지 않은 것은?

① 유형자산은 재화의 생산, 용역의 제공, 타인에 대한 임대 또는 자체적으로 사용할 목적으로 보유하는 것으로, 물리적 형체가 있으며 1년을 초과하여 사용되는 자산을 말한다.
② 유형자산에는 토지, 건물, 구축물, 선박, 차량운반구, 공구와 기구, 비품, 건설 중인 자산 등이 있다.
③ 기업이 토지를 보유하고 있으면 영업활동으로 사용할 목적이 아닌 투자목적으로 보유하고 있는 토지라도 유형자산으로 분류된다.
④ 적격자산의 취득, 건설 또는 생산과 직접 관련된 차입원가는 미래 경제적 효익의 발생 가능성이 높고 신뢰성 있게 측정 가능할 경우에 당해 자산 원가의 일부로 자본화하여야 한다.

01 기업이 토지를 보유하고 있더라도 영업활동으로 사용할 목적이 아닌 투자목적으로 보유하고 있는 토지는 투자자산으로 분류되고, 매매목적으로 보유하고 있는 토지는 재고자산으로 분류된다.

02 다음 중 감가상각의 대상이 되지 않는 유형자산은?

① 구축물
② 차량운반구
③ 비품
④ 건설 중인 자산

02 건설 중인 자산은 비상각 자산이다.

정답 01 ③ 02 ④

checkpoint 해설 & 정답

03 자산의 취득과정에서 발생한 매입에누리와 환출 및 매입할인이 있는 경우에는 이를 취득원가에서 차감한다.

04 정액법으로 감가상각하는 경우, 감가상각이 완전히 이루어지기 전이면 유형자산이 가동되지 않거나 유휴상태가 되더라도 감가상각을 해야 한다.

05 파손된 유리의 원상회복으로 인한 교체비용은 수익적 지출에 해당한다.

정답 03 ③ 04 ④ 05 ②

03 다음 중 유형자산의 취득원가를 구성하지 않는 것은?

① 설계와 관련하여 전문가에게 지급하는 수수료
② 자본화대상인 차입원가
③ 자산의 취득과정에서 발생한 매입할인
④ 외부 운송 및 취급비용

04 유형자산의 감가상각에 관한 설명으로 옳지 않은 것은?

① 유형자산의 감가상각 방법은 자산의 미래 경제적 효익이 소비되는 형태를 반영한다.
② 유형자산의 감가상각은 자산이 사용 가능한 때부터 시작한다.
③ 유형자산에 내재된 미래 경제적 효익이 다른 자산을 생산하는 데 사용되는 경우 유형자산의 감가상각액은 해당 자산 원가의 일부가 된다.
④ 정액법으로 감가상각하는 경우, 감가상각이 완전히 이루어지기 전이라도 유형자산이 가동되지 않거나 유휴상태가 되면 감가상각을 중단해야 한다.

05 다음 중 수익적 지출로 회계처리해야 할 것으로 가장 타당한 것은?

① 냉난방 장치 설치로 인한 비용
② 파손된 유리의 원상회복으로 인한 교체비용
③ 사용용도 변경으로 인한 비용
④ 증설·확장을 위한 비용

해설 & 정답 checkpoint

06 건물을 취득한 지 20년이 경과하여 대대적인 개조와 수리를 하고 ₩5,000,000을 당좌수표로 지급하였다. 이 중 ₩4,000,000은 엘리베이터와 냉난방장치의 시설을 위한 것이고, ₩1,000,000은 내부 도장과 외부유리닦기 비용이다. 이 거래에 대한 회계처리로 올바른 것은?

①	(차) 건물	5,000,000	(대) 당좌예금	5,000,000
②	(차) 수선비	5,000,000	(대) 당좌예금	5,000,000
③	(차) 건물	4,000,000	(대) 당좌예금	5,000,000
	수선비	1,000,000		
④	(차) 건물	1,000,000	(대) 당좌예금	5,000,000
	수선비	5,000,000		

06 자본적 지출은 건물로, 수익적 지출은 수선비로 회계처리한다.

07 춘천상사는 2015년 1월 1일 토지와 건물을 각각 아래와 같이 취득하였을 경우 2017년 12월 31일의 감가상각비와 감가상각누계액은 각각 얼마인가?

- 토지취득가액 : 100,000,000원
- 건물취득가액 : 50,000,000원
- 감가상각방법은 정액법, 내용연수는 20년, 잔존가액은 0원

	감가상각비	감가상각누계액
①	2,500,000원	5,000,000원
②	2,500,000원	7,500,000원
③	5,000,000원	15,000,000원
④	7,500,000원	22,500,000원

07
- 감가상각비
  = 50,000,000원 / 20년
  = 2,500,000원
- 감가상각누계액
  = 2,500,000원 × 3년
  = 7,500,000원

정답 06 ③ 07 ②

checkpoint 해설 & 정답

08 자본적 지출을 수익적 지출로 회계 처리하여 비용이 과대계상되고 자산이 과소계상된다.

08 매장 건물에 엘리베이터를 설치하고 아래와 같이 회계 처리한 경우 발생하는 효과로 옳은 것은?

(차변) 수선비 80,000,000원 (대변) 보통예금 80,000,000원

① 비용의 과소계상
② 부채의 과대계상
③ 자산의 과소계상
④ 순이익의 과대계상

09 감가상각 대상금액이란 유형자산의 취득원가에서 잔존가치를 차감한 금액을 말한다.

09 감가상각비의 계산요소에 대한 설명으로 옳지 않은 것은?

① 감가상각비는 자산의 취득원가, 잔존가치, 내용연수 그리고 감가상각방법에 의해 결정된다.
② 감가상각 대상금액이란 유형자산의 장부금액에서 잔존가치를 차감한 금액을 말한다.
③ 내용연수는 수익획득을 위하여 실제로 자산을 사용할 수 있을 것으로 기대되는 기간을 말한다.
④ 잔존가치는 폐기 및 처분될 때 받을 수 있는 추정처분가액을 말한다.

10 정액법이란 유형자산의 취득원가를 매 기간 균등하게 상각하는 방법으로 이는 계산절차가 간단하여 비교적 기능적 감가가 적게 나타나는 건물이나 구축물 등에 적합하다.

10 유형자산의 취득원가를 매 기간 균등하게 상각하는 방법으로 이는 계산절차가 간단하여 비교적 기능적 감가가 적게 나타나는 건물이나 구축물 등에 적합한 감가상각 방법은?

① 정액법
② 정률법
③ 생산량비례법
④ 연수합계법

정답 08 ③ 09 ② 10 ①

해설 & 정답 checkpoint

11 다음 중 유형자산의 재평가모형 회계처리에 관한 설명으로 틀린 것은?

① 재평가의 빈도는 재평가되는 유형자산의 공정가치 변동에 따라 달라진다.
② 특정 유형자산을 재평가할 때 동일한 분류 내의 유형자산 분류 전체를 재평가한다.
③ 자산의 장부금액이 재평가로 인하여 증가된 경우 원칙적으로 그 증가액은 기타포괄손익으로 인식한다.
④ 자산의 장부금액이 재평가로 인하여 감소한 경우 원칙적으로 그 감소액은 기타포괄손익으로 인식한다.

11 자산의 장부금액이 재평가로 인하여 감소된 경우에 그 감소액은 즉시 당기손익으로 인식한다.

12 다음 중 유형자산의 취득원가에 포함되지 않는 것은?

① 직원 교육훈련비
② 최초의 운송 및 취급 관련 원가
③ 설치원가 및 조립원가
④ 관세 및 환급 불가능한 취득 관련 세금

12 새로운 지역에서 또는 새로운 고객층을 대상으로 영업을 하는 데 소요되는 원가인 직원 교육훈련비는 유형자산의 취득원가에 포함되지 않는다.

13 다음 중 자본화대상 차입원가가 아닌 것은?

① 유효이자율법을 사용하여 계산된 이자비용
② 리스부채 관련 이자
③ 외화차입금과 관련되는 외환차이 중 이자원가의 조정으로 볼 수 있는 부분
④ 복구충당부채 관련 이자비용

13 복구충당부채는 차입금이 아니다.

정답 11 ④ 12 ① 13 ④

checkpoint 해설 & 정답

01

정답 (사례 1)
교환의 상업적 실질이 결여된 경우이므로 처분손익을 인식하지 아니하고 기존 자산의 취득원가에서 감가상각누계액을 차감한 장부가액을 취득한 자산의 취득가액으로 회계처리한다.

(차)	기계장치(신)	1,000
	감가상각누계액	500
(대)	기계장치(구)	1,500

(사례 2)
교환의 상업적 실질이 있는 거래이므로 기존의 자산을 처분하고 새로운 자산을 취득하는 처분손익 인식의 회계처리를 하여야 한다.

(차)	기계장치(신)	2,500
	감가상각누계액	500
(대)	기계장치(구)	1,500
	현금	500
	유형자산처분이익	1,000

주관식 문제

01 다음 사례를 보고 유형자산 교환에 대한 회계처리를 하시오.

[사례 1]
(주)대한은 보유하고 있던 기계장치(취득원가 ₩1,500, 감가상각누계액 ₩500)를 (주)민국과 교환하기로 합의하였다. (주)대한은 기존의 영업을 계속 수행하기 위해 보유하고 있던 기계장치와 공정가치의 차이가 유의적이지 않은 (주)민국의 기계장치를 교환하였다.

[사례 2]
(주)대한은 보유하고 있던 기계장치(취득원가 ₩1,500, 감가상각누계액 ₩500)를 (주)민국과 교환하기로 합의하였다. (주)대한은 새로운 사업영역으로의 진입을 위해 기존 기계장치를 새로운 제품 생산을 위한 (주)민국의 기계장치와 현금 ₩500을 지급하며 교환하였는데 두 자산은 공정가치의 차이가 유의적이며 교환의 대상인 (주)대한의 기계장치 공정가치는 ₩2,000이다.

02 다음 자료를 보고 (물음 1)과 (물음 2)에 답하시오.

(주)천안이 2013년 초에 취득한 토지에 관한 자료이다. (주)천안은 토지 취득 후에 재평가 모형에 의해서 토지에 대한 회계처리를 한다. 토지의 취득원가와 각 회계기간 말 현재 토지의 공정가치는 아래와 같다.

구분	취득원가	각 회계기간 말 공정가치		
	2013년 초	2013년	2014년	2015년
토지	₩3,000	₩3,500	₩3,200	₩2,900

(물음 1) 토지의 재평가와 관련하여 (주)천안이 2015년도에 인식할 당기손실은 얼마인가?

(물음 2) 토지의 재평가와 관련하여 (주)천안이 2015년도에 인식할 총포괄손실은 얼마인가?

해설 & 정답 checkpoint

02

정답 (물음 1)
2015년도에 인식할 당기손실
= 3,000 − 2,900 = ₩100 손실

(물음 2)
2015년도에 인식할 총포괄손실
= 3,200 − 2,900 = ₩300 손실

checkpoint 해설 & 정답

03
정답 [문제 하단의 표 참고]

03 (주)하나는 2021년 1월 1일 기계장치를 ₩2,000,000에 취득(내용연수 5년, 잔존가치는 ₩0)하였다. 동 기계장치는 원가모형을 적용하며 정액법으로 감가상각한다. 매 회계연도 말 기계장치에 대한 회수가능액은 다음과 같으며 회수가능액 변동은 기계장치의 손상 또는 그 회복에 따른 것이다.

연도	2021년 말	2022년 말	2023년 말	2024년 말
회수가능액	₩1,600,000	₩900,000	₩600,000	₩400,000

2024년도 말 재무상태표에 인식될 기계장치의 손상차손누계액은 얼마인가?

연도	회계처리		
2021년 말	(차) 감가상각비 (대) 감가상각누계액	400,000 400,000	손상차손 : ₩0
2022년 말	(차) 감가상각비 손상차손 (대) 감가상각누계액 손상차손누계액	400,000 300,000 400,000 300,000	손상차손 : ₩300,000
2023년 말	(차) 감가상각비 (대) 감가상각누계액	300,000 300,000	손상차손 : ₩0
2024년 말	(차) 감가상각비 손상차손누계액 (대) 감가상각누계액 손상차손환입	300,000 100,000 300,000 100,000	손상차손환입 : ₩100,000
2024년 말 재무상태표에 인식될 기계장치의 손상차손누계액			₩200,000

해설 & 정답 checkpoint

04 (주)가나는 2021년 1월 1일에 내용연수 5년, 잔존가치 ₩0인 기계장치를 ₩200,000에 취득하여 제품을 생산하고 있으며 감가상각은 정액법을 사용한다. 2021년 12월 31일 기계장치의 순공정가치가 ₩100,000이고 사용가치는 ₩120,000이며, 손상차손의 인식조건을 충족하였다. 그로부터 2년 후 2023년 12월 31일에 기계장치의 회수가능액이 ₩150,000으로 상승하였다. (주)가나가 자산에 대해 원가모형으로 회계처리할 때 2023년도에 손상차손환입으로 인식할 금액은 얼마인지 계산식과 정답을 쓰시오.

04

정답 Min[150,000, 80,000] − 60,000 = 20,000

해설 (1) 2021년 말 손상차손
= (200,000 − 200,000 ÷ 5) − 120,000 = 40,000

(2) 2023년 말 장부금액
= 120,000 − 120,000 × 2/4 = 60,000

(3) 2023년 말 손상전 감가상각후 장부금액
= 200,000 − 200,000 × 3/5 = 80,000

(4) 2023년 손상차손환입
= Min[150,000, 80,000] − 60,000 = 20,000

checkpoint 해설 & 정답

제 7 절 무형자산

01 산업재산권이란 일정기간 독점적·배타적으로 이용할 수 있는 권리로서 특허권, 실용신안권, 의장권, 상표권 등을 말한다.

01 다음 중 산업재산권에 속하지 않는 것은?

① 특허권
② 의장권
③ 상표권
④ 영업권

02 내부적으로 창출한 영업권은 원가를 신뢰성 있게 측정할 수 없고 기업이 통제하고 있는 식별가능한 자원이 아니기 때문에 자산으로 인식하지 아니한다.

02 다음 중 무형자산에 해당하지 않는 것은?

① 산업재산권
② 시추권
③ 내부적으로 창출한 영업권
④ 웹사이트

03 생산이나 사용 전의 시제품과 모형을 설계, 제작, 시험하는 활동은 개발활동의 사례에 해당한다.

03 다음 중 비용으로 인식되는 연구활동의 사례에 해당하지 않는 것은?

① 새로운 지식을 얻고자 하는 활동
② 생산이나 사용 전의 시제품과 모형을 설계, 제작, 시험하는 활동
③ 연구결과나 기타 지식을 탐색, 평가, 최종 선택, 응용하는 활동
④ 재료, 장치, 제품, 공정, 시스템이나 용역에 대한 여러 가지 대체안을 탐색하는 활동

정답 01 ④ 02 ③ 03 ②

해설 & 정답 checkpoint

04 내부적으로 창출된 무형자산의 취득원가에 포함되지 않는 것은?

① 법적 권리를 등록하기 위한 수수료
② 무형자산의 창출에 사용된 특허권상각비
③ 무형자산의 창출을 위하여 발생한 종업원급여
④ 연구결과를 최종선택, 응용하는 활동과 관련된 지출

04 연구결과를 최종선택, 응용하는 활동과 관련된 지출은 연구비로 보아 당기비용으로 처리한다.

05 다음 중 개발단계로 볼 수 없는 것은?

① 생산이나 사용 전의 시제품과 모형을 설계, 제작, 시험하는 활동
② 새로운 기술과 관련된 공구, 지그, 주형, 금형 등을 설계하는 활동
③ 상업적 생산목적으로 실현 가능한 경제적 규모가 아닌 시험공장을 설계, 건설, 가동하는 활동
④ 새롭거나 개선된 재료, 장치, 제품, 공정, 시스템이나 용역에 대한 여러 가지 대체안을 제안, 설계, 평가, 최종 선택하는 활동

05 새롭거나 개선된 재료, 장치, 제품, 공정, 시스템이나 용역에 대한 여러 가지 대체안을 제안, 설계, 평가, 최종 선택하는 활동은 연구단계에 속한다.
신규 또는 개선된 재료, 장치, 제품, 공정, 시스템이나 용역에 대하여 최종적으로 선정된 안을 설계, 제작, 시험하는 활동은 개발단계에 속한다.

06 다음 연구비와 개발비에 대한 내용 중 옳지 않은 것은?

① 개별적으로 식별이 불가능한 개발비는 무형자산으로 계상할 수 없다.
② 상품화된 특정 소프트웨어의 개발비는 무형자산으로 계상된다.
③ 연구비는 개발비와 달리 모두 비용으로 처리해야 한다.
④ 제조와 관련이 있는 개발비 상각액은 판매비와 관리비로 처리해야 한다.

06 제조와 관련이 있는 개발비 상각액은 제조원가로 처리해야 한다.

정답 04 ④ 05 ④ 06 ④

checkpoint 해설 & 정답

07 영업권이란 인수기업의 순자산가치를 초과하여 대가를 지급한 경우 그 초과금액을 말한다.

08 무형자산을 창출하기 위한 내부 프로젝트를 연구단계와 개발단계로 구분할 수 없는 경우에는 그 프로젝트에서 발생한 지출은 모두 연구단계에서 발생한 것으로 보아 발생시점에 비용으로 인식한다.

09 웹사이트의 계획단계는 연구단계로 보아 무조건 비용 처리한다.

정답 07 ① 08 ③ 09 ①

07 기업으로부터 분리하였을 때 식별 불가능한 무형자산은?

① 영업권
② 산업재산권
③ 광업권
④ 프랜차이즈

08 다음 중 내부적으로 창출한 무형자산과 관련한 설명으로 가장 올바르지 않은 것은?

① 내부적으로 창출한 영업권은 원가를 신뢰성 있게 측정할 수 없고 기업이 통제하고 있는 식별 가능한 자원이 아니기 때문에 자산으로 인식하지 아니한다.
② 내부 프로젝트의 연구단계에서는 미래 경제적 효익을 창출할 무형자산이 존재한다는 것을 제시할 수 없기 때문에 연구단계에서 발생한 지출은 발생 시점에 비용으로 인식한다.
③ 무형자산을 창출하기 위한 내부 프로젝트를 연구단계와 개발단계로 구분할 수 없는 경우에는 그 프로젝트에서 발생한 지출은 모두 개발단계에서 발생한 것으로 본다.
④ 재료, 장치, 제품, 공정, 시스템이나 용역에 대한 여러 가지 대체안을 탐색하는 활동은 연구단계에 속하는 활동의 일반적인 예에 해당한다.

09 다음 웹사이트 원가 중 무조건 비용 처리하는 단계는?

① 웹사이트의 계획단계
② 적용과 하부구조 개발단계
③ 그래픽 디자인 개발단계
④ 콘텐츠 개발단계

해설 & 정답 checkpoint

10 무형자산의 상각방법으로 합리적인 상각방법을 정할 수 없는 경우 적용하는 상각방법은?

① 정액법
② 정률법
③ 생산량비례법
④ 연수합계법

10 기업회계기준에서는 무형자산의 상각방법으로 합리적인 방법을 선택하여 적용하도록 하고 있으며, 합리적인 상각방법을 정할 수 없는 경우에는 정액법을 사용하여 당해 무형자산의 사용 가능한 시점부터 합리적인 기간 동안 상각하도록 하고 있다.

11 (주)준수는 (주)병훈을 흡수합병하기로 하고 합병대가로 ₩20,000,000을 지급하였다. (주)병훈의 재무상태표상 순자산 가액은 ₩12,000,000이고 식별 가능한 순자산의 공정가액은 ₩15,000,000이다. 이 경우 영업권 금액은 얼마인가?

① ₩3,000,000
② ₩5,000,000
③ ₩8,000,000
④ ₩20,000,000

11 영업권 = 20,000,000 − 15,000,000
= ₩5,000,000

12 K-IFRS에서 규정하고 있는 무형자산의 상각에 대한 설명으로 옳지 않은 것은?

① 무형자산으로 인식되기 위해서는 식별 가능해야 한다.
② 사업결합으로 취득한 영업권은 상각하지 않으나 매년 손상검사를 해야 한다.
③ 내용연수가 유한한 무형자산의 상각기간과 상각방법은 적어도 매 회계연도 말에 검토한다.
④ 내용연수가 유한하거나 비한정인 무형자산은 상각하여야 한다.

12 내용연수가 유한한 무형자산은 상각하고, 내용연수가 비한정인 무형자산은 상각하지 아니한다.

정답 10 ① 11 ② 12 ④

checkpoint 해설 & 정답

01
정답 (1) 개발비
(2) 특허권
(3) 영업권
(4) 프랜차이즈

주관식 문제

01 다음 무형자산에 대한 설명에 가장 적절한 계정과목을 쓰시오.

(1) 상업적인 생산 또는 사용 전에 연구결과나 관련 지식을 새롭거나 현저히 개량된 재료, 장치, 제품, 공정, 시스템 및 용역의 생산을 위한 계획이나 설계에 적용하는 활동을 위해 지출된 금액 중에서 일정한 자산인식기준을 충족하는 지출이다.
(2) 특정의 발명이 특허법에 의하여 등록됨으로써 일정기간 동안 독점적이고 배타적으로 이용할 수 있는 권리이다.
(3) 다른 회사를 합병하거나 다른 회사의 영업을 양수할 때 또는 전세권을 취득하면서 유상으로 취득한 권리이다.
(4) 일정한 지역 내에서 특정한 상품이나 용역을 독점적으로 사용할 수 있는 권리이다.

해설 & 정답 checkpoint

02 (주)한국의 거래에 대해 (물음 1, 2, 3, 4)에 대한 올바른 회계처리를 하시오.

(물음 1) 2020년 10월 1일 신제품개발과 관련된 금형을 설계하기 위해 50,000원을 수표 발행하여 지급하다. (무형자산으로 처리할 것)

(물음 2) 2020년 12월 31일 결산일에 개발비를 상각하다. (단, 상각기간은 5년으로 함)

(물음 3) 2021년 5월 27일 신제품 개발을 위한 경상적인 개발비로 3,000원을 현금으로 지급하다.

(물음 4) 2021년 8월 22일 신제품 개발을 위한 여러 대체안에 대한 설계를 위하여 4,000원을 현금으로 지급하다.

02

정답 (물음 1)

(차) 개발비 50,000
(대) 당좌예금 50,000

(물음 2)

(차) 무형자산상각비 2,500
(대) 개발비 2,500

※ 개발비 상각액
= 50,000 × 1/5 × 3/12
= ₩2,500

(물음 3)

(차) 경상개발비 3,000
(대) 현금 3,000

(물음 4)

(차) 연구비 4,000
(대) 현금 4,000

checkpoint 해설 & 정답

03

정답 (물음 1)
당기손익으로 인식할 연구비
= 300,000 + 10,000 + 30,000
= ₩340,000

(물음 2)
자산으로 인식할 개발비
= 500,000 + 60,000 + 20,000
= ₩580,000

03 다음 자료를 보고 (물음 1)과 (물음 2)에 답하시오.

제약회사인 (주)명문의 2015년도 독감 치료용 신약을 위한 연구, 개발 및 생산과 관련된 자료이다.

독감의 원인이 되는 새로운 바이러스를 찾기 위한 지출	₩300,000
바이러스 규명에 필요한 동물실험을 위한 지출	₩10,000
상업용 신약 생산에 필요한 설비 취득을 위한 지출	₩400,000
신약을 개발하는 시험공장 건설을 위한 지출 (상업적 생산목적으로 실현가능한 경제적 규모가 아님)	₩500,000
신약의 상업화 전 최종 임상실험을 위한 지출	₩60,000
신약 생산 전 시제품을 시험하기 위한 지출	₩20,000
바이러스 동물실험결과의 평가를 위한 지출	₩30,000

(물음 1) (주)명문이 2015년에 당기손익으로 인식할 연구비는 얼마인지 계산식과 정답을 쓰시오.

(물음 2) (주)명문이 2015년에 자산으로 인식할 개발비는 얼마인가? (단, 개발비로 분류되는 지출의 경우 2015년 말 시점에 개발비 자산인식요건을 충족한다고 가정한다.)

해설 & 정답 checkpoint

제 8 절 투자부동산

01 다음 중 투자부동산에 관한 설명으로 틀린 것은?

① 투자부동산이란 임대수익이나 시세차익을 얻기 위해 보유하고 있는 부동산이다.
② 투자부동산은 원가모형과 공정가치모형 중 하나를 선택할 수 있다.
③ 투자부동산에 대하여 원가모형을 선택한 경우 감가상각대상자산에 대하여 유형자산과 마찬가지로 감가상각비를 인식한다.
④ 정상적인 영업과정에서 단기간에 판매하기 위하여 보유하고 있는 토지만 투자부동산으로 분류한다.

01 정상적인 영업과정에서 단기간에 판매하기 위하여 보유하고 있는 토지는 재고자산으로 분류한다.

02 다음 중 투자부동산으로 분류할 수 없는 것은?

① 미래에 투자부동산으로 사용하기 위하여 건설 또는 개발 중인 부동산
② 금융리스로 제공하기 위하여 보유하고 있는 미사용 건물
③ 직접 소유하고 운용리스로 제공하고 있는 건물
④ 장기 시세차익을 얻기 위하여 보유하고 있는 토지

02 운용리스로 제공하기 위하여 보유하고 있는 미사용 건물은 투자부동산으로 분류한다.

정답 01 ④ 02 ②

checkpoint 해설 & 정답

03 장래 사용목적을 결정하지 못한 채로 보유하고 있는 당해 토지는 시세차익을 얻기 위하여 보유하고 있는 것으로 본다.

04 투자부동산의 공정가치 변동으로 발생하는 평가손익은 당기손익으로 처리한다.

정답 03 ④ 04 ④

03 다음 중 투자부동산인 항목은 어느 것인가?

① 제3자를 위하여 건설 또는 개발 중인 부동산
② 금융리스로 제공한 부동산
③ 정상적인 영업과정에서 판매하기 위한 부동산
④ 장래 사용목적을 결정하지 못한 채로 보유하고 있는 토지

04 K-IFRS에 규정된 투자부동산에 대한 설명으로 옳지 않은 것은?

① 정상적인 영업과정에서 판매하기 위하여 개발을 시작한 부동산은 재고자산으로 대체한다.
② 투자부동산의 폐기나 처분으로 발생하는 손익은 순처분금액과 장부금액의 차액이며 폐기나 처분이 발생한 기간에 손익으로 인식한다.
③ 투자부동산에 대하여 공정가치모형을 선택한 경우에는 최초 인식 후 모든 투자부동산을 공정가치로 측정한다.
④ 투자부동산의 공정가치 변동으로 발생하는 평가손익은 기타포괄손익으로 처리한다.

해설 & 정답 checkpoint

주관식 문제

01 다음 자료를 보고 (물음 1)과 (물음 2)에 답하시오.

> (주)독도는 2021년 1월 1일에 투자목적으로 건물을 ₩10,000(내용연수 10년, 잔존가치 ₩0, 정액법 상각)에 취득하였다. 회사는 유형자산을 정액법으로 감가상각한다. 2021년 결산일과 2022년 결산일의 동 건물의 공정가치는 각각 ₩8,000과 ₩9,500이다. 2023년 6월 30일 ₩11,000에 처분하였다.

(물음 1) 회사가 투자부동산에 대하여 원가모형을 적용할 경우에 2023년 6월 30일의 회계처리를 하시오.

(물음 2) 회사가 투자부동산에 대하여 공정가치모형을 적용할 경우에 2023년 6월 30일의 회계처리를 하시오.

01

정답 (물음 1)

원가모형을 적용하는 경우 감가상각을 하며, 공정가치는 평가하지 않는다.

(차)	감가상각비	500
(차)	현금	11,000
	감가상각누계액	2,500
(대)	감가상각누계액	500
(대)	투자부동산	10,000
	처분이익	3,500

(물음 2)

공정가치모형을 적용하는 경우 감가상각을 하지 않으며, 공정가치를 평가하여 당기손익에 반영한다.

(차)	현금	11,000
(대)	투자부동산	9,500
	처분이익	1,500

02 (주)가나는 2020년 1월 1일에 투자부동산을 ₩4,000,000에 취득하였다. 이 투자부동산의 내용연수는 10년이고 잔존가치는 없으며 2022년 12월 31일의 공정가치는 ₩5,000,000이다. 2023년 1월 1일에 이 투자부동산을 ₩3,800,000에 처분되었다. (주)가나는 K-IFRS에 따라 투자부동산에 대하여 원가모형을 선택하며 정액법으로 감가상각한다면 2023년 포괄손익계산서에 계상되어야 할 손익은 얼마인가?

02

정답
- 처분이익
  = 순처분금액 − 장부가액
  = ₩1,000,000
- 순처분금액 = ₩3,800,000
- 장부가액
  = ₩4,000,000 − ₩4,000,000 × 3/10
  = ₩2,800,000

checkpoint 해설 & 정답

03
정답 (물음 1)
1,000,000 ÷ 5 = ₩200,000

(물음 2)
사용목적 변경시점의 투자부동산의 장부금액은 그 시점의 건물의 공정가치이므로 ₩1,250,000이다.

(물음 3)
1,250,000 − (1,000,000 − 1,000,000 × 2/5) = ₩650,000

(물음 4)
1,400,000 − 1,250,000
= ₩150,000

03 (주)가나는 2021년 초에 자가사용목적으로 건물을 ₩1,000,000에 취득하였다. 감가상각방법은 정액법, 내용연수는 5년, 잔존가치는 없다고 가정한다. (주)가나는 2022년 말 자가사용목적의 건물을 임대목적으로 전환하였고 당해 시점에 투자부동산으로 계정대체 하였으며, 당해 투자부동산의 잔여내용연수를 4년으로 수정하였다. 다음은 건물의 연도별 공정가치에 대한 자료이다.

연도	2021년 말	2022년 말	2023년 말
건물의 공정가치	₩1,300,000	₩1,250,000	₩1,400,000

(주)가나가 투자부동산에 대하여 공정가치모형을 적용할 경우 아래 물음에 답하시오.

(물음 1) 2022년에 인식할 감가상각비는 얼마인지 계산식과 정답을 쓰시오.

(물음 2) 2022년 말 투자부동산의 장부금액은 얼마인지 쓰시오.

(물음 3) 2022년 말 포괄손익계산서의 기타포괄이익은 얼마인지 계산식과 정답을 쓰시오.

(물음 4) 2023년 말 투자부동산평가이익은 얼마인지 계산식과 정답을 쓰시오.

부채의 본질과 분류 및 회계처리

I wish you the best of luck!

제4장 부채의 본질과 분류 및 회계처리

제 1 절 부채의 의의와 분류

1 부채의 의의

부채란 과거의 거래나 사건의 결과로써 특정 기업이 미래에 다른 기업에 자산을 이전하거나 용역을 제공해야 하는 현재의 의무로부터 발생하는 미래의 가능한 경제적 효익의 희생을 말한다. 부채는 다음과 같은 특징이 있다.

(1) 과거 사건의 결과란 부채를 발생시킨 사건이 이미 발생한 것이어야 한다.

(2) 현재의 의무란 미래에 현금 등을 양도하거나 사용하여 결제해야 하는 현재의 의무여야 한다.

(3) 미래에 경제적 자원의 희생이란 이의 이행을 위하여 미래에 현금, 상품, 서비스 등과 같은 경제적 효익을 가진 자원의 유출이 기대된다는 의미이다.

2 부채의 분류

기업회계기준에서는 부채를 유동부채와 비유동부채로 분류하고 있다. 매입채무, 미지급비용 등 영업활동과 관련된 부채는 1년 또는 정상영업순환주기에 따라 유동부채와 비유동부채로 분류하고, 기타의 부채는 1년을 기준으로 구분한다.

(1) 유동부채

유동부채는 보고기간일(결산일)로부터 만기가 1년 이내에 도래하는 부채를 유동부채라 한다. 다만 정상영업주기내에 소멸할 것으로 예상되는 매입채무와 미지급비용 등은 1년 이내에 결제되지 않아도 유동부채로 분류한다. 다음의 경우는 유동부채로 분류한다.

① 정상영업주기 내에 결제될 것으로 예상하고 있다.
② 주로 단기매매 목적으로 보유하고 있다.

③ 보고기간 후 12개월 이내에 결제하기로 되어 있다.
④ 보고기간 후 12개월 이상 부채의 결제를 연기할 수 있는 무조건의 권리를 가지고 있지 않다.

(2) 비유동부채

유동부채에 속하지 않는 부채를 말하며, 비유동부채는 장기차입금부채, 장기충당부채 및 기타유동부채로 구분되어 재무상태표에 표시된다.

제 2 절 유동부채

유동부채란 **재무상태표일로부터 만기가 1년 이내에 도래하는 부채**를 유동부채라 한다. 유동부채에는 매입채무, 단기차입금, 미지급금, 선수금, 예수금, 미지급비용, 유동성장기부채, 선수수익 등이 포함된다.

1 매입채무

매입채무는 상품을 매입하면서 현금을 미래에 지급하기로 한 의무이다. 일반적 상거래에서 발생한 구두약속에 의한 외상매입금과 어음을 발행하여 지급을 약속한 지급어음이 여기에 속한다.

(1) 외상매입금

외상매입금은 일반적 상거래(주된 영업활동 거래)에서 발생한 채무로써 재무상태표일로부터 1년 이내에 지급해야할 금액이다.

(2) 지급어음

지급어음은 일반적 상거래에서 발생한 어음상의 의무로써 지급기일이 재무상태표일로부터 1년 이내에 도래하는 어음이다.

더 알아두기

지급어음기입장

기업은 어음거래에 관한 상세한 내용을 기입하기 위하여 어음기입장을 작성하는데, 어음기입장은 회계장부상으로는 보조부로서 보조기입장에 속한다. 어음기입장은 받을어음기입장과 지급어음기입장으로 나뉘는데, 지급어음기입장은 지급어음을 발생순서에 따라 기입하되 거래내용·금액·어음종류·수취인 등 명세를 기입하는 장부이다. 이로부터 특정일 현재의 지급어음의 현재액을 파악할 수 있고, 특정일 현재 지급할 어음금액도 알 수 있다.

2 기타의 채무

(1) 선수금

선수금은 상거래에서 미리 계약금의 명목으로 선수한 금액을 말하는 것으로 수주공사·수주품 및 일반적 상거래에서 발생한 선수액을 말한다. 그러므로 선수금은 제품, 상품, 용역 등을 주문받거나 수주공사 및 기타 일반적 상거래에서 미래에 재화나 용역을 제공한다는 조건으로 용역 등을 제공하기 전에 대가의 전부 또는 일부를 먼저 받은 금액이다.

(2) 선수수익

선수수익은 차기 이후에 귀속될 수익을 당기에 대금을 선수취하는 경우 받은 대가를 말하며 당기에 귀속되는 수익이 발생하지 않았고 그 대금만 먼저 수취했으므로 선수수익이라는 부채로 재무상태표에 반영한다. 즉, 선수수익은 수익의 이연을 말하는 것으로 장래에 용역을 제공하기로 하고 대금을 미리 받았으나 결산기말까지 용역을 제공하지 못한 경우, 용역을 제공하지 못한 부분을 당기의 수익에서 차감하고 같은 금액을 선수수익이라는 부채로 계상하는 수정분개를 해야 한다.

(3) 미지급금

미지급금은 일반적 상거래 이외의 거래에서 발생한 채무로서 1년 이내에 지급할 것을 말한다. 이는 이미 계약상 확정된 채무로써 그 지급이 완료되지 아니한 것을 의미한다.

(4) 미지급비용

당기 중에 비용은 발생하였으나 결산일까지 현금으로 지급하지 못한 경우 결산일에 당기 중에 발생된 비용을 인식하며 상대계정으로 미지급비용(부채계정)을 인식한다. 즉, 미지급비용은 발생비용의 계상을 말하는 것으로 이미 재화나 용역을 제공받아 수익의 획득을 위해 사용 또는 소비하였으나 결산일 현재 아직 비용으로 계상하지 않은 금액이 있으면 결산일에 정확히 파악하여 비용으로 계상하는 수정분개를 하여야 한다.

(5) 예수금

예수금은 일반적 상거래 이외에서 발생한 일시적 제예수액으로써 미래에 변제할 의무가 있는 것을 말하는 것으로 기업이 거래처나 종업원이 제3자에게 납부해야 할 금액을 일시적으로 보관하였다가 제3자에게 지급해야 하는 금액을 의미한다.

(6) 단기차입금

단기차입금은 1년 내에 상환될 차입금을 말하는 것으로 금전소비대차 계약에 의하여 금전을 차입하는 경우 1년 내에 상환될 금액으로 한다.

(7) 유동성장기차입금

유동성장기차입금은 장기차입부채 중 1년 내에 상환될 것 등을 말한다. 예컨대, 사채 중 1년 이내에 상환될 금액이나 장기차입금 중 상환조건에 따라 1년 이내에 분할하여 상환될 금액 등은 유동성장기차입금으로 보고한다.

(8) 단기충당부채

단기충당부채는 1년 이내에 사용되는 충당부채로써 그 사용목적을 표시하는 과목으로 기재한다. 즉, 단기충당부채에는 판매보증충당부채, 공사보증충당부채, 경품충당부채 등과 같이 사용목적을 표시하는 과목으로 기재하며 1년 이내에 사용되는 것만 표시하여야 한다.

(9) 당기법인세부채

당기법인세부채는 미지급법인세를 말하는 것으로 당해 기간의 과세소득에 대하여 납부해야 할 법인세 및 법인세에 부가되는 세액(주민세나 농어촌특별세 등)의 미지급액으로, 결산 시 법인세법에 따라 과세당국에 납부하여야 할 법인세비용을 인식할 때 사용하는 계정이다. 따라서 과세소득이 발생하면 납부할 법인세비용을 당기법인세부채로 인식하고 향후 과세당국에 법인세를 납부하면 당기법인세부채를 감소시키는 회계처리를 한다.

제 3 절 화폐의 시간가치

1 화폐의 시간적 가치와 이자율의 개념

(1) 화폐의 시간적 가치(time value of money)

일반적으로 기업의 재무의사결정은 현재 시점에서 이루어지나 이로부터 얻어지는 수익은 미래의 시점에서 실현된다. 따라서 기업이 재무의사 결정을 할 때 화폐의 시간가치를 고려하여야 한다. 일반적으로 소비자들은 미래의 현금보다는 현재의 현금을 더 선호하는 데 이를 유동성선호라고 한다. 소비자들이 이와 같이 미래의 현금흐름보다는 현재의 현금흐름을 더 선호하게 되는 이유는 크게 4가지로 설명될 수 있다.

첫째로, 소비자들은 미래의 소비보다는 현재의 소비를 선호하는 시차 선호의 성향이 있다. 즉 인간의 생명은 유한하기 때문에 현재 소비가 가능한 현재의 현금흐름을 선호하게 된다.

둘째로, 미래의 현금은 인플레이션에 따르는 구매력 감소의 가능성이 항상 존재하고 있다. 즉 인플레이션하에서 미래의 현금흐름은 동일한 금액의 현재 현금흐름보다 그 구매력이 떨어지게 된다.

셋째로, 현재의 현금은 새로운 투자기회가 주어질 경우 생산 활동을 통하여 높은 수익을 얻을 수 있다.

마지막으로, 미래의 현금흐름은 미래의 불확실성으로 인하여 항상 위험이 존재하게 된다.

한편 이와 같은 소비자들의 유동성선호를 반영하여 화폐의 시간가치를 나타내는 척도가 시장이자율이다. 시장이자율은 시간이 다른 화폐의 상대적 가치를 나타내는 것으로서, 미래가치를 현재가치로 또는 현재가치를 미래가치로 평가하기 위한 기준이 된다. 따라서 시장이자율은 앞서 설명한 시차 선호, 인플레이션, 생산 기회, 위험 등을 반영하여 결정된다. 이와 같이 화폐란 시간이 지남에 따라 그 가치가 달라지는 것이므로 현금흐름의 발생 시점이 다를 경우 화폐의 시간가치를 고려하여야 한다.

(2) 이자율의 개념

① 이자율의 산출 근거

화폐의 가격으로서 시간적 가치를 나타내는 척도로 사용한다.

→ 이자율(기대수익률) = 무위험이자율(㉠ + ㉡) + 위험프리미엄(㉢)

㉠ 시차 선호(time preference) : 생명의 유한성 등에 따른 행동적 특성

㉡ 자본의 생산성(productivity of capital) : 기술적 특성

㉢ 미래의 불확실성 등

② 이자율에 영향을 미치는 중요한 요소

㉠ 원리금 상환에 따른 위험

㉡ 전반적 물가 변동으로 인한 화폐 구매력의 변동

③ 이자율의 3가지 구성요소

㉠ 무위험이자율(인플레이션이 없는 상황에서 상환 위험이 전혀 없는 차입자에게 빌려줄 때 적용하는 이자율)

㉡ 상환 위험에 대한 보상률

㉢ 예상되는 인플레이션율

④ 이자 계산 방법

㉠ 단리

ⓐ 원금에 대해서만 계산하는 이자

ⓑ 단리 = 원금 × 기간이자율 × 기간 수

㉡ 복리 : 원금뿐 아니라 이자에 대해서도 계산하는 이자

2 미래가치와 현재가치

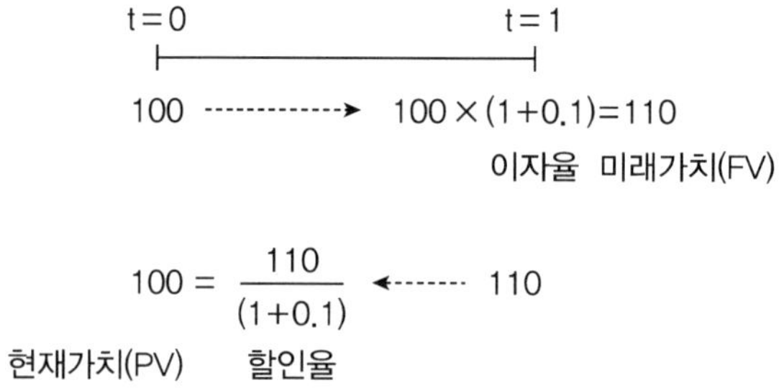

t=0 ―――――――― t=1

100 --------→ 100×(1+0.1)=110

이자율 미래가치(FV)

$$100 = \frac{110}{(1+0.1)} \leftarrow 110$$

현재가치(PV) 할인율

(1) 미래가치와 복리계산 과정

① **미래가치(Future Value)** : 현재의 일정 금액을 미래의 일정 시점의 화폐가치로 환산한 것

② **복리계산 과정** : 미래가치를 구하는 과정

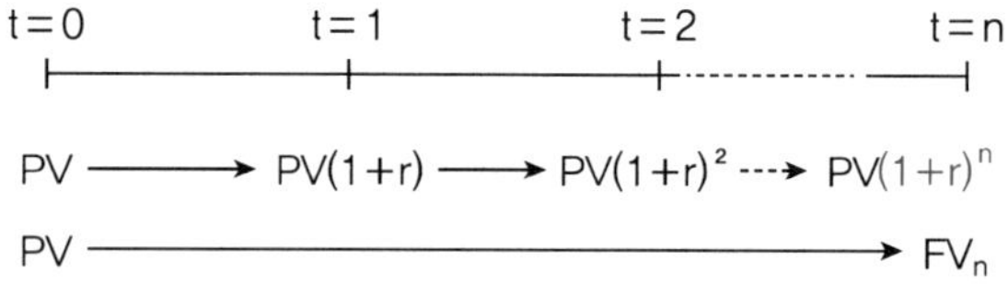

t=0 ― t=1 ― t=2 ····· t=n

PV ――→ PV(1+r) ――→ $PV(1+r)^2$ ---→ $PV(1+r)^n$

PV ――――――――――→ FV_n

> **미래가치**
>
> $FVn = PV(1 + r)^n = PV \times CVIFt,\ n$
>
> → $(1 + r)^n$ = 복리이자요소(CVIF)

예제 문제

01 **현재 100원을 연리 10%로 매년 복리계산되는 정기예금에 예금한다면 1년도 말에 얼마를 받을 수 있을까?**

풀이

1년도 말에 원금 100원과 이자 10원(100원 × 0.1)을 합한 원리합계 110원을 받게 됨

FV1 = PV + PV × r = PV(1 + r)

= 100 + 100 × 0.1 = 110

예제 문제

02 1년도 말에 110원을 회수하지 않고 1년 더 예금한다면, 2년도 말에 얼마를 받을 수 있을까?

풀이

110원과 이자 11원(110 × 0.1)을 합한 원리합계 121원을 받게 됨

$FV2 = FV1 + FV1 \times r = FV1(1 + r) = PV(1 + r)^2$

$= 110 + 110 \times 0.1 = 110(1 + 0.1) = 100(1 + 0.1)^2$

(2) 현재가치와 할인 계산 과정

① **현재가치(Present Value)**: 미래에 발생할 일정 금액을 현재 시점의 화폐가치로 환산한 것

② **할인 계산 과정**: 현재가치를 구하는 과정

$$t=0 \qquad t=1 \qquad t=2 \qquad t=n$$

$$\frac{FV_n}{(1+r)^n} \leftarrow \frac{FV_n}{(1+r)^{n-1}} \leftarrow \frac{FV_n}{(1+r)^{n-2}} \leftarrow FV_n$$

$$PV \longleftarrow FV_n$$

현재가치

$PV = FVn(1 + r)^{-n} = FVn \times PVIFt,\ n$

$\rightarrow (1 + r)^{-n}$ = 현가이자요소(PIVF)= 1/CVIF

예제 문제

03 연리 10%로 매년 복리계산되는 정기예금에 현재 얼마를 예금하여야 2년도 말에 100원이 되겠는가?

풀이

$PV(1 + 0.1)^2 = 100$원 → $PV = 100/(1 + 0.1)^2 = 82.64$원

예제 문제

04 K씨는 지금으로부터 3년 후에 100만 원을 받을 수 있다. 그리고 그는 투자로부터 매년 8%씩 벌 수 있다. 이 경우 K씨가 받을 미래 현금흐름의 현재가치는 얼마인가?

풀이

PV = 100/(1 + 0.08)^3 = 79.38만 원

3 화폐의 시간적 가치 응용

(1) 영구연금

매 기간 말에 일정 금액이 무한히 발생되는 일련의 현금흐름을 의미한다.

t=0	1	2	3	······	∞
	C	C	C	······	C

영구연금의 현재가치

$$PV(영구연금) = \frac{C}{1+r} + \frac{C}{(1+r)^2} + \frac{C}{(1+r)^3} + \cdots = \frac{C}{r}$$

예제 문제

05 매년 말에 10만 원을 영구적으로 지급하는 영구채권의 현재가치를 구하라. (단, 연간 이자율은 10%이다.)

풀이

PV(영구채권) = 10/0.1 = 100만 원

(2) 연금

일정 기간 동안 일정 금액의 현금흐름이 계속적으로 발생되는 일련의 현금흐름을 의미한다.

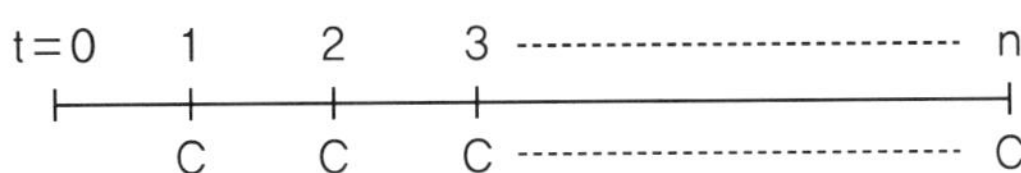

연금의 현재가치(현가이자요소)

$$PV(\text{연금}) = \frac{C}{1+r} + \cdots + \frac{C}{(1+r)^n} = C\left[\frac{1}{r} - \frac{1}{r(1+r)^n}\right] = C \times PVIFA_{r,n}$$

연금의 미래가치(복리이자요소)

$$PV_n(\text{연금}) = C(1+r)^{n-1} + \cdots + C = C\left[\frac{(1+r)^n}{r} - \frac{1}{r}\right] = C \times CVIFA_{r,n}$$

예제 문제

06 1년도 말부터 5년 동안 매년 100만 원씩을 지급받을 수 있는 연금의 현재가치는 얼마인가? (단, 연간 이자율은 10%이다.)

풀이

현금의 현재가치는 공식을 이용하여 직접 계산하거나, 연금의 현가표를 이용해서 계산

$PV = 100/(1 + 0.1) + 100/(1 + 0.1)^2 + 100/(1 + 0.1)^3 + 100/(1 + 0.1)^4 + 100/(1 + 0.1)^5$

$= 100[\frac{1}{0.1} - \frac{1}{0.1(1 + 0.1)^5}] = 100 \times 3.7908 = 379.08$만 원

또는

PV(연금) = 100 = 100 × PVIFA 0.1, 5 = 100 × 3.7908 = 379.08만 원

예제 문제

07 **1년도 말부터 5년 동안 매년 100만 원씩을 지급받아서 연리 10%로 매년 복리계산되는 정기예금에 예금한다면, 연금이 끝나는 5년도 말에 그 총액은 얼마가 되겠는가?**

풀이

연금의 미래가치는 공식을 이용하여 직접 계산하거나, 연금의 복리표를 이용하여 계산

$FV5 = 100(1 + 0.1)^4 + 100(1 + 0.1)^3 + 100(1 + 0.1)^2 + 100(1 + 0.1) + 100$

$= 100[\frac{(1 + 0.1)^5}{1} - \frac{1}{0.1}] = 100 \times 6.1051 = 610.51$만 원

또는

$FV5 = 100 \times CVIFA\ 0.1,\ 5 = 100 \times 6.1051 = 610.51$만 원

(3) 감채기금계수(상환기금률)

① 감채기금계수란 n년 후에 1원을 만들기 위해서 매 기간 불입해야 할 적립금의 금액을 계산하기 위한 계수를 말한다.

② 연금의 내가계수와 역수관계에 있다.

매 기간의 연금액(불입액) = 미래가치 × 감채기금계수

예제 문제

08 **주택자금을 마련하기 위해 3년 만기의 5,000만 원짜리 적금을 들었을 경우에 매년 불입해야 하는 금액은 얼마인가?**

풀이

주택자금을 마련하기 위해 3년 만기의 5,000만 원짜리 적금을 들었을 경우에 매년 불입해야 하는 금액은 '5,000만 원 × 감채기금 계수(10%, 3년) = 5,000만 원 × 0.302 = 1,510만 원'이 된다.

(4) 저당상수

① 저당상수란 이자율이 r이고 기간이 n년이며, 원리금 균등상환조건으로 일정액을 빌렸을 때 매 기간마다 갚아야 할 원금과 이자의 합계를 구할 때 이용하는 계수이다.

② 연금의 현가계수와 역수관계에 있다.

매 기간의 연금액(원리금 균등액) = 현재가치 × 저당상수

예제 문제

09 기간이 10년이고 이자율은 10%이며 매월 원리금 균등 상환조건인 경우, 5,000만 원의 융자금을 상환하기 위한 매월 원리금 균등액은 얼마인가?

풀이

기간이 10년이고 이자율은 10%이며 매월 원리금 균등 상환조건인 경우, 5,000만 원의 융자금을 상환하기 위한 매월 원리금 균등액은 '5,000만 원 × 저당상수(10/12%, 120월) = 5,000만 원 × 0.0132 = 66만 원'이다.

제 4 절 비유동부채

1 비유동부채의 의의

비유동부채는 재무상태표일 기준으로 지급기일이 1년 이후에 도래하는 장기채무를 말하는 것으로 보고 기간 후 12개월 이후에 상환하거나 의무를 이행하여야 하는 장기부채를 의미한다.

2 비유동부채의 종류

(1) 사채

사채는 발행자가 약정기간 동안 표시 이자를 지급하고 만기에는 원금을 상환하기로 하는 채무증권이다. 무엇보다 주식회사가 장기자금을 조달하는 방법으로 신주를 발행하는 것과 사채를 발행하는 것의 두 가지 방법이 있는데, 사채란 주식회사가 일반 대중으로부터 비교적 장기의 자금을 조달할 목적으로 집단적 또는 대량적으로 부담하는 채무에 대한 채권이며 이에 대하여 유가증권이 발행되는 것을 의미한다.

더 알아두기

사채와 주식의 차이점

사채와 주식은 기업의 장기자금의 주요 조달 원천이지만 다음과 같은 차이점이 있다.

- 사채는 회사의 채무이지만 주식은 회사의 채무가 아니다. 즉, 사채를 소유한 사람은 회사의 채권자로서 회사의 외부인이지만 주식을 소유한 사람은 주주이며 회사 구성원이다.
- 사채권자는 회사의 경영에 참여할 수 없으나 주주는 주주총회에서 의결권을 행사함으로써 경영에 참여할 수 있다.
- 회사는 사채권자에 대하여 이익의 유무에 관계없이 일정한 이자를 지급해야 하나 주주에 대해서는 불확정적인 이익을 배당한다.
- 사채는 만기에 상환되고 회사 해산의 경우에 주식에 우선하여 변제되는 데 반하여 주식은 상환되지 않고 잔여재산이 있으면 분배받는다.

① 사채 발행가액의 결정

사채의 발행가액은 사채에서 발생하는 미래현금흐름(원금과 이자지급)을 사채발행일 현재 유효이자율로 할인한 현재가치로 계산한다.

사채의 발행가액 = 원금의 현재가치 + 이자지급액의 연금의 현재가치

여기서, 유효이자율이란 사채의 발행으로 인하여 미래에 지급하게 될 액면금액과 이자의 현재가치가 발행금액과 일치하도록 하는 할인율을 의미한다. 또한, 사채발행비용이 있는 경우에는 발행시점의 유효이자율은 시장이자율보다 높다. 사채의 발행가액은 액면이자율과 시장이자율의 차이에 의해 액면발행, 할인발행, 할증발행이 결정된다.

- 액면이자율 = 시장이자율 : 액면발행
- 액면이자율 〈 시장이자율 : 할인발행
- 액면이자율 〉 시장이자율 : 할증발행

㉠ 액면발행 : 액면금액과 발행금액이 동일하게 사채를 발행하는 것을 말한다.

(차) 현금	×××	(대) 사채	×××

㉡ 할인발행 : 사채를 액면금액 이하로 발행하는 것을 말한다. 이때 액면금액과 발행금액의 차이는 사채할인발행차금으로 처리한다.

(차) 현금	×××	(대) 사채	×××
사채할인발행차금	×××		

㉢ 할증발행 : 사채를 액면금액 이상으로 발행하는 것을 말한다. 이때 발행금액과 액면금액의 차이는 사채할증발행차금으로 처리한다.

(차) 현금	×××	(대) 사채	×××
	×××	사채할인발행차금	×××

더 알아두기

사채발행비의 회계처리

사채발행비는 사채발행을 위하여 직접 발행한 비용을 말하는데 금융기관이나 증권회사에 대한 모집광고비, 모집위탁수수료, 인수수수료, 사채등기의 등록세, 사채청약서나 사채권의 인쇄비 등이다.
사채발행금액은 사채발행비를 차감한 후 가액이 되는 것으로 규정함으로써, 사채발행비는 사채할인발행차금 또는 사채할증발행차금에 가산 또는 차감하도록 하고 있다. 즉, 사채발행으로 조달한 현금에서 사채발행비를 차감한 것이 사채의 발행금액이 된다. 이때 투자자 입장에서는 할인율이 기대수익률보다 높은 경우에는 사채를 구입하고, 반대로 낮은 경우에는 사채구입을 회피하게 된다.

② **사채 발행기간 중의 회계처리**

사채의 이자비용은 사채의 표시이자율에 따라 지급되며 이때 사채할인(할증)발행차금을 동시에 상각(환입)하여 사채이자에 가감한다. 사채할인(할증)발행차금은 사채발행 시부터 최종상환 시까지 기간에 유효이자율법을 적용하여 상각 또는 환입하고 사채이자에 가감하며 사채의 장부가액에 가산(차감)된다.

이자비용(유효이자) = 사채의 기초장부금액 × 유효이자율

여기서, 유효이자율법이란 사채할인발행차금 또는 사채할증발행차금을 유효이자율을 적용하여 상각 또는 환입하는 방법을 말한다. 즉, 이자수익이나 이자비용을 계산하는 데 있어서 액면에 기재된 표시이자율에 따라 이자수익이나 이자비용을 인식하는 것이 아니라 실제 그 거래에 적용된 이자율인 유효이자율에 따라 이자수익이나 이자비용을 인식하여 손익계산서에 반영하는 방법이다.

더 알아두기

유효이자율법과 정액법의 비교

발행 유형	유효이자율법·정액법		유효이자율법		정액법	
	사채의 장부가액	현금이자 비용	할인(할증)액 상각	총이자 비용	할인(할증)액 상각	총이자 비용
할인발행	증가	일정	증가	증가	일정	일정
할증발행	감소	일정	증가	감소	일정	일정

※ 유효이자율법에 의하면 사채발행차금상각액은 할인발행, 할증발행 모두 항상 증가하고, 총이자비용은 할인발행은 증가하고, 할증발행은 감소한다.

③ **사채의 상환**

사채의 만기시점에 상환가액은 액면가액이 되며 미상각사채할인(할증)발행차금은 존재하지 않는다. 따라서 상환가액과 액면가액이 동일하여 사채상환손익이 발생하지 않는다. 그러나 만기일 이전에 조기상환하면 상환 시 사채의 장부금액과 상환금액이 달라져 사채상환손익이 발생한다. 따라서, 사채를 조기상환하는 경우에는 다음과 같은 회계처리절차를 거친다.

㉠ 상환일 현재 시점으로 사채발행차금계정의 잔액을 정리하는 회계처리를 한다. 즉, 상환기간까지 이자비용을 계상하여야 한다.

㉡ 상환되는 사채에 관련된 사채계정과 사채발행차금계정을 제거시키는 분개를 한다.

㉢ 장부금액과 상환가액의 차이를 사채상환손익으로 인식하여 손익계산서에 당기의 영업외손익으로 보고한다.

더 알아두기

감채기금

회사가 발행한 사채를 상환함에는 거액의 자금이 필요한데 일시에 거액의 자금을 지출하면 경영에 지장을 초래하므로 장래의 상환에 대비하여 매기 일정액을 결산기마다 자금을 적립해 두는 것이 요구되는데 이를 감채기금이라 한다.

(2) 장기차입금

실질적으로 이자를 부담하는 차입금으로서 만기가 재무상태표일로부터 1년 이후에 도래하는 것을 말한다. 또한, 장기차입금 중 만기가 재무상태표일로부터 1년 이내에 도래 시 유동성장기부채라는 계정과목으로 하여 유동성 대체를 하여야 한다.

장기차입금은 금전대차거래로부터 발생하는 부채이므로 명목금액과 현재가치의 차이가 중요한 경우에는 이것을 현재가치로 평가하여야 하며, 그 차액은 현재가치할인차금의 과목으로 하여 장기차입금에서 차감하는 형식으로 보고하여야 한다. 그리고 이 현재가치할인차금은 유효이자율법을 적용하여 상각하며 이자비용으로 계상하여야 한다.

(3) 장기매입채무

장기매입채무란 지급기한이 재무상태표일로부터 1년 후에 도래하는 장기의 외상매입금 및 지급어음을 말한다. 장기매입채무는 장기연불조건의 매매거래에서 발생하는 부채이므로 명목금액과 현재가치의 차이가 중요한 경우에는 이것을 현재가치로 평가하여야 하며, 그 차액은 현재가치할인차금의 과목으로 하여 장기매입채무에서 차감하는 형식으로 보고하여야 한다. 그리고 이 현재가치할인차금은 유효이자율법을 적용하여 상각하며 이자비용으로 계상하여야 한다.

(4) 장기미지급금

장기미지급금이란 유동부채에 속하지 아니하는 일반적 상거래 이외에서 발생한 채무를 말하는 것으로 장기의 채무 즉, 설비자산이나 부동산 등을 구입할 때 발생하는 장기의 미지급금이다. 장기미지급금도 명목금액과 현재가치의 차이가 중요한 경우에는 이것을 현재가치로 평가하며, 그 차액은 현재가치할인차금의 과목으로 하여 장기미지급금에서 차감하는 형식으로 보고한다. 그리고 이 현재가치할인차금은 유효이자율법을 적용하여 상각하며 이자비용으로 계상한다.

(5) 장기충당부채

장기충당부채는 1년 이후에 사용되는 충당금으로써 그 사용 목적을 표시하는 과목으로 기재한다. 여기에는 판매보증충당부채, 공사보증충당부채, 퇴직급여충당부채 등이 있다.

(6) 이연법인세부채

이연법인세부채란 재무제표 작성일 현재 존재하는 가산할 일시적 차이로 인하여 미래에 납부하여야 할 법인세 부담액이 증가하는 경우를 말한다. 즉, 가산할 일시적 차이의 존재로 인하여 법인세비용이 법인세법 등의 법령에 의하여 납부하여야 할 금액을 초과함으로써 발생하는 법인세와 관련된 부채를 의미한다.

이연법인세부채의 분류

이연법인세부채는 재무상태표의 다른 부채와 구분하여 표시하여야 하며, 또한 당기법인세부담액과 당기법인세환급액도 구분하여야 한다. 이러한 이연법인세부채는 관련된 부채항목의 재무상태표상 분류에 따라 유동부채 또는 비유동부채로 분류한다.

예제 문제

01 (주)메타는 2013년 1월 1일에 이자율 연 8%, 기간 5년, 매년 12월 31일에 이자를 지급하는 조건으로 액면금액 ₩100,000의 사채를 발행하였다. 사채의 시장이자율은 10%이다.

(물음 1) 사채의 발행금액을 구하라.

(물음 2) 2013년 12월 31일에 인식할 이자비용을 구하라.

(물음 3) 2014년 12월 31일에 인식할 이자비용을 구하라.

풀이

(물음 1) ₩92,416
(물음 2) ₩9,242
(물음 3) ₩9,366

예제 문제

02 (주)한국은 다음과 같은 조건의 3년 만기 일반사채를 발행하고, 동 사채를 상각후원가로 후속 측정하는 금융부채로 분류하였다.

- 액면금액: ₩1,000,000(사채발행비는 발생하지 않음)
- 표시이자율: 연 5%(표시이자는 매년 12월 31일 연간 1회 지급)
- 권면상 발행일: 2021년 1월 1일(권면상 발행일의 시장이자율: 연 10%)
- 실제 발행일: 2021년 7월 1일(실제 발행일의 시장이자율: 연 8%)
- 사채의 현재가치 계산은 아래의 표를 이용한다. 단, 이자 및 상각액은 월할계산하며, 화폐금액은 소수점 첫째 자리에서 반올림한다.

기간	단일금액 ₩1의 현재가치		정상연금 ₩1의 현재가치	
	8%	10%	8%	10%
3	0.7938	0.7513	2.5771	2.4868

동 사채발행으로 인해 2021년 7월 1일에 증가한 (주)한국의 부채 금액은 얼마인가?

풀이

① 2021년 1월 1일 액면가액의 현재가치: ₩1,000,000 × 0.7938 = ₩793,800
② 2021년 1월 1일 표시이자의 현재가치: ₩1,000,000 × 5% × 2.5771 = ₩128,855
③ 6개월 실질이자: (₩793,800 + ₩128,855) × 8% × 6/12 = ₩36,906
④ 2021년 7월 1일 사채의 현재가치(= 현금수령액):
(₩793,800 + ₩128,855 + ₩36,906) = ₩959,561
⑤ 부채증가금액 = ₩1,000,000 + ₩25,000 − ₩65,439 = ₩959,561
⑥ 2021년 7월 1일 회계처리

(차)			(대)		
(차)	현금	959,561	(대)	사채	1,000,000
	사채할인발행차금	65,439		미지급이자	25,000

더 알아두기

복합금융상품

복합금융상품이란 지분상품의 요소와 부채의 요소를 모두 가지고 있는 금융상품으로 전환사채, 신주인수권부사채, 전환우선주 및 교환사채 등이 있다. 복합금융상품은 각 요소별로 금융부채, 금융자산 또는 지분상품으로 분류하여야 한다.

① **전환사채**

전환사채권자는 회사의 영업성적이 부진한 때에는 확정이자를 받고 호전되면 사채를 주식으로 전환하여 주주가 되어 이익배당을 받을 수 있으므로 사채의 확실성과 주식의 투기성을 함께 누릴 수 있으며, 회사로서는 사채모집이 용이하게 되어 편리한 자금조달방법이 될 수 있다.

② **신주인수권부사채**

사채권자에게 일정 기간이 경과한 후 일정 가격으로 발행회사의 일정 수의 신주를 인수할 수 있는 권리가 부여된 채권을 말한다. 신주인수권부사채는 사채권자가 신주인수권을 행사하면 결국 주주가 될 수 있다는 점에서 전환사채와 성질상 유사한 점이 많다.

③ **전환사채와 신주인수권부사채의 차이점**

전환사채에 있어서는 사채권자의 전환권행사에 의하여 사채권자의 지위를 상실하여 즉시 주주가 되며, 신주발행의 대가로 별도출자를 요하지 않는 데 반하여, 신주인수권부사채에 있어서는 사채권자가 신주인수권을 행사하더라도 사채가 소멸되지 않으며, 신주발행의 대가로 별도출자를 필요로 하는 점에서 양자의 차이가 있다. 또 전환사채의 전환에 의한 신주발행총액은 반드시 사채발행총액과 일치하게 되나, 신주인수권의 행사에 의한 주식발행총액은 사채총액의 범위 내에서 발행회사가 자유로이 조절할 수 있다. 그러므로 발행회사의 입장에서 볼 때 이익배당의 압박을 경감시키면서 낮은 금리로 자금을 조달할 수 있고, 주식시장에 주식공급을 증가시킬 수 있다는 점에서 신주인수권부사채제도가 전환사채제도보다 유리한 점을 지니고 있다.

제 5 절 충당부채 및 우발부채

추정부채란 부채의 존재는 확실하지만 지급할 금액 그리고 지급시기가 불확실하여 추정이 필요한 채무로, 이러한 불확실성은 미래에 특정 사건이 발생하거나 시간이 경과함으로써 제거된다. **추정부채는 크게 충당부채와 우발부채로 구분할 수 있다.**

1 충당부채

(1) 충당부채의 의의

① **충당부채의 개념**

부채인식의 요건은 과거사건의 결과로 현재 기업실체가 부담하고 있고 미래에 자원의 유출 또는 사용이 예상되는 의무이다. 하지만 부채인식에는 현재 시점에서 누구에게 언제 지급해야 할지 확정할 필요는 없다. 회계에서는 지출시기와 금액이 확정되지 않은 부채를 충당부채라 한다. 충당부채를 인식하기 위해서는 과거 사건으로 인한 의무가 미래행위와 독립적이어야 한다. 즉, **충당부채는 과거 사건이나 거래의 결과에 의한 현재 의무로서, 지출의 시기 또는 금액이 불확실하지만 그 의무를 이행하기 위해 자원이 유출될 가능성이 높고(확률적 발생확률이 50% 초과), 당해 금액의 신뢰성 있는 추정이 가능한 의무이다.**

충당부채는 결제에 필요한 미래 지출의 시기 또는 금액의 불확실성으로 인하여 매입채무와 미지급비용과 같은 기타 부채와 구별된다. 또한, 우발부채와도 구분된다. 즉, 우발부채는 과거사건에 의하여 발생하였으나 기업이 전적으로 통제할 수 없는 하나 이상의 불확실한 미래사건의 발생 여부에 의하여서만 그 존재가 확인되는 잠재적 의무, 또는 과거사건에 의하여 발생하였으나 당해 의무를 이행하기 위하여 경제적 효익을 갖는 자원이 유출될 가능성이 높지 아니한 경우, 또는 당해 의무를 이행하여야 할 금액을 신뢰성 있게 측정할 수 없는 경우에 해당하여 인식하지 아니하는 현재의무이다. 우발부채는 부채로 인식하지 아니한다.

② 충당부채는 다음의 요건을 모두 충족하는 경우에 인식한다.
   ㉠ 과거사건의 결과로 현재의무가 존재한다.
   ㉡ 당해 의무를 이행하기 위하여 경제적 효익을 갖는 자원이 유출될 가능성이 높다.
   ㉢ 당해 의무의 이행에 소요되는 금액을 신뢰성 있게 추정할 수 있다.

더 알아두기

현재의무의 의미

현재의무는 법적 의무와 의제의무를 포함한다.

① 법적 의무란 명시적 또는 묵시적 조항에 따른 계약, 법률, 기타 법적 효력 중 하나에 의하여 발생하는 의무를 말한다.

② 의제의무란 과거의 실무관행, 발표된 경영방침 또는 구체적이고 유효한 약속 등을 통하여 기업이 특정 책임을 부담하겠다는 것을 상대방에게 표명하고, 그 결과 기업이 당해 책임을 이행할 것이라는 정당한 기대를 상대방이 가지게 함에 따라 발생하는 의무를 말한다.

(2) 충당부채의 측정

충당부채로 인식하는 금액은 현재의무를 보고기간 말에 이행하기 위하여 소요되는 지출에 대한 최선의 추정치이어야 한다. 현재의무를 이행하기 위하여 소요되는 지출에 대한 최선의 추정치는 보고기간 말에 의무를 이행하거나 제3자에게 이전시키는 경우에 합리적으로 지급하여야 하는 금액이다.

충당부채로 인식하여야 하는 금액을 추정하는 경우 관련된 불확실성은 상황에 따라 판단한다. 측정하고자 하는 충당부채가 다수의 항목과 관련되는 경우에 당해 의무는 모든 가능한 결과와 그와 관련된 확률을 가중평균하여 추정한다. 이러한 통계적 추정방법을 기대가치라고 한다. 따라서 특정 금액의 손실이 발생할 확률에 따라 충당부채로 인식하는 금액은 다르게 된다. 가능한 결과가 연속적인 범위 내에 분포하고 각각의 발생확률이 동일할 경우에는 당해 범위의 중간값을 사용한다.

(3) 충당부채의 종류

충당부채는 판매 후 품질보증과 관련된 제품보증충당부채, 판매촉진을 위해 환불정책과 관련된 반품보증충당부채, 원자력발전소, 해상구조물, 쓰레기매립장 등 환경보전을 위해 원상회복과 관련된 복구충당부채 등이 있다.

충당부채는 1년을 기준으로 하여 유동부채에 속한 단기충당부채와 비유동부채에 속한 장기충당부채로 나뉜다. 예를 들면, 제품보증충당부채 중 1년 이내에 지급될 것은 단기충당부채로, 1년 이후에 지급될 것은 장기충당부채로 분류되어야 한다. 그러나 경우에 따라 이러한 구분이 모호한 경우가 있다.

① **제품보증충당부채**

제품의 보증은 제품을 판매한 이후 품질, 수량, 성능의 결함에 따른 무상수리, 제품교환을 말한다. 제품보증은 제품의 판매와 동시에 자동적, 자발적으로 제공된다. 제품보증약정을 하고 제품을 판매한 경우는 보증에 대한 의무발생 가능성이 높으므로 자원의 유출 가능성이 높고, 금액의 신뢰성 있는 추정이 가능하므로 충당부채인식요건을 충족한다. 제품보증에 관한 회계처리는 일반적으로 제품 판매 대금 전액을 판매수익으로 인식하고 추정된 보증비용을 비용으로 인식하는 보증비용인식법이 있다.

② **퇴직급여충당부채**

퇴직급여충당부채는 회계연도 말 현재 전 임직원이 일시에 퇴직할 경우 지급하여야 할 퇴직금에 상당하는 금액으로 한다. 회계연도 말 현재 전 임직원의 퇴직금소요액과 퇴직급여충당부채의 설정잔액 및 기중의 퇴직금지급액과 임원 퇴직금의 처리방법 등을 주석으로 기재한다.

회계연도의 재무상태표에 계상되는 퇴직급여충당부채는 전 종업원이 일시에 퇴직할 경우에 지급하여야 할 퇴직금에 미달하는 경우에는 그 미달하는 금액을 이 기준시행일이 속하는 회계연도의 다음 연도부터 5년 이내의 매 결산기에 균등액 이상을 추가로 계상하여야 한다. 퇴직급여충당부채처럼 이를 연차적으로 분할하여 사용하거나 그 전부 또는 일부의 사용시기를 합리적으로 예측할 수 없는 경우에는 이를 전부 비유동부채에 속하는 것으로 할 수 있다.

더 알아두기

퇴직연금제도

퇴직연금제도는 매년 퇴직금 해당액을 기업이 아닌 외부 금융기관에 적립하여 운용하고 퇴직 시에 일시금이나 연금의 형태로 지급하는 제도이다. 퇴직 기금의 전부 혹은 일부가 사외에 적립되며, 퇴직 시 연금의 형태로 지급받을 수 있어 퇴직 후 생활의 안정을 도모할 수 있는 장점이 있다.

퇴직연금제도는 사외에 적립된 퇴직연금기금의 운용 책임이 종업원에게 귀속되는 **확정기여형 퇴직급여**(defined contribution plans)와 기금운용의 책임이 기업에 귀속되는 **확정급여형 퇴직급여**(defined benefit plans)가 있다. 따라서 확정기여형의 경우 기업이 매년 일정 기여금을 사외의 금융기관에 적립하면 그 기금은 종업원의 책임하에 관리되고 기금의 운용성과에 따라서 종업원이 받는 퇴직급여의 수준이 달라질 수 있다. 반면 확정급여형은 기업의 책임하에 사외 적립금을 운용하고 종업원이 퇴직할 때 노사 협약이나 계약에 의해 확정된 퇴직금을 지급할 의무를 기업이 부담하므로 종업원은 사외 적립금의 운용성과와 관계없이 확정된 금액의 퇴직급여를 받는다.

2 우발부채 및 우발자산

(1) 우발부채

우발부채란 다음의 ① 또는 ②에 해당하는 잠재적인 부채를 말하며, 부채로 인식하지 아니한다.

① 과거 사건은 발생하였으나 기업이 전적으로 통제할 수 없는 하나 또는 그 이상의 불확실한 미래사건의 발생 여부에 의해서만 그 존재 여부가 확인되는 잠재적인 의무

② 과거 사건이나 거래의 결과로 발생한 현재 의무이지만 그 의무를 이행하기 위하여 경제적 효익을 갖는 자원이 유출될 가능성이 매우 높지 않거나 또는 그 가능성은 매우 높으나 그 의무를 이행하여야 할 금액을 신뢰성 있게 추정할 수 없는 경우

(2) 우발자산

우발자산이란 과거 사건에 의하여 발생하였으나 기업이 전적으로 통제할 수는 없는 하나 이상의 불확실한 미래사건의 발생 여부에 의하여서만 그 존재가 확인되는 잠재적 자산으로써 이것은 재무제표에 인식하지 아니한다. 즉, 우발이득과 우발자산은 어느 경우에나 재무제표의 본문에 인식해서는 안 되며, 단지 경제적 효익을 가진 자원의 유입 가능성이 높으면 우발자산을 주석으로 기재해야 한다. 그러나 수익의 실현이 거의 확실시되거나 자원이 유입될 것이 확정되는 상황변화가 발생하면 해당 기간에 관련 자산과 수익을 인식해야 한다.

더 알아두기

충당부채와 우발부채/우발자산의 인식

금액 추정 가능성 / 자원유출/유입 가능성	신뢰성 있는 금액 추정 여부	
	추정 가능	추정 불가능
높음	충당부채(F/S)/우발자산(주석)	우발부채(주석)/ 우발자산(공시없음)
아주 낮지 않음	우발부채(주석)/우발자산(공시없음)	
희박	공시하지 않음	

제4장

OX로 점검하자

※ 다음 지문의 내용이 맞으면 O, 틀리면 ×를 체크하시오. [1~30]

01 매입채무, 미지급비용 등 영업활동과 관련된 부채는 1년 또는 정상영업순환주기에 따라 유동부채와 비유동부채로 분류한다. (　　)

02 기업은 어음거래에 관한 상세한 내용을 기입하기 위하여 어음기입장을 작성하는데, 어음기입장은 회계장부상으로는 보조부로서 보조기입장에 속한다. (　　)

03 선수수익은 상거래에서 미리 계약금의 명목으로 선수한 금액을 말하는 것으로 수주공사·수주품 및 일반적 상거래에서 발생한 선수액을 말한다. (　　)

04 당기 중에 비용은 발생하였으나 결산일까지 현금으로 지급하지 못한 경우 결산일에 당기 중에 발생된 비용을 인식하며 상대계정으로 미지급비용(부채계정)을 인식한다. (　　)

05 예수금은 일반적 상거래 이외에서 발생한 일시적 제예수액으로써 미래에 변제할 의무가 있는 것을 말하는 것으로 기업이 거래처나 종업원이 제3자에게 납부해야 할 금액을 일시적으로 보관하였다가 제3자에게 지급해야 하는 금액을 의미한다. (　　)

06 사채 중 1년 이내에 상환될 금액이나 장기차입금 중 상환조건에 따라 1년 이내에 분할하여 상환될 금액 등은 유동성 장기차입금으로 보고한다. (　　)

07 과세소득이 발생하면 납부할 법인세비용을 당기법인세부채로 인식하고 향후 과세당국에 법인세를 납부하면 당기법인세부채를 증가시키는 회계처리를 한다.(　　)

정답과 해설 01 O 02 O 03 × 04 O 05 O 06 O 07 ×

03 선수금은 상거래에서 미리 계약금의 명목으로 선수한 금액을 말하는 것으로 수주공사·수주품 및 일반적 상거래에서 발생한 선수액을 말한다.

07 과세소득이 발생하면 납부할 법인세비용을 당기법인세부채로 인식하고 향후 과세당국에 법인세를 납부하면 당기법인세부채를 감소시키는 회계처리를 한다.

08 일반적으로 소비자들은 미래의 현금보다는 현재의 현금을 더 선호하는 데 이를 유동성선호라고 한다. ( )

09 저당상수란 n년 후에 1원을 만들기 위해서 매 기간 불입해야 할 적립금의 금액을 계산하기 위한 계수를 말한다. ( )

10 감채기금계수란 원리금 균등상환조건으로 일정액을 빌렸을 때 매 기간마다 갚아야 할 원금과 이자의 합계를 구할 때 이용하는 계수이다. ( )

11 비유동부채는 재무상태표일 기준으로 지급기일이 1년 이후에 도래하는 장기채무를 말하는 것으로 보고기간 후 12개월 이후에 상환하거나 의무를 이행하여야 하는 장기부채를 의미한다. ( )

12 회사는 사채권자에 대하여 이익의 유무에 관계없이 일정한 이자를 지급해야 하나 주주에 대해서는 불확정적인 이익을 배당한다. ( )

13 사채의 발행가액은 사채에서 발생하는 미래현금흐름을 사채발행일 현재 액면이자율로 할인한 현재가치로 계산한다. ( )

14 사채발행금액은 사채발행비를 차감한 후 가액이 되는 것으로 규정함으로써, 사채발행비는 사채할인발행차금 또는 사채할증발행차금에 가산 또는 차감하도록 하고 있다. ( )

정답과 해설 08 O 09 × 10 × 11 O 12 O 13 × 14 O

09 감채기금계수란 n년 후에 1원을 만들기 위해서 매 기간 불입해야 할 적립금의 금액을 계산하기 위한 계수를 말한다.

10 저당상수란 원리금균등상환조건으로 일정액을 빌렸을 때 매 기간마다 갚아야 할 원금과 이자의 합계를 구할 때 이용하는 계수이다.

13 사채의 발행가액은 사채에서 발생하는 미래현금흐름을 사채발행일 현재 유효이자율로 할인한 현재가치로 계산한다.

15 유효이자율법에 의하면 사채발행차금상각액은 할인발행, 할증발행 모두 항상 증가하고, 총이자비용에서 할인발행은 감소하고 할증발행은 증가한다. ( )

16 사채의 만기시점에 상환가액은 액면가액이 되며 미상각사채할인(할증)발행차금은 존재하지 않으므로 상환가액과 액면가액이 동일하여 사채상환손익이 발생하지 않는다. ( )

17 장기차입금 중 만기가 재무상태표일로부터 2년 이내에 도래 시 유동성장기부채라는 계정과목으로 하여 유동성 대체를 하여야 한다. ( )

18 장기매입채무는 장기연불조건의 매매거래에서 발생하는 부채이므로 명목금액과 현재가치의 차이가 중요한 경우에는 이것을 현재가치로 평가하여야 하며, 그 차액은 현재가치할인차금의 과목으로 하여 장기매입채무에서 차감하는 형식으로 보고하여야 한다. ( )

19 이연법인세부채란 재무제표 작성일 현재 존재하는 차감할 일시적 차이로 인하여 미래에 납부하여야 할 법인세 부담액이 감소하는 경우를 말한다. ( )

20 복합금융상품이란 지분상품의 요소와 부채의 요소를 모두 가지고 있는 금융상품으로 전환사채, 신주인수권부사채, 전환우선주 및 교환사채 등이 있다. ( )

21 추정부채는 크게 충당부채와 우발부채로 구분할 수 있다. ( )

22 충당부채는 현재의무이고 이를 이행하기 위하여 경제적 효익을 갖는 자원이 유출될 가능성이 높고 당해 금액을 신뢰성 있게 추정할 수 있으므로 부채로 인식한다. ( )

정답과 해설 15 × 16 O 17 × 18 O 19 × 20 O 21 O 22 O

15 유효이자율법에 의하면 사채발행차금상각액은 할인발행, 할증발행 모두 항상 증가하고, 총이자비용에서 할인발행은 증가하고 할증발행은 감소한다.

17 장기차입금 중 만기가 재무상태표일로부터 1년 이내에 도래 시 유동성장기부채라는 계정과목으로 하여 유동성 대체를 하여야 한다.

19 이연법인세부채란 재무제표 작성일 현재 존재하는 가산할 일시적 차이로 인하여 미래에 납부하여야 할 법인세 부담액이 증가하는 경우를 말한다.

23 충당부채로 인식하는 금액은 현재의무를 보고기간 말에 이행하기 위하여 소요되는 지출에 대한 최선의 추정치이어야 한다. (　　)

24 우발부채는 재무제표에 부채로 계상한다. (　　)

25 현재의무는 법적 의무를 포함하나 의제의무는 포함하지 아니한다. (　　)

26 측정하고자 하는 충당부채가 다수의 항목과 관련되는 경우에 당해 의무는 모든 가능한 결과와 그와 관련된 확률을 가중평균하여 추정한다. (　　)

27 충당부채는 판매 후 품질보증과 관련된 제품보증충당부채, 판매촉진을 위해 환불정책과 관련된 반품보증충당부채, 원자력발전소, 해상구조물, 쓰레기매립장 등 환경보전을 위해 원상회복과 관련된 복구충당부채 등이 있다. (　　)

28 퇴직연금제도는 사외에 적립된 퇴직연금기금의 운용 책임이 종업원에게 귀속되는 확정급여형 퇴직급여와 기금운용의 책임이 기업에 귀속되는 확정기여형 퇴직급여가 있다. (　　)

29 과거 사건은 발생하였으나 기업이 전적으로 통제할 수 없는 하나 또는 그 이상의 불확실한 미래사건의 발생 여부에 의해서만 그 존재 여부가 확인되는 잠재적인 의무는 우발부채로 인식한다. (　　)

30 우발자산이란 과거 사건에 의하여 발생하였으나 기업이 전적으로 통제할 수는 없는 하나 이상의 불확실한 미래사건의 발생 여부에 의하여서만 그 존재가 확인되는 잠재적 자산으로써 이것은 재무제표에 반영된다. (　　)

정답과 해설 23 O 24 × 25 × 26 O 27 O 28 × 29 O 30 ×

24 우발부채는 부채로 인식하지 아니한다.
25 현재의무는 법적 의무와 의제의무를 포함한다.
28 퇴직연금제도는 사외에 적립된 퇴직연금기금의 운용 책임이 종업원에게 귀속되는 확정기여형 퇴직급여와 기금운용의 책임이 기업에 귀속되는 확정급여형 퇴직급여가 있다.
30 우발자산이란 과거 사건에 의하여 발생하였으나 기업이 전적으로 통제할 수는 없는 하나 이상의 불확실한 미래사건의 발생 여부에 의하여서만 그 존재가 확인되는 잠재적 자산으로써 이것은 재무제표에 인식하지 아니한다.

제 4 장 실전예상문제

해설 & 정답 checkpoint

01 다음 중 유동부채에 속하지 않는 것은?

① 선수금
② 미수금
③ 매입채무
④ 사채

01 사채는 비유동부채에 속한다.

02 다음 중 비유동부채에 속하지 않는 것은?

① 장기차입금
② 장기충당부채
③ 장기미지급금
④ 예수금

02 예수금은 유동부채에 속한다.

03 기업이 근로자 급여에서 소득세를 공제하여 납부일까지 임시 보관하고 있을 경우 무엇으로 처리해야 하는가?

① 가수금
② 미수금
③ 예수금
④ 선수금

03 기업이 급여 지급일에 공제하여 일시 보관하였다가 납부하는 소득세는 예수금으로 처리한다.

정답 01 ④ 02 ④ 03 ③

checkpoint 해설 & 정답

04 일반적인 상거래에서 발생한 외상매입금과 지급어음은 매입채무로 처리한다.

05 20,000원 + 250,000원 − 10,000원 − 160,000원 = 100,000원

06 5,000,000원 + 15,000,000원 − 6,000,000원 = 14,000,000원

정답 04 ① 05 ① 06 ④

04 일반적인 상거래에서 발생한 외상매입금과 지급어음은 무엇으로 처리해야 하는가?

① 매입채무
② 단기차입금
③ 선수금
④ 미지급금

05 당월 외상매입 자료에서 외상매입금 당월 지급액은 얼마인가?

- 월초 잔액 : 20,000원
- 월말 잔액 : 160,000원
- 외상매입액 : 250,000원
- 외상매입액 중 환출액 : 10,000원

① 100,000원
② 110,000원
③ 120,000원
④ 130,000원

06 다음은 (주)춘천의 2015년도 자료이다. 기말 재무상태표에 계상될 지급어음은 얼마인가?

- 당기 지급어음 발생액 : 15,000,000원
- 지급어음 2015년 기초잔액 : 5,000,000원
- 당기 지급어음 지급액 : 6,000,000원

① 11,000,000원
② 12,000,000원
③ 13,000,000원
④ 14,000,000원

해설 & 정답 checkpoint

07 소비자들이 미래의 현금흐름보다는 현재의 현금흐름을 더 선호하게 되는 이유에 해당하지 않는 것은?

① 소비자들은 미래의 소비보다는 현재의 소비를 선호하는 시차선호의 성향이 있다.
② 미래의 현금은 인플레이션에 따르는 구매력 증가의 가능성이 항상 존재하고 있다.
③ 현재의 현금은 새로운 투자기회가 주어질 경우 생산 활동을 통하여 높은 수익을 얻을 수 있다.
④ 미래의 현금흐름은 미래의 불확실성으로 인하여 항상 위험이 존재하게 된다.

07 미래의 현금은 인플레이션에 따르는 구매력 감소의 가능성이 항상 존재하고 있다.

08 이자율의 3가지 구성요소에 해당하지 않는 것은?

① 무위험이자율
② 상환 위험에 대한 보상률
③ 예상되는 인플레이션율
④ 이자 계산 방법

08 이자율의 3가지 구성요소에는 무위험이자율, 상환 위험에 대한 보상률, 예상되는 인플레이션율이 있다.

09 사채와 주식의 공통점 및 차이점에 대한 설명으로 옳지 않은 것은?

① 사채와 주식 모두 회사의 채무이다.
② 사채권자는 회사의 경영에 참여할 수 없으나 주주는 주주총회에서 의결권을 행사함으로써 경영에 참여할 수 있다.
③ 회사는 사채권자에 대하여 이익의 유무에 관계없이 일정한 이자를 지급해야 하나 주주에 대해서는 불확정적인 이익을 배당한다.
④ 사채는 만기에 상환되고 회사 해산의 경우에 주식에 우선하여 변제되는 데 반하여 주식은 상환되지 않고 잔여재산이 있으면 분배받는다.

09 사채는 회사의 채무이지만 주식은 회사의 채무가 아니다. 즉, 사채를 소유한 사람은 회사의 채권자로서 회사의 외부인이지만 주식을 소유한 사람은 주주이며 회사의 구성원이다.

정답 07 ② 08 ④ 09 ①

checkpoint 해설 & 정답

10 사채의 이자비용은 사채의 표시이자율에 따라 지급되며 이때 사채할인발행차금을 동시에 상각하여 사채이자에 가산한다.

11 사채의 시장이자율이 상승하는 경우에는 사채상환이익이 발생한다.

12 사채할인발행차금은 사채의 평가계정으로서 사채에서 차감된다.

정답 10 ④ 11 ④ 12 ①

10 사채의 회계처리에 대한 다음 설명으로 옳지 않은 것은?

① 사채의 발행가액은 사채에서 발생하는 미래현금흐름을 사채발행일 현재 유효이자율로 할인한 현재가치로 계산한다.
② 유효이자율이란 사채의 발행으로 인하여 미래에 지급하게 될 액면금액과 이자의 현재가치가 발행금액과 일치하도록 하는 할인율을 의미한다.
③ 사채의 할인발행이란 사채를 액면금액 이하로 발행하는 것을 말하고, 이 때 액면금액과 발행금액의 차이는 사채할인발행차금으로 처리한다.
④ 사채의 이자비용은 사채의 표시이자율에 따라 지급되며 이때 사채할인발행차금을 동시에 상각하여 사채이자에 차감한다.

11 다음 사채에 관한 설명 중 틀린 것은?

① 사채할인발행차금은 유효이자율법으로 상각한다.
② 자기사채를 취득하는 경우에는 취득목적에 관계없이 사채의 상환으로 처리한다.
③ 시장이자율의 변동에 관계없이 사채의 만기일까지 부담하는 이자율은 항상 동일하다.
④ 사채의 시장이자율이 상승하는 경우에는 사채상환손실이 발생한다.

12 다음 중 사채의 평가계정으로서 사채에서 차감되는 것은?

① 사채할인발행차금
② 감채기금
③ 사채발행비
④ 사채할증발행차금

해설 & 정답 checkpoint

13 다음 중 사채발행비에 대한 설명으로 틀린 것은?

① 사채발행비가 발생하면 시장이자율보다 유효이자율이 항상 높다.
② 사채발행비는 사채를 상환하는 기간 동안 유효이자율법으로 이자비용 처리된다.
③ 상각후원가측정 금융부채에 해당하는 경우 사채발행비는 사채의 발행금액에서 차감한다.
④ 유효이자율법은 상환기간 동안 이자비용이 일정하다.

13 유효이자율법은 사채 장부금액에 대한 이자비용의 비율이 일정하며, 정액법은 상환기간 동안 이자비용이 일정하다.

14 비유동부채가 어떠한 경우에 유동부채로 분류되는가?

① 부채가 자본으로 전환되는 경우
② 장기부채를 현금상환하게 되는 경우
③ 비화폐성부채가 화폐성부채로 전환되는 경우
④ 유동부채로 분류되는 부분이 1년 이내에 상환되는 경우

14 비유동부채 중 만기가 재무상태표일로부터 1년 이내에 도래 시 유동성장기부채라는 계정과목으로 하여 유동성 대체를 하여야 한다.

15 (주)서울은 장기자금조달을 위하여 3년 만기 사채를 발행하고자 한다. 다음 중 사채의 발행유형에 따라 만기까지 (주)서울이 부담해야 할 연간 이자비용의 변화로 가장 옳게 짝지어진 것은?

① 할인발행 시 감소, 액면발행 시 증가, 할증발행 시 증가
② 할인발행 시 감소, 액면발행 시 감소, 할증발행 시 감소
③ 할인발행 시 증가, 액면발행 시 불변, 할증발행 시 감소
④ 할인발행 시 증가, 액면발행 시 불변, 할증발행 시 증가

15 사채 할인발행의 경우 사채할인발행차금의 상각에 따라 매년 장부가액이 증가하므로 이자비용이 매년 증가하게 된다. 또한, 사채 할증발행의 경우 사채할증발행차금의 상각에 따라 매년 장부가액이 감소하므로 이자비용이 매년 감소하게 된다.

정답 13 ④ 14 ④ 15 ③

checkpoint 해설 & 정답

16 사채이자비용
= 177,164원 × 15% = 26,574원

17 사채할인발행차금상각액
= 9,242원 − 8,000원 = 1,242원

18 전환권대가는 자본조정으로 분류하고 전환권의 행사로 주식이 발행될 때 주식발행초과금으로 대체한다.

정답 16 ③ 17 ④ 18 ②

16 (주)춘천은 2015년 1월 1일에 액면가액 200,000원(만기 3년, 액면이자율 10%, 유효이자율 15%)의 사채를 177,164원에 할인발행하였다. 2015년 손익계산서에 보고될 사채이자비용은 얼마인가?

① 17,716원
② 20,000원
③ 26,574원
④ 27,560원

17 (주)춘천은 2015년 1월 1일에 액면가액 100,000원(만기 5년, 액면이자율 8%, 유효이자율 10%)의 사채를 92,416원에 발행하였다. 2015년 사채할인발행차금상각액은 얼마인가?

① 1,517원
② 1,418원
③ 1,392원
④ 1,242원

18 다음 중 전환사채에 관한 설명으로 틀린 것은?

① 전환사채의 발행금액과 미래현금흐름의 현재가치를 일치시켜 주는 이자율을 유효이자율이라고 한다.
② 전환권대가에 해당하는 부분은 무조건 부채로 계상한다.
③ 전환사채의 발행금액에는 전환권대가가 포함되어 있다.
④ 상환할증금 지급조건의 경우 보장수익률이 액면이자율보다 높다.

해설 & 정답 checkpoint

19 다음 중 복합금융상품의 회계처리로 틀린 것은?

① 최초 인식 시점에 자본요소와 부채요소의 분리가 필요하다.
② 복합금융상품의 발행금액에서 지분상품의 공정가치를 차감한 잔액을 금융부채로 인식한다.
③ 일반적으로 전환사채에 포함되어 있는 전환권은 자본으로 분류한다.
④ 현금 등 금융자산을 인도하기로 하는 계약 부분은 금융부채요소에 해당한다.

19 복합금융상품의 최초 장부금액을 부채요소와 자본요소에 배분하는 경우 자본요소에는 복합금융상품 전체의 공정가치에서 부채요소에 대하여 별도로 결정한 금액을 차감한 잔액을 배분한다.

20 (주)서울은 2021년 초 장부금액이 ₩965,260이고 액면금액이 ₩1,000,000인 사채(표시이자율 연 10%)를 2021년 7월 1일에 경과이자를 포함하여 ₩970,000에 상환하였다. 동 사채의 이자지급일은 매년 12월 31일이고 사채발행 시의 유효이자율은 연 12%이었다. (주)서울이 2021년도에 인식할 사채상환손익은 얼마인가?

① ₩53,176 이익
② ₩34,740 이익
③ ₩11,092 손실
④ ₩13,176 손실

20 • 장부금액(경과이자 포함)
= 965,260 + 965,260 × 12% × 6/12 = ₩1,023,176
• 상환이익
= ₩1,023,176 − ₩970,000
= ₩53,176 이익

21 다음 중 추정부채에 속하는 것은?

① 유동성장기부채
② 퇴직급여충당부채
③ 사채
④ 차입금

21 퇴직급여충당부채나 제품보증충당부채, 판매보증충당부채 등은 추정부채에 속한다.

정답 19 ② 20 ① 21 ②

checkpoint 해설 & 정답

22 미래의 예상 영업손실은 충당부채로 인식할 수 없다.

22 다음 중 충당부채로 인식할 수 없는 것은?

① 미래의 예상 영업손실
② 손실부담계약
③ 제품보증
④ 구조조정

23 충당부채는 과거 사건이나 거래의 결과에 의한 현재의무로서 지출의 시기 또는 금액이 불확실하지만 그 의무를 이행하기 위하여 자원이 유출될 가능성이 높고 또한 금액을 신뢰성 있게 추정할 수 있는 의무이므로 재무상태표에 부채로 인식하여야 한다.

23 다음 중 충당부채에 관한 설명으로 틀린 것은?

① 충당부채는 과거 사건이나 거래의 결과에 의한 현재의무로서 지출의 시기 또는 금액이 불확실하지만 그 의무를 이행하기 위하여 자원이 유출될 가능성이 높고 또한 금액을 신뢰성 있게 추정할 수 있는 의무를 말한다.
② 충당부채로 인식하는 금액은 현재의무의 이행에 소요되는 지출에 대한 보고기간 종료일 현재의 최선의 추정치이어야 한다.
③ 충당부채를 설정하는 의무에는 명시적인 법규 또는 계약의무는 아니지만 과거의 실무 관행에 의해 기업이 이행해 온 의무도 포함된다.
④ 충당부채는 반드시 재무상태표에 부채로 인식할 필요는 없으며 주석으로만 공시한다.

정답 22 ① 23 ④

해설 & 정답 checkpoint

24 다음 중 충당부채에 대한 설명으로 틀린 것은?

① 구조조정충당부채로 인식할 수 있는 지출은 구조조정과 관련하여 직접 발생하여야 한다.
② 미래 발생할 수선원가는 법률적인 요구가 있는 경우에 한해서 충당부채로 인식한다.
③ 충당부채로 인식하여야 하는 금액의 가능한 결과가 연속적인 범위 내에 분포하고 각각의 발생확률이 동일한 경우에는 당해 범위의 중간값을 사용한다.
④ 충당부채로 인식하여야 하는 금액의 가능한 결과가 일정 범위로 추정될 때는 가능한 추정범위내에서 가장 가능성이 높은 금액으로 한다.

24 미래 발생할 수선원가는 법률적인 요구가 있는 경우든, 없는 경우든 충당부채가 아니다.

25 다음 중 우발부채 및 우발자산에 관한 설명으로 틀린 것은?

① 과거사건에 의해 발생하였으나 불확실한 미래사건의 발생 여부에 의하여서만 그 존재가 확인되는 잠재적 의무는 우발부채이다.
② 과거사건에 의해 발생하였으나 불확실한 미래사건의 발생 여부에 의하여서만 그 존재가 확인되는 잠재적 자산은 우발자산이다.
③ 우발부채는 당해 의무 이행을 위해 자원이 유출될 가능성이 아주 낮더라도 주석으로 기재해야 한다.
④ 우발자산은 재무상태표에 자산으로 기록하지 않는다.

25 의무를 이행하기 위하여 경제적 효익을 갖는 자원의 유출 가능성이 아주 낮지 않다면 우발부채를 주석으로 공시한다. 따라서 자원의 유출 가능성이 아주 낮다면 주석으로 공시하지 않는다.

26 기업회계기준에서 규정하고 있는 부채성충당금이 아닌 것은?

① 대손충당금
② 수선충당금
③ 판매보증충당금
④ 퇴직급여충당금

26 대손충당금은 평가성충당금이다.

정답 24 ② 25 ③ 26 ①

checkpoint 해설 & 정답

27 (1,500,000 − 1,050,000) × 5% + 1,500,000 × 5% × 3% = ₩24,750

28 1,500,000 − 1,050,000 − 24,750 = ₩425,250

정답 27 ④ 28 ②

※ 다음 자료를 보고 물음에 답하시오. [27 ~ 28]

(주)강원은 2015년 말 고객이 구매 후 30일 내에 반품할 수 있는 조건으로 원가 ₩1,050,000의 정수기를 ₩1,500,000에 현금판매 하였다. (주)강원은 2015년 말 과거 경험과 정수기 소매업계 상황에 기초하여 판매한 상품의 5%가 반품될 것으로 추정하였다. 또한, 반품과 관련된 직접비용으로 반환금액의 3%가 발생한다.

27 이러한 반품조건의 판매로 반품충당부채 인식액은 얼마로 기록되는가?

① ₩2,250
② ₩22,500
③ ₩20,250
④ ₩24,750

28 (주)강원의 당기순이익에 미치는 영향은 얼마인가?

① ₩417,500
② ₩425,250
③ ₩450,000
④ ₩474,750

주관식 문제

01 다음 (물음 1, 2, 3, 4)에 답하시오. (단, 이자율은 복리로 계산된다.)

(물음 1) 현금 ₩10,000,000을 연 8%의 이율로 정기예금하였다. 3년 후 받게 될 정기예금의 원리금 합계는 얼마인지 계산식과 정답을 쓰시오.

(물음 2) 친구의 부탁을 받고 사업자금을 대여하였다. 이율은 연 4%, 기간은 3년이며, 3년 후 일시금으로 이자를 포함하여 ₩225,000,000을 받기로 하였다. 친구에게 대여한 금액은 얼마인지 계산식 정답을 쓰시오.

(물음 3) (주)하나는 2015년 말부터 5회에 걸쳐 1년에 ₩5,000,000씩 정기적금에 가입하기로 하였다. 연이율 6%일 때 만기 시 정기적금을 수취할 금액은 얼마인지 계산식과 정답을 쓰시오.

(물음 4) (주)하나는 2020년 1월 1일 연불조건으로 기계를 구입하였다. 지급조건은 2020년 12월 31일부터 매년 말에 10,000,000원씩 5년간 지급한다. 2020년 1월 1일의 시장이자율은 10%이다. 이 경우 2020년 1월 1일 기계장치의 취득원가는 얼마인지 계산식과 정답을 쓰시오.

해설 & 정답 checkpoint

01

정답 (물음 1)
₩10,000,000 × 1.08^3
= ₩12,597,120

(물음 2)
₩225,000,000 ÷ 1.04^3
= ₩200,024,181

(물음 3)
₩5,000,000 × (1.06^4 + 1.06^3 + 1.06^2 + 1.06 + 1)
= ₩5,000,000 × 5.63709296
= ₩28,185,465

(물음 4)
₩10,000,000 × (1/1.1^5 + 1/1.1^4 + 1/1.1^3 + 1/1.1^2 + 1/1.1)
= ₩10,000,000 × 3.79078677
= ₩37,907,868

checkpoint 해설 & 정답

02
정답 (물음 1)
2014년 3월 1일 발행일의 현금수령액
= [30,000 × 0.89286 + 30,000 × 0.79719 + 330,000 × 0.71178] + [285,589 × 12% × 2/12]
= ₩291,301

(물음 2)
총이자비용 = (30,000 + 30,000 + 330,000) − 291,301 = ₩98,699

(물음 3)
- 이자비용 = 285,589 × 12% × 10/12 = 28,559
- 장부금액 = 285,589 + (285,589 × 12% − 30,000) = ₩289,859

(물음 4)
사채상환손실
= 310,000 − [289,859 + (289,859 × 12% × 6/12)] = ₩2,749

02 다음 자료를 보고 (물음 1, 2, 3, 4)에 답하시오.

보고기간 말이 12월 31일인 (주)단무지는 액면금액 ₩300,000인 사채(표시이자 : 연 10%, 이자지급일 : 매년 12월 31일, 만기 : 3년, 사채권면의 발행일 : 2014년 1월 1일)를 2014년 3월 1일에 발행하였다. 사채에 적용되는 시장이자율은 2014년 1월 1일 연 14%, 2014년 3월 1일 연 12%이다. (주)단무지는 2015년 7월 1일 현금 ₩310,000을 지급하고 매입 상환하였다. 상환 시 지급한 현금은 표시이자 기간 경과분이 포함된 금액이다.

현재가치요소	12%	14%
1기간	0.89286	0.87719
2기간	0.79719	0.76947
3기간	0.71178	0.67497

(물음 1) 2014년 3월 1일 발행일의 현금수령액은 얼마인지 계산식과 정답을 쓰시오.

(물음 2) 사채를 만기일에 상환한다면 발행일부터 만기일까지 총 이자비용은 얼마인지 계산식과 정답을 쓰시오.

(물음 3) 2014년 12월 31일 사채의 이자비용과 장부금액은 얼마인지 계산식과 정답을 쓰시오.

(물음 4) 2015년 7월 1일 사채상환 시 상환손익은 얼마인지 계산식과 정답을 쓰시오.

해설 & 정답 checkpoint

03 (주)한국은 2021년 1월 1일에 액면금액 ₩1,200,000, 표시이자율 연 5%, 매년 말 이자를 지급하는 조건의 사채(매년 말에 액면금액 ₩400,000씩을 상환하는 연속상환사채)를 발행하였다. (단, 사채발행 당시의 유효이자율은 연 6%, 계산금액은 소수점 첫째 자리에서 반올림한다.)

기간	단일금액 ₩1의 현재가치		정상연금 ₩1의 현재가치	
	5%	6%	5%	6%
1	0.9524	0.9434	0.9524	0.9434
2	0.9070	0.8900	1.8594	1.8334
3	0.8638	0.8396	2.7232	2.6730

(물음 1) 2021년 1월 1일 사채의 발행금액은 얼마인지 계산식과 정답을 쓰시오.

(물음 2) 2021년 말 사채의 장부금액은 얼마인지 계산식과 정답을 쓰시오.

(물음 3) 2021년 말 포괄손익계산서에 계상할 이자비용은 얼마인지 계산식과 정답을 쓰시오.

(물음 4) 2022년 말 포괄손익계산서에 계상할 이자비용은 얼마인지 계산식과 정답을 쓰시오.

03

정답 (물음 1)
460,000 × 0.9434 + 440,000 × 0.8900 + 420,000 × 0.8396
= 1,178,196

(물음 2)
1,178,196 × 1.06 − 460,000
= 788,888

(물음 3)
1,178,196 × 6% = 70,692

(물음 4)
788,888 × 6% = 47,333

checkpoint 해설 & 정답

04
정답 하자보수충당부채
= 75% × ₩0 + 15% × ₩2,000,000
+ 10% × ₩6,000,000
= ₩900,000

04 (주)한국은 공사완료 후 12개월 이내에 납품한 공사에서 발생하는 하자에 대하여 하자보수보증을 실시하고 있다. 만약 2020년도에 납품한 공사에서 중요하지 않은 하자가 발견된다면 ₩2,000,000의 하자보수비용이 발생하고, 중요한 하자가 발생하면 ₩6,000,000의 하자보수비용이 발생할 것으로 예상된다. 기업의 과거 경험에 비추어 납품된 공사의 75%에는 하자가 없을 것으로 예상되고 15%는 중요하지 않은 하자가 발생될 것으로 예상되며, 10%는 중요한 하자가 발생할 것으로 예상된다. (주)한국이 2020년 말에 하자보수충당부채로 기록해야 할 금액은 얼마인지 계산식과 정답을 쓰시오.

해설 & 정답 checkpoint

05 (주)가나는 제품에 대하여 2년간 품질을 보증한다. 과거의 경험에 의하면 품질보증비는 판매 후 제1차년도에는 매출액의 2%, 2차년도에는 매출액의 3% 정도가 발생한다. 영업개시 후 2년 동안의 매출액과 실제제품보증비 지출은 다음과 같다.

연도	매출액	제품보증비 지출
2020년	₩2,200,000	₩24,700
2021년	₩1,500,000	₩55,000
합계	₩3,700,000	₩79,700

(물음 1) 2020년 결산 시 제품보증충당부채는 얼마인지 계산식과 정답을 쓰시오.

(물음 2) 2021년 결산 시 제품보증비는 얼마인지 계산식과 정답을 쓰시오.

05

정답 (물음 1)
(₩2,200,000 × 5%) − ₩24,700
= ₩85,300

(물음 2)
(₩2,200,000 + ₩1,500,000)
× 5% − (₩24,700 + ₩55,000)
= ₩105,300

checkpoint 해설 & 정답

06

정답 (물음 1)
500,000 + 20,000 + (500,000 × 5%) + 8,000 − 30,000
= 523,000

(물음 2)
400,000 + 25,000 + 50,000 − 30,000 = 445,000

(물음 3)
523,000 − 445,000 = 78,000

06 (주)한국은 퇴직급여제도로 확정급여제도를 채택하고 있다. 다음 자료를 이용하여 물음에 답하시오. 단, 퇴직금의 지급과 사외적립자산의 추가납입은 2021년 말에 발생하였으며, 2021년 초 현재 우량회사채의 시장이자율은 연 5%로 2021년 중 변동이 없었다.

• 2021년 초 확정급여채무 장부금액	₩500,000
• 2021년 초 사외적립자산 공정가치	₩400,000
• 당기근무원가	₩20,000
• 퇴직금지급액(사외적립자산에서 지급함)	₩30,000
• 사외적립자산 추가납입액	₩25,000
• 확정급여채무의 보험수리적손실	₩8,000
• 사외적립자산의 실제 수익	₩50,000

(물음 1) 2021년 말 확정급여채무는 얼마인지 계산식과 정답을 쓰시오.

(물음 2) 2021년 말 사외적립자산은 얼마인지 계산식과 정답을 쓰시오.

(물음 3) 2021년 말 재무상태표에 계상될 순확정급여부채는 얼마인지 계산식과 정답을 쓰시오.

자본의 본질과 분류 및 회계처리

I wish you the best of luck!

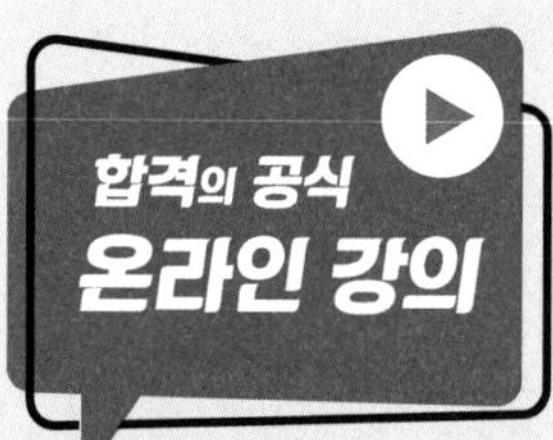

제5장 자본의 본질과 분류 및 회계처리

제 1 절 기업형태와 자본계정

1 기업의 형태

(1) 기업의 개념

기업은 경제 목적의 달성을 위한 영리 지향적, 주체적 단위경제의 구성체이다.

(2) 기업의 목적

기업의 목적은 존속과 성장에 있으며 이를 위해 성장성, 수익성, 탄력성, 균형성 원칙이 필요하다.

(3) 기업의 형태

① **개인기업** : 한 개인이 자본에 출자를 하고 단독으로 소유하여 출자, 경영 및 지배가 일치되는 형태의 기업을 말한다.

② **법인기업**

㉠ 합명회사

ⓐ 합명회사는 2인 이상의 무한책임사원만으로 구성되는 일원적 조직의 회사로서 전사원이 회사 채무에 대하여 직접·연대·무한의 책임을 지고, 원칙적으로 각 사원이 업무집행권과 대표권을 가지는 회사이다.

ⓑ 합명회사는 2인 이상의 사원이 공동으로 정관을 작성하고, 설립등기를 함으로써 성립한다.

ⓒ 사원의 대내관계는 조합과 유사한 성질을 가지므로 정관 또는 상법에 규정이 없으면 조합에 관한 민법의 규정이 준용된다.

ⓓ 각 사원은 출자의무를 지지만 그 출자는 재산뿐만 아니라 노무와 신용까지도 할 수 있으며, 그 업무집행권과 대표권은 정관에 다른 규정이 없는 한 각 사원이 모두 가지게 된다.

ⓔ 사원의 신뢰관계가 중시되므로 사망·금치산·파산 및 제명 등의 경우 퇴사가 인정된다.

ⓕ 합명회사는 존립기간의 만료 기타 정관으로 정한 사유의 발생, 총 사원의 동의, 사원이 1인으로 될 때, 합병, 파산, 법원의 명령 또는 판결 등으로 해산한다.

ⓖ 경제적으로 서로 신뢰할 수 있는 소수인이 결합하는 소규모 공동기업에 적합한 형태이다.

㉡ 합자회사

ⓐ 합자회사는 무한책임사원과 유한책임사원 각 1인 이상으로 구성되는 이원적 조직의 회사이다.

ⓑ 무한책임사원의 출자는 재산·노무·신용 중 어느 것이든지 출자할 수 있고, 유한책임사원은 금전 그 밖의 재산만을 그 출자의 목적으로 할 수가 있다.
ⓒ 정관에 다른 정함이 없는 한 무한책임사원의 각자가 의무를 집행할 권리와 의무를 가지나 이에 반하여 유한책임사원은 회사의 업무를 집행할 수가 없다.
ⓓ 각 무한책임사원은 원칙적으로 각자가 회사대표권을 가진다.
ⓔ 유한책임사원이 사망할 경우에도 상속자가 그 지위를 승계하고, 또 금치산 선고를 받았을 지라도 퇴사의 원인이 되지 않는다.
ⓕ 경제적으로 경영능력이 있으나 자본이 없고, 자본이 있으나 경영능력이 없는 소수인이 결합하여 소규모의 공동기업을 경영하는데 적합한 회사이다.

㉢ 주식회사
ⓐ 주식회사는 사원(주주)의 지위가 균등한 비율적 단위로 세분화된 형식(주식)을 가지고, 사원은 주식의 인수가액을 한도로 회사에 대하여 출자의무를 부담할 뿐, 회사채무자에 대하여 아무런 책임을 지지 않는 회사를 말한다.
ⓑ 주식회사를 설립함에는 발기인이 정관을 작성하여야 하고, 설립의 방법에 따라 발기설립과 모집설립이 있다.
ⓒ 사원은 균등한 비율적 단위로 세분화한 주식을 중심으로 출자를 하고 이에 따른 권리·의무를 가지며, 그 출자는 원칙적으로 현금이며 신용이나 노무출자는 제한된다.
ⓓ 주식은 주식회사의 구성단위로서의 금액의 뜻과 주주의 회사에 대한 권리·의무를 내용으로 하는 지위라는 두 가지 뜻이 있는데 이러한 주식을 표창하는 요식의 유가증권으로서 주권이 발행된다.
ⓔ 주주는 자기가 인수한 주식의 금액을 한도로 회사에 출자의무를 질 뿐 그 밖의 아무런 책임을 지지 않고, 회사채권자를 보호하기 위한 특별한 조치(자본에 관한 3원칙)가 강구되어 있다.
ⓕ 의사결정기관으로서의 주주총회와 집행기관으로서의 이사회·대표이사가 있다.
ⓖ 감독기관으로서의 감사는 필요적 상설기관이다.
ⓗ 주주의 지위를 표창하는 주식은 자유로이 양도할 수 있고 정관으로써도 이를 제한할 수 없다.
ⓘ 사원의 퇴사제도는 없으나 주식회사는 일인회사까지 인정된다.
ⓙ 해산은 주주총회의 특별결의가 있으면 된다. 이 외에 존립기간의 만료 기타 정관으로 정한 사유의 발생, 합병, 파산한 경우, 법원의 해산명령 또는 판결이 있었을 경우 등에 해산한다.
ⓚ 주식회사는 경제적으로 사회에 널리 분산된 소자본을 규합하여 대규모의 공동기업으로 경영하는데 적합한 회사이다.

더 알아두기

자본의 3원칙

주식회사의 자본의 3원칙에는 ① 자본확정의 원칙, ② 자본유지의 원칙, ③ 자본불변의 원칙이 있다. 자본확정의 원칙이란 자본이 정관으로 확정되고 그 자본의 출자자, 즉 주식인수인도 확정되어야 한다는 것이고, 자본유지의 원칙이란 회사는 자본액에 상당하는 순자산을 실질적으로 유지해야 한다는 원칙을 말하며(자본충실의 원칙이라고도 한다), 자본불변의 원칙이란 자본유지의 기준이 되는 자본의 금액을 법정의 절차를 밟지 않고서는 감소시키지 못하도록 억제하자는 것을 말한다.

㉣ 유한회사

ⓐ 유한회사는 그 사원은 원칙적으로 출자가액을 한도로 하는 출자의무를 부담할 뿐 직접 아무런 책임을 부담하지 않는 회사이다. 이때 출자 1좌의 금액은 100원 이상으로 균일하게 하여야 한다.

ⓑ 유한회사는 폐쇄성, 법규제의 간이화 그리고 사원의 책임과 자본 등 세 가지로 그 특징이 요약된다.

ⓒ 설립에 있어서는 모집설립이 인정되지 않으므로 사원 이외에 발기인제도가 없으며 복잡한 절차나 내용을 요하지 아니한다.

ⓓ 이사는 필요기관이지만 이사회제도가 없고, 이사의 수, 임기에 제한이 없다.

ⓔ 감사는 임의기관이며, 업무·회계감사권한을 가진다.

ⓕ 유한회사는 그 폐쇄성으로 주식회사와는 달리 수권자본제도를 채용하지 않고 있다.

ⓖ 경제적으로 주식회사의 축소판으로 설립절차나 운영이 간편하기 때문에 비교적 소규모의 공동기업경영에 적합한 회사이다.

㉤ 유한책임회사

ⓐ 유한책임회사는 미국의 유한책임회사제도를 참고하여, 2011년 개정 상법에서 새롭게 도입된 기업형태로, 각 사원들이 출자금액만을 한도로 책임을 지게 되는 회사이다.

ⓑ 유한책임회사는 회사의 주주들이 채권자에 대하여 자기의 투자액의 한도 내에서 법적인 책임을 부담한다.

ⓒ 이사나 감사 등의 기관을 둘 필요도 없는 등 상대적으로 유연하며 탄력적인 지배구조를 그 특성으로 하기 때문에 소규모 기업에 적합하다.

ⓓ 유한책임회사는 총 사원의 동의에 따라 주식회사로의 조직변경이 가능하다.

③ **협동조합** : 경제적 약자가 자신들의 이익을 보호하기 위하여 공동출자하여 운영하는 기업형태이다.

더 알아두기

협동조합의 지도원칙(Rochdale의 원칙)

- 조합공개의 원칙
- 의결권 평등의 원칙
- 판매액비례환급의 원칙
- 현금주의의 원칙

④ **공기업** : 국가나 지방자치단체와 같은 공공단체가 공익을 목적으로 출자하여 경영되는 기업형태이다.

2 자본계정

자본은 자산에서 부채를 차감한 순자산으로 잔여지분 또는 소유주지분 등으로 정의한다. 자본은 **자본금, 자본잉여금, 자본조정, 기타포괄손익누계액, 이익잉여금** 등으로 구분한다.

(1) 자본금

자본금은 발행된 주식의 액면가액의 합계액을 말하는 것으로 상법상 기업이 유지해야 할 최소자본금인 법정자본금을 의미한다.

① **보통주 자본금** : 보통주는 우선주에 대한 상대적인 의미에서 표준이 되는 주식을 말하는 것으로 이익 또는 이자배당, 잔여재산의 분배 등과 같은 재산적 이익을 받는 데 있어서 우선주·후배주·혼합주 등과 같이 특별한 권리 내용이 없는 주식을 의미한다.

② **우선주 자본금** : 우선주는 특정 상황에 관해서는 보통주에 대하여 우선적인 권리가 부여된 주식을 말한다. 우선주의 종류는 우선권의 내용에 따라 누적적 우선주, 비누적적 우선주, 참가적 우선주, 비참가적 우선주 등으로 구분할 수 있다.

㉠ **누적적 우선주**는 특정 연도에 있어서의 우선주에 대한 배당액이 소정의 우선 배당률 또는 배당액에 미달할 경우 그 부족분을 차년도 이후의 이익 중에서 차년도 이후의 배당과 합쳐서 지급을 받을 수 있는 우선주를 말한다.

㉡ **비누적적 우선주**는 당해 영업연도에 우선배당을 받지 못하더라도 그 미지급배당액을 다음 영업연도의 이익에서 보충 배당받지 못하는 우선주를 말한다.

㉢ **참가적 우선주**는 소정의 우선배당 이외에 보통주에 대해서 배당을 하고 남은 이익에 대해서도 다시 추가배당을 받을 수 있는 우선주를 말한다.

㉣ **비참가적 우선주**는 소정의 배당을 받을 뿐 잔여의 이익이 있더라도 그것은 모두 보통주의 주주에게만 배당되어 추가배당을 받을 수 없는 우선주를 말한다.

예제 문제

우선주 배당금 사례

20×7년 12월 31일 현재 A사, B사, C사의 자본금과 관련된 내용은 다음과 같다. 단, B사의 경우 20×5년도분과 20×6년도분의 배당금이 연체되어 있으며 C사의 경우 20×6년도분의 배당금이 연체되어 있다.

구분	A사	B사	C사
보통주자본금	₩10,000,000	₩10,000,000	₩10,000,000
발행주식 수	2,000주	2,000주	2,000주
액면금액	₩5,000	₩5,000	₩5,000
우선주자본금	₩5,000,000	₩5,000,000	₩5,000,000
발행주식 수	1,000주	1,000주	1,000주

액면금액	₩5,000	₩5,000	₩5,000
우선주배당률	5%	5%	5%
우선주 종류	완전 참가적	비참가적	8% 부분 참가적
	비누적적	누적적	누적적

주주총회에서 A사, B사, C사는 각각 ₩1,350,000씩의 배당금 지급을 결의한 경우 우선주에 배분할 배당금은 각각 얼마인가?

풀이

• A사 : 1,350,000 × 5/15(자본금 비율) = 450,000
• B사 : 5,000,000 × 5% × 2회(연체분) + 5,000,000 × 5% × 1회(당기분) = 750,000
• C사 : 616,667
※ 연체분 : 5,000,000 × 5% × 1회(연체분) = 250,000
※ 당기분 : Min[5,000,000 × 8%, (1,350,000 − 250,000) × 5/15] = 366,667

(2) 자본잉여금

기업이 주주로부터 자기주식을 취득하고 처분하는 등 소유주주와 그 기업주식을 매개로 한 자본거래에서 발생한 이익을 말한다.

① **주식발행초과금** : 기업이 자본조달을 위해 주식을 발행할 때 액면가액을 초과하는 금액으로 발행하는 경우 그 초과액을 말한다.

② **감자차익** : 기업이 발행했던 주식을 소각하면서 지급하는 금액이 주식의 액면가액보다 적을 경우 발생하는 차익이다.

③ **자기주식처분이익** : 기업이 발행했던 그 기업 자신의 주식을 취득하였다가 취득가액보다 높은 가액으로 처분하는 경우 그 차익을 말한다.

(3) 자본조정

자본조정은 자본금, 자본잉여금 및 이익잉여금으로 분류하기 어려운 항목들로 구성된 주주지분 평가계정으로 자본에 가산하거나 차감하는 형식으로 표시된다. 즉, 자본의 어느 항목에도 속하지 아니하는 임시적 성격의 자본항목으로 크게 세 가지로 구분할 수 있다.
첫째는 자기주식, 둘째는 주식할인발행차금·자기주식처분손실·감자차손 등 자본거래에서 발생한 손실 중 관련된 자본잉여금과 상계하고 남는 금액으로 이익잉여금과 상계하기 위해 임시로 구분해 놓은 금액, 그리고 셋째는 신주청약증거금·출자전환채무·주식매수선택권 등 자본항목으로 대체될 것이나 아직은 미확정인 항목으로 구분할 수 있다.

① **자기주식**

자기주식은 기업이 이미 발행하여 사외에서 유통되고 있는 주식을 발행회사가 매입 소각하거나 재발행할 목적으로 유상 또는 무상으로 취득한 주식을 말하는 것으로 기업이 주식의 매입소각, 합병이나 영업양도에 의한 양수회사의 권리행사, 주식매수청구권의 행사에 따른 취득 등의 경우에 발행하였던 주식을 재취득하여 보유하는 것을 의미한다.

② **주식할인발행차금**

주식의 발행금액이 액면금액보다 낮을 때, 액면금액에 미달하는 금액을 주식할인발행차금이라고 한다. 주식할인발행차금은 차변에 기록하고 자본조정항목으로 분류하여 자본에서 차감하는 형식으로 표시하여야 한다. 이때 주식발행과 관련된 신주발행비는 주식할인발행차금에 가산하여 처리한다.

③ **자기주식처분손실**

기업이 취득하여 보유하고 있던 그 기업 자신의 주식을 취득가액에 미달하는 금액으로 처분하는 경우 그 손실액을 말한다.

④ **감자차손**

기업이 발행했던 주식을 소각하면서 지급하는 금액이 주식의 액면가액보다 많을 경우 발생하는 손실금액이다.

더 알아두기

주식할인발행차금/자기주식처분손실/감자차손의 회계처리

주식할인발행차금/자기주식처분손실/감자차손은 자본거래에서 발생한 손실이므로 관련된 자본잉여금, 즉 주식발행초과금/자기주식처분이익/감자차익과 먼저 상계(출자의 환급)하고 남은 잔액이 있다면 이익잉여금과 상계(배당)하여야 하는데 이익잉여금의 처분 권한이 주주총회에 있으므로 주주총회 때까지 자본조정 항목으로 분류해 놓은 것이다.

⑤ **신주청약증거금**

기업이 설립 이후 자본금을 증자하는 경우 주식청약을 받으면서 계약금의 형식으로 받는 금액이 신주청약증거금이다. 증자의 목적이므로 자본 항목이지만 아직 주식이 발행되지 아니하였으므로 주식발행 시점까지 임시로 자본조정으로 분류하였다가 주식의 발행 시에 자본금과 주식발행초과금 등으로 회계처리한다.

⑥ **출자전환채무**

기업이 부담하고 있는 채무를 채무이행의 어려움 등 여러 가지 사유로 인해 채권자와 합의에 의하여 부채를 자본으로 전환하기로 하여 부채를 소멸시키고 주식을 발행하는 과정에서 주식발행시점이 합의시점보다 지연되는 경우 아직 주식이 발행되지 아니하였으므로 주식발행시점까지 임시로 자본조정으로 분류하였다가 주식의 발행 시에 자본금과 주식발행초과금 등으로 회계처리한다.

⑦ **주식매수선택권**

주식매수선택권이란 기업이 기업의 설립이나 경영 등에 기여하는 임직원에게 유리한 가격으로 기업의 신주를 매입할 수 있도록 부여한 권리를 말한다. 주식선택권 행사시점에 약정용역 제공기간 동안 제공받은 용역 등에 대한 대가와 현금납입액(행사가격)이 자본으로 최종 대체될 것이므로 용역 제공기간 동안 제공받은 용역 등에 대한 대가를 자본항목으로 분류하되 아직 주식이 발행되지 아니하였으므로 주식발행시점까지 임시로 자본조정으로 분류하였다가 주식의 발행 시에 현금납입액과 함께 자본금과 주식발행초과금 등으로 회계처리한다.

⑧ **미교부주식배당금**

주식배당이란 영업활동에서 발생한 이익 중 일부를 금전에 의한 배당을 하지 않고 주식을 이용하여 주주에게 배당하는 것으로 발행주식의 액면금액을 배당액으로 하여 자본금의 증가와 이익잉여금의 감소로 회계처리한다. 즉, 주식배당은 자본금의 증가로 간주하여야 하나 자본금 변동을 엄격히 제한하고 있으므로 미교부주식배당금을 미확정된 계정으로 보아 자본조정 계정으로 처리한 후 실제 주식을 발행하여 교부하는 시점에서 자본금으로 대체하는 것이 타당하다.

더 알아두기

현금배당과 주식배당의 회계처리

구분	현금배당		주식배당	
배당선언일	(차) 미처분이익잉여금 (대) 미지급배당금	××× ×××	(차) 미처분이익잉여금 (대) 미교부주식배당금	××× ×××
배당지급일	(차) 미지급배당금 (대) 현금	××× ×××	(차) 미교부주식배당금 (대) 자본금	××× ×××

(4) 기타포괄손익누계액

기타포괄손익은 자본거래가 아닌 손익거래 즉 영업활동과 관련된 순자산의 변동 중에서 당기순손익 계산에 포함되지 않는 일시적인 성격의 항목으로써 관련 후속 거래가 종료되면 소멸될 항목을 말한다. 기타포괄손익누계액은 그 기타포괄손익의 잔액을 나타낸다.

K-IFRS에서는 미실현손익을 포괄손익계산서에 기타포괄손익으로 구분표시하여 정보이용자들의 오해를 줄이도록 하고 있다. 기타포괄손익누계액이란 이러한 기타포괄손익을 당기실현손익과 구분하여 자본항목에 분류한 것이다. 기타포괄손익누계액에는 해외사업환산손익, 금융자산평가손익, 재평가잉여금, 지분법자본변동, 파생상품평가손익, 재측정손익 등이 있다.

① **해외사업환산손익** : 기업이 국내뿐만 아니라 해외에 지점이나 사업장이 있는 경우 회계기간 말에 재무제표를 작성할 때는 해외지점이나 해외사업장도 포함해서 작성해야 한다. 그런데 해외지점이나 해외사업장은 그 국가의 화폐로 재무제표를 작성 관리하고 있기 때문에 하나의 재무제표로 공시하기 위해서는 원화로 환산해야 한다. 이러한 원화환산 과정에서 환율 차이로 인해 발생하는 손익이 해외사업환산손익이다.

해외사업환산손익은 실현된 손익이 아니라 단순히 외국화폐로 작성된 재무제표를 원화로 환산하는 과정에서 생긴 미실현 손익이므로 기타포괄손익인 것이다.

② **금융자산평가손익** : 금융자산을 공정가치로 평가하여 발생하는 평가손익은 미실현손익이므로 기타포괄손익으로 처리한다.

매도가능증권평가손익

매도가능증권을 기말에 공정가액으로 평가함에 따라 발생하는 평가손익은 미실현손익으로 기타포괄손익으로 분류한다. 미실현손익인 매도가능증권의 평가손익은 해당 증권의 손상 또는 처분 시 실현손익(손상차손, 매도가능증권처분손익)으로 대체된다.

③ **재평가잉여금** : 유형자산이나 무형자산을 공정가치평가모형을 적용하여 평가하는 경우 장부가액과 공정가치와의 차이를 재평가잉여금으로 기타포괄손익 처리한다.

더 알아두기

유형자산재평가잉여금

유형자산은 원가법과 재평가를 선택 적용할 수 있다. 유형자산재평가에서 첫째, 최초 재평가 시 평가증(장부가액 < 공정가치)의 경우 재평가잉여금(기타포괄손익)으로 기록하고, 이후 재평가손 평가증의 경우 추가로 재평가잉여금으로 기록, 재평가감의 경우 재평가잉여금을 감소시키며 평가감 금액이 재평가잉여금을 초과하는 경우에는 재평가손실(당기손실)로 기록한다.

둘째, 최초 평가 시 평가감(장부가액 > 공정가치)이 발생한 경우 차이를 재평가손실(당기손실)로 기록하고, 이후 재평가 시 평가감이 또 발생하면 추가로 재평가손실로 기록하며, 재평가증이 발생하면 기존의 재평가손실을 재평가이익(당기이익)으로 처리하고 초과하는 금액은 재평가잉여금(기타포괄손익)으로 처리한다.

④ **지분법자본변동** : 이익잉여금의 변동 이외에 관계기업의 자본이 직접 변동하는 경우 그에 대한 지분율만큼을 관계기업 투자주식 가액에 반영하며 기타포괄손익으로 처리한다.

⑤ **파생상품평가손익** : 현금흐름 위험회피 목적으로 투자된 파생상품의 평가손익은 기타포괄손익으로 처리한다.

⑥ **재측정손익** : 확정급여제도와 관련한 재측정손익은 기타포괄손익으로 처리한다.

더 알아두기

확정급여제도의 회계처리

① 확정급여형 퇴직급여제도에서 확정급여채무의 현재가치와 당기근무원가를 결정하기 위해 예측단위적립방식을 사용한다.

② 확정급여채무의 현재가치와 사외적립자산의 공정가치는 재무제표에 인식된 금액이 보고기간 말에 결정될 금액과 중요하게 차이가 나지 않을 정도의 주기를 두고 산정한다.

③ 퇴직급여비용을 자산의 원가에 포함하는 경우를 제외하고는 확정급여원가의 구성요소를 다음과 같이 인식한다.
  ㉠ 근무원가를 당기손익에 인식한다.
  ㉡ 순확정급여부채(자산)의 순이자를 당기손익에 인식한다.
  ㉢ 순확정급여부채(자산)의 재측정요소를 기타포괄손익에 인식한다.
④ 확정급여채무와 사외적립자산에서 발생한 모든 변동은 발생한 기간에 인식한다.
⑤ 기타포괄손익에 인식되는 확정급여제도의 재측정요소는 후속 기간에 당기손익으로 재분류되지 아니한다. 그러나 기타포괄손익에 인식된 금액을 자본 내에서 대체할 수 있다.

더 알아두기

당기손익으로의 재분류

① 재분류조정은 당기나 과거 기간에 기타포괄손익으로 인식되었으나 당기손익으로 재분류된 금액이다.
② 재분류조정은 그 조정액이 당기손익으로 재분류되는 기간의 기타포괄손익의 관련 구성요소에 포함된다. 이러한 금액은 당기나 과거기간에 미실현이익으로 기타포괄손익에 인식되었을 수도 있다. 이러한 미실현이익은 총포괄손익에 이중으로 포함되지 않도록 미실현이익이 실현되어 당기손익으로 재분류되는 기간의 기타포괄손익에서 차감되어야 한다.
③ 재분류조정은 해외사업장을 매각할 때, 위험회피예상거래가 당기손익에 영향을 미칠 때 발생한다.
④ 재분류조정은 재평가잉여금의 변동이나 확정급여제도의 재측정요소에 의해서는 발생하지 않는다. 이러한 구성요소는 기타포괄손익으로 인식하고 후속 기간에 당기손익으로 재분류하지 않는다. 재평가잉여금의 변동은 자산이 사용되는 후속 기간 또는 자산이 제거될 때 이익잉여금으로 대체될 수 있다.

재분류 불가	재분류 가능
• 재평가잉여금 • 보험수리적손익 • 기타포괄손익–공정가치측정금융자산평가손익(지분상품)	• 지분법자본변동 • 해외사업환산손익 • 현금흐름위험회피 파생상품평가손익 • 기타포괄손익–공정가치측정금융자산평가손익(채무상품)

(5) 이익잉여금

이익잉여금이란 당기순이익 중 배당하지 않고 사내에 유보되어 있는 것으로, 포괄손익계산서에 보고된 손익과 다른 자본항목에서 이입된 금액의 합계액에서 주주에 대한 배당, 자본금으로의 전입 및 자본조정 항목의 상각 등으로 처분된 금액을 차감한 잔액을 말한다.

① 법정적립금

가장 대표적인 법정적립금은 상법의 규정에 의한 이익준비금이다. 이익준비금은 상법의 규정에 의하여 의무적으로 적립하는 법정적립금으로써 자본금의 2분의 1에 달할 때까지 매 결산기마다 현금배당액의 10분의 1 이상을 적립하여야 한다. 이익준비금은 결손보전과 자본전입 이외의 용도에는 사용하지 못한다.

② **임의적립금**

임의적립금은 법규에 의하여 강제로 적립되는 것이 아니라 주주총회의 결의 또는 정관의 규정에 따라 임의로 회사 내에 적립되는 적립금을 말한다. 임의적립금의 목적은 사업의 확장 및 개선, 사채의 상환, 배당의 평준화 등 여러 가지가 있을 수 있으며 사업확장적립금, 감채기금적립금, 배당평균적립금 등을 예로 들 수 있다.

③ **미처분이익잉여금**

미처분이익잉여금이란 기업이 획득한 이익 중 자기주식처분손실 등과 같은 자본조정 항목을 상계하고, 법정적립금과 임의적립금을 적립한 후의 잔액을 말한다.

제 2 절 주식회사의 자본

1 자본금

주식회사는 기업의 경영활동에 장기간 사용할 자금을 조달하기 위해 주식을 발행한다. 기업회계 기준상 자본금계정은 주주의 불입자본 중 상법의 규정에 따라 수권자본의 범위 내에서 이사회의 의결로 발행된 주식의 액면가액으로 회사의 정관에 자본금으로 확정되어 있는 법정자본금을 의미한다. 자본금은 '액면가액 × 발행주식수'로 계산한 금액이다. 주식의 발행형태에 따라 액면발행, 할증발행(주식발행초과금), 할인발행(주식할인발행차금)이 있다.

(1) 보통주자본금

보통주는 기본적인 소유권을 가진 주식으로 우선주에 비해 특별한 권리는 없다.

(2) 우선주자본금

우선주는 배당 또는 잔여재산 분배 등에서 우선권이 있는 주식이다. 특히 한국채택국제회계기준은 상환우선주의 회계처리에서 주의할 점은 발행기업이 의무적으로 상환해야 하는 계약상 의무를 부담하거나, 보유자가 상환을 청구할 수 있는 권리를 보유한다면 자본금이 아니라 금융부채로 분류한다. 이때 상환우선주의 배당은 손익계산서상 비용으로 표시한다.

더 알아두기

수권자본제도

수권자본제도는 주식회사의 설립에 있어서 미리 정관에 회사가 발행할 수 있는 주식의 총수를 정하고, 그 중 1/4 이상의 주식을 발행하여야 한다. 나머지 미발행주식은 회사 설립 후 이사회의 결의에 의하여 주식을 발행하는 자본제도이다. 이때 회사가 발행할 주식의 총수를 수권주식수라고 하며, 회사가 발행한 주식의 총수는 발행주식수라고 한다. 또한, 수권주식수에서 발행주식수를 차감하면 미발행주식수가 산정된다.

2 주식의 발행

(1) 액면발행

액면발행이란 주식의 액면금액과 발행금액이 동일한 경우로서 납입된 금액 전부를 자본금 계정으로 처리한다.

(차) 현금	×××	(대) 자본금	×××

(2) 할증발행

할증발행은 주식의 발행금액이 액면금액을 초과하는 경우로서 납입된 금액 중 액면총액만을 자본금으로 계상하고, 액면총액을 초과하는 부분은 주식발행초과금으로 계상한다.

(차) 현금	×××	(대) 자본금	×××
		주식발행초과금	×××

(3) 할인발행

할인발행은 주식의 발행금액이 액면금액에 미달하는 경우로서 납입된 금액과 관계없이 액면총액을 자본금으로 계상하고, 액면총액에 미달하는 부분은 주식할인발행차금으로 계상한다.

(차) 현금	×××	(대) 자본금	×××
주식할인발행차금			×××

3 증자와 감자

(1) 증자

증자는 수권자본제도에서의 미발행주식을 추가로 발행하여 자본금을 증가시키는 것으로 실질적 증자와 형식적 증자가 있다.

① **유상증자**: 실질적인 증자를 의미하는 것으로 이는 자본금의 증가로 회사의 자산이 증가하는 것을 말한다.

② **무상증자**: 형식적인 증자를 의미하는 것으로 이는 자본잉여금와 이익잉여금의 일부인 법정적립금을 자본금으로 전입하는 것을 말한다.

(2) 감자

감자는 회사의 결손보전이나 사업을 축소하기 위하여 자본금을 감소시키는 것으로 실질적 감자와 형식적 감자가 있다.

① **유상감자** : 실질적인 감자를 의미하는 것으로 이는 자본금의 감소로 회사의 자산이 감소하는 것을 말한다.

② **무상감자** : 형식적인 감자를 의미하는 것으로 이는 회사의 누적된 결손금을 보전하기 위하여 자본금을 감소시키는 것을 말한다.

(3) 증자와 감자의 회계처리

구분		회계처리	비고
증자	유상증자	(차) 당좌예금 ××× (대) 자본금 ××× 주식발행초과금 ×××	주금납입
	무상증자	(차) 이익잉여금 ××× (대) 자본금 ×××	자본전입, 주식배당
감자	유상감자	(차) 자본금 ××× (대) 당좌예금 ×××	매입소각
	무상감자	(차) 자본금 ××× (대) 미처리결손금 ××× 감자차익 ×××	결손보전

개인기업의 인출금

개인기업이란 자연인인 개인이 소유·운영하는 기업이다. 개인기업의 출자자는 보통 1인이다. 개인기업의 자본회계 처리방법으로는 자본계정만을 설정하는 방법과 자본금계정과 인출금계정을 설정하는 방법이 있다.

① 자본계정만 설정하는 방법
자본의 증감에 대해 하나의 자본금계정만을 설정하여 처리하는 방법이다. 원시출자액·추가출자액·당기순이익은 자본금계정의 대변에 기입하고, 출자액·감자액·당기순손실은 이 계정의 차변에 기입한다.

② 자본금계정과 인출금계정을 설정하는 방법
자본금계정에 추가하여 인출금계정을 설정하는 방법으로 자본금의 인출이 빈번할 때에 사용된다. 인출금계정이란 자본금을 감소시키는 계정으로 기업주 개인을 위한 계정이다. 이 계정에는 기업주와 기업 간의 거래로 나타나는 자금·상품의 대차·사용에 의한 현금인출 등이 기입되는데, 기말에는 보통 자본금계정에 대체하여 소멸시킴으로써 가계정의 성격을 갖는다. 따라서 인출금계정은 재무상태표에 나타나지 않는다. 이 방법은 자본계정만 설정하는 방법에 비하여 자본금계정의 기입을 간단히 할 뿐만 아니라 인출금의 총액도 알 수 있는 장점이 있다.

제 3 절 납입자본

기업의 자산에 대한 주주의 청구권으로서의 자본은 주주가 불입한 자본(납입자본)과 기업의 경제활동의 결과로 늘어난 잉여금으로 구성된다. 즉, 기업의 자본은 자본거래와 영업활동 등의 결과에 의한 증감으로 구분할 수 있으며 자본거래에 의해 증가된 자본을 자본금 또는 납입자본이라 하고 영업활동 등의 결과에 의해 증가된 자본을 이익잉여금 또는 유보이익이라고 한다.

1 자본금

자본금이란 **발행된 주식의 액면가액의 합계액**을 말하는 것으로 상법상 기업이 유지해야 할 최소자본금, 즉 법정자본금을 말한다. 이는 법인이 발행한 주식의 액면금액으로 보고되는 소유주 지분으로 보통주 자본금, 우선주 자본금이 있다.

2 자본잉여금

자본잉여금은 증자활동, 감자활동 및 자본과 관련된 자본거래에서 발생한 잉여금으로 영업활동과 관련하여 발생한 이익잉여금과 구별된다. 자본잉여금의 종류는 주식발행초과금, 감자차익, 자기주식처분이익 등이 있다.

(1) 주식발행초과금

경영성적이 우수하고, 장래성이 있는 주식회사에서 증자를 위한 주식을 발행할 때 액면금액을 초과하여 주식을 발행한 경우 액면금액을 초과한 금액을 주식발행초과금이라 한다.

(2) 감자차익

주식회사에서 사업의 규모를 축소하기 위하여 발행한 주식을 매입소각하거나, 결손금을 보전하기 위하여 자본을 감소시키는 것을 감자라고 하며, 이 경우 감소한 자본금이 주금의 환급액 또는 결손금의 보전액을 초과할 때의 초과액을 감자차익이라 한다.

(3) 자기주식처분이익

자기주식이란 자기가 발행한 주식을 회사가 소유하게 되는 경우 그 해당 주식을 말한다. 자기주식을 취득할 경우 그 취득원가를 자본조정항목으로 하여 분류하고, 자본에서 차감하는 형식으로 보고한다. 자기주식을 일시 보유목적으로 취득하고, 매각할 경우 매각이익이 발생하였다면 자기주식처분이익으로 하여 손익계산서에 반영하지 않고 자본잉여금으로 분류한다. 반대로 매각손실이 발생하였다면, 자기주식처분이익계정 잔액을 먼저 상계하고 남은 금액은 자본조정항목인 자기주식처분손실로 분류한다.

더 알아두기

자기주식의 회계처리

① 취득 시

(차) 자기주식	×××	(대) 현금	×××

② 처분 시

㉠ 취득원가 〈 처분가격

(차) 현금	×××	(대) 자기주식	×××
		자기주식처분이익	×××

㉡ 취득원가 〉 처분가격

(차) 현금	×××	(대) 자기주식	×××
자기주식처분손실	××× (주1)		×××

(주1) 자기주식 처분이익이 있는 경우에는 그것과 상계한 차액을 기입한다.

예제 문제

(주)제주의 2021년 동안 자기주식 거래의 내용은 다음과 같다. 자기주식의 단가산정은 개별법을 적용하며 주당 액면금액은 ₩5,000인 상황에서 회계처리하시오.

(물음 1) 2021년 1월 7일 : 자기주식 10주를 주당 ₩6,000에 취득하다.
(물음 2) 2021년 3월 17일 : 1월에 취득한 주식 중 3주를 주당 ₩8,000에 처분하다.
(물음 3) 2021년 5월 27일 : 1월에 취득한 주식 중 3주를 주당 ₩3,000에 처분하다.
(물음 4) 2021년 9월 27일 : 1월에 취득한 주식 중 2주를 소각하다.

풀이

일자	회계처리			
2021년 1월 7일	(차) 자기주식	60,000	(대) 현금	60,000
2021년 3월 17일	(차) 현금	24,000	(대) 자기주식 자기주식처분이익	18,000 6,000
2021년 5월 27일	(차) 현금 자기주식처분이익 자기주식처분손실	9,000 6,000 3,000	(대) 자기주식	18,000
2021년 9월 27일	(차) 자본금 감자차손	10,000 2,000	(대) 자기주식	12,000

제 4 절 이익잉여금

1 이익잉여금의 의의

기업이 벌어들인 이익 중 자본조정과 상계되거나 배당금 및 일반적립금으로 처분되지 않고 남아있는 이익으로써 기업의 이익창출활동에 의해 획득된 이익을 의미한다. 이는 사외에 유출되거나 불입자본 계정에 대체되지 않고 사내에 유보된 부분을 말한다.

2 이익잉여금의 처분절차

이익잉여금(또는 유보이익)은 기업이 벌어들인 이익 중에서 일부를 주주들에게 배당으로 지급하고 나머지를 기업 내에 누적으로 유보한 것이다. 따라서 납입자본은 물론이고 이익잉여금 역시 주주들에게 귀속된다. 한편, 당기말 미처분이익잉여금은 이익준비금, 배당금, 차기이월미처분이익잉여금으로 분할하는 것을 이익잉여금의 처분이라 하고, 그 절차는 다음과 같다.

(1) 결산일에 손익계정의 순이익을 미처분이익잉여금계정으로 대체(처분가능한 이익잉여금 집계)한다.

(2) 이사회의 승인으로 이익잉여금처분(안)을 의결, 이익잉여금처분계산서를 작성한다.

3 이익잉여금의 분류

(1) 법정적립금

① 이익준비금

이익준비금은 상법 규정에 의하여 자본의 1/2에 달할 때까지 매 결산 시 금전에 의한 이익배당액의 1/10 이상의 금액을 최소한 적립하도록 한 법정적립금을 말한다.

② 기타 법정적립금

상법 이외의 법령에 의하여 의무적으로 적립하여야 하는 법정적립금으로서 기업합리화적립금과 재무구조개선적립금 등이 있다.

(2) 임의적립금

임의적립금은 그 설정 목적에 따라 적극적 적립금과 소극적 적립금으로 구분된다.

① **적극적 적립금**
기업의 순자산을 증대시키기 위한 목적으로 자본을 유보하는 적립금으로써 사업확장적립금과 감채적립금 등이 있다. 적극적 적립금은 적립목적을 달성하더라도 소멸하지 않고 미처분이익잉여금으로 이입하여 다른 목적의 적립에 사용하거나 특별한 적립목적이 없는 경우에는 별도적립금으로 대체된다. 여기서 별도적립금이란 어떠한 일반목적에도 사용될 수 있는 적립금을 말한다.

② **소극적 적립금**
장차 거액의 손실이나 지출로 인하여 기업의 순자산이 감소할 것을 대비하여 적립하는 적립금으로써 배당평균적립금, 결손보전적립금, 세법상 준비금 등이 있다. 예를 들어 배당평균적립금은 매기의 배당률을 일정수준으로 유지하기 위하여 이익이 많은 연도에는 이익의 일부를 적립하여 두었다가 이익이 적은 연도에 이것을 재원으로 배당하는 것을 말한다.

(3) 미처분이익잉여금

미처분이익잉여금은 당기분 이익잉여금처분계산서상의 이익잉여금을 처분하기 전의 금액으로 전기이월 미처분이익잉여금에 당기순손익, 회계변경누적효과 등을 가감하여 표시한다.

더 알아두기

이익잉여금처분계산서의 기본구조

이익잉여금처분계산서는 미처분이익잉여금, 임의적립금 등의 이입액, 이익잉여금처분액, 차기이월 미처분이익잉여금으로 구분하여 표시한다.

① **미처분이익잉여금**
미처분이익잉여금은 전기이월 미처분이익잉여금(또는 전기이월 미처리결손금)에 회계정책의 변경으로 인한 누적효과, 전기오류수정손익, 중간배당액 및 당기순이익(또는 당기순손실)을 가감하여 산출한다.

② **임의적립금 등의 이입액**
임의적립금 등의 이입액이란 기업이 임의적립금을 설정하게 된 본래의 목적을 달성하였거나 혹은 적립금에 대한 회사의 정책이 변동되는 경우에 사내에 적립된 과거의 임의적립금을 해체하여 미처분이익잉여금으로 환원시키게 되는 금액을 의미한다.

③ **이익잉여금처분액**
이익잉여금처분액은 이익준비금, 기타법정적립금, 이익잉여금처분에 의한 상각 등, 배당금, 임의적립금으로 구분하여 표시한다. 여기서 이익잉여금처분에 의한 상각 등은 주식할인발행차금상각, 자기주식처분손실 잔액 등으로 한다. 배당금은 현금배당과 주식배당으로 구분하며, 주식의 종류별 주당배당금액과 액면배당률은 배당금 다음에 표시한다. 또한, 배당수익률, 배당성향, 배당액의 산정 내역은 주석으로 기재한다.

④ **차기이월 미처분이익잉여금**
차기이월 미처분이익잉여금은 미처분이익잉여금과 임의적립금 등의 이입액의 합계액에서 이익잉여금처분액을 차감한 금액으로 이것은 차기로 이월되는 미처분이익잉여금을 말한다.

제 5 절 자본유지조정 및 기타포괄손익

1 자본유지조정

(1) 자본유지개념

① **재무자본유지개념**

자본을 투자된 화폐액 또는 투자된 구매력으로 보는 재무적 개념하에서 자본은 기업의 순자산이나 지분과 동의어로 사용된다. 재무자본유지개념하에서 이익은 해당 기간 동안 소유주에게 배분하거나 소유주가 출연한 부분을 제외하고 기말 순자산의 재무적 측정금액이 기초 순자산의 재무적 측정금액을 초과하는 경우에만 발생한다. 재무자본유지는 명목화폐단위 또는 불변구매력단위를 이용하여 측정할 수 있다.

② **실물자본유지개념**

자본을 조업능력으로 보는 자본의 실물적 개념하에서 자본은 기업의 생산능력으로 간주된다. 실물자본유지개념하에서 이익은 해당 기간 동안 소유주에게 배분하거나 소유주가 출연한 부분을 제외하고 기업의 기말 실물생산능력이나 조업능력 또는 그러한 생산능력을 갖추기 위해 필요한 자원이나 기금이 기초 실물생산능력을 초과하는 경우에만 발생한다.

(2) 자본유지개념에 따른 이익의 계산

① 자본을 명목화폐단위로 정의한 재무자본유지개념 하에서 이익은 해당 기간 중 명목화폐자본의 증가액을 의미한다. 따라서 기간 중 보유한 자산가격의 증가 부분인 보유이익은 개념적으로 이익에 속한다.

> 명목화폐단위로 측정 시 이익 = 기말자본 − 기초자본

② 재무자본유지개념이 불변구매력 단위로 정의된다면 이익은 해당 기간 중 투자된 구매력의 증가를 의미하게 된다. 따라서 일반 물가수준에 따른 가격상승을 초과하는 자산가격의 증가 부분만이 이익으로 간주되며, 그 이외의 가격증가 부분은 자본의 일부인 자본유지조정으로 처리된다.

> 불변구매력단위로 측정 시 이익 = 기말자본 − 물가지수를 반영한 기초자본

③ 자본을 실물생산능력으로 정의한 실물자본유지개념 하에서 이익은 해당 기간 중 실물생산능력의 증가를 의미한다. 기업의 자산과 부채에 영향을 미치는 모든 가격변동은 해당 기업의 실물생산능력에 대한 측정치의 변동으로 간주되어 이익이 아니라 자본의 일부인 자본유지조정으로 처리된다.

> 실물자본유지개념의 이익
> = 기말자본 − 기초자본으로 구매한 동일 자원의 기말 구입가격

(3) 자본유지조정

자산과 부채에 대한 재평가 또는 재작성은 자본의 증가나 감소를 초래한다. 이와 같은 자본의 증가 또는 감소는 수익과 비용의 정의에 부합하지만 이 항목들은 특정 자본유지 개념에 따라 포괄손익계산서에는 포함하지 아니하고 자본유지조정 또는 재평가적립금으로 자본에 포함한다.

(4) 자본조정

자본조정은 자본거래에 해당하나 최종 납입된 자본으로 볼 수 없거나 자본의 가감 성격으로 자본금이나 자본잉여금으로 분류할 수 없는 항목을 말한다. 즉 자본조정이란 자본거래로 인한 순자산의 변동으로써 자본잉여금과는 달리 일시적인 성격을 갖고 있어서 관련 후속거래가 종료되면 소멸될 항목을 말한다. 즉, 자본의 어느 항목에도 속하지 아니하는 임시적 성격의 자본 항목으로 자기주식, 주식할인발행차금, 자기주식처분손실, 감자차손, 신주청약증거금, 출자전환채무, 주식매수선택권, 미교부주식배당금, 전환권대가, 신주인수권대가 등이 포함된다.

2 기타포괄손익

포괄손익은 투자 및 주주에 대한 분배가 아닌 거래나 회계사건으로 인하여 일정 회계기간 동안 발생한 순자산의 변동액을 말한다. 이러한 순자산의 변동은 당기순손익에서 제외되지만 포괄손익에는 포함되는 손익항목을 기타포괄손익이라고 한다. 포괄손익을 보고하는 목적은 순자산의 변동 중 주주와의 자본거래를 제외한 모든 거래와 기타 경제적 사건을 측정하기 위한 것이며 당기순손익에 기타포괄손익을 가감하여 산출한 포괄손익의 내용을 주석으로 기재하도록 규정되어 있다.

더 알아두기

총포괄손익

총포괄손익은 기업이 일정기간 동안 소유주와의 자본거래를 제외한 모든 거래나 사건으로 인하여 발생한 순자산의 변동을 말하며 당기에 발생한 모든 수익과 비용을 차감한 금액으로써 **당기순손익과 기타포괄손익의 합**으로 구성된다.

더 알아두기

주식배당, 무상증자, 주식분할, 주식병합의 비교

구분	주식배당		무상증자	주식분할	주식병합
	시가법	액면가액법			
자본금	증가	증가	증가	불변	불변
자본잉여금	증가	불변	감소 가능	불변	불변
이익잉여금	감소	감소	감소 가능	불변	불변
자본총계	불변	불변	불변	불변	불변
발행주식수	증가	증가	증가	증가	감소
1주당 액면	불변	불변	불변	감소	증가

예제 문제

01 (주)백석은 2015년 1월 1일 현금 ₩2,000,000을 출자하여 설립된 회사이다. 다음 자료를 참고로 (주)백석의 2015년과 2016년의 당기순이익을 계산하시오.

일자	자산총계	부채총계
2015.12.31.	₩4,850,000	₩1,200,000
2016.12.31.	₩5,170,000	₩1,670,000

2015년 중에 추가적인 현금 출자(유상증자)가 ₩800,000이 있었고, 2016년 중에는 배당금 ₩500,000이 지급되었으며 다른 자본에 영향을 미치는 거래는 발생하지 않았다.

풀이

① 2015년 당기순이익 = ₩3,650,000 − ₩2,000,000 − ₩800,000 = ₩850,000
② 2016년 당기순이익 = ₩3,500,000 − ₩3,650,000 + ₩500,000 = ₩350,000

예제 문제

02 2021년 회계기간에 대한 (주)서울의 이익잉여금처분계산서 관련 자료와 기타 자료는 다음과 같다. (주)서울은 이익준비금은 최소한으로 적립할 것을 결의하였다. 이하의 모든 사항은 2022년 2월 1일에 개최된 이사회에서 승인되고, 이후 주주총회에서 변경 없이 확정되었다. 이익잉여금처분계산서를 작성할 때 (주)서울의 차기이월미처분이익잉여금을 구하시오.

• 현금배당	₩800,000
• 주식배당	₩9,000,000
• 당기순이익	₩8,500,000
• 중간배당	₩500,000
• 자기주식처분손실 상각	₩500,000
• 전기이월미처분이익잉여금	₩50,000,000
• 사업확장적립금으로 처분	₩1,700,000
• 재무구조개선적립금으로 처분	₩900,000
• 감채기금적립금 이입액	₩2,000,000

풀이

① 2021년 말 미처분이익잉여금
= 50,000,000 − 500,000(중간배당) + 8,500,000(당기순이익) = ₩58,000,000

② 임의적립금이입액 = ₩2,000,000

③ 이익잉여금처분액
= 800,000 + (500,000 + 800,000) × 10% + 9,000,000 + 500,000
+ 1,700,000 + 900,000 = ₩13,030,000

④ 차기이월미처분이익잉여금
= 58,000,000 + 2,000,000 − 13,030,000 = ₩46,970,000

제5장

OX로 점검하자

※ 다음 지문의 내용이 맞으면 O, 틀리면 ×를 체크하시오. [1~20]

01 주식회사는 주주의 출자 재산을 바탕으로 설립된 하나의 자본단체로서, 주주의 유한책임제도, 증권제도, 소유와 경영의 분리제도 등을 특징으로 한다. (   )

02 자본은 자본금, 자본잉여금, 자본조정, 기타포괄손익누계액, 이익잉여금 등으로 구분한다. (   )

03 비누적적 우선주는 소정의 배당을 받을 뿐 잔여의 이익이 있더라도 그것은 모두 보통주의 주주에게만 배당되어 추가배당을 받을 수 없는 우선주를 말한다. (   )

04 주식할인발행차금/자기주식처분손실/감자차손은 자본거래에서 발생한 손실이므로 관련된 자본잉여금, 즉 주식발행초과금/자기주식처분이익/감자차익과 먼저 상계하고 남은 잔액이 있다면 이익잉여금과 상계한다. (   )

05 상환우선주의 회계처리에 있어서 발행기업이 의무적으로 상환해야 하는 계약상 의무를 부담하거나, 보유자가 상환을 청구할 수 있는 권리를 보유한다면 금융부채가 아니라 자본금으로 분류하여야 한다. (   )

06 할증발행은 주식의 발행금액이 액면금액을 초과하는 경우로서 납입된 금액 중 액면총액만을 자본금으로 계상하고, 액면총액을 초과하는 부분은 주식할인발행차금으로 계상한다. (   )

정답과 해설 01 O 02 O 03 × 04 O 05 × 06 ×

03 비참가적 우선주는 소정의 배당을 받을 뿐 잔여의 이익이 있더라도 그것은 모두 보통주의 주주에게만 배당되어 추가배당을 받을 수 없는 우선주를 말한다.

05 상환우선주의 회계처리에 있어서 발행기업이 의무적으로 상환해야 하는 계약상 의무를 부담하거나, 보유자가 상환을 청구할 수 있는 권리를 보유한다면 자본금이 아니라 금융부채로 분류하여야 한다

06 할증발행은 주식의 발행금액이 액면금액을 초과하는 경우로서 납입된 금액 중 액면총액만을 자본금으로 계상하고, 액면총액을 초과하는 부분은 주식발행초과금으로 계상한다.

07 유상증자는 실질적인 증자를 의미하는 것으로 이는 자본금의 증가로 회사의 자산이 증가하는 것을 말한다. (   )

08 무상감자는 형식적인 감자를 의미하는 것으로 이는 회사의 누적된 결손금을 보전하기 위하여 자본금을 감소시키는 것을 말한다. (   )

09 자본잉여금의 종류는 주식발행초과금, 감자차익, 자기주식처분이익 등이 있다. (   )

10 자기주식을 취득할 경우 그 취득원가를 자본조정항목으로 하여 분류하고, 자본에서 가산하는 형식으로 보고한다. (   )

11 이익준비금은 상법 규정에 의하여 자본의 1/2에 달할 때까지 매 결산 시 금전에 의한 이익배당액의 1/10 이상의 금액을 최소한 적립하도록 한 법정적립금을 말한다. (   )

12 기타 법정적립금에는 기업합리화적립금과 재무구조개선적립금 등이 있다. (   )

13 적극적 적립금에는 배당평균적립금과 감채적립금 등이 있다. (   )

14 소극적 적립금에는 사업확장적립금, 결손보전적립금, 세법상 준비금 등이 있다. (   )

정답과 해설 07 O 08 O 09 O 10 × 11 O 12 O 13 × 14 ×

10 자기주식을 취득할 경우 그 취득원가를 자본조정항목으로 하여 분류하고, 자본에서 차감하는 형식으로 보고한다.
13 적극적 적립금에는 사업확장적립금과 감채적립금 등이 있다.
14 소극적 적립금에는 배당평균적립금, 결손보전적립금, 세법상 준비금 등이 있다.

15 이익잉여금처분계산서는 미처분이익잉여금, 임의적립금 등의 이입액, 이익잉여금처분액, 차기이월 미처분이익잉여금으로 구분하여 표시한다. (　　)

16 재무자본유지는 명목화폐단위 또는 불변구매력단위를 이용하여 측정할 수 있다. (　　)

17 자본을 조업능력으로 보는 자본의 실물적 개념하에서 자본은 기업의 생산능력으로 간주된다. (　　)

18 자본의 어느 항목에도 속하지 아니하는 임시적 성격의 자본항목으로는 자기주식, 주식할인발행차금, 자기주식처분손실, 감자차손, 신주청약증거금, 출자전환채무, 주식매수선택권, 미교부주식배당금, 전환권대가, 신주인수권대가 등이 있다. (　　)

19 당기순손익은 투자 및 주주에 대한 분배가 아닌 거래나 회계사건으로 인하여 일정 회계기간 동안 발생한 순자산의 변동액을 말한다. (　　)

20 기타포괄손익은 기업이 일정기간 동안 소유주와의 자본거래를 제외한 모든 거래나 사건으로 인하여 발생한 순자산의 변동을 말하며 당기에 발생한 모든 수익과 비용을 차감한 금액을 말한다. (　　)

정답과 해설 15 O　16 O　17 O　18 O　19 ×　20 ×

19 포괄손익은 투자 및 주주에 대한 분배가 아닌 거래나 회계사건으로 인하여 일정 회계기간 동안 발생한 순자산의 변동액을 말한다.

20 총포괄손익은 기업이 일정기간 동안 소유주와의 자본거래를 제외한 모든 거래나 사건으로 인하여 발생한 순자산의 변동을 말하며 당기에 발생한 모든 수익과 비용을 차감한 금액으로써 당기순손익과 기타포괄손익의 합으로 구성된다.

제 5 장

실전예상문제

checkpoint 해설 & 정답

01 협동조합이란 경제적 약자가 자신들의 이익을 보호하기 위하여 공동출자하여 운영하는 기업형태를 말한다.

02 사원의 신뢰관계가 중시되므로 사망·금치산·파산 및 제명 등의 경우 퇴사가 인정된다.

정답 01 ③ 02 ③

01 기업에 대한 다음 설명 중 틀린 것은?

① 기업은 경제 목적의 달성을 위한 영리 지향적, 주체적 단위경제의 구성체이다.

② 기업의 목적은 존속과 성장에 있으며 이를 위해 성장성, 수익성, 탄력성, 균형성 원칙이 필요하다.

③ 개인기업이란 경제적 약자가 자신들의 이익을 보호하기 위하여 공동출자하여 운영하는 기업형태를 말한다.

④ 공기업은 국가나 지방자치단체와 같은 공공단체가 공익을 목적으로 출자하여 경영되는 기업형태이다.

02 다음 중 합명회사에 대한 설명으로 옳지 않은 것은?

① 합명회사는 2인 이상의 사원이 공동으로 정관을 작성하고, 설립등기를 함으로써 성립한다.

② 사원의 대내관계는 조합과 유사한 성질을 가지므로 정관 또는 상법에 규정이 없으면 조합에 관한 민법의 규정이 준용된다.

③ 사원의 사망·금치산·파산 및 제명 등의 경우 퇴사가 인정되지 않는다.

④ 경제적으로 서로 신뢰할 수 있는 소수인이 결합하는 소규모공동기업에 적합한 형태이다.

해설 & 정답 checkpoint

03 다음 중 합자회사에 대한 설명으로 옳지 않은 것은?

① 합자회사는 무한책임사원과 유한책임사원 각 1인 이상으로 구성되는 이원적 조직의 회사이다.
② 무한책임사원 및 유한책임사원의 출자는 재산·노무·신용 중 어느 것이든지 출자할 수 있다.
③ 각 무한책임사원은 원칙적으로 각자가 회사대표권을 가진다.
④ 유한책임사원이 사망할 경우에도 상속자가 그 지위를 승계하고, 또 금치산 선고를 받았을지라도 퇴사의 원인이 되지 않는다.

03 무한책임사원의 출자는 재산·노무·신용 중 어느 것이든지 출자할 수 있고, 유한책임사원은 금전 그 밖의 재산만을 그 출자의 목적으로 할 수가 있다.

04 다음 중 주식회사에 대한 설명으로 옳지 않은 것은?

① 주식회사를 설립함에는 발기인이 정관을 작성하여야 하고, 설립의 방법에 따라 발기설립과 모집설립이 있다.
② 의사결정기관으로서의 주주총회와 집행기관으로서의 이사회·대표이사가 있다.
③ 감독기관으로서의 감사는 필요적 상설기관이다.
④ 주식회사는 일인회사가 인정되지 않는다.

04 사원의 퇴사제도는 없으나 주식회사는 일인회사까지 인정된다.

05 다음 중 유한회사에 대한 설명으로 옳지 않은 것은?

① 유한회사는 폐쇄성, 법규제의 간이화 그리고 사원의 책임과 자본 등 세 가지로 그 특성이 요약된다.
② 설립에 있어서는 모집설립이 인정되지 않으므로 사원 이외에 발기인제도가 없으며 복잡한 절차나 내용을 요하지 아니한다.
③ 감사는 필요적 상설기관이며, 업무·회계감사권한을 가진다.
④ 유한회사는 그 폐쇄성으로 주식회사와는 달리 수권자본제도를 채용하지 않고 있다.

05 감사는 임의기관이며, 업무·회계감사권한을 가진다.

정답 03 ② 04 ④ 05 ③

checkpoint 해설 & 정답

06 유한책임회사는 총 사원의 동의에 따라 주식회사로의 조직변경이 가능하다.

07 회계에서의 인출금은 자본금 계정에 대한 평가계정으로, 개인 기업에서 결산이 아닌 회계기간 중에 자본금의 증감이 발생하는 경우 직접 자본금 계정에 전기하지 않고 인출금 계정을 따로 설정한다. 자본금이 감소할 경우 인출금 계정의 차변에, 증가할 경우는 대변에 잔액이 발생한다. 결산 시는 인출금 계정을 대차대조표에 표시하지 않고, 결산분개를 통해 인출금 계정의 잔액을 모두 자본금으로 대체한다.

08 재무상태표상의 자본금은 발행주식수에 액면가액을 곱해 계산한다. 액면가액과 발행가액의 차익은 주식발행초과금이나 주식할인발행차금으로 처리한다.

정답 06 ④ 07 ① 08 ①

06 다음 중 유한책임회사에 대한 설명으로 옳지 않은 것은?

① 유한책임회사는 2011년 개정 상법에서 새롭게 도입된 기업형태로, 각 사원이 출자금액만을 한도로 책임을 지게 되는 회사이다.
② 유한책임회사는 회사의 주주들이 채권자에 대하여 자기의 투자액의 한도 내에서 법적인 책임을 부담한다.
③ 이사나 감사 등의 기관을 둘 필요도 없는 등 상대적으로 유연하며 탄력적인 지배구조를 그 특성으로 하기 때문에 소규모 기업에 적합하다.
④ 유한책임회사는 총 사원의 동의에 따라 유한회사로의 조직변경이 가능하다.

07 '개인기업인 준수상점의 기업주가 자녀의 결혼자금으로 당좌수표 2,000,000원을 발행하여 가져가다.'의 거래에 해당하는 분개는?

① (차) 인출금 2,000,000원 (대) 당좌예금 2,000,000원
② (차) 인출금 2,000,000원 (대) 현금 2,000,000원
③ (차) 잡손실 2,000,000원 (대) 당좌예금 2,000,000원
④ (차) 가지급금 2,000,000원 (대) 현금 2,000,000원

08 다음 중 재무제표상의 자본에 대한 설명으로 잘못된 것은?

① 자본금은 발행주식수에 발행가액을 곱하여 계산하며 재무상태표에 공시할 때에는 주식종류별로 구분하여 표시한다.
② 재무상태표상의 자본잉여금은 주식발행초과금, 감자차익, 기타자본잉여금으로 구성된다.
③ 재무상태표상의 자본은 자본금, 자본잉여금, 이익잉여금, 자본조정, 기타포괄손익누계액으로 구성된다.
④ 주식할인발행차금은 자본조정항목이다.

해설 & 정답 checkpoint

09 다음 중 자본총계가 변동 없는 경우로 묶인 것은?

① 무상증자와 무상감자
② 유상증자와 유상감자
③ 무상증자와 유상감자
④ 유상증자와 무상감자

09 무상증자와 무상감자는 자본총계가 변동이 없다.

10 다음 중 자본조정 항목에 속하지 않는 것은?

① 주식매수선택권
② 출자전환채무
③ 이익준비금
④ 신주청약증거금

10 이익준비금은 법정적립금으로써 이익잉여금에 속한다.

11 자본을 실질적으로 증가시키는 거래는 어느 것인가?

① 자본잉여금과 이익준비금을 자본전입한 경우
② 주식배당을 한 경우
③ 주식발행초과금을 자본전입한 경우
④ 주식을 할인발행한 경우

11 잉여금의 자본전입이나 주식배당 시 자본금은 증가하나 자본총액에는 변화가 없다.

정답 09 ① 10 ③ 11 ④

checkpoint 해설 & 정답

12 현금의 증가분만큼 자본이 증가한다. 따라서, 30주 × ₩5,000 = ₩150,000 증가한다.

13 주식할인발행차금은 자본에서 차감되어야 할 항목이다.

14 자기주식을 소각하면 자본의 변동이 없다.

정답 12 ④ 13 ② 14 ③

12 (주)동근은 2014년에 자기주식 60주를 주당 ₩3,000에 취득하였으며, 2015년에 이 중 30주를 주당 ₩5,000에 처분하였다. 2014년 말 (주)동근 주식의 주당 공정가치는 ₩4,000이다. 2015년의 자기주식 처분이 자본총계에 미치는 영향을 옳게 나타낸 것은?

① ₩30,000 감소
② ₩60,000 증가
③ ₩150,000 감소
④ ₩150,000 증가

13 다음 중 자본에서 차감되어야 할 항목은?

① 주식발행초과금
② 주식할인발행차금
③ 자기주식처분이익
④ 감자차익

14 다음 자본에 대한 설명 중 틀린 것은?

① 자기주식을 취득하면 취득가액만큼 자본이 감소한다.
② 자기주식을 처분하면 처분가액만큼 자본이 증가한다.
③ 자기주식을 소각하면 소각금액만큼 자본이 증가한다.
④ 주식배당과 무상증자는 자본의 변동이 없다.

해설 & 정답 checkpoint

15 다음 자본에 대한 설명 중 틀린 것은?

① 현금배당을 하더라도 자본의 변동은 없다.
② 이익준비금 적립은 자본의 변동이 없다.
③ 당기발생 매도가능금융자산평가손익만큼 자본이 변동한다.
④ 당기발생 매도가능금융자산평가손익은 총포괄이익에 포함된다.

15 현금배당을 하면 자본이 감소한다.

16 다음 중 자본잉여금의 구성항목이 아닌 것은?

① 주식발행초과금
② 감자차익
③ 자기주식처분이익
④ 금융자산평가손익

16 금융자산을 공정가치로 평가하여 발생하는 평가손익은 미실현손익이므로 기타포괄손익으로 처리한다.

17 주식회사의 경우 감자차익은 무엇으로 처리되는가?

① 자본금
② 자본잉여금
③ 이익잉여금
④ 자본조정

17 주식회사의 경우 감자차익은 자본잉여금으로 처리된다.

정답 15 ① 16 ④ 17 ②

checkpoint 해설 & 정답

18 주식발행초과금은 자본잉여금에 해당한다.

19 법정적립금은 법의 규정에 의하여 의무적으로 적립해야 하는 금액으로, 회사의 재무상태를 견고히 하기 위하여 제도적으로 도입한 것으로, 이익준비금과 기타법정적립금이 있다.

20 현금배당과 관련하여 배당금 지급일에 '(차) 미지급배당금 ₩700,000 (대) 현금 ₩700,000'으로 회계처리한다.

정답 18 ③ 19 ① 20 ③

18 다음 중 이익잉여금 항목에 해당하지 않는 것은?

① 이익준비금
② 임의적립금
③ 주식발행초과금
④ 미처분이익잉여금

19 이익잉여금 중 상법에 의해서 적립되는 것은?

① 이익준비금
② 감채적립금
③ 사업확장적립금
④ 재무구조개선적립금

20 현금배당이 ₩700,000 발생하였을 경우 이와 관련하여 배당금 지급일에 해야 할 회계처리 방법은?

① 회계처리는 불필요하다.
② (차) 미처분이익잉여금 ₩700,000 (대) 미지급배당금 ₩700,000
③ (차) 미지급배당금 ₩700,000 (대) 현금 ₩700,000
④ (차) 미처분이익잉여금 ₩700,000 (대) 미교부주식배당금 ₩700,000

해설 & 정답 checkpoint

21 다음 중 당기순이익을 계산하기 위해 이용되는 계정은?

① 자본금계정
② 미처분이익잉여금계정
③ 자본잉여금계정
④ 집합손익계정

21 당기순이익을 계산하기 위해 집합손익계정을 이용한다.

22 기업의 순자산을 증가시킬 목적으로 설정하는 적립금을 무엇이라 하는가?

① 이익준비금
② 적극적 적립금
③ 소극적 적립금
④ 이월이익잉여금

22 적극적 적립금은 기업의 순자산을 증가시킬 목적으로 설정하는 적립금을 말하며, 소극적 적립금은 기업의 순자산이 감소할 것에 대비하여 설정하는 적립금을 말한다.

23 다음 중 자본잉여금과 자본조정의 조합으로 옳지 않은 것은?

① 자기주식과 주식선택권
② 주식발행초과금과 주식할인발행차금
③ 감자차익과 감자차손
④ 자기주식처분이익과 자기주식처분손실

23 자기주식과 주식선택권은 모두 자본조정 항목이다.

정답 21 ④ 22 ② 23 ①

checkpoint 해설 & 정답

24 자기주식은 자본조정으로 처리한다.

24 다음 중 기타포괄손익누계액에 해당하지 않는 것은?

① 해외사업환산손익
② 지분법자본변동
③ 자기주식
④ 재평가잉여금

25 순확정급여부채의 재측정요소는 재분류조정을 하지 않는 항목에 속한다.

25 다음 기타포괄손익 중 재분류조정을 하지 않는 항목은?

① 매도가능금융자산의 재측정손익
② 순확정급여부채의 재측정요소
③ 해외사업장의 환산 차이
④ 현금흐름위험회피수단 평가손익 중 효과적인 부분

26 미교부주식배당금은 자본조정의 가산항목이다.

26 다음 중 자본의 차감 항목에 해당하지 않는 것은?

① 감자차손
② 미교부주식배당금
③ 주식할인발행차금
④ 자기주식

정답 24 ③ 25 ② 26 ②

해설 & 정답 checkpoint

27 다음은 자본거래가 각 자본항목에 미치는 영향을 나타내고 있다. 이 중 가장 올바르지 않은 것은?

① 주식배당 : 자본금 증가, 이익잉여금 감소, 총자본 증가
② 현금배당 : 자본금 불변, 이익잉여금 감소, 총자본 감소
③ 자기주식 취득 : 자본금 불변, 이익잉여금 불변, 총자본 감소
④ 주식의 할인발행 : 자본금 증가, 이익잉여금 불변, 총자본 증가

27 주식배당은 이익잉여금을 재원으로 자본을 증가시키므로 총자본은 불변이다.

28 주식분할과 주식병합의 공통점으로 틀린 것은?

① 자본금 불변
② 자본잉여금 불변
③ 이익잉여금 불변
④ 자본총계 감소

28 주식배당, 무상증자, 주식분할, 주식병합 모두 자본총계는 불변이다.

29 다음 중 발행주식수가 증가하는 경우가 아닌 것은?

① 주식배당
② 무상증자
③ 주식분할
④ 주식병합

29 주식병합의 경우에는 발행주식수가 감소한다.

정답 27 ① 28 ④ 29 ④

30 2021년 말 (주)제주의 자산총액은 기초 대비 ₩4,000,000 증가하였고, 부채총액은 기초 대비 ₩2,000,000 감소하였다. 2021년 중에 유상증자를 하고 그 대가 전액 ₩500,000을 토지 취득에 사용하였으며, 이후 무상증자 ₩1,000,000을 실시하였다. 또한, 현금배당 ₩800,000과 주식배당 ₩500,000을 결의·지급하였고, 자기주식을 ₩600,000에 취득하였다. 기타포괄손익–공정가치측정 금융자산 기말 공정가치가 기초 대비 ₩400,000 증가하였다면, 2021년도 당기순이익은 얼마인가?

① ₩5,500,000
② ₩6,000,000
③ ₩6,500,000
④ ₩7,000,000

checkpoint 해설 & 정답

30
- 2021년 순자산 증가 : 4,000,000(자산증가) + 2,000,000(부채감소) = ₩6,000,000
- 자본거래로 자본의 감소 : 500,000(유상증자) − 800,000(현금배당) − 600,000(자기주식 취득) = (−)₩900,000
- 2021년 총포괄이익 = 6,000,000 + 900,000 = ₩6,900,000
- 2021년 당기순이익 = 6,900,000 − 400,000(기타포괄이익) = ₩6,500,000

주관식 문제

01 다음 빈칸에 들어갈 알맞은 용어를 쓰시오.

> 한국채택국제회계기준에 의한 자본의 구성은 (①), (②), (③)으로 분류하고 있다. 특히, (①)은 자본금과 자본잉여금으로 세분할 수 있으며 (②)는 자본조정과 기타포괄손익누계액으로 구분할 수 있다. 또한, 자본을 구성하는 (①), (②), (③)의 크기 및 변동에 대한 포괄적인 정보를 제공하는 재무보고서로 (④)를 들 수 있다.

01
정답 ① 납입자본
② 기타자본구성요소
③ 이익잉여금
④ 자본변동표

정답 30 ③

해설 & 정답 checkpoint

02 다음 자료를 보고 (물음 1)과 (물음 2)에 답하시오.

> 2012년 1월 1일에 주식을 발행하고 영업을 개시한 (주)국세의 2014년 12월 31일 현재 재무상태표상 보통주자본금과 우선주 자본금은 각각 ₩5,000,000과 ₩3,000,000이고, 그동안의 자본금 변동은 없었다. 보통주 및 우선주의 주당 액면금액은 ₩5,000으로 동일하며, 우선주는 배당률 3%의 누적적·부분 참가적(6%까지) 주식이다. 영업을 개시한 이래 한 번도 배당을 실시하지 않은 (주)국세가 2015년 1월에 총 ₩600,000의 현금배당을 선언하였다.

(물음 1) (주)국세의 우선주에 배분될 배당금은 얼마인지 계산식과 정답을 쓰시오.

(물음 2) (주)국세의 보통주에 배분될 배당금은 얼마인지 계산식과 정답을 쓰시오.

02

정답 (물음 1)

우선주 배당금
= 3,000,000 × 3% × 2
+ (600,000 − 180,000)
× 3,000,000/8,000,000
= ₩337,500

(물음 2)

보통주 배당금
= 600,000 − 337,500
= ₩262,500

checkpoint 해설 & 정답

03
정답 ㉠ ₩300,000, ㉡ (₩50,000), ㉢ (₩80,000), ㉣ (₩45,000), ㉤ ₩125,000

03 **(주)한국의 2021년 중 자본 관련 자료가 다음과 같을 때, 2021년도 자본 변동과 자본 증가액에 대해 쓰시오. (단, (주)한국은 주당 액면금액이 ₩1,000인 보통주만을 발행하고 있다.)**

㉠ 2/1 : 보통주 200주를 주당 ₩1,500에 유상증자
㉡ 3/20 : 자기주식 50주를 주당 ₩1,000에 취득
- 5/5 : 3월 20일에 취득한 자기주식 중 20주를 소각
- 7/7 : 상장기업 A사 주식 150주를 주당 ₩1,500에 취득하여 FVOCI 금융자산으로 분류
- 8/15 : 보통주 50주를 무상감자

㉢ 9/27 : 보통주 100주를 주당 ₩800에 유상감자
㉣ 12/31 : 상장기업 A사 주식 공정가치 주당 ₩1,200
㉤ 2021년도 자본 증가액 : ?

해설

일자	내역	자본변동
2/1	유상증자(200주 × ₩1,500)	₩300,000
3/20	자기주식 취득(50주 × ₩1,000)	(₩50,000)
5/5	자기주식 소각	–
7/7	FVOCI 금융자산 취득	–
8/15	무상감자	–
9/27	유상감자(100주 × ₩800)	(₩80,000)
12/31	FVOCI 금융자산평가손실(150주 × ₩300)	(₩45,000)
2021년도 자본 증가액		₩125,000

04 다음 자료는 (주)서울의 재무상태표에 나타난 자본항목들이다. (물음 1, 2, 3, 4)에 답하시오.

• 보통주자본금(₩5,000)	₩50,000,000
• 우선주자본금(₩5,000)	₩20,000,000
• 주식발행초과금	₩10,000,000
• 자기주식(보통주 1,000주)	(₩6,000,000)
• 이익준비금	₩15,000,000
• 사업확장적립금	₩10,000,000
• 배당평균적립금	₩5,000,000
• 감채적립금	₩3,000,000
• 미처분이익잉여금	₩7,000,000

(물음 1) 보통주와 우선주의 발행주식수 및 보통주 유통주식수는 각각 몇 주인지 계산식과 정답을 쓰시오.

(물음 2) 주주들이 납입한 납입자본은 얼마인지 계산식과 정답을 쓰시오.

(물음 3) 이익잉여금 총액은 얼마이며, 주주총회를 통해 주주들에게 배당가능한 이익잉여금은 각각 얼마인지 계산식과 정답을 쓰시오.

(물음 4) (주)서울의 자본 총액은 얼마인지 계산식과 정답을 쓰시오.

해설 & 정답 checkpoint

04

정답 (물음 1)

• 보통주 발행주식수
= ₩50,000,000 ÷ ₩5,000
= 10,000주

• 우선주 발행주식수
= ₩20,000,000 ÷ ₩5,000
= 4,000주

• 보통주 유통주식수
= 보통주 발행주식수 − 자기주식수
= 10,000주 − 1,000주 = 9,000주

(물음 2)

납입자본 총액
= 보통주 자본금 + 우선주 자본금 + 주식발행초과금
= ₩50,000,000 + ₩20,000,000 + ₩10,000,000
= ₩80,000,000

(물음 3)

• 법정적립금 = ₩15,000,000
• 임의적립금 = ₩10,000,000 + ₩5,000,000 + ₩3,000,000 = ₩18,000,000
• 이익잉여금 총액
= 법정적립금 + 임의적립금 + 미처분이익잉여금
= ₩15,000,000 + 18,000,000 + ₩7,000,000
= ₩40,000,000
• 배당 가능한 이익잉여금
= 임의적립금 + 미처분이익잉여금
= ₩18,000,000 + ₩7,000,000
= ₩25,000,000

(물음 4)

자본 총액
= 납입자본 총액 + 이익준비금 + 임의적립금 + 미처분이익잉여금 − 자기주식
= ₩80,000,000 + ₩15,000,000 + ₩18,000,000 + ₩7,000,000 − ₩6,000,000
= ₩114,000,000

여기서 멈출 거예요? 고지가 바로 눈앞에 있어요.
마지막 한 걸음까지 SD에듀가 함께할게요!

수익·비용의 인식 및 측정

I wish you the best of luck!

제6장 수익·비용의 인식 및 측정

제1절 이익의 개념 및 측정

1 당기순손익의 의미

포괄손익계산서에 나타난 당기순손익은 총수익과 총비용의 관계에서 결정된다. 즉, 총수익이 총비용을 초과하면 당기순이익이 발생되지만 그 반대로 총비용이 총수익을 초과하면 당기순손실이 나타난다. 만약 총수익과 총비용이 동일하다면 당기순손익이 '영'인 상태가 된다. 이처럼 기업이 일정 기간 동안 영업활동을 한 결과 당기순이익이 발생하였는지 또는 당기순손실이 발생하였는지는 포괄손익계산서에서 쉽게 찾을 수 있다.

2 당기순손익의 계산 방법

(1) 재산법

재산법은 회계연도 초의 자본금과 회계연도 말의 자본금을 비교해서 당기순손익을 계산하는 방법을 말한다. 즉, 기말자본에서 기초자본을 차감하여 당기순손익을 계산한다. 이 경우 기말자본금이 크면 당기순이익이 나타나지만 기초자본금이 크면 당기순손실이 발생한다.

(2) 손익법

손익법은 회계 기간 동안의 총수익과 총비용을 비교해서 당기순손익을 계산하는 방법을 말한다. 즉, 총수익에서 총비용을 차감하여 당기순손익을 구하는 것이다.

> **더 알아두기**
>
> **주당이익**
>
> 주당이익(earning per share)은 주식 1주당 이익 또는 손실이 얼마인가를 나타내는 수치로써 주식 1주에 귀속되는 이익 또는 손실을 말한다. 즉, 주당이익은 보통주 당기순이익을 가중평균유통보통주식수로 나누어서 구한다.
>
> 이는 포괄손익계산서에 표시되는 경영성과인 당기순이익이 경영성과를 측정하는 데 유용한 정보를 제공하나 경영의 효율성을 측정하는 데는 추가자료가 필요하며 이러한 정보를 추가로 제공해 줄 필요에 따라 단위자본당 경영 효율성을 표시해주는 정보인 주당이익이 필요하게 되었다.

제 2 절 수익의 인식 및 측정

1 수익의 인식

(1) 수익의 의의 및 측정

수익(revenues)이란 **기업이 일정기간 동안 고객에게 재화를 판매하거나 용역을 제공하고 그 대가로 획득한 현금 또는 수취채권**을 말한다. 수익은 기업의 경영활동과 관련하여 순자산의 증가를 가져오는 것이다. 수익은 영업주기 전반에 걸쳐 물품을 판매하고 대금을 회수하기 위한 영업활동이 점진적으로 수행되어 현금 또는 현금청구권이 확보되고, 수익창출활동이 사실상 완료되는 시점에 인식한다. 즉, 수익이란 자산의 유입이나 증가 또는 부채의 감소에 따라 자본의 증가를 초래하는 특정 회계 기간 동안에 발생한 경제적 효익의 증가로서 지분참여자에 의한 출연과 관련된 것은 제외한다.

수익은 판매자에 의해 제공된 매매할인 및 수량 리베이트를 고려하여 받았거나 받을 대가의 공정가치로 측정한다. 여기서 공정가액이란 합리적인 판단력과 거래의사가 있는 독립된 당사자 간에 거래될 수 있는 교환가격이다. 수익은 기업이 받았거나 받을 경제적 효익의 총유입만을 포함하므로 판매세, 특정 재화나 용역과 관련된 세금, 부가가치세와 같이 제3자를 대신하여 받는 금액은 수익에서 제외한다. 또한, 대리관계에서 본인을 대신하여 대리인인 기업이 받는 금액은 대리인인 기업의 자본을 증가시키지 않으므로 수익이 아니며 대리업무 수행에 대한 대가인 수수료 금액만 수익으로 인식한다.

(2) 수익인식 시기

구분	수익인식시기
상품 등 일반매출액	상품·제품 등을 판매하여 인도하는 시점
위탁매출액	수탁자가 위탁품을 판매한 날
시용매출액	매입자가 매입의사표시를 한 날
용역·예약매출	진행기준. 단, 진행기준을 적용함에 있어 공사·제조 및 용역제공과 관련한 수익·원가 또는 진행률 등을 합리적으로 추정할 수 없거나 수입금액의 회수 가능성이 크지 않은 경우에는 발생원가범위 내에서 회수가능한 금액을 수익으로 인식하고 발생원가 전액을 비용으로 계상
단기·장기할부매출액	상품·제품 등을 판매하여 인도하는 시점. 다만, 장기할부의 경우 이자 상당액은 현재가치할인차금으로 계상하여, 기간의 경과에 따라 수익으로 인식
토지·건물 등의 처분	잔금청산일, 소유권이전등기일 및 매입자의 사용 가능일 중 가장 빠른 날

(3) 수익인식의 5단계

① **1단계 :** 고객과의 계약 식별

계약은 둘 이상의 당사자 사이에 집행 가능한 권리와 의무가 생기게 하는 합의이다. 다음 기준을 모두 충족하는 때에만 고객과의 계약에서 생기는 수익으로 인식할 고객과의 계약으로 회계처리한다.

㉠ 계약당사자들이 계약을 승인하고 각자의 의무를 수행하기로 확약한다.

㉡ 이전할 재화나 용역과 관련된 각 당사자의 권리를 식별할 수 있다.

㉢ 이전할 재화나 용역의 지급조건을 식별할 수 있다.

ⓡ 계약에 상업적 실질이 있다. 여기에서 상업적 실질이란 계약의 결과로 기업의 미래현금흐름의 위험, 시기, 금액이 변동될 것으로 예상되는 경우를 말한다.

ⓜ 고객에게 이전할 재화나 용역에 대하여 받을 권리를 갖게 될 대가의 회수 가능성이 높다.

② **2단계**: 수행의무의 식별

계약 개시 시점에 고객과의 계약에서 약속한 재화나 용역을 검토하여 고객에게 다음 중 어느 하나를 이전하기로 한 각 약속을 하나의 수행의무로 식별한다.

㉠ 구별되는 재화나 용역 또는 재화나 용역의 묶음

다음 ⓐ, ⓑ 기준을 모두 충족한다면 고객에게 약속한 재화나 용역은 구별되는 것이다.

ⓐ 효익 획득 가능성: 고객이 재화나 용역 그 자체에서 효익을 얻거나 고객이 쉽게 구할 수 있는 다른 자원과 함께하여 그 재화나 용역에서 효익을 얻을 수 있다.

ⓑ 식별 가능성: 고객에게 재화나 용역을 이전하기로 하는 약속을 계약 내의 다른 약속과 별도로 식별해낼 수 있다.

㉡ 실질적으로 서로 같고 고객에게 이전하는 방식도 같은 일련의 구별되는 재화나 용역

일련의 구별되는 재화나 용역이 기간에 걸쳐 수행의무를 이행하고, 수행의무의 진행률을 같은 방법으로 측정하는 경우 일련의 구별되는 재화나 용역을 하나의 수행의무로 본다.

③ **3단계**: 거래가격의 산정

거래가격은 고객에게 약속한 재화나 용역을 이전하고 그 대가로 기업이 받을 권리를 갖게 될 것으로 예상하는 금액이며, 제3자를 대신해서 회수한 금액은 제외한다. 또한, 거래가격을 산정하기 위해서는 계약조건과 기업의 사업 관행을 참고한다.

㉠ 변동대가

대가(금액)는 할인(discount), 리베이트, 환불, 공제(credits), 가격할인(price concessions), 장려금(incentives), 성과 보너스, 위약금이나 그 밖의 비슷한 항목 때문에 변동될 수 있다. 기업이 대가를 받을 권리가 미래사건의 발생 여부에 달려있는 경우에도 약속한 대가는 변동될 수 있다. 예를 들면 반품권을 부여하여 제품을 판매하거나 특정 단계에 도달해야 고정금액의 성과 보너스를 주기로 약속한 경우에 대가(금액)는 변동될 것이다.

㉡ 변동대가 추정치의 제약

변동대가와 관련된 불확실성이 나중에 해소될 때 이미 인식한 누적수익 금액 중 유의적인 부분을 되돌리지(환원하지) 않을 가능성이 매우 높은 정도까지만 거래가격에 포함시키도록 하여 환원할 가능성이 있는 금액은 거래가격에 포함시키지 않도록 하고 있다.

㉢ 반품권이 있는 판매

일부 계약에서는 기업이 고객에게 제품에 대한 통제를 이전하고 다양한 이유(㉨ 제품 불만족)로 제품을 반품할 권리와 함께 다음 사항을 조합하여 받을 권리를 고객에게 부여한다.

ⓐ 지급된 대가의 전부나 일부 환불

ⓑ 기업에 갚아야 할 의무가 있거나 의무가 있게 될 금액에 대한 공제(credit)

ⓒ 다른 제품으로 교환

더 알아두기

반품권이 있는 제품 등의 이전에 대한 회계처리

① 매출에 대한 회계처리

기업이 받을 권리를 갖게 될 것으로 예상하는 대가(금액)를 이전하는 제품판매에 대한 수익으로 인식하고 반품이 예상되는 제품에 대해서는 환불부채로 인식

(차)	현금	×××	(대)	매출	×××
				환불부채	×××

② 매출원가에 대한 회계처리

고객에게서 제품을 회수할 기업의 권리를 매출원가에서 조정하여 인식

(차)	매출권가	×××	(대)	재고자산	×××
	제품회수권	×××			
(차)	매출원가	×××	(대)	제품회수권	×××

기업은 보고 기간 말마다 반품 예상량의 변동에 따라 환불부채의 측정치를 새로 수정하고, 이에 따라 생기는 조정액을 수익(또는 수익의 차감)으로 인식한다.

㉣ 계약에 있는 유의적인 금융요소

거래가격을 산정할 때 계약당사자들 간에 합의한 지급시기 때문에 고객에게 재화나 용역을 이전하면서 유의적인 금융 효익이 고객이나 기업에 제공되는 경우에는 화폐의 시간가치가 미치는 영향을 반영하여 약속된 대가(금액)를 조정한다. 이는 재화나 용역을 고객에게 이전할 때 그 고객이 그 재화나 용역 대금을 현금으로 결제했다면 지급하였을 가격을 반영하는 금액(현금판매가격)으로 수익을 인식하기 위해서이다. 즉, 대금을 미래에 지급하기로 한 계약이라면 총지급대금에는 현금판매가격에 이자요소가 포함되어 있으므로 재화나 용역의 이전에 대하여 현금판매가격만 수익으로 인식하고 이자의 성격에 해당하는 금액은 회수기간에 걸쳐 금융수익으로 인식한다.

㉤ 비현금대가

고객이 현금 외의 형태로 대가를 약속한 계약의 경우에 거래가격을 산정하기 위하여 비현금대가(또는 비현금대가의 약속)를 공정가치로 측정한다.

㉥ 고객에게 지급할 대가

고객에게 지급할 대가란 기업이 고객에게 지급하거나 지급할 것으로 예상하는 현금 금액 등을 의미하는데, 고객이 기업에 이전하는 또 다른 구별되는 재화나 용역의 대가로 지급하는 것이 아니라면 그 대가는 거래가격, 즉 수익에서 차감하여 회계처리한다.

④ **4단계**: 거래가격을 계약 내 수행의무에 배분

거래가격을 배분하는 목적은 기업이 고객에게 약속한 재화나 용역을 이전하고 그 대가로 받을 권리를 갖게 될 금액을 나타내는 금액으로 각 수행의무(또는 구별되는 재화나 용역)에 거래가격을 배분하는 것이다. 이때 거래가격 배분의 목적에 맞게 거래가격은 상대적 개별판매가격을 기준으로 계약에서 식별된 각 수행의무에 배분한다. 거래가격을 상대적 개별판매가격에 기초하여 각 수행의무에

배분하기 위하여 계약 개시 시점에 계약상 각 수행의무의 대상인 구별되는 재화나 용역의 개별판매가격을 산정하고 이 개별판매가격에 비례하여 거래가격을 배분한다.
다만, 개별판매가격을 직접 관측할 수 없다면 배분 목적에 맞게 거래가격이 배분되도록 합리적인 범위에서 구할 수 있는 모든 정보(시장조건, 기업 특유요소, 고객이나 고객층에 대한 정보 포함)를 고려하여 개별 판매가격을 추정한다.
계약에서 약속한 재화나 용역의 개별판매가격 합계가 계약에서 약속한 대가를 초과하면 고객은 재화나 용역의 묶음을 구매하면서 할인을 받은 것이다. 이때 할인액 전체가 그 계약 내 일부 수행의무에만 관련된다는 관측 가능한 증거가 있는 때 외에는 할인액을 계약상 모든 수행의무에 비례하여 배분한다. 이러한 상황에서 할인액을 비례적으로 배분하면 대상이 되는 구별되는 재화나 용역의 상대적 개별판매가격에 기초하여 거래가격을 각 수행의무에 배분한 결과가 된다.

더 알아두기

개별판매가격 추정방법

거래가격은 일반적으로 계약에서 약속한 각 구별되는 재화나 용역의 상대적 개별판매가격을 기준으로 비례하여 배분한다. 개별판매가격은 기업이 약속한 재화나 용역을 고객에게 별도로 판매할 경우의 가격이다. 개별판매가격을 관측할 수 없다면 추정해야 한다. 개별판매가격 추정방법은 다음과 같다.

- **시장평가 조정 접근법** : 기업이 재화나 용역을 판매하는 시장을 평가하여 그 시장에서 고객이 그 재화나 용역에 대해 지급하려는 가격을 추정할 수 있다. 비슷한 재화나 용역에 대한 경쟁자의 가격을 참조하고 그 가격에 기업의 원가와 이윤을 반영하기 위해 필요한 조정을 하는 방법을 포함할 수도 있다.
- **예상원가 이윤 가산 접근법** : 수행의무를 이행하기 위한 예상 원가를 예측하고 여기에 그 재화나 용역에 대한 적절한 이윤을 더할 수 있다.
- **잔여접근법** : 재화나 용역의 개별판매가격은 총 거래가격에서 계약에서 약속한 그 밖의 재화나 용역의 관측 가능한 개별판매가격의 합계를 차감하여 추정할 수 있다. 그러나 잔여접근법은 판매가격이 매우 다양하거나 불확실한 경우에만 개별판매가격 추정에 사용할 수 있다.

⑤ **5단계** : 수행의무를 이행할 때 수익을 인식

기업이 약속한 재화나 용역을 고객에게 이전하여 수행의무를 이행할 때, 즉 고객이 재화나 용역을 통제하게 되는 때에 수익을 인식한다. 자산에 대한 통제란 자산을 사용하도록 지시하고 자산의 나머지 효익의 대부분을 획득할 수 있는 능력을 말한다. 통제에는 다른 기업이 자산의 사용을 지시하고 그 자산에서 효익을 획득하지 못하게 하는 능력이 포함된다. 자산의 효익은 다양한 방법으로 직접적으로나 간접적으로 획득할 수 있는 잠재적인 현금흐름(유입이 있거나 유출이 감소)이다. 인식하는 수익 금액은 이행한 수행의무에 배분된 금액이다.

㉠ 한 시점에 이행하는 수행의무 : 통제를 한 시점에 이전

수행의무가 기간에 걸쳐 이행되지 않는다면 그 수행의무는 한 시점에 이행되는 것이다. 고객이 약속된 자산을 통제하고 기업이 수행의무를 이행하는 시점을 판단하기 위해 다음의 예와 같은 통제 이전의 지표를 참고하여 통제의 이전을 확인할 수 있다.

ⓐ 기업은 자산에 대해 현재 지급 청구권이 있다. 즉, 고객이 자산에 대해 지급할 현재 의무가 있다.

ⓑ 고객에게 자산의 법적 소유권이 있다. 법적 소유권의 이전은 자산을 고객이 통제하게 되었음을 나타낼 수 있다.

ⓒ 기업이 자산의 물리적 점유를 이전하였다. 물리적 점유는 고객이 '자산의 사용을 지시하고 자산의 나머지 효익의 대부분을 획득할 능력'이 있거나 '그 효익에 다른 기업이 접근하지 못하게 하는 능력'이 있음을 나타낸다.

ⓓ 자산의 소유에 따른 유의적인 위험과 보상이 고객에게 있다. 자산의 소유에 따른 유의적인 위험과 보상이 고객에게 이전되었다는 것은 자산의 사용을 지시하고 자산의 나머지 효익의 대부분을 획득할 능력이 고객에게 있음을 나타낼 수 있다.

ⓔ 고객이 자산을 인수하였다. 고객이 자산을 인수한 것은 '자산의 사용을 지시하고 자산의 나머지 효익의 대부분을 획득할 능력'이 고객에게 있음을 나타낼 수 있다.

㉡ 기간에 걸쳐 이행하는 수행의무 : 통제를 기간에 걸쳐 이전

다음 기준 중 어느 하나를 충족하면 기업은 재화나 용역에 대한 통제를 기간에 걸쳐 이전하므로 기간에 걸쳐 수행의무를 이행하는 것이고, 따라서 기간에 걸쳐 수익을 인식한다.

ⓐ 고객은 기업이 수행하는 대로 기업의 수행에서 제공하는 효익을 동시에 얻고 소비한다(예 청소 용역과 같이 일상적이거나 반복적인 용역).

ⓑ 기업이 수행하여 만들어지거나 가치가 높아지는 대로 고객이 통제하는 자산(예 재공품)을 기업이 만들거나 그 자산가치를 높인다.

ⓒ 기업이 수행하여 만든 자산이 기업 자체에는 대체 용도가 없고, 지금까지 수행을 완료한 부분에 대해 집행 가능한 지급 청구권이 기업에 있다.

기간에 걸쳐 이행하는 수행의무에 대하여 그 수행의무 완료까지의 진행률을 측정하여 기간에 걸쳐 수익을 인식한다. 진행률을 측정하는 목적은 고객에게 약속한 재화나 용역에 대한 통제를 이전(기업의 수행의무 이행)하는 과정에서 기업의 수행 정도를 나타내기 위한 것이다.
시간이 흐르면서 상황이 바뀜에 따라 수행의무의 산출물 변동을 반영하기 위해 진행률을 새로 수정하고, 이러한 진행률의 변동은 회계추정의 변경으로 회계처리한다.

더 알아두기

진행률 측정 방법

적절한 진행률의 측정 방법의 예로 산출법과 투입법을 들 수 있다.

① 산출법
- 계약에서 약속한 재화나 용역의 나머지 부분의 가치와 비교하여 지금까지 이전한 재화나 용역이 고객에 주는 가치의 직접 측정에 기초하여 수익을 인식하는 방법
- 예 지금까지 수행을 완료한 정도를 조사, 달성한 결과에 대한 평가, 도달한 단계, 경과한 시간, 생산한 단위나 인도한 단위
- 단점 : 진행률을 측정하는 데에 사용하는 산출물을 직접 관측하지 못할 수 있고, 과도한 원가를 들이지 않고는 산출법을 적용하기 위해 필요한 정보를 구하지 못할 수도 있음

② 투입법
- 수행의무의 이행에 예상되는 총투입물 대비 수행의무를 이행하기 위한 기업의 노력이나 투입물에 기초하여 수익을 인식하는 방법
- 예 소비한 자원, 사용한 노동시간, 발생원가, 경과한 시간, 사용한 기계시간
- 단점 : 기업의 투입물과 고객에게 재화나 용역에 대한 통제를 이전하는 것 사이에 직접적인 관계가 없을 수 있음

2 다양한 수익인식 유형

(1) 보증

기업은 제품(재화/용역)의 판매와 관련하여(계약, 법률, 기업의 사업 관행에 따라) 보증을 제공하는 것이 일반적이다. 보증의 유형은 품질에 대한 확신을 제공하는 것과 품질에 대한 확신과 그에 더하여 용역을 제공하는 것이다.

① **품질에 대한 확신 제공** : 충당부채로 회계처리

② **품질에 대한 확신 & 용역 제공** : 수행의무로 회계처리하고 거래가격을 배분

(2) 고객충성제도

무료나 할인된 가격으로 추가 재화나 용역을 취득할 수 있는 고객의 선택권은 판매 인센티브, 고객보상점수(points), 계약갱신선택권, 미래의 재화나 용역에 대한 그 밖의 할인 등 그 형태가 다양하다. 고객충성제도는 재화나 용역을 구매하는 고객에게 인센티브를 제공하기 위하여 사용된다. 고객이 재화나 용역을 구매하면 기업은 고객보상점수(흔히 '포인트'라고 한다)를 부여한다. 고객은 보상점수를 사용하여 재화나 용역을 무상 또는 할인구매하는 방법으로 보상을 받을 수 있다. 고객충성제도(customer loyalty programmers)는 널리 확산되어 소매점, 항공사, 통신사업자, 호텔, 신용카드 사업자 등 다양한 사업자들이 사용한다.

계약에서 추가 재화나 용역을 취득할 수 있는 선택권을 고객에게 부여하고 그 선택권이 그 계약을 체결하지 않으면 받을 수 없는 중요한 권리를 고객에게 제공하는 경우에만 그 선택권은 계약에서 수행의무가 생기게 한다. 선택권이 고객에게 중요한 권리를 제공한다면 고객은 사실상 미래 재화나 용역의 대가를 기업에 미리 지급한 것이므로 기업은 그 미래 재화나 용역이 이전되거나 선택권이 만료될 때 수익을 인식한다. 이때 재화나 용역과 선택권의 개별판매가격에 기초하여 거래가격을 수행의무에 배분한다.

구분		기업의 수행의무	수익인식 시기	수익인식 금액
기업이 직접보상을 제공		고객에게 보상제공	보상제공시점	이연수익 총액
제3자가 보상을 제공	자기의 계산으로 참여	할인권의 판매	할인권 판매시점	이연수익 총액
	대리인으로 참여	할인권의 판매	할인권 판매시점	수수료해당 순액

(3) 상품권

고객에게서 선수금을 받은 경우에는 미래에 재화나 용역을 이전할 수행의무에 대한 선수금을 계약부채로 인식한다. 그 재화나 용역을 이전하고 따라서 수행의무를 이행할 때 계약부채를 제거하고 그에 대한 수익을 인식한다.

고객이 환불받을 수 없는 선급금을 기업에 지급하면 고객은 미래에 재화나 용역을 받을 권리를 기업에서 얻게 되고, 기업은 언제라도 재화나 용역을 이전할 수 있는 상태에 있어야 하는 의무가 발생하게 된다. 그러나 고객은 자신의 계약상 권리를 모두 행사하지 않을 수 없다. 그 행사되지 않은 권리를 미행사부분(breakage)이라고 부른다.

기업이 계약부채 중 미행사금액을 받을 권리를 갖게 될 것으로 예상된다면 고객이 권리를 행사하는 방식에 따라 그 예상되는 미행사 금액을 수익으로 인식한다. 기업이 미행사 금액을 받을 권리를 갖게 될 것으로 예상되지 않는다면 고객이 그 남은 권리를 행사할 가능성이 희박해질 때 예상되는 미행사 금액을 수익으로 인식한다.

백화점에서 고객이 상품권을 구입한다면 백화점 입장에서는 매출이 아니라 고객으로부터 받은 선수금에 대한 증빙으로 상품권을 발행하는 것이며, 이후 고객이 상품권을 제시하고 상품의 지급을 요구할 때 매출수익을 인식한다. 또한, 그 상품권의 유효기간(일반적으로 상품권의 소멸시효 5년)이 경과하면 미행사금액은 수익(상품권기간경과이익)으로 인식한다.

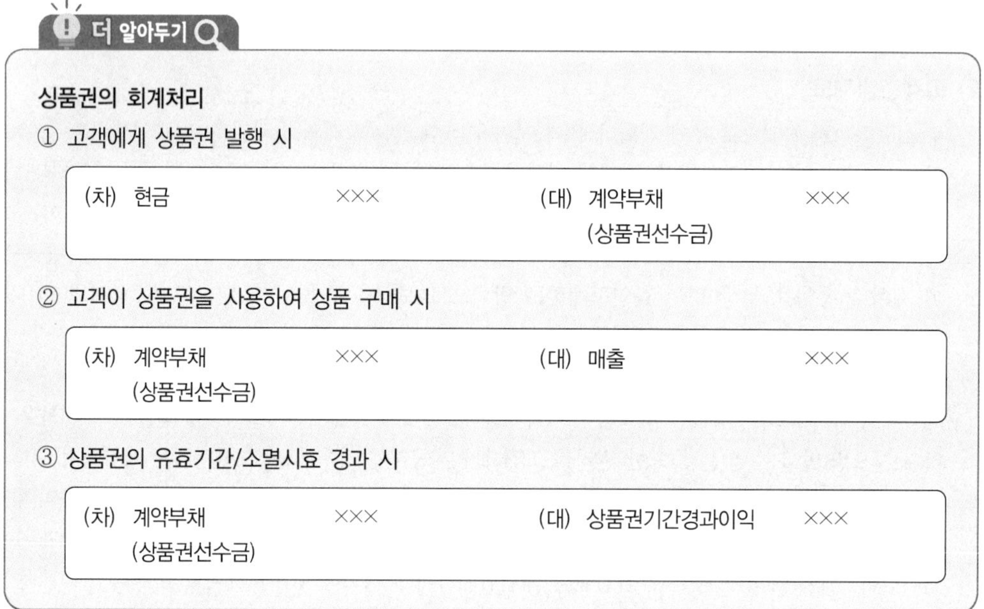

더 알아두기

상품권의 회계처리

① 고객에게 상품권 발행 시

(차) 현금	×××	(대) 계약부채 (상품권선수금)	×××

② 고객이 상품권을 사용하여 상품 구매 시

(차) 계약부채 (상품권선수금)	×××	(대) 매출	×××

③ 상품권의 유효기간/소멸시효 경과 시

(차) 계약부채 (상품권선수금)	×××	(대) 상품권기간경과이익	×××

(4) 라이선스(licence)

라이선스는 기업의 지적재산에 대한 고객의 권리를 정한다. 지적재산에 대한 라이선스에는 다음 사항에 대한 라이선스를 예로 들 수 있다.

① 소프트웨어, 기술
② 영화, 음악, 그 밖의 형태의 미디어와 오락물
③ 프랜차이즈
④ 특허권, 상표권, 저작권

고객에게 라이선스를 부여하는 약속에 더하여 고객에게 다른 재화나 용역을 이전하기로 약속할 수 있다. 그 약속은 계약서에 분명히 기재하거나 기업의 사업 관행, 공개된 경영방침, 특정 성명(서) 등에서 확인할 수 있다. 다음 중 무엇을 제공하는 것인지를 고려하여 라이선스가 고객에게 한 시점에 이전되는지 아니면 기간에 걸쳐 이전되는지를 판단한다.

- 라이선스 기간 전체에 걸쳐 기업의 지적재산에 접근할 권리(접근권) : 기간에 걸쳐 이행하는 수행의무로 회계처리
- 라이선스를 부여하는 시점에 기업의 지적재산을 사용할 권리(사용권) : 한 시점에 이행하는 수행의무로 회계처리

(5) 재매입약정

재매입약정은 자산을 판매하고 그 자산을 다시 사기로 약속하거나 다시 살 수 있는 선택권을 갖는 계약이며, 일반적으로 다음 세 가지 형태로 나타난다.

① 자산을 다시 사야 하는 기업의 의무(선도)
② 자산을 다시 살 수 있는 기업의 권리(콜옵션)
③ 고객이 요청하면 자산을 다시 사야 하는 기업의 의무(풋옵션)

구분		회계처리
선도 또는 콜옵션	재매입가격 〈 원래 판매가격	리스
	재매입가격 〉 원래 판매가격	금융약정
풋옵션	원래 판매가격 〉 재매입가격 〉 시장가치	리스
	원래 판매가격 〉 재매입가격 (경제적 유인이 유의적이지 않음)	반품권이 부여된 판매
	원래 판매가격 & 시장가치 〈 재매입가격	금융약정
	원래 판매가격 〈 재매입가격 〈 시장가치 (경제적 유인이 유의적이지 않음)	반품권이 부여된 판매

(6) 미인도 청구약정

미인도 청구약정이란 기업이 고객에게 제품의 대가를 청구하지만 미래 한 시점에 고객에게 이전할 때까지 기업이 제품을 물리적으로 점유하는 계약이다. 예를 들면 고객이 제품을 보관할 수 있는 공간이 부족하거나 생산일정이 지연되어 기업에 이러한 계약의 체결을 요청할 수 있다.

고객이 언제 제품을 통제하게 되는지를 파악하여 기업이 그 제품을 이전하는 수행의무를 언제 이행하였는지를 판단하여야 한다. 예를 들어, 일부 계약에서는 계약조건(인도조건과 선적조건을 포함)에 따라 제품이 고객의 사업장에 인도되거나 제품이 선적될 때에 통제가 이전된다. 그러나 일부 계약에서는 기업이 제품을 물리적으로 점유하는 권리를 행사하지 않기로 결정하였더라도 고객은 제품의 사용을 지시하고 제품의 나머지 효익 대부분을 획득할 능력이 있다. 따라서 기업은 제품을 통제하지 않는다. 그 대신에 기업은 고객 자산을 보관하는 용역을 고객에게 제공한다. 고객이 미인도 청구약정에서 제품을 통제하기 위해서는 다음 기준을 모두 충족하여야 한다.

① 미인도 청구약정의 이유가 실질적이어야 한다(예 고객이 그 약정을 요구).
② 제품을 고객의 소유물로 구분하여 식별되어야 한다.
③ 고객에게 제품을 물리적으로 이전할 준비가 현재 되어 있어야 한다.
④ 기업이 제품을 사용할 능력을 가질 수 없거나 다른 고객에게 이를 넘길 능력을 가질 수 없다.

제 3 절 비용의 인식 및 측정

1 비용의 의의

비용(expenses)은 일정 기간 동안 수익을 획득하기 위해 발생한 경제적 효익의 소비나 소멸을 나타낸다. 비용은 '수익·비용 대응의 원칙'에 따라 수익을 인식한 기간 동안 수익에 대응하여 비용을 인식한다. 따라서 경영활동인 재화를 구매하거나 용역의 제공을 받는 것 등의 대가로 인한 자산의 유출이나 부채의 증가로 나타난다. 비용은 기업의 경영활동과 관련하여 순자산의 감소를 가져오는 것이다. 즉, 비용이란 자산의 유출이나 소멸 또는 부채의 증가에 따라 자본의 감소를 초래하는 특정 회계 기간 동안에 발생한 경제적 효익의 감소로서 지분참여자에 대한 분배와 관련된 것은 제외한다.

2 비용의 인식기준

비용은 경영활동의 전 과정을 통해 발생하므로 자산을 사용하거나 감소될 때마다 비용을 인식해야 한다. 하지만 현실적으로 엄격하게 이것을 적용하기 어려우므로 수익이 인식된 시점에 수익과 관련한 비용을 인식하게 되는데 이를 수익·비용 대응의 원칙이라 한다.

3 계약원가

(1) 계약체결 증분원가

계약체결 증분원가란 판매수수료와 같이 고객과 계약을 체결하기 위해 발생한 원가로서 계약을 체결하지 않았다면 발생하지 않았을 원가이다. 고객과의 계약체결 증분원가가 회수될 것으로 예상된다면 이를 자산으로 인식하지만, 계약체결 여부와 무관하게 드는 계약체결원가는 계약체결 여부와 관계없이 고객에게 그 원가를 명백히 청구할 수 있는 경우가 아니라면 발생 시점에 비용으로 인식한다. 만일 계약체결 증분원가를 자산으로 인식하더라도 상각기간이 1년 이하라면 그 계약체결 증분원가는 발생시점에 비용으로 인식하는 실무적 간편법을 쓸 수 있다.

(2) 계약이행원가

고객과의 계약을 이행할 때 드는 원가가 재고자산, 유형자산, 무형자산에 포함되지 않는다면 그 원가는 다음 기준을 모두 충족해야만 자산으로 인식한다.

① 원가가 계약이나 구체적으로 식별할 수 있는 예상 계약에 직접 관련된다.
② 원가가 미래의 수행의무를 이행할 때 사용할 기업의 자원을 창출하거나 가치를 높인다.
③ 원가는 회수될 것으로 예상된다.

위 ①의 계약이나 구체적으로 식별할 수 있는 예상 계약에 직접 관련된 원가에는 다음이 포함된다.

- 직접 노무원가
- 직접 재료원가
- 계약이나 계약활동에 직접 관련되는 원가배분액
- 계약에 따라 고객에게 명백히 청구할 수 있는 원가
- 기업이 계약을 체결하였기 때문에 드는 그 밖의 원가

따라서 다음과 같은 원가가 발생하면 발생시점에 비용으로 인식한다.

- 일반관리원가
- 계약을 이행하는 과정에서 낭비된 재료원가, 노무원가, 그 밖의 자원의 원가로서 계약가격에 반영되지 않은 원가
- 이미 이행한 계약상 수행의무와 관련된 원가, 즉 과거의 수행 정도와 관련된 원가
- 이행하지 않은 수행의무와 관련된 원가인지 이미 이행한 수행의무와 관련된 원가인지 구별할 수 없는 원가

더 알아두기

발생주의와 현금주의

현행 회계에서 수익과 비용은 발생주의를 전제로 하여 수익은 실현주의에 따라, 비용은 대응의 원칙에 따라 인식한다.

- 발생주의
  현금의 수입 또는 지급 시점과 관계없이 회계상 거래나 사건이 발생한 회계기간에 수익과 비용을 인식하는 원칙이다. 기업거래가 대부분 신용거래(외상거래)를 통해 이루어지고 있기 때문에 실제 현금수입이나 현금지급이 있기 전까지 수익이나 비용으로 인식하지 않는다면 경영성과가 제대로 반영되지 않을 것이다. 따라서 발생주의는 실현된 수익과 비용을 적절하게 대응시켜 주기 때문에 현금주의에 비하여 경영성과를 정확하게 계산할 수 있고, 미래의 현금흐름을 더 정확하게 예측할 수 있다.
- 현금주의
  발생주의와 달리 실제 현금을 받은 시점에서 수익을 인식하고, 실제 현금이 지급된 시점에서 비용을 인식하는 방법이다. 현금주의는 적용이 쉽다는 장점이 있지만, 수익과 비용을 적절하게 대응시키지 못함으로써 개별 회계 기간의 경영성과를 왜곡시키는 결정적 문제점이 있다.

4 계약자산과 계약부채

(1) 계약자산

기업이 고객에게 이전한 재화나 용역에 대하여 그 대가를 받을 기업의 권리로 그 권리에 시간의 경과 외의 조건(예 기업의 미래 수행)이 있는 자산이다.

① **상각**

계약자산은 그 자산과 관련된 재화나 용역을 고객에게 이전하는 방식과 일치하는 체계적 기준으로 상각한다. 그 자산은 구체적으로 식별된 예상계약에 따라 이전할 재화나 용역에 관련될 수 있다.

② **손상**

㉠ 손상금액의 계산 : 장부금액의 다음 ⓐ에서 ⓑ를 뺀 금액을 초과하는 정도까지는 손상차손을 당기손익에 인식한다.

ⓐ 그 자산과 관련된 재화나 용역의 대가로 기업이 받을 것으로 예상하는 나머지 금액

ⓑ 그 재화나 용역의 제공에 직접 관련되는 원가로 아직 비용으로 인식하지 않은 원가

㉡ 손상의 환입 : 손상상황이 사라졌거나 개선된 경우에는 과거에 인식한 손상차손의 일부나 전부를 환입하여 당기손익으로 인식한다. 증액된 자산의 장부금액은 과거에 손상차손을 인식하지 않았다면 산정되었을 금액(상각 후 순액)을 초과해서는 안 된다.

(2) 계약부채

기업이 고객에게서 이미 받은 대가(또는 지급기일이 된 대가)에 상응하여 고객에게 재화나 용역을 이전하여야 하는 기업의 의무이다.

(3) 표시

계약 당사자 중 어느 한 편이 계약을 수행했을 때, 기업의 수행 정도와 고객의 지급과의 관계에 따라 그 계약을 계약자산이나 계약부채로 재무상태표에 표시한다. 대가를 받을 무조건적인 권리는 수취채권으로 구분하여 표시한다.

예제 문제

다음은 (주)제주의 2021년과 2022년의 수취채권, 계약자산, 계약부채에 대한 거래이다. 다음의 거래에 대하여, 2021년 12월 31일 현재 (주)제주의 수취채권, 계약자산, 계약부채 금액은 각각 얼마인가? (단, 기초잔액은 없는 것으로 가정한다.)

- (주)제주는 고객에게 제품을 이전하기로 한 약속을 수행의무로 식별하고, 제품을 고객에게 이전할 때 각 수행의무에 대한 수익을 인식한다.
- (주)제주는 2022년 1월 31일에 (주)천안에게 제품 A를 이전하는 취소 불가능 계약을 2021년 10월 1일에 체결하였다. 계약에 따라 (주)천안은 2021년 11월 30일에 대가 ₩1,000 전액을 미리 지급하여야 하나 ₩300만 지급하였고, 2022년 1월 15일에 잔액 ₩700을 지급하였다. (주)제주는 2022년 1월 31일에 제품 A를 (주)천안에게 이전하였다.
- (주)제주는 (주)완주에게 제품 B와 제품 C를 이전하고 그 대가로 ₩1,000을 받기로 2021년 10월 1일에 계약을 체결하였다. 계약에서는 제품 B를 먼저 인도하도록 요구하고, 제품 B의 인도 대가는 제품 C의 인도를 조건으로 한다고 기재되어 있다. (주)제주는 제품의 상대적 개별 판매가격에 기초하여 제품 B에 대한 수행의무에 ₩400을, 제품 C에 대한 수행의무에 ₩600을 배분한다. (주)제주는 (주)완주에게 2021년 11월 30일에 제품 B를, 2022년 1월 31일에 제품 C를 각각 이전하였다.

풀이

2021년 12월 31일 현재 : 수취채권(₩700), 계약자산(₩400), 계약부채(₩1,000)

일자	(주)천안과의 계약 회계처리	(주)완주와의 계약 회계처리
2021년 10월 1일	회계처리 없음	회계처리 없음
2021년 11월 30일	(차) 현금 300 (대) 계약부채 1,000 수취채권 700	(차) 계약자산 400 (대) 계약수익 400
2022년 1월 15일	(차) 현금 700 (대) 수취채권 700	–
2022년 1월 31일	(차) 계약부채 1,000 (대) 계약수익 1,000	(차) 수취채권 1,000 (대) 계약자산 400 계약수익 600

제6장

OX로 점검하자

※ 다음 지문의 내용이 맞으면 O, 틀리면 ×를 체크하시오. [1~10]

01 주당순이익은 보통주 당기순이익을 가중평균유통보통주식수로 나누어서 구한다. ( )

02 수익은 판매자에 의해 제공된 매매할인 및 수량 리베이트를 고려하여 받았거나 받을 대가의 공정가치로 측정한다. ( )

03 위탁매출액의 수익인식시기는 상품 등을 수탁자에게 인도한 날이다. ( )

04 시용매출액의 수익인식시기는 매입자가 매입의사 표시를 한 날이다. ( )

05 거래가격의 산정 시 거래가격은 고객에게 약속한 재화나 용역을 이전하고 그 대가로 기업이 받을 권리를 갖게 될 것으로 예상하는 금액이며, 제3자를 대신해서 회수한 금액은 제외한다. ( )

06 수행의무가 기간에 걸쳐 이행되지 않는다면 그 수행의무는 한 시점에 이행되는 것이다. ( )

07 품질에 대한 확신만 제공하는 경우에는 수행의무로 회계처리하고 거래가격을 배분한다. ( )

08 계약에서 추가 재화나 용역을 취득할 수 있는 선택권을 고객에게 부여하고 그 선택권이 그 계약을 체결하지 않으면 받을 수 없는 중요한 권리를 고객에게 제공하는 경우에만 그 선택권은 계약에서 수행의무가 생기게 한다. ( )

09 라이선스를 부여하는 시점에 기업의 지적재산을 사용할 권리는 기간에 걸쳐 이행하는 수행의무로 회계처리한다. ( )

10 비용은 '수익·비용 대응의 원칙'에 따라 수익을 인식한 기간 동안 수익에 대응하여 비용을 인식한다. ( )

정답과 해설 01 O 02 O 03 × 04 O 05 O 06 O 07 × 08 O 09 × 10 O

03 위탁매출액의 수익인식시기는 수탁자가 위탁품을 판매한 날이다.
07 품질에 대한 확신만 제공하는 경우에는 충당부채로 회계처리한다.
09 라이선스를 부여하는 시점에 기업의 지적재산을 사용할 권리는 한 시점에 이행하는 수행의무로 회계처리한다.

제6장 실전예상문제

해설 & 정답 checkpoint

01 다음 (   ) 안에 순차적으로 들어갈 내용으로 옳은 것은?

> 수익이란 기업 실체의 경영활동과 관련된 재화의 판매 또는 용역의 제공 등에 대한 대가로 발생하는 자산의 (   ) 또는 부채의 (   )이다.

① 유입, 증가
② 유출, 감소
③ 유출, 증가
④ 유입, 감소

01 수익은 자산의 유입 또는 부채의 감소이다.

02 다음 중 당기순손익에 대한 설명으로 옳지 않은 것은?

① 총수익이 총비용을 초과하면 당기순이익이 발생되지만 그 반대로 총비용이 총수익을 초과하면 당기순손실이 나타난다.
② 재산법은 회계연도 초의 자본금과 회계연도 말의 자본금을 비교해서 당기순손익을 계산하는 방법을 말한다.
③ 손익법은 회계 기간 동안의 총수익과 총비용을 비교해서 당기순손익을 계산하는 방법을 말한다.
④ 주당순이익은 보통주 당기순이익을 발행주식수로 나누어서 구한다.

02 주당순이익은 보통주 당기순이익을 가중평균유통보통주식수로 나누어서 구한다.

정답 01 ④ 02 ④

checkpoint 해설 & 정답

03 수익은 기업이 받았거나 받을 경제적 효익의 총유입만을 포함하므로 판매세, 특정 재화나 용역과 관련된 세금, 부가가치세와 같이 제3자를 대신하여 받는 금액은 수익에서 제외한다.

04 토지·건물 등의 처분에 대한 수익인식시기는 잔금청산일, 소유권이전등기일 및 매입자의 사용 가능일 중 가장 빠른 날을 수익인식시기로 본다.

05 수익인식의 첫 단계는 고객과의 계약 식별 단계이다.

정답 03 ④ 04 ④ 05 ②

03 다음 중 수익에 대한 설명으로 틀린 것은?

① 수익이란 기업이 일정 기간 동안 고객에게 재화를 판매하거나 용역을 제공하고 그 대가로 획득한 현금 또는 수취채권을 말한다.
② 대리관계에서 본인을 대신하여 대리인인 기업이 받는 금액은 대리인인 기업의 자본을 증가시키지 않으므로 수익이 아니며 대리업무 수행에 대한 대가인 수수료 금액만 수익으로 인식한다.
③ 수익은 판매자에 의해 제공된 매매할인 및 수량 리베이트를 고려하여 받았거나 받을 대가의 공정가치로 측정한다.
④ 판매세, 특정 재화나 용역과 관련된 세금, 부가가치세와 같이 제3자를 대신하여 받는 금액도 수익에 포함된다.

04 다음 중 수익인식시기에 대한 설명으로 옳지 않은 것은?

① 상품 등 일반매출액 : 상품·제품 등을 판매하여 인도하는 시점
② 위탁매출액 : 수탁자가 위탁품을 판매한 날
③ 용역·예약매출 : 진행기준
④ 토지·건물 등의 처분 : 소유권이전등기일 및 매입자의 사용 가능일 중 가장 빠른 날

05 수익인식의 5단계 중 제1단계에 해당하는 것은?

① 수행의무의 식별
② 고객과의 계약 식별
③ 거래가격의 산정
④ 거래가격을 계약 내 수행의무에 배분

해설 & 정답 checkpoint

06 다음 중 진행기준을 적용하여 수익을 인식할 수 <u>없는</u> 경우는?

① 공연입장료
② 광고제작사의 광고수익
③ 설치용역수수료
④ 주문 개발하는 소프트웨어의 대가

06 공연입장료는 당해 공연이 개최되는 시점에 수익을 인식한다.

07 재화를 판매하는 경우에는 원칙적으로 판매기준을 적용하여 수익을 인식한다. 판매기준으로 수익을 인식하기 위하여 갖추어야 할 요건이 <u>아닌</u> 것은?

① 재화의 소유에 따른 위험과 효익의 대부분이 구매자에게 이전된다.
② 판매자는 판매한 재화에 대하여 소유권이 있을 때 통상적으로 행사하는 정도의 관리나 효과적인 통제를 할 수 없다.
③ 거래와 관련하여 발생하였거나 발생할 거래원가와 관련 비용을 신뢰성 있게 측정할 수 있다.
④ 진행률을 신뢰성 있게 측정할 수 있다.

07 진행률은 진행기준을 적용하는 장기도급공사 계약 시 필요한 것이다.

08 다음 중 재화의 수익인식 시점을 <u>잘못</u> 설명한 것은?

① 미인도 청구약정의 경우 고객이 제품을 통제하게 되는 시점에 수익을 인식한다.
② 상품권을 발행하는 경우에는 고객이 상품권과 재화를 교환할 때 수익을 인식한다.
③ 위탁약정의 경우 위탁자는 수탁자가 위탁자로부터 재화를 인도받은 때에 수익을 인식한다.
④ 할부판매의 경우 이자에 해당하는 부분을 제외한 판매가격을 판매시점에 수익으로 인식한다.

08 수탁자가 위탁자를 대신해 재화를 판매하는 위탁판매의 경우 위탁자는 수탁자가 제3자에게 재화를 판매한 시점에 수익을 인식한다.

정답 06 ① 07 ④ 08 ③

checkpoint 해설 & 정답

09 기업이 수행하는 대로 제공되는 효익을 고객이 동시에 얻고 소비하는 청소 용역과 같이 일상적이거나 반복적인 용역의 경우에는 기간에 걸쳐 수익을 인식한다.

10 자산의 소유에 따른 유의적인 위험과 보상이 고객에게 있으면 한 시점에 이행하는 수행의무로 본다.

11 방송사의 광고수익은 광고가 대중들에게 전달되는 시점에 수익을 인식한다.

정답 09 ④ 10 ② 11 ②

09 다음 중 기간에 걸쳐 수익으로 인식하는 경우로 볼 수 있는 것은?

① 자산의 소유에 따른 유의적인 위험과 보상이 고객에게 있다.
② 기업이 고객에게 물리적 점유를 이전하였다.
③ 고객에게 자산의 법적 소유권이 있으며 기업은 자산에 대해 현재 지급 청구권이 있다.
④ 기업이 수행하는 대로 제공되는 효익을 고객이 동시에 얻고 소비한다.

10 다음 중 기간에 걸쳐 수익으로 인식하는 경우로 볼 수 없는 것은?

① 고객은 기업이 수행하는 대로 기업의 수행에서 제공하는 효익을 동시에 얻고 소비한다.
② 자산의 소유에 따른 유의적인 위험과 보상이 고객에게 있다.
③ 기업이 수행하여 만들어지거나 가치가 높아지는 대로 고객이 통제하는 자산을 기업이 만들거나 그 자산가치를 높인다.
④ 기업이 수행하여 만든 자산이 기업 자체에는 대체 용도가 없고, 지금까지 수행을 완료한 부분에 대해 집행 가능한 지급 청구권이 기업에 있다.

11 다음 중 진행기준을 적용하여 수익을 인식할 수 없는 것은?

① 광고제작사의 광고제작용역수익
② 방송사의 광고수익
③ 주문개발하는 소프트웨어의 대가로 수취하는 수수료
④ 재화판매에 부수적으로 제공되지 않는 설치수수료

해설 & 정답 checkpoint

12 다음 중 수익인식 기준으로 틀린 것은?

① 위탁판매는 수탁자가 제3자에게 재화를 판매한 시점에 수익을 인식한다.

② 시용판매는 고객이 매입의사를 표시하는 시점에 수익을 인식한다.

③ 장기할부판매는 재화를 고객에게 판매한 시점에 수익을 인식한다.

④ 배당수익은 주주로서 배당을 받을 권리가 확정되는 시점에 수익을 인식한다.

12 할부판매는 일반적으로 재화를 고객에게 판매한 시점에 수익을 인식하지만, 장기할부판매의 경우에는 이자 부분을 제외한 판매가격을 수익으로 인식하고 이자 부분은 유효이자율법을 사용하여 수익으로 인식한다.

13 프랜차이즈 수수료에 관한 내용으로 옳지 않은 것은?

① 계약에 의한 권리의 계속적인 사용에 부과되는 수수료나 계약기간 동안 제공하는 기타 용역에 대한 수수료는 권리를 사용하는 시점이나 용역을 제공하는 시점에 수익으로 인식한다.

② 창업지원용역 수수료가 장기간에 걸쳐 회수되고 모두 회수하는데 유의적인 불확실성이 존재하는 경우에는 할부금을 현금으로 수취하는 시점에 수익으로 인식한다.

③ 설비와 기타 유형자산을 제공하는 경우 해당 자산을 인도하거나 소유권을 이전할 때 제공하는 자산의 공정가치에 기초한 금액을 수익으로 인식한다.

④ 프랜차이즈 본사가 가맹점에게 공급할 재화를 대신 주문하고 원가로 인도하는 대리거래는 인도시점에 수익을 인식한다.

13 프랜차이즈 본사가 가맹점에게 공급할 재화를 대신 주문하고 원가로 인도하는 대리거래는 수익으로 보지 아니한다.

정답 12 ③ 13 ④

checkpoint 해설 & 정답

14 감가상각비는 매출수익에 간접 대응하여 비용을 인식하는 계정이다.

14 다음의 비용 인식과 관련된 설명 중에서 잘못된 것은?

① 매출원가는 인과관계에 따라 매출수익에 대응하는 비용이다.
② 감가상각비는 수익이 창출되는 기간 동안 체계적이고 합리적으로 배분하여 인식한다.
③ 매출수익과 간접 대응하여 비용 인식하는 계정은 보험료, 임차료, 광고선전비, 경상연구개발비 등이 있다.
④ 매출수익과 직접 대응하여 비용 인식하는 계정은 매출원가, 판매원수수료, 판매원수당, 감가상각비 등이 있다.

※ 다음 자료를 보고 물음에 답하시오. [15 ~ 16]

(주)단무지는 2014년 1월 1일에 원가가 ₩4,500,000인 상품을 판매하면서 그 대금은 매년 말 ₩2,000,000씩 3회에 걸쳐 현금을 수취하기로 하였다. 단, 유효이자율은 10%이며, 현가계수는 아래 표를 이용한다.

기간	기간 말 단일금액 ₩1의 현재가치	정상연금 ₩1의 현재가치
	할인율 = 10%	할인율 = 10%
1년	0.90909	0.90909
2년	0.82645	1.73554
3년	0.75131	2.48685

15 2014년도의 포괄손익계산서상 당기순이익에 미치는 영향
= (2,000,000 × 2.48685 − 4,500,000) + 4,973,700 × 10% = ₩971,070

15 동 거래로 2014년도의 포괄손익계산서상 당기순이익은 얼마나 증가되는가?

① ₩473,700
② ₩497,370
③ ₩971,070
④ ₩1,500,000

정답 14 ④ 15 ③

16 동 거래로 2015년도의 포괄손익계산서상 당기순이익은 얼마나 증가되는가?

① ₩0
② ₩347,107
③ ₩497,370
④ ₩500,000

해설 & 정답 checkpoint

16 2015년도의 포괄손익계산서상 당기순이익에 미치는 영향
= (2,000,000 × 2.48685
+ 4,973,700 × 10%
− 2,000,000) × 10%
= ₩347,107

17 다음 자료를 이용하여 주당순이익(EPS)을 구하면 얼마인가?

• 매출액	150,000
• 매출원가	50,000
• 판매비와 관리비	20,000
• 영업외비용	30,000
• 보통주	500주

① ₩200
② ₩160
③ ₩120
④ ₩100

17 주당순이익(EPS)
= (₩150,000 − ₩50,000
− ₩20,000 − ₩30,000)/500주
= ₩100

정답 16 ② 17 ④

checkpoint 해설 & 정답

01
정답 80,000 × 40대 − ₩100,000 × 20대
= ₩1,200,000

주관식 문제

01 (주)하나는 (주)두나에 기계를 공급하기로 계약을 체결하였는데 이 계약에 따르면 대당 공급가액이 ₩100,000이지만 2020년 한 해 동안 기계의 공급수량이 50대를 초과하는 경우 대당 공급가액을 ₩80,000으로 소급하여 조정하도록 하였다. 2020년 6월 현재 누적 판매량은 20대이고, (주)하나는 2020년 말까지 추가로 10대의 기계를 공급할 것으로 예상하고 매출수익을 인식하였다. 2020년 7월 동안 기계의 공급수량이 예상보다 증가하여 추가로 20대를 공급하였고, 2020년 말까지 추가로 20대 이상의 기계를 공급하게 될 것으로 예상하고 있다. (주)하나는 2020년 7월 매출수익으로 얼마의 금액을 인식해야 하는지 계산식과 정답을 쓰시오.

해설 & 정답 checkpoint

02 수익을 인식하는 5단계에 대해 설명하시오.

02

정답 1단계 : 고객과의 계약 식별, 2단계 : 수행의무의 식별, 3단계 : 거래가격의 산정, 4단계 : 거래가격을 계약 내 수행의무에 배분, 5단계 : 수행의무를 이행할 때 수익을 인식

해설 [수익인식의 5단계]

- 1단계 : 고객과의 계약 식별
  계약은 둘 이상의 당사자 사이에 집행가능한 권리와 의무가 생기게 하는 합의
- 2단계 : 수행의무의 식별
  계약 개시시점에 고객과의 계약에서 약속한 재화나 용역을 검토하여 고객에게 다음 중 어느 하나를 이전하기로 한 각 약속을 하나의 수행의무로 식별
- 3단계 : 거래가격의 산정
  거래가격은 고객에게 약속한 재화나 용역을 이전하고 그 대가로 기업이 받을 권리를 갖게 될 것으로 예상하는 금액이며, 제3자를 대신해서 회수한 금액은 제외
- 4단계 : 거래가격을 계약 내 수행의무에 배분
  거래가격을 배분하는 목적은 기업이 고객에게 약속한 재화나 용역을 이전하고 그 대가로 받을 권리를 갖게 될 금액을 나타내는 금액으로 각 수행의무(또는 구별되는 재화나 용역)에 거래가격을 배분하는 것
- 5단계 : 수행의무를 이행할 때 수익을 인식
  기업이 약속한 재화나 용역을 고객에게 이전하여 수행의무를 이행할 때, 즉 고객이 재화나 용역을 통제하게 되는 때에 수익을 인식

checkpoint 해설 & 정답

03
정답 (물음 1)
반환재고회수권(자산)
= ₩60,000 − ₩34,000
= ₩26,000
[문제 하단의 박스 참고]

(물음 2)
(₩1,425,000 − ₩1,140,000)
− ₩34,000 = ₩251,000(증가)

03 (주)한국은 고객이 상품구매 후 2개월 이내에 반품을 인정하는 조건으로 2021년 12월 31일 원가 ₩1,200,000 만큼의 상품을 ₩1,500,000에 현금 판매하였다. (주)한국은 과거의 경험에 기초하여 현금 판매한 상품 금액의 5%가 반품될 것으로 신뢰성 있게 추정하였고 반품될 가능성이 높다. 상품이 반품될 경우에는 반품과 관련하여 직접비용 총 ₩10,000이 발생하며, 반품되는 상품원가의 40%가 손상될 것으로 추정된다.

(물음 1) 위 거래와 관련하여 (주)한국이 2021년 12월 31일 현재 반환재고회수권(자산)으로 인식할 금액은 얼마인지 계산식과 정답을 쓰시오.

(물음 2) 이러한 반품조건의 판매가 (주)한국의 당기순이익에 미치는 영향에 대한 계산식과 정답을 쓰시오.

(차) 현금	1,500,000	(대) 매출	1,425,000
		환불부채	75,000
(차) 매출원가	1,140,000	(대) 재고자산	1,200,000
반환재고회수권	60,000(주1)		
(차) 반품비용	34,000(주2)	(대) 반환재고회수권	34,000

(주1) ₩1,200,000 × 5% = ₩60,000
(주2) ₩10,000 + ₩60,000 × 40% = ₩34,000

해설 & 정답 checkpoint

04 (주)제주는 2021년 3월 1일에 서울시로부터 계약금액 ₩5,000,000인 축구경기장 공사를 수주하였다. 발생원가 기준으로 진행률을 산정하며 2023년 3월 1일에 완공되었다. 각 회계기간에 발생한 공사원가, 총추정공사원가 및 매년 무조건적인 권리를 갖는 수취채권 증가액 및 현금수령액 등 공사와 관련된 정보는 다음과 같다.

연도	2021년	2022년	2023년
총추정계약원가	₩4,500,000	₩5,100,000	₩5,150,000
당기발생계약원가	₩900,000	₩3,180,000	₩1,070,000
계약대금청구액	₩900,000	₩2,800,000	₩1,300,000
계약대금회수액	₩800,000	₩2,700,000	₩1,500,000

(물음 1) 각 연도의 누적진행률을 계산하시오.

(물음 2) 2021년 당기순이익에 미치는 영향은 얼마인지 계산식과 정답을 쓰시오.

(물음 3) 2022년 당기순이익에 미치는 영향은 얼마인지 계산식과 정답을 쓰시오.

(물음 4) 2023년 당기순이익에 미치는 영향을 얼마인지 계산식과 정답을 쓰시오.

»»

연도	2021년	2022년	2023년
누적발생계약원가	₩900,000	₩4,080,000	₩5,150,000
추정총계약원가	₩4,500,000	₩5,100,000	₩5,150,000
누적진행률	20%	80%	100%

04

정답 (물음 1)
2021년 : 20%
2022년 : 80%
2023년 : 100%
[문제 하단의 표 참고]

(물음 2)
계약손익
= (5,000,000 − 4,500,000) × 20% = ₩100,000
따라서, 2021년 당기순이익은 ₩100,000 증가한다.

(물음 3)
- 예상손실 제외 계약손익
  = (5,000,000 − 5,100,000) × 80% − 100,000 = ₩−180,000
- 손실부담계약손실(예상손실)
  = 100,000 × (1 − 80%)
  = ₩20,000

따라서, 2022년 당기순이익은 ₩200,000 감소한다.

(물음 4)
- 예상손실 제외 계약손익
  = (5,000,000 − 5,150,000) × 100% + 80,000 = ₩−70,000
- 손실부담계약손실환입(예상손실환입) = ₩20,000

따라서, 2023년 당기순이익은 ₩50,000 감소한다.

여기서 멈출 거예요? 고지가 바로 눈앞에 있어요.
마지막 한 걸음까지 SD에듀가 함께할게요!

재무제표

I wish you the best of luck!

제 7 장 재무제표

제 1 절 재무상태표

1 재무상태표의 의의 및 기본구조

(1) 재무상태표의 의의

재무상태표(statement of financial position, balance sheet)는 **일정한 시점에 현재 기업이 보유하고 있는 재무 상태를 나타내는 회계보고서**로 차변에 자산과 대변에 부채 및 자본으로 구성되어 있으며, 기업 활동에 필요한 자금을 어디서 얼마나 조달하여 투자했는지 등을 알 수 있게 해준다. 재무상태표는 정보이용자들이 기업의 유동성, 재무적 탄력성, 기업의 수익성과 위험도 등을 평가하는 데 유용한 정보를 제공하는 기본적인 회계자료로 상법에서는 기업에 대하여 의무적으로 작성하도록 하고 있다.
회계의 가장 기본적인 등식의 형식을 갖고 있으며, 자산총계의 합계는 항상 부채총계와 자본총계의 합계액과 정확하게 일치한다. 재무상태표는 차변과 대변으로 구성되어 있으며 차변의 자산은 자금이 어떻게 사용되고 얼마나 남아 있는지를 보여주며 대변의 부채와 자본항목은 자금이 어떻게 조달되었는지를 알 수 있게 해준다.

(2) 재무상태표의 기본구조

재무상태표의 구성 요소인 **자산, 부채, 자본**은 각각 다음과 같이 구분한다.

① 자산은 유동자산과 비유동자산으로 구분한다. 일반기업회계기준과 중소기업회계기준에서는 유동자산을 당좌자산과 재고자산으로 다시 세분하고, 비유동자산을 투자자산, 유형자산, 무형자산, 기타비유동자산으로 다시 세분한다.
② 부채는 유동부채와 비유동부채로 구분한다.
③ 자본은 자본금, 자본잉여금, 자본조정, 기타포괄손익누계액, 이익잉여금으로 구분한다.

K-IFRS에서는 자본을 납입자본, 이익잉여금, 기타자본구성요소로 분류하고 있으며, 중소기업회계기준에서는 자본을 자본금, 자본잉여금, 자본조정 및 이익잉여금으로 구분하고 있다.

2 재무상태표의 유용성과 한계

(1) 재무상태표의 유용성

① 일정 시점의 기업의 재무상태에 관한 정보를 제공한다. 재무상태표는 기업의 경제적 자원인 자산, 경제적 채무인 부채, 잔여지분인 자본에 관한 정보를 제공한다.

② 기업의 장·단기 지급능력에 관한 정보를 제공한다. 재무상태표를 통해 기업의 장·단기 지급능력을 파악할 수 있는 기업의 유동성 상태를 알 수 있다. 즉, 재무상태표에서 유동자산과 유동부채의 차이인 순운전자본의 크기를 산정하여 그 금액이 크면 그 기업은 단기지급능력이 있다고 평가할 수 있다.

③ 기업의 재무구조에 관한 정보를 제공한다. 재무상태표를 통해 기업의 자본(자기자본)과 부채(타인자본)의 관계를 파악함으로써 그 기업의 재무구조를 알 수 있다.

④ 기업의 재무능력을 평가하는 데 도움이 되는 정보를 제공한다. 재무상태표로부터 총자산·순자산 등의 규모를 파악함으로써 기업의 재무능력을 평가할 수 있다.

(2) 재무상태표의 한계

① 재무상태표상의 금액을 역사적 원가로 나타내는 경우가 많다. 이에 따라 기업의 자산이 시가보다 낮은 원가로 표시되는 경우가 있다.

② 회계담당자의 주관적 판단에 따라 평가되는 경우가 있다. 즉, 자산이나 부채의 평가에 여러 가지 평가기준이 적용되고 있으며 많은 회계추정이 적용되고 있다.

③ 화폐적으로 측정 가능한 정보만이 기재되고 있으며 많은 재무적 가치가 있는 양적 정보 및 질적 정보가 무시되고 있다.

④ 대체적인 회계처리 방법들이 허용되고 있어 기업별, 연도별 비교 가능성을 해칠 수 있다.

제 2 절 포괄손익계산서

1 포괄손익계산서의 의의 및 기본구조

(1) 포괄손익계산서의 의의

포괄손익계산서(comprehensive income statement)는 **일정 기간 동안 기업의 경영성과에 대한 정보를 제공하는 재무보고서**로 당해 회계기간의 경영성과를 나타낼 뿐만 아니라, 기업의 미래현금흐름과 수익창출능력 등의 예측에 유용한 정보를 제공한다.

포괄손익계산서는 이익과 손실을 한눈에 쉽게 알 수 있도록 나타낸 계산서로 일정 기간 동안의 경영성과를 보여주는 재무제표이다. 포괄손익계산서에는 일정 기간 동안 발생된 수익, 비용, 이익이 주요 구성항목이 된다. 또한, 기업회계 기준서에 규정하고 있는 재무제표의 작성과 표시 기준에 따라 작성한다. 포괄손익계산서는 기업의 외부관계자에게 경영활동 및 경영실적 등을 보여줄 수 있는 재무보고의 핵심적인 수단이라고 할 수 있다.

(2) 포괄손익계산서의 기본구조

포괄손익계산서의 구성 요소인 **수익**, **비용**은 각각 다음과 같이 구분한다.

① 손익계산서에 기재되는 수익은 매출액, 영업외수익으로 크게 구분되며, 포괄손익계산서에 기재되는 수익은 매출액, 기타수익, 기타포괄이익으로 크게 구분된다.

② 손익계산서에 기재되는 비용은 매출원가, 판매비와 관리비, 영업외비용, 법인세비용으로 크게 구분된다.

(3) 포괄손익계산서의 분류

K-IFRS에서는 포괄손익계산서의 표시 방법에 관계없이 비용을 성격별 또는 기능별로 구분하여 작성하도록 되어 있다. 비용을 기능별로 분류할 경우에는 비용의 성격에 대한 추가정보를 공시한다.

① 비용을 **성격별**로 분류할 때에는 비용을 성격별로 감가상각비, 원재료, 운송비, 급여, 광고 선전비 등으로 통합하며, 기능별로 재배분하지 않는다.

② 비용을 **기능별**로 물류원가, 관리활동원가 등으로 구분할 경우에는 매출원가를 다른 비용과 분리하여 공시한다. 기능별 분류법은 매출원가법이라고도 부른다.

(4) 손익계산서의 구성 내역

① **매출액과 매출원가**

㉠ **매출액** : 기업의 주된 영업활동에서 발생한 상품, 제품의 판매 또는 용역의 제공으로 실현된 금액으로 순매출액을 의미한다. 순매출액은 총매출액에서 매출에누리와 환입 및 매출할인을 차감하여 구한다.

ⓐ 제품매출, 상품매출 : 기업의 주된 영업활동의 결과로 제품매출액은 총매출액에서 매출할인, 매출환입, 매출에누리 등을 차감한 금액이다.

ⓑ 매출환입 및 매출에누리 : 매출환입은 제품이나 상품의 불량, 하자, 파손 등의 사유로 반품처리된 금액을 결제금액에서 차감해주는 것으로 총매출액에서 차감한다. 매출에누리는 판매된 상품의 불량(파손, 하자)으로 판매가격을 깎아주는 것으로 이 또한 총매출액에서 차감한다.

ⓒ 매출할인 : 신용할인으로 외상대금을 약정된 할인 기간 내에 조기에 회수하여 유동성을 확보하고자 결제금액의 일부를 할인해주는 것이다.

㉡ **매출원가** : 매출원가는 상품, 제품 등의 매출액에 대응되는 원가로서 일정 기간 중에 판매된 상품이나 제품 등에 대해 배분된 매입원가 또는 제조원가를 말한다. 매출액과 직접 대응되는 원가로서 일정 기간 동안 판매된 상품이나 제품에 대한 매입원가이다.

ⓐ 상품매출원가

상품매출원가 = 기초상품재고액 + 당기상품매입액 - 기말상품재고액

ⓑ 제품매출원가

제품매출원가 = 기초제품재고액 + 당기제품제조원가 - 기말제품재고액

② **판매비와 관리비**

ⓐ **급여** : 판매 및 일반관리부문에 종사하는 종업원에 대한 정기적인 급료와 임금, 상여금 및 제수당을 말한다.

ⓑ **퇴직급여** : 판매 및 관리업무에 종사하는 종업원의 퇴직급여충당부채전입액을 말하며, 종업원이 퇴직 시 지급되는 퇴직금은 먼저 퇴직급여충당부채와 상계하고, 동 충당부채 잔액이 부족시 퇴직급여인 비용으로 회계처리한다.

ⓒ **복리후생비** : 판매 및 관리업무에 종사하는 종업원들에 대한 복리비와 후생비로서 법정복리비, 복리시설부담금, 건강보험료(사용자부담분), 기타 사회 통념상 타당하다고 인정되는 장례비, 경조비, 위로금 등을 말한다.

ⓓ **여비교통비** : 판매 및 관리업무에 종사하는 종업원들에게 지급하는 출장비, 시내교통비 등을 말한다.

ⓔ **통신비** : 판매 및 관리업무에서 발생하는 전신료, 전화료, 우편료, 인터넷 사용료 등과 그 유지비로서 통신을 위해 직접 소요된 비용을 말한다.

ⓕ **수도광열비** : 판매 및 관리업무에서 발생하는 수도료, 전기료, 유류비, 가스비 등을 말한다.

ⓖ **세금과공과** : 기업이 부담하는 국세, 지방세와 국가 또는 지방자치단체가 부과하는 공과금, 벌금, 과태료, 과징금 등을 말한다. 또한, 조합 또는 법정단체의 공과금 등도 포함한다.

ⓗ **임차료** : 부동산이나 동산을 임차하고 그 소유자에게 지급하는 비용을 말한다.

ⓘ **차량유지비** : 판매 및 관리에 사용하는 차량에 대한 유지비용으로 유류대, 주차비, 차량수리비 등을 말한다.

ⓙ **운반비** : 상품판매 시 운반에 소요되는 비용을 판매자가 부담 시 사용한다. 그러나 상품매입 시 운반비를 부담한 경우에는 상품의 취득부대비용으로 처리한다.

ⓚ **소모품비** : 판매 및 관리업무에 사용하는 소모성 비품 구입에 관한 비용으로 사무용품, 기타 소모자재 등이 있다.

ⓛ **교육훈련비** : 판매 및 관리업무 임직원의 직무능력 향상을 위한 교육 및 훈련에 대한 비용을 말한다.

ⓜ **도서인쇄비** : 판매 및 관리업무용 도서구입비 및 인쇄와 관련된 비용을 말한다.

ⓝ **지급수수료** : 판매 및 관리업무에서 제공받은 용역의 대가를 지불할 때 사용하는 비용을 말한다.

ⓞ **접대비** : 판매 및 관리업무 시 거래처에 대한 접대비용으로 거래처에 대한 경조금, 선물대, 기밀비 등을 포함한다.

ⓟ **보험료** : 판매 및 관리업무용 부동산에 대한 화재 및 손해보험 등의 보험료를 말한다.

ⓠ **수선비** : 판매 및 관리업무용 건물, 비품 등의 수선비를 말한다.

ⓡ **광고선전비** : 제품의 판매촉진활동과 관련된 비용을 말한다.

ⓢ **감가상각비** : 유형자산의 취득원가를 기간 손익에 반영하기 위하여 내용연수 동안 배분한 금액을 말한다.

ⓣ **대손상각비** : 회수가 불가능한 채권과 대손추산액을 처리하는 비용을 말한다.

ⓤ 연구비 : 연구활동을 수행하는 과정에서 발생하는 비용을 말한다.

ⓥ 경상개발비 : 개발활동과 관련하여 경상적으로 발생하는 비용을 말한다.

③ 영업외수익과 영업외비용

㉠ 이자수익과 이자비용 : 이자수익은 금융업 이외의 판매업, 제조업 등을 영위하는 기업이 일시적인 유휴자금을 대여한 경우나 은행에 예·적금을 가입한 경우에 발생한 이자 및 국공채 등에서 발생하는 이자 등을 포함하고, 이자비용은 타인자본을 사용하였을 경우에 이에 대한 대가로서 차입금에 대한 이자 및 회사채이자 등을 말한다.

㉡ 배당금수익 : 주식이나 출자금 등에서 발생하는 이익 또는 잉여금의 분배로 받는 현금배당금액을 말한다.

㉢ 임대료 : 부동산 또는 동산을 타인에게 임대하고 일정 기간마다 사용 대가로 받는 임대료, 지대, 집세 및 사용료를 말한다. 회사가 부동산임대업을 주업으로 하는 경우에는 임대료 수입이 매출액이 되지만, 이외의 업종에서는 영업외수익으로 계상하여야 한다.

㉣ 단기매매증권평가이익과 단기매매증권평가손실 : 단기매매증권은 결산일 현재 공정가액으로 평가하여야 한다. 공정가액이 장부가액보다 큰 경우에는 그 차액을 영업외수익으로 계상하여야 하고, 공정가액이 장부가액보다 적은 경우에는 그 차액을 영업외비용으로 회계처리한다.

㉤ 단기매매증권처분이익과 단기매매증권처분손실 : 단기매매증권을 처분하는 경우에 장부가액보다 높은 가액으로 처분하는 경우에는 그 차액을 영업외수익으로, 낮은 가액으로 처분한 경우에는 영업외비용으로 회계처리 한다.

㉥ 유형자산처분이익과 유형자산처분손실 : 유형자산을 장부가액보다 높은 가액으로 처분하는 경우에는 영업외수익으로 회계처리하고, 반대의 경우에는 용업외비용으로 회계처리한다.

㉦ 자산수증이익 : 회사가 주주, 채권자 등 타인으로부터 무상으로 자산을 증여받은 경우에 발생하는 이익을 말한다.

㉧ 채무면제이익 : 회사가 주주, 채권자 등 타인으로부터 채무를 면제받았을 경우 발생하는 이익을 말한다.

㉨ 기부금 : 상대방에게 아무런 대가 없이 기증하는 금전, 기타의 재산가액을 말한다.

㉩ 전기오류수정이익과 전기오류수정손실 : 오류로 인하여 전기 이전의 손익이 잘못되었을 경우에 전기오류수정이익 또는 전기오류수정손실이라는 계정과목으로 하여 당기 영업외손익으로 처리하도록 규정하고 있다. 그러나 오류가 전기 재무제표의 신뢰성을 심각하게 손상시킬 수 있는 중대한 오류의 경우에는 오류로 인한 영향을 미처분이익잉여금에 반영하고 전기재무제표를 수정하여야 한다.

④ 중단사업손익

㉠ 법인세비용차감전계속사업손익이란 기업의 계속적인 사업활동과 그와 관련된 부수적인 활동에서 발생하는 손익으로서 중단사업손익에 해당하지 않는 모든 손익을 말한다. 법인세비용차감전계속사업손익은 중단사업손익이 있을 경우에만 나타나며 영업손익에 영업외수익을 가산하고 영업외비용을 차감하여 산출한다.

㉡ 중단사업은 기업의 일부로서 경영관리와 재무보고 목적상 별도로 식별할 수 있고, 주요 사업별 또는 지역별 단위로 구분할 수 있으며, 사업의 중단을 목표로 수립된 단일계획에 따라 기업의 일부를 일괄매각방식 또는 기업분할방식으로 처분하거나, 해당 사업에 속한 자산과 부채를 분할하여 처분 또는 상환하거나, 또는 사업 자체를 포기하는 경우를 말한다.

㉢ 중단사업손익은 해당 회계기간에 중단사업으로부터 발생한 영업손익과 영업외손익으로서 사업중단직접비용과 중단사업자산감액손실을 포함한다. 사업중단에 대한 최초공시사건이 일어나면 사업중단과 직접적으로 관련하여 발생할 것으로 예상되는 사업중단직접비용을 중단사업손익에 포함하고 충당부채로 계상한다.

㉣ 사업중단계획을 승인하고 발표하는 경우에는 일반적으로 중단사업에 속하는 자산에 감액손실이 새로이 발생 또는 추가되거나, 드문 경우이지만 과거에 인식하였던 감액손실의 회복이 수반된다. 따라서, 사업중단계획의 발표시점에서 중단사업에 속하는 자산의 회수가능가액을 추정하여 감액손실을 인식하거나 감액 전의 장부가액을 한도로 하여 과거에 인식한 감액손실을 환입한다.

㉤ 중단사업에 속하는 자산에 대한 감액손실을 인식하는 경우에는 자산의 회수가능가액에 대한 추정을 개별 자산별로 할 것인지, 또는 현금창출단위별로 할 것인지를 정해야 한다. 중단사업손익은 손익계산서에 법인세효과를 차감한 금액으로 보고하고 법인세효과는 주기한다.

⑤ **법인세비용**

회사는 회계기간에 발생한 이익, 즉 법인의 소득에 대하여 세금을 납부하여야 하는데 이에 대한 세금을 법인세라고 한다. 법인세비용은 회사의 영업활동의 결과인 회계기간에 벌어들인 소득에 대하여 부과되는 세금이므로 동일한 회계기간에 기간비용으로 인식하여야 한다. 법인세의 회계처리는 결산일 현재 소득에 대하여 법인세비용을 산출하고, 기원천징수 또는 중간예납분을 대체하고 차액분만 미지급세금으로 회계처리하고 익년도 3월 말까지 관할 세무서에 신고 납부한다.

더 알아두기

순손익과 포괄손익의 개념

- 순손익의 개념
  순손익이란 기업의 일정 기간 동안 총수익과 총비용을 대응시켜 얻어진 경영성과를 말하는 것으로 수익의 합계에서 비용의 합계를 차감하여 측정한다. 이 경우 총수익이 총비용보다 크면 순이익(net income)이 발생하며, 총비용이 총수익보다 크면 순손실(net loss)이 발생한다.
- 포괄손익의 개념
  포괄손익(comprehensive income)이란 기업이 일정 기간 동안 소유주와의 자본거래를 제외한 모든 거래나 사건으로 인하여 발생한 순자산의 변동을 말하며, 여기에는 소유주의 투자 및 소유주에 대한 분배 등 자본거래를 제외한 모든 원천에서 인식된 자본의 변동이 포함된다.

2 포괄손익계산서의 유용성과 한계

(1) 포괄손익계산서의 유용성

① 일정 기간의 기업의 성과에 관한 정보를 제공한다. 포괄손익계산서는 기업의 일정 기간의 수익, 비용, 순손익, 기타포괄손익에 관한 정보를 제공함으로써 기업이 일정 기간 동안 어느 정도의 경영성과 또는 재무성과를 달성하였는가에 관한 정보를 제공한다.

② 기업의 수익성을 평가하는데 유용한 정보를 제공한다. 포괄손익계산서는 그 기업의 과거의 수익성뿐만 아니라 잠재적 수익력을 예측하고 평가하는데 도움이 되는 정보를 제공한다.

③ 이익계획을 수립하는데 유용한 정보를 제공한다. 포괄손익계산서는 기업이 이익계획이나 예산 편성 등 경영계획을 세우는 데 도움이 되는 정보를 제공한다.

④ 경영자의 성과평가에 관한 유용한 정보를 제공한다. 포괄손익계산서는 경영자가 기업의 목표를 어느 정도 달성하였으며, 얼마나 효율적으로 기업을 경영하였는지를 평가할 수 있는 정보를 제공한다.

⑤ 기업의 배당정책 수립, 세금결정 등에 기초자료를 제공한다.

(2) 포괄손익계산서의 한계

① 대체적 회계처리 방법을 사용할 수 있으므로 회계자료의 기업 간 비교 및 동일기업 내의 기간별 비교에 문제가 발생할 수 있다. 또한, 기업들이 이익조작을 위해 회계변경을 수행할 수도 있다.

② 수익·비용의 대응이 잘못 이루어지는 경우가 있다. 현행수익과 대응되는 비용으로써 취득원가주의에 의한 역사적 원가가 대응됨으로써 잘못된 수익·비용 대응이 이루어지는 경우가 있다.

③ 이익측정 자체에 어려움이 있다. 회계상의 이익측정은 화폐액으로 측정 가능한 것만을 대상으로 행해지므로 이익측정 그 자체에 문제가 있을 수 있다.

④ 포괄손익계산서의 양식 및 작성방법이 다소 복잡하며, 손익항목의 구분에 어려움이 있을 수 있다.

제 3 절 자본변동표

1 자본변동표의 의의 및 기본구조

(1) 자본변동표의 의의

자본변동표(statement of changes in equity)는 자본의 크기와 그 변동에 관한 정보를 나타내는 것으로 한 회계기간 동안 발생한 소유주지분의 변동을 표시하는 재무보고서이다.

(2) 자본변동표의 기본구조

자본변동표에는 자본금, 자본잉여금, 자본조정, 기타포괄손익누계액, 이익잉여금의 각 항목별로 기초잔액, 변동사항, 기말잔액을 표시한다.

① 자본금의 변동은 유상증자, 유상감자, 무상증자, 무상감자와 주식배당 등에 의하여 발생하며, 자본금은 보통주자본금과 우선주자본금으로 구분하여 표시한다.

② 자본잉여금의 변동은 유상증자, 유상감자, 무상증자, 무상감자와 결손금처리 등에 의하여 발생하며, 주식발행초과금과 기타자본잉여금으로 구분하여 표시한다.

③ 자본조정의 변동은 자기주식은 구분하여 표시하고, 기타자본조정은 통합하여 표시할 수 있다.

④ 기타포괄손익누계액의 변동은 매도가능증권평가손익, 해외사업환산손익 및 현금흐름위험회피 파생상품평가손익은 구분하여 표시하고 그 밖의 항목은 그 금액이 중요할 경우에는 적절히 구분하여 표시할 수 있다.

⑤ 이익잉여금의 변동은 다음과 같은 항목으로 구분하여 표시한다.

㉠ 회계정책의 변경으로 인한 누적효과

㉡ 중대한 전기오류수정손익

㉢ 연차배당(당기 중에 주주총회에서 승인된 배당금액으로 하되 현금배당과 주식배당으로 구분하여 기재)과 기타 전기말 미처분이익잉여금의 처분

㉣ 중간배당(당기 중에 이사회에서 승인된 배당금액)

㉤ 당기순손익

㉥ 기타 : ㉠ 내지 ㉤ 외의 원인으로 당기에 발생한 이익잉여금의 변동으로 하되, 그 금액이 중요한 경우에는 적절히 구분하여 표시한다.

더 알아두기

이익잉여금처분계산서

자본변동표가 기업회계기준서상 기본 재무제표로 도입되면서 기존의 이익잉여금처분계산서는 자본변동표의 주석에 포함하여 보고하도록 하였다.

이익잉여금처분계산서(statement of retained earnings)는 영업활동의 결과로 기업 내에 축적된 당기말 미처분이익잉여금과 그 처분내역을 표시해주는 회계보고서이다. 당기말 미처분이익잉여금은 주주총회의 승인을 거쳐 처분할 수 있는 이익잉여금으로 전기이월이익잉여금에 당기순이익을 합한 금액이다. 이 금액으로 당기에 처분하기에 부족한 경우에는 전기에 적립되어 있던 임의적립금 등을 이입하여 가산한 다음 이를 처분하게 된다.

이익잉여금의 처분은 상법의 규정에 의해 적립되는 이익준비금과 상법 이외의 법령에 의해 적립되는 기업합리화적립금, 재무구조개선적립금 등이 우선으로 적립되어야 한다. 상법이나 기타 법령에 의해 규정된 범위 내에서 주주총회의 결의를 거쳐 배당금으로 처분되며, 정관 및 주주총회의 결의에 따라 사업확장적립금, 감채적립금, 배당평균적립금 등의 임의적립금이 사내에 유보된다. 그 후 남은 금액은 차기로 이월되는 이익잉여금으로 표시된다. 한편 당기에 순손실이 발생한 경우에는 미처리결손금의 처리내역을 밝히는 결손금처리계산서를 작성한다. 따라서 회계정보 이용자들은 이익잉여금처분계산서를 통해 기업의 배당수준과 내부에 유보된 이익규모를 파악할 수 있다.

제 4 절 현금흐름표

1 현금흐름표의 의의 및 기본구조

(1) 현금흐름표의 의의

현금흐름표(statement of cash flows)는 재무상태표, 포괄손익계산서, 자본변동표 등과 함께 주요 재무제표의 하나로 재무상태표와 포괄손익계산서에서 파악하기 힘든 점을 보완하기 위해서 사용한다. 현금흐름표는 **일정 기간 동안의 현금흐름을 나타내는 보고서**이므로 동적 재무제표라 할 수 있다.

기업의 현금흐름표는 재무제표이용자에게 현금 및 현금성 자산의 창출능력과 현금흐름의 사용도를 평가하는 데 유용한 기초를 제공하므로 재무제표이용자는 경제적 의사결정을 하기 위하여 현금 및 현금성 자산의 창출능력 및 현금흐름의 시기와 확실성을 평가해야 하고 현금 및 현금성 자산의 역사적 변동에 관한 정보를 제공할 수 있게 된다.

현금흐름표는 기업회계 기준서에서 규정하고 있는 재무제표의 작성과 표시 기준에 따라 작성한다. 현금의 변동내용을 명확하게 보고하는 것이 중요하므로 당해 회계기간에 속하는 현금의 유입과 유출내용을 신뢰성 있게 작성해야 한다.

(2) 현금흐름표의 기본구조

현금흐름표는 현금흐름을 영업활동, 투자활동 및 재무활동 현금흐름으로 구분하여 표시하고, 이 세 가지 활동의 순현금흐름에 기초의 현금을 가산하여 기말의 현금을 산출하는 형식으로 표시한다.

① **영업활동으로 인한 현금흐름** : 영업활동은 주요 수익창출 활동뿐만 아니라 투자활동이나 재무활동에 속하지 아니하는 거래와 사건을 모두 포함한 활동을 말한다. 영업활동은 주로 제품의 생산과 판매활동, 상품과 용역의 구매와 판매활동 및 관리활동을 포함한다. 영업활동 현금흐름의 예는 다음과 같다.

㉠ 재화의 판매와 용역제공에 따른 현금유입
㉡ 로열티, 수수료, 중개료 및 기타수익에 따른 현금유입
㉢ 재화와 용역의 구입에 따른 현금유출
㉣ 종업원과 관련하여 직·간접으로 발생하는 현금유출
㉤ 보험회사의 경우 수입보험료, 보험금, 연금 및 기타 급부금과 관련된 현금유입과 현금유출
㉥ 법인세의 납부 또는 환급(단, 재무활동과 투자활동에 명백히 관련되는 것은 제외)
㉦ 단기매매목적으로 보유하는 계약에서 발생하는 현금유입과 현금유출

더 알아두기

직접법 및 간접법

① **직접법** : 현금을 수반하여 발생한 수익 또는 비용 항목을 총액으로 표시하되, 현금유입액은 원천별로 현금유출액은 용도별로 분류하여 표시하는 방법을 말한다.
② **간접법** : 당기순이익에 현금의 유출이 없는 비용 등을 가산하고 현금의 유입이 없는 수익 등을 차감하며, 영업활동으로 인한 자산·부채의 변동을 가감하여 표시하는 방법을 말한다.

② **투자활동으로 인한 현금흐름** : 투자활동이라 함은 현금의 대여와 회수활동, 유가증권·투자자산·유형자산 및 무형자산의 취득과 처분활동 등을 말한다. 투자활동 현금흐름의 예는 다음과 같다.

㉠ 유형자산, 무형자산 및 기타 장기성 자산의 취득에 따른 현금유출(자본화된 개발원가와 자가건설 유형자산에 관련된 지출 포함)과 처분에 따른 현금유입

㉡ 다른 기업의 지분상품이나 채무상품 및 조인트벤처 투자지분의 취득에 따른 현금유출과 처분에 따른 현금유입(단, 현금성 자산으로 간주되는 상품이나 단기매매목적으로 보유하는 상품의 취득에 따른 유출액과 처분에 따른 유입액은 제외)

㉢ 제3자에 대한 선급금 및 대여금에 의한 현금유출과 회수에 따른 현금유입(단, 금융회사의 현금선지급과 대출채권은 제외)

㉣ 선물계약, 선도계약, 옵션계약 및 스왑계약에 따른 현금유출과 현금유입(단, 단기매매목적으로 계약을 보유하거나 현금유출입이 재무활동으로 분류되는 경우는 제외)

③ **재무활동으로 인한 현금흐름** : 재무활동이라 함은 현금의 차입 및 상환활동, 신주발행이나 배당금의 지급활동 등과 같이 부채 및 자본 계정에 영향을 미치는 거래를 말한다. 재무활동 현금흐름의 예는 다음과 같다.

㉠ 주식이나 기타 지분상품의 발행에 따른 현금유입

㉡ 주식의 취득이나 상환에 따른 소유주에 대한 현금유출

㉢ 담보·무담보부사채 및 어음의 발행과 기타 장·단기 차입에 따른 현금유입

㉣ 차입금의 상환에 따른 현금유출

㉤ 리스 이용자의 금융리스부채 상환에 따른 현금유출

더 알아두기

현금흐름 정보의 유용성

- 미래 현금흐름의 예측에 유용하다.
- 당기순이익의 질을 평가하는 데 유용하다.
- 채무와 배당금의 지급능력을 판단하는 데 유용하다.

제7장

OX로 점검하자

※ 다음 지문의 내용이 맞으면 O, 틀리면 ×를 체크하시오. [1~10]

01 재무상태표는 정보이용자들이 기업의 유동성, 재무적 탄력성, 기업의 수익성과 위험도 등을 평가하는 데 유용한 정보를 제공하는 기본적인 회계자료로 상법에서는 기업에 대하여 의무적으로 작성하도록 하고 있다. (   )

02 자본은 자본금, 자본잉여금, 자본조정, 기타포괄손익누계액, 이익잉여금으로 구분한다. (   )

03 임차료는 영업외비용 항목에 속하며, 임대료는 영업외수익 항목에 속한다. (   )

04 중단사업손익은 손익계산서에 법인세효과를 차감한 금액으로 보고하고 법인세효과는 주석으로 표시한다. (   )

05 법인세의 회계처리는 결산일 현재 소득에 대하여 법인세비용을 산출하고, 기원천징수 또는 중간예납분을 대체하고 차액분만 미지급세금으로 회계처리하고 익년도 3월 말까지 관할 세무서에 신고 납부한다. (   )

06 포괄손익이란 기업이 일정 기간 동안 소유주와의 자본거래를 제외한 모든 거래나 사건으로 인하여 발생한 순자산의 변동을 말하며, 여기에는 소유주의 투자 및 소유주에 대한 분배 등 자본거래를 제외한 모든 원천에서 인식된 자본의 변동이 포함된다. (   )

정답과 해설 01 O 02 O 03 × 04 × 05 O 06 O

03 임차료는 판매비와 관리비 항목에 속한다.
04 중단사업손익은 손익계산서에 법인세효과를 차감한 금액으로 보고하고 법인세효과는 주기한다.

07 성격별 분류법은 매출원가법이라고도 부르는데, 비용을 성격별로 물류원가, 관리활동원가 등으로 구분할 경우에는 매출원가를 다른 비용과 분리하여 공시한다. (　　)

08 자본변동표에는 자본금, 자본잉여금, 자본조정, 기타포괄손익누계액, 이익잉여금의 각 항목별로 기초잔액과 기말잔액을 표시한다. (　　)

09 현금흐름표 작성시 직접법이란 현금을 수반하여 발생한 수익 또는 비용 항목을 총액으로 표시하되, 현금유입액은 원천별로 현금유출액은 용도별로 분류하여 표시하는 방법을 말한다. (　　)

10 현금흐름표 작성 시 간접법이란 당기순이익에 현금의 유출이 없는 비용 등을 가산하고 현금의 유입이 없는 수익 등을 차감하며, 영업활동으로 인한 자산·부채의 변동을 가감하여 표시하는 방법을 말한다. (　　)

정답과 해설 07 × 08 × 09 O 10 O

07 기능별 분류법은 매출원가법이라고도 부르는데, 비용을 기능별로 물류원가, 관리활동원가 등으로 구분할 경우에는 매출원가를 다른 비용과 분리하여 공시한다.

08 자본변동표에는 자본금, 자본잉여금, 자본조정, 기타포괄손익누계액, 이익잉여금의 각 항목별로 기초잔액, 변동사항, 기말잔액을 표시한다.

제 7 장 실전예상문제

해설 & 정답 checkpoint

01 재무상태표의 기본구조에 대한 설명으로 옳지 않은 것은?

① 자산은 유동자산과 비유동자산으로 구분한다.
② 부채는 유동부채와 비유동부채로 구분한다.
③ K-IFRS에서는 자본을 자본금, 이익잉여금, 기타자본구성요소로 분류하고 있다.
④ 중소기업회계기준에서는 자본을 자본금, 자본잉여금, 자본조정 및 이익잉여금으로 구분하고 있다.

01 K-IFRS에서는 자본을 납입자본, 이익잉여금, 기타자본구성요소로 분류하고 있다.

02 재무상태표의 유용성에 대한 설명으로 옳지 않은 것은?

① 일정 시점의 기업의 재무상태에 관한 정보를 제공한다.
② 기업의 장·단기 지급능력에 관한 정보를 제공한다.
③ 기업의 재무구조에 관한 정보를 제공한다.
④ 재무상태표상의 금액을 역사적 원가로 나타내는 경우가 많다.

02 재무상태표의 한계점으로 재무상태표상의 금액을 역사적 원가로 나타내는 경우를 들 수 있다. 이에 따라 기업의 자산이 시가보다 낮은 원가로 표시되는 경우가 있다.

정답 01 ③ 02 ④

checkpoint 해설 & 정답

03 포괄손익이란 기업이 일정 기간 동안 소유주와의 자본거래를 제외한 모든 거래나 사건으로 인하여 발생한 순자산의 변동을 말하며, 여기에는 소유주의 투자 및 소유주에 대한 분배 등 자본거래를 제외한 모든 원천에서 인식된 자본의 변동이 포함된다.

04 비용을 성격별로 분류할 때에는 비용을 성격별로 감가상각비, 원재료, 운송비, 급여, 광고선전비 등으로 통합하며, 기능별로 재배분하지 않는다.

정답 03 ④ 04 ③

03 포괄손익계산서의 기본구조에 대한 설명으로 옳지 않은 것은?

① 손익계산서에 기재되는 수익은 매출액, 영업외수익으로 크게 구분되며, 포괄손익계산서에 기재되는 수익은 매출액, 기타수익, 기타포괄이익으로 크게 구분된다.

② 손익계산서에 기재되는 비용은 매출원가, 판매비와 관리비, 영업외비용, 법인세비용으로 크게 구분된다.

③ 순손익이란 기업의 일정 기간 동안 총수익과 총비용을 대응시켜 얻어진 경영성과를 말하는 것으로 수익의 합계에서 비용의 합계를 차감하여 측정한다.

④ 포괄손익이란 기업이 일정 기간 동안 소유주와의 자본거래를 포함한 모든 거래나 사건으로 인하여 발생한 순자산의 변동을 말한다.

04 포괄손익계산서의 분류에 대한 설명으로 옳지 않은 것은?

① K-IFRS에서는 포괄손익계산서의 표시 방법에 관계없이 비용을 성격별 또는 기능별로 구분하여 작성하도록 되어 있다.

② 비용을 기능별로 분류할 경우에는 비용의 성격에 대한 추가정보를 공시한다.

③ 비용을 성격별로 분류할 때에는 비용을 성격별로 감가상각비, 원재료, 운송비, 급여, 광고선전비 등으로 통합하고 기능별로 재배분한다.

④ 비용을 기능별로 물류원가, 관리활동원가 등으로 구분할 경우에는 매출원가를 다른 비용과 분리하여 공시한다.

해설 & 정답 checkpoint

05 포괄손익계산서의 유용성에 대한 설명으로 옳지 않은 것은?

① 기업의 수익성을 평가하는데 유용한 정보를 제공한다.
② 한 회계기간 동안 발생한 소유주지분의 변동을 알 수 있다.
③ 일정 기간의 기업의 성과에 관한 정보를 제공한다.
④ 경영자의 성과평가에 관한 유용한 정보를 제공한다.

05 한 회계기간 동안 발생한 소유주지분의 변동은 자본변동표를 통해서 알 수 있다.

06 다음 중 판매비와 관리비 항목으로 분류되지 않는 것은?

① 접대비
② 기부금
③ 퇴직급여
④ 복리후생비

06 기부금은 영업외비용으로 분류된다.

07 다음 중 영업외비용으로 분류되지 않는 것은?

① 감가상각비
② 이자비용
③ 유형자산처분손실
④ 전기오류수정손실

07 감가상각비는 판매비와 관리비 항목으로 분류된다.

정답 05 ② 06 ② 07 ①

checkpoint 해설 & 정답

08 중단사업손익은 손익계산서에 법인세효과를 차감한 금액으로 보고하고 법인세효과는 주기한다.

08 중단사업손익에 대한 설명으로 옳지 않은 것은?

① 법인세비용차감전계속사업손익은 중단사업손익이 있을 경우에만 나타나며 영업손익에 영업외수익을 가산하고 영업외비용을 차감하여 산출한다.
② 중단사업손익은 해당 회계기간에 중단사업으로부터 발생한 영업손익과 영업외손익으로서 사업중단직접비용과 중단사업자산감액손실을 포함한다.
③ 사업중단에 대한 최초공시사건이 일어나면 사업중단과 직접적으로 관련하여 발생할 것으로 예상되는 사업중단직접비용을 중단사업손익에 포함하고 충당부채로 계상한다.
④ 중단사업손익은 손익계산서에 법인세효과를 차감한 금액으로 보고하고 법인세효과는 주석으로 표시한다.

09 자본금의 변동은 유상증자, 유상감자, 무상증자, 무상감자와 주식배당 등에 의하여 발생하며, 자본금은 보통주자본금과 우선주자본금으로 구분하여 표시한다.

09 자본변동표의 기본구조에 대한 설명으로 옳지 않은 것은?

① 자본금의 변동은 유상증자, 유상감자, 무상증자, 무상감자와 주식배당 등에 의하여 발생하며, 자본금은 보통주자본금과 우선주자본금을 통합하여 표시할 수 있다.
② 자본잉여금의 변동은 유상증자, 유상감자, 무상증자, 무상감자와 결손금처리 등에 의하여 발생하며, 주식발행초과금과 기타자본잉여금으로 구분하여 표시한다.
③ 자본조정의 변동은 자기주식은 구분하여 표시하고, 기타자본조정은 통합하여 표시할 수 있다.
④ 기타포괄손익누계액의 변동은 매도가능증권평가손익, 해외사업환산손익 및 현금흐름위험회피 파생상품평가손익은 구분하여 표시하고 그 밖의 항목은 그 금액이 중요할 경우에는 적절히 구분하여 표시할 수 있다.

정답 08 ④ 09 ①

해설 & 정답 checkpoint

10 이익잉여금처분계산서에 대한 설명으로 옳지 않은 것은?

① 자본변동표가 기업회계기준서상 기본 재무제표로 도입되면서 기존의 이익잉여금처분계산서는 자본변동표의 주석에 포함하여 보고하도록 하였다.

② 이익잉여금처분계산서는 영업활동의 결과로 기업 내에 축적된 당기말 미처분이익잉여금과 그 처분내역을 표시해주는 회계보고서이다.

③ 당기말 미처분이익잉여금은 주주총회의 승인을 거쳐 처분할 수 있는 이익잉여금으로 전기이월이익잉여금에 당기순이익을 합한 금액이다.

④ 이익잉여금의 처분은 상법의 규정에 의해 적립되는 기업합리화적립금과 상법 이외의 법령에 의해 적립되는 이익준비금, 재무구조개선적립금 등이 우선으로 적립되어야 한다.

10 이익잉여금의 처분은 상법의 규정에 의해 적립되는 이익준비금과 상법 이외의 법령에 의해 적립되는 기업합리화적립금, 재무구조개선적립금 등이 우선적으로 적립되어야 한다.

11 현금흐름표의 기본구조에 대한 설명으로 옳지 않은 것은?

① 현금흐름표는 현금흐름을 영업활동, 투자활동 및 재무활동 현금흐름으로 구분하여 표시하고, 이 세 가지 활동의 순현금흐름에 기말의 현금을 가산하여 기초의 현금을 산출하는 형식으로 표시한다.

② 영업활동은 주로 제품의 생산과 판매활동, 상품과 용역의 구매와 판매활동 및 관리활동을 포함한다.

③ 투자활동이라 함은 현금의 대여와 회수활동, 유가증권·투자자산·유형자산 및 무형자산의 취득과 처분활동 등을 말한다.

④ 재무활동이라 함은 현금의 차입 및 상환활동, 신주발행이나 배당금의 지급활동 등과 같이 부채 및 자본 계정에 영향을 미치는 거래를 말한다.

11 현금흐름표는 현금흐름을 영업활동, 투자활동 및 재무활동 현금흐름으로 구분하여 표시하고, 이 세 가지 활동의 순현금흐름에 기초의 현금을 가산하여 기말의 현금을 산출하는 형식으로 표시한다.

정답 10 ④ 11 ①

checkpoint 해설 & 정답

12 주식의 취득이나 상환에 따른 소유주에 대한 현금유출은 재무활동으로 인한 현금흐름에 속한다.

12 영업활동으로 인한 현금흐름에 속하지 않는 것은?

① 재화의 판매와 용역제공에 따른 현금유입
② 주식의 취득이나 상환에 따른 소유주에 대한 현금유출
③ 종업원과 관련하여 직·간접으로 발생하는 현금유출
④ 단기매매목적으로 보유하는 계약에서 발생하는 현금유입과 현금유출

13 로열티, 수수료, 중개료 및 기타수익에 따른 현금유입은 영업활동으로 인한 현금흐름에 속한다.

13 투자활동으로 인한 현금흐름에 속하지 않는 것은?

① 유형자산, 무형자산 및 기타 장기성 자산의 취득에 따른 현금유출과 처분에 따른 현금유입
② 제3자에 대한 선급금 및 대여금에 의한 현금유출과 회수에 따른 현금유입
③ 로열티, 수수료, 중개료 및 기타수익에 따른 현금유입
④ 선물계약, 선도계약, 옵션계약 및 스왑계약에 따른 현금유출과 현금유입

14 다른 기업의 지분상품이나 채무상품 및 조인트벤처 투자지분의 취득에 따른 현금유출과 처분에 따른 현금유입은 투자활동으로 인한 현금흐름에 속한다.

14 재무활동으로 인한 현금흐름에 속하지 않는 것은?

① 주식이나 기타 지분상품의 발행에 따른 현금유입
② 차입금의 상환에 따른 현금유출
③ 리스이용자의 금융리스부채 상환에 따른 현금유출
④ 조인트벤처 투자지분의 취득에 따른 현금유출

정답 12 ② 13 ③ 14 ④

주관식 문제

01 다음 자료를 보고 (물음 1)과 (물음 2)에 답하시오.

> (주)갑의 2020년 현금매출 및 신용매출은 각각 ₩160,000과 ₩1,200,000이고, 2020년 기초와 기말의 매출채권 잔액은 각각 ₩180,000과 ₩212,000이다. (주)갑의 2020년 영업비용은 ₩240,000이다. 2020년 선급비용 기말잔액은 기초보다 ₩16,000이 증가하였고, 2020년 미지급비용 기말잔액은 기초보다 ₩24,000이 감소하였다.

(물음 1) 2020년 고객으로부터 유입된 현금흐름은 얼마인지 계산식과 정답을 쓰시오.

(물음 2) 2020년 영업비용으로 유출된 현금흐름은 얼마인지 계산식과 정답을 쓰시오.

해설 & 정답 checkpoint

01

정답 (물음 1)
고객으로부터 유입된 현금
= (₩160,000 + ₩1,200,000)
 − (₩212,000 − ₩180,000)
= ₩1,328,000

(물음 2)
영업비용으로 유출된 현금
= ₩240,000 + ₩16,000
 + ₩24,000
= ₩280,000

checkpoint 해설 & 정답

02
정답 ① ₩240,000
② ₩281,000
③ ₩231,000
해설 [문제 하단의 표 참고]

02 (주)한국의 2022년도 현금흐름표의 영업활동현금흐름에 표시된 항목과 금액이 다음과 같을 때 아래 빈칸을 채우시오.

항목	금액(₩)	항목	금액(₩)
당기순이익	200,000	매출채권 감소	15,000
이자수익	20,000	매입채무 감소	12,000
이자비용	35,000	미지급급여 증가	6,000
법인세비용	40,000	이자 지급	26,000
감가상각비	50,000	이자 수취	18,000
기계장치처분이익	8,000	법인세 납부	42,000
재고자산 증가	25,000		

법인세비용차감전순이익	①
영업에서 창출된 현금	②
영업활동 순현금흐름	③

법인세비용차감전순이익	① ₩240,000
이자수익	(20,000)
이자비용	35,000
감가상각비	50,000
기계장치처분이익	(8,000)
재고자산 증가	(25,000)
매출채권 감소	15,000
매입채무 감소	(12,000)
미지급급여 증가	6,000
영업에서 창출된 현금	② ₩281,000
이자 지급	(26,000)
이자 수취	18,000
법인세 납부	(42,000)
영업활동 순현금흐름	③ ₩231,000

고득점으로 대비하는 가장 똑똑한 수험서!

재무제표의 분석

I wish you the best of luck!

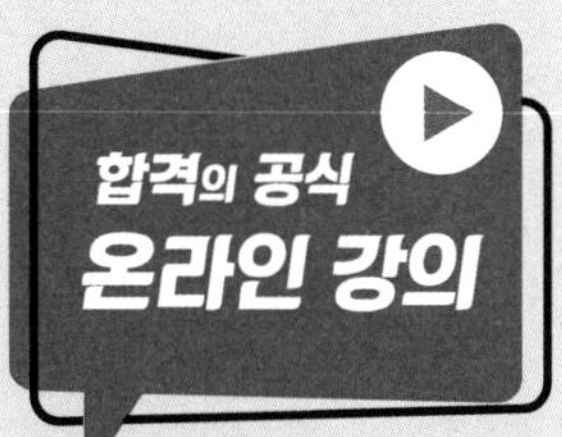

제 8 장 재무제표의 분석

제 1 절 재무제표 분석의 의의 및 방법

1 재무제표 분석의 의의 및 목적

(1) 재무제표 분석의 의의

재무제표 분석은 이해관계자들이 요구하는 기업과 관련된 정보를 회계자료인 재무제표의 수치들로부터 도출하고 해석하는 과정을 말한다. 즉, 재무제표 분석은 재무제표를 의사결정에 유용한 정보로 산출해 내는 것으로 재무제표에는 금액으로 측정 가능한 재무회계 정보만을 표시하고 있다. 반면에 경영분석은 재무회계 정보 이외에 비재무 정보를 포함한 기업과 관련된 모든 정보를 대상으로 분석하는 것으로 경영분석이 재무제표 분석보다 분석범위가 더 넓다고 할 수 있다.

(2) 재무제표 분석의 목적

① **채권자**

은행과 같은 금융기관이나 외상을 준 채권자들은 기업의 대출금 또는 외상대금의 상환능력을 판단하기 위해 그 기업의 재무제표를 분석하는 데 이를 신용분석이라고 한다. 단기적 신용분석 시에는 단기채무 상환능력을 알아보기 위해 기업의 유동성 비율을 중요시하며, 장기적 신용분석 시에는 기업의 안전성 비율이나 수익성 비율을 중요시한다.

② **투자자**

투자자는 배당의 원천이 되는 기업의 미래 이익창출능력에 관심을 갖고 재무제표를 분석한다. 따라서 이들의 관심은 미래에 예상되는 기업의 수익성에 관한 정보이다. 이러한 미래 정보는 과거의 정보를 담고 있는 재무제표를 분석함으로써 예측하는 데 도움이 된다. 투자자는 재무제표 분석 결과 기업의 수익성이 높을 것이라고 예상되는 경우에는 주식을 계속 보유하거나 추가로 구입할 것이고, 반대로 수익성이 낮은 경우에는 주식을 처분하려는 의사결정을 하게 될 것이다.

③ **경영자**

경영자는 기업의 자원을 효율적으로 관리하고, 재무구조를 건전하게 유지하며, 기업의 경영성과를 증대시키고자 한다. 이것을 위해 경영자는 재무제표나 기타 자료를 분석하여 전반적인 경영활동에 대한 효율성을 측정하고 그 원인을 검토한다. 이러한 분석을 통해 경영자는 기업의 자원을 효율적으로 사용할 수 있게 된다.

2 재무제표 분석의 방법

(1) 수평적 분석

수평적 분석이란 한 회계기간 이상의 재무제표 자료를 분석하는 것으로 추세분석 또는 시계열분석이라고 한다. 일반적으로 한 기업 재무제표의 각 구성항목을 기간의 경과에 따라 증감분석한다. 즉 비교재무제표의 대응항목 증가 또는 감소를 백분율로 표시하여 분석하는 것으로 수평적 분석은 전기의 회계보고서 대응항목과 비교하는 형식으로 이루어지는데, 이때 비교하는 항목 금액의 증감이 증감의 백분율과 함께 표시하는 것이 보통이다.

수평적 분석은 기업의 상태가 개선되고 있는지 혹은 악화되고 있는지를 판단할 수 있을 뿐만 아니라, 미래에 대한 예측에도 도움이 된다. 수평적 분석의 한계점은 절대적인 평가를 할 수 없다는 것이다.

(2) 수직적 분석

수직적 분석은 한 시점에서 재무제표의 구성항목의 상대적 크기, 즉 요소구성 비율을 분석하는 것이다. 무엇보다 재무제표의 어느 한 보고서 전체에 대한 구성 부분을 백분율로 나타내는 경우가 있는데, 이를 구성비율분석법이라고도 한다. 재무상태표의 차변 또는 대변의 합계금액을 100으로 하고, 자산 또는 부채 및 자본의 각 구성항목 금액을 합계금액에 대한 백분율로 표시하는 경우가 그 예이다. 구성 비율에 의해 표시된 재무제표를 백분율 또는 공통형 재무제표라고 한다.

(3) 특수비율법

특수비율법은 관계비율법이라고도 하는데 이는 재무제표의 한 항목과 다른 항목 관계를 비율로 표시하여 기업의 수익성과 유동성 또는 안전성을 분석하는 방법이다. 특수비율에는 동태비율과 정태비율이 있다.

① **정태비율** : 정태적인 재정상태를 나타내는 대차대조표의 각 항목 상호 간의 비율이며 주로 경영의 안전도를 본다. 주요 정태비율로는 유동비율, 당좌비율, 자산구성비율, 부채비율, 고정비율 등이 있다.

② **동태비율** : 동태비율은 동태적인 수지상황을 나타내는 손익계산서의 매출액과 대차대조표의 항목과의 비율로 회사의 경영능력 내지 경영활동의 성과를 나타낸다. 주요 동태비율로는 재고자산회전율(상품회전율), 수취채권회전율, 자본회전율, 고정자산회전율, 매출이익률, 평균납입자본금이익률 등이 있다.

(4) 표준비율

특정 재무비율이 양호한지 또는 불량한지를 알기 위해서는 이것을 판단하는 표준이 되는 비율인 표준비율이 필요하다. 재무비율을 분석하여 비교할 때 기준이 되는 표준비율로는 이상적인 표준비율, 동종산업평균비율, 동일 기업의 과거 평균비율 등이 사용된다.

(5) 지수법

지수법은 기업의 재무상태와 경영성과에 대한 종합적인 판단을 위해 주요 재무비율에 일정한 가중치를 부여하여 가중평균함으로써 종합적으로 평가하는 방법이다. 즉, 지수법은 다수의 비율을 선정한 후 이들의 각 비율에 가중치를 부여하여 표준비율과의 상대적 비율에 이들 가중치를 곱하여 각 비율들의 평점을 계산한 후 이들 평점을 모두 합계하여 그 총점으로 평가하는 방법을 말한다. 지수법에 의한 분석은 다음과 같은 순서로 이루어진다.

① 분석목적에 따라 중요한 비율을 선정하고, 각각에 상대적 중요도를 부여한다. 이 중요도의 합계는 항상 100으로 한다. 예를 들어 기업의 건전성을 판단하려고 할 때 이와 관계가 깊은 비율로서 유동비율, 부채비율, 고정비율, 매출채권회전율, 상품제품회전율, 유동부채회전율 등이 중요하므로 이 중요한 비율들에 대해 중요도가 100이 되도록 비율의 중요성에 따라 각각 중요도를 부여한다.

② 각 비율에 대해 표준비율을 구하고, 실제비율을 표준비율에 대한 백분율로 표시하는 관계비율을 산출한다.

③ 이 관계비율에 중요도를 곱하여 각 비율의 평점을 구하고, 이 평점을 합계하여 기업의 종합평점을 산출하게 된다. 그리하여 이 종합평점이 꼭 100점이 되었다고 하면 그 기업의 표준에 일치하고, 100점 이상이 되었다고 하면 그 기업은 표준 이상이 된다.

더 알아두기

지수법의 종류

- **Wall 지수법**
  안전성(유동성 포함) 비율과 활동성 비율을 이용하여 기업의 채무지급 능력을 종합적으로 평가하는 방법으로써 주로 정태적 비율인 안전성(유동성 포함) 비율에 초점을 맞추고 있다.
- **Trant 지수법**
  Wall 지수법에서 선정한 비율 중 자기자본회전율 대신 매입채무회전율을 추가하여 주로 기업의 활동성을 평가하는 방법이다.
- **Burichet 지수법**
  Burichet는 주요 재무비율의 선정과 가중치가 분석자와 분석목적에 따라 달라져야 한다고 가정하여 금융기관과 회사채 투자자로 구별된 지수법을 제시하고 있다. 이 지수법은 5개의 안전성(유동성) 비율과 3개의 활동성 비율, 2개의 수익성 비율로 구성한다.

3 재무제표 분석의 한계점

(1) 재무제표 분석은 재무제표의 회계자료에 근거하여 실시되므로, 재무제표가 가지고 있는 한계점을 그대로 가진다.

(2) 과거자료인 재무제표에 기초하여 비율분석이 실시되므로 기업의 미래예측에 한계가 있다.

(3) 회사의 비율과 비교를 하기 위한 표준비율을 무엇으로 할 것인가에 대한 기준이 없다.

(4) 재무상태표의 수치는 계절적 변동 및 물가변동에 따른 영향이 반영되어 있지 않다.

(5) 일반적으로 다양한 회계처리방법이 인정되고 있기 때문에 재무비율 분석 결과가 무의미일 수 있다.

제 2 절 백분율 등 비율에 의한 재무제표 분석

1 재무비율 분석의 의의 및 절차

(1) 재무비율 분석의 의의

재무비율 분석은 재무제표에 나타난 두 개 이상 항목 간의 상관관계를 분석하는 것으로, 여기서 계산된 비율이 의미를 가지기 위해서는 재무제표 항목 간에 중요한 상관관계가 있어야 한다. 이러한 상관관계는 정보이용자의 재무제표 분석 목적에 따라 결정되므로 다양한 재무비율이 존재하게 된다.

(2) 재무비율 분석의 절차

① 미리 정해진 재무비율 계산 공식에 따라 분석 대상기업의 재무비율을 계산한다.

② 계산된 재무비율을 표준비율과 비교한다. 이 경우 표준비율로는 일반적으로 분석대상 기업이 속한 산업의 평균비율 등이 많이 사용된다.

③ 표준비율과 비교한 결과를 보고 분석 대상기업의 경영 및 재무상태의 건전성 여부 등을 판단한다. 이 경우 특정비율 만으로 그 기업의 경영상태 등을 판단해서는 안 되고 다른 재무비율들을 고려하여 종합적으로 분석하여야 한다.

2 표준비율

(1) 이상적인 표준비율

분석 대상기업이 속한 업종이나 기업의 규모 등과 무관하게 기업의 특정 속성이 양호하다고 주관적으로 인식되는 절대적인 기준이다. 이러한 표준비율은 초기의 비율분석에서 많이 사용되었으나 비율의 주관성과 특정 기업이 속한 산업의 특성이나 기업의 규모 등을 고려하지 않는 단점이 있다.

(2) 산업표준비율

분석 대상기업이 속한 산업의 전체 평균비율을 말하며 재무비율 분석시 가장 많이 사용되는 표준비율이다.

(3) 경쟁기업 및 최우량기업의 재무비율

분석 대상기업을 특정 산업으로 분류하기 어렵거나 특정 산업이 소수 특정 기업에 의해 지배되고 있는 경우에 이용되는 기준이다. 경쟁상대 또는 최우량기업과의 비율비교를 통하여 분석대상 기업의 강점 및 약점 분석이 가능하다.

더 알아두기

재무제표 비율분석의 목적

- 미래의 이익창출 능력(수익성)
- 채무나 배당금의 지급능력(유동성)
- 장기적으로 정상적인 영업행위를 지속할 수 있는 능력(안정성)
- 부가가치 창출을 위해 한정된 자원을 효율적으로 운영할 수 있는 능력(효율성)

제 3 절 수익성과 안정성 분석

1 수익성 분석

(1) 수익성 비율(profitability ratios)의 의미

① 기업의 이익창출능력을 나타내는 지표로서 기업활동의 결과를 집약한 경영성과를 측정하는 데 사용된다.

② 기업이 주주와 채권자로부터 조달한 자본을 영업, 투자, 재무활동에 투자하여 얼마나 효율적으로 이용하였는가를 평가하는 데 이용된다.

③ 경영자는 사업확장이나 신규 사업 참여에 대한 의사결정을 위한 정보로 이용하고, 투자자는 투자종목의 선택기준으로, 채권자는 장기적 안정성 판단 기준으로, 종업원은 임금 교섭의 기준으로, 그리고 세무당국은 조세부담능력의 평가 기준으로 사용한다.

④ 손익계산서상의 회계이익에 기초하여 측정되므로 실질적인 현금흐름에 관한 정보가 반영되지 않는다는 단점이 있으므로 단기채무지급능력을 나타내는 유동성분석, 현금흐름 분석 등과 병행하여 사용할 필요가 있다.

(2) 수익성 비율의 종류

① **총자산순이익률** : 총자산을 수익창출에 얼마나 효율적으로 이용하고 있는가를 측정하는 비율을 말한다.

$$\text{총자산순이익률(\%)} = \frac{\text{순이익}}{\text{총자산}} \times 100$$

② **자기자본순이익률** : 자기자본의 성과를 나타내는 비율로 주주들이 요구하는 투자수익률을 의미한다. 여기서 자기자본순이익률이 높다는 것은 자기자본이 효율적으로 운영되고 있음을 의미한다.

$$\text{자기자본순이익률(\%)} = \frac{\text{순이익}}{\text{자기자본}} \times 100$$

③ **매출액순이익률** : 기업의 경영성과를 총괄적으로 나타내는 지표로서 이 비율이 높을수록 경영성과가 양호한 것으로 평가된다.

$$\text{매출액순이익률(\%)} = \frac{\text{순이익}}{\text{매출액}} \times 100$$

더 알아두기

ROI 분석

- 기업의 경영성과를 여러 부분의 재무요인으로 분해하여 경영성과의 변동요인을 분석하는 것을 말한다.
- 경영관리의 효율성 지표 및 기업목표에 대한 지표로 내부의사결정과 통제수단으로 이용된다.

- 총자산순이익률(ROA) $= \frac{\text{순이익}}{\text{매출액}} \times \frac{\text{매출액}}{\text{총자산}}$
  $= \text{매출액순이익률} \times \text{총자산회전율}$
- 자기자본순이익률(ROE) $= \frac{\text{순이익}}{\text{매출액}} \times \frac{\text{매출액}}{\text{총자산}} \times \frac{\text{총자산}}{\text{자기자본}}$
  $= \text{매출액순이익률} \times \text{총자산회전율} \times (1/\text{자기자본비율})$

• ROI 분석의 유용성은 다음과 같다.
  - ROI 분석을 통하여 각 재무요인이 ROI에 영향을 미치는 정도와 경로를 파악할 수 있다.
  - ROI 분석을 통하여 전체적인 경영활동과 부분적인 사업활동의 차원에서 통제가 필요한 재무요인을 효과적으로 파악할 수 있다.
  - 기업목표를 ROI의 극대화로 설정함으로써 각 사업활동의 역할을 명확하게 할 수 있다.
  - 모든 구성원에게 기업이 추구하는 바가 무엇인가를 분명하게 전달할 수 있다.

• ROI 분석의 한계점은 다음과 같다.
  - ROI의 극대화가 기업목표로 적합하지 않다는 점이다. 즉, ROI의 극대화가 곧 기업가치의 극대화를 의미한다고 볼 수 없기 때문이다.
  - ROI 분석에서는 주로 회계자료에 의존하여 이루어진다는 점이다. 즉, ROI는 회계처리방법에 따라 영향을 받을 뿐만 아니라 경영자의 능력, 조직구성, 기술수준 등 질적 요인에 따라 영향을 받으므로 ROI 분석 시 이와 같은 질적 요인에 대한 고려를 할 수 없다는 면에서 한계가 있다.

2 안정성 분석

(1) 안전성 비율(safety ratios)의 의미

① 기업의 장기채무 상환능력을 평가하기 위한 비율로 레버리지비율(leverage ratios)이라고도 한다.

② 장기채무 상환능력에 대한 평가가 필요한 이유는 기업의 부도 가능성을 사전에 발견하고자 하는 데 있다. 즉, 계속기업의 가능성을 판단하는 기준으로 사용한다.

(2) 안전성 비율의 종류

① **부채비율** : 일반적으로 부채비율이 높을수록 기업의 장기채무를 상환하지 못하게 되어 부도가능성이 높다고 평가하므로 통상 100% 이하를 표준비율로 보고 있다. 즉, 부채가 자기자본 이하이면 안전성이 높으며, 자기자본을 훨씬 초과하면 위험하다고 할 수 있다.

$$\text{부채비율(\%)} = \frac{\text{총부채}}{\text{자기자본}} \times 100$$

② **이자보상비율** : 기업은 타인자본의 사용에 대한 대가로 이자를 지급해야 하는데 기업이 영업활동으로 벌어들인 이익과 지급해야 하는 이자와의 관계를 측정한 것이 이자보상비율이다. 즉, 영업이익으로 지급해야 하는 이자를 보상하는 능력을 말한다.

$$\text{이자보상비율(\%)} = \frac{\text{이자전세전당기순이익(EBIT)}}{\text{이자비용}} \times 100$$

③ **비유동장기적합률** : 기업이 장기간 영업활동을 목적으로 보유하는 비유동자산은 되도록 장기자금인 자기자본과 비유동부채로 구입하는 것이 바람직하다. 비유동장기적합률은 기업의 장기채무 상환능력 및 부도 가능성을 평가하는 비율의 하나로 이 비율의 표준치는 100% 이하로 알려져 있다.

$$\text{비유동장기적합률(\%)} = \frac{\text{비유동자산}}{\text{자기자본} + \text{비유동부채}} \times 100$$

제 4 절 유동성과 활동성 분석

1 유동성 분석

(1) 유동성 비율(liquidity ratios)의 의미

① 기업의 단기채무를 상환할 수 있는 능력을 측정하는 재무비율로 **단기채무지급능력비율**(short -term solvency ratios)이라고도 한다.

② 가장 많은 관심을 갖는 이해관계자는 운영자금을 대출해주는 금융기관으로 신용으로 원재료 등을 판매하는 공급업체 등이다.

③ 유동성이란 자산의 경우 1년 이내에 현금화할 수 있는 능력을, 부채의 경우 1년 이내에 상환할 수 있는 능력을 말한다.

(2) 유동성 비율의 종류

① **유동비율** : 유동비율이 높을수록 단기채무지급능력이 양호하다고 평가되며, 일반적으로 유동비율이 200% 이상이면 바람직한 것으로 판단한다.

$$\text{유동비율(\%)} = \frac{\text{유동자산}}{\text{유동부채}} \times 100$$

유동비율의 증가 및 감소

유동비율이 증가하는 경우	유동비율이 감소하는 경우
① 건물을 처분하고 현금을 수령하는 경우 ② 당기손익인식금융자산을 장부가격 이상으로 처분하는 경우 ③ 장기어음을 발행하고 현금을 차입하는 경우	① 상품을 실사한 결과 감모손실이 발생한 경우 ② 장기차입금의 상환기일이 결산일 현재 1년 이내로 도래한 경우 ③ 매출채권을 담보로 은행에서 단기로 차입한 경우

② **당좌비율** : 재고자산은 판매과정을 통해서 현금 전환속도가 비교적 늦고, 청산 시 손실 가능성이 크다는 특징이 있는데 이를 반영하여 계산된 유동비율의 문제점을 개선하고 보다 확실한 기업의 단기 채무능력을 평가하기 위해 당좌비율을 사용한다. 당좌비율이 높을수록 단기채무지급능력이 양호하다고 평가되며, 일반적으로 당좌비율이 100% 이상이면 바람직한 것으로 판단한다.

$$\text{당좌비율(\%)} = \frac{\text{당좌자산}}{\text{유동부채}} \times 100$$

③ **순운전자본구성비율** : 순운전자본은 유동자산에서 유동부채를 차감하여 계산하는데 이러한 순운전자본이 양수라는 것은 유동자산이 유동부채를 상환한 후 여유가 있다는 것을 의미한다. 순운전자본구성비율을 통해 단기 유동성을 측정할 수 있으며, 주로 기업의 파산 예측에 많이 이용되고 있다.

$$\text{순운전자본구성비율(\%)} = \frac{\text{순운전자산}}{\text{총자산}} \times 100$$

2 활동성 분석

(1) 활동성 비율(activity ratios)의 의미

① 기업이 경영활동을 위하여 자산을 얼마나 효율적으로 활용하였는지를 나타내주는 비율로 효율성 비율(efficiency ratios)이라고도 한다.

② 이 비율의 계산은 기업의 매출액을 평가하고자 하는 특정 자산으로 나누어 회전율로 표현하는데 회전율(turnover ratio)이라는 것은 회전기간 동안 매출액을 창출하기 위하여 그 자산에 몇 번 사용되었는가를 나타내준다.

(2) 활동성 비율의 종류

① **매출채권회전율** : 매출채권회전율은 매출채권이 현금화되는 속도 또는 매출채권에 대한 자산투자의 효율성을 측정하는 데 이용된다. 이 비율은 일반적으로 높을수록 좋은 것으로 평가하는데 이 비율이 높다는 것은 매출채권이 현금화되는 속도가 빠르다는 것을 의미하며 이는 회사의 판매정책과 신용정책에 따라 달라진다.

$$\text{매출채권회전율(\%)} = \frac{\text{매출액}}{\text{평균매출채권}}$$

② **매출채권평균회수기간** : 매출채권회전율을 매출채권평균회수기간으로 표시하면 자금이 매출채권에 묶여있는 정도를 확실하게 알 수 있다. 이는 매출채권이 매출액으로 실현되는데 소요되는 기간을 의미하며, 매출채권 평균회수기간이 적을수록 효과적이다.

$$\text{매출채권평균회수기간} = \frac{\text{365일}}{\text{매출채권회전율}}$$

③ **재고자산회전율** : 재고자산회전율은 재고자산이 1년 동안 몇 회나 현금 또는 매출채권으로 전환되었는지를 나타내는 지표로 일반적으로 재고자산이 판매되어 당좌자산으로 변화하는 속도를 나타낸다. 이 비율이 높은 경우에는 재고자산의 관리가 효율적으로 이루어지고 있다고 평가한다.

$$\text{재고자산회전율} = \frac{\text{매출원가}}{\text{평균재고자산}}$$

④ **재고자산평균회전기간** : 재고자산평균회전기간은 재고자산의 평균보유기간을 의미하는 것으로 재고자산의 효율적 활용 정도를 측정하는 지표로 사용한다. 이는 보유하고 있는 재고자산이 매출액으로 실현되는데 소요되는 기간을 의미하며, 재고자산평균회전기간이 적을수록 효과적이다.

$$\text{재고자산평균회전기간} = \frac{\text{365일}}{\text{재고자산회전율}}$$

⑤ **총자본회전율** : 총자본회전율은 총자본의 활용도를 나타내는 것으로 이 비율이 클수록 효율적이다.

$$\text{총자본회전율} = \frac{\text{매출액}}{\text{평균총자본}}$$

예제 문제

(주)서울은 2021년 말 화재로 인해 보관 중이던 재고자산이 모두 소실되었다. 다음 자료를 이용하여 (주)서울의 화재로 인한 재고자산 손실금액을 추정하면 얼마인가? (단, (주)서울은 현금매출이 없으며, 재고자산과 관련하여 화재로 인한 손실 외의 손실은 없다. 그리고 1년은 360일로 가정한다.)

- 2021년 초 장부상 재고자산의 금액은 ₩4,500이고, 재고실사를 통해 확인한 금액이다.
- 2021년 (주)서울의 평균매출채권은 ₩12,500이며 매출채권 회수기간은 90일이다.
- 2021년 (주)서울의 매출총이익률은 20%이다.
- (주)서울은 시장수요에 대비하여 재고자산보유(회전)기간을 36일로 하는 재고보유 정책을 유지하여 왔으며, 2021년 말 화재가 발생하지 않았다면 해당 정책에 따른 재고를 보유하고 있을 것이다.

풀이

화재로 인한 재고자산 손실금액 = ₩3,500
① 매출채권회전율 = 360 ÷ 90 = 4회
② 매출액 = 12,500 × 4회 = ₩50,000
③ 매출원가 = 50,000 × (1 − 20%) = ₩40,000
④ 재고자산회전율 = 360 ÷ 36 = 10회
⑤ 평균재고자산 = 40,000 ÷ 10회 = ₩4,000
⑥ 기말재고 = 4,000 × 2 − 4,500(기초) = ₩3,500
⑦ 영업주기 = 재고자산회전기간 + 매출채권회수기간 = 36일 + 90일 = 126일

제8장

OX로 점검하자

※ 다음 지문의 내용이 맞으면 O, 틀리면 ×를 체크하시오. [1~10]

01 은행과 같은 금융기관이나 외상을 준 채권자들은 기업의 대출금 또는 외상대금의 상환능력을 판단하기 위해 그 기업의 재무제표를 분석하는 데 이를 신용분석이라고 한다. (　　)

02 투자자는 배당의 원천이 되는 기업의 미래 이익창출능력에 관심을 갖고 재무제표를 분석한다. 따라서 이들의 관심은 미래에 예상되는 기업의 안전성에 관한 정보이다. (　　)

03 수평적 분석이란 한 회계기간 이상의 재무제표 자료를 분석하는 것으로 추세분석 또는 시계열분석이라고 한다. (　　)

04 수직적 분석은 한 시점에서 재무제표의 구성항목의 상대적 크기, 즉 요소구성 비율을 분석하는 것이다. (　　)

05 동태비율에는 유동비율, 당좌비율, 자산구성비율, 부채비율, 고정비율 등이 있다. (　　)

06 정태비율에는 재고자산회전율, 수취채권회전율, 자본회전율, 고정자산회전율, 매출이익률, 평균납입자본금이익률 등이 있다. (　　)

정답과 해설 01 O 02 × 03 O 04 O 05 × 06 ×

02 투자자는 배당의 원천이 되는 기업의 미래 이익창출능력에 관심을 갖고 재무제표를 분석한다. 따라서 이들의 관심은 미래에 예상되는 기업의 수익성에 관한 정보이다.

05 정태비율에는 유동비율, 당좌비율, 자산구성비율, 부채비율, 고정비율 등이 있다.

06 동태비율에는 재고자산회전율, 수취채권회전율, 자본회전율, 고정자산회전율, 매출이익률, 평균납입자본금이익률 등이 있다.

07 재무비율을 분석하여 비교할 때 기준이 되는 표준비율로는 이상적인 표준비율, 동종 산업평균비율, 동일기업의 과거 평균비율 등이 사용된다. ( )

08 지수법은 다수의 비율을 선정한 후 이들의 각 비율에 가중치를 부여하여 표준비율과의 상대적 비율에 이들 가중치를 곱하여 각 비율들의 평점을 계산한 후 이들 평점을 모두 합계하여 그 총점으로 평가하는 방법을 말한다. ( )

09 Trant의 지수법이란 안전성 비율과 활동성 비율을 이용하여 기업의 채무지급 능력을 종합적으로 평가하는 방법으로써 주로 정태적 비율인 안전성 비율에 초점을 맞추고 있다. ( )

10 재무비율분석은 재무제표에 나타난 두 개 이상 항목 간의 상관관계를 분석하는 것으로, 여기서 계산된 비율이 의미를 가지기 위해서는 재무제표 항목 간에 중요한 상관관계가 있어야 한다. ( )

정답과 해설 07 O 08 O 09 × 10 O

09 Wall의 지수법이란 안전성 비율과 활동성 비율을 이용하여 기업의 채무지급 능력을 종합적으로 평가하는 방법으로써 주로 정태적 비율인 안전성 비율에 초점을 맞추고 있다.

제 8 장 실전예상문제

checkpoint 해설 & 정답

01 일반적으로 수평적 분석은 한 기업 재무제표의 각 구성항목을 기간의 경과에 따라 증감분석한다.

01 재무제표 분석에 대한 설명으로 옳지 않은 것은?

① 재무제표 분석은 재무제표의 회계자료에 근거하여 실시되므로, 재무제표가 가지고 있는 한계점을 그대로 가진다.

② 일반적으로 수직적 분석은 한 기업 재무제표의 각 구성항목을 기간의 경과에 따라 증감분석한다.

③ 정태비율은 정태적인 재정상태를 나타내는 대차대조표의 각 항목 상호간의 비율이며 주로 경영의 안전도를 본다.

④ 동태비율은 동태적인 수지상황을 나타내는 손익계산서의 매출액과 대차대조표의 항목과의 비율로 회사의 경영능력 내지 경영활동의 성과를 나타낸다.

02 재무상태표의 수치는 계절적 변동 및 물가변동에 따른 영향이 반영되어 있지 않다.

02 재무제표 분석의 한계점으로 옳지 않은 것은?

① 과거자료인 재무제표에 기초하여 비율분석이 실시되므로 기업의 미래예측에 한계가 있다.

② 재무상태표의 수치는 계절적 변동 및 물가변동에 따른 영향이 반영되어 있다.

③ 회사의 비율과 비교를 하기 위한 표준비율을 무엇으로 할 것인가에 대한 기준이 없다.

④ 일반적으로 다양한 회계처리방법이 인정되고 있기 때문에 재무비율 분석 결과가 무의미일 수 있다.

정답 01 ② 02 ②

해설 & 정답 checkpoint

03 재무제표 분석에 대한 설명으로 옳지 않은 것은?

① 단기적 신용분석 시에는 단기채무 상환능력을 알아보기 위해 기업의 수익성 비율을 중요시하며, 장기적 신용분석 시에는 기업의 유동성 비율이나 안전성 비율을 중요시 한다.
② 재무비율을 분석하여 비교할 때 기준이 되는 표준비율로는 이상적인 표준비율, 동종 산업평균비율, 동일기업의 과거 평균비율 등이 사용된다.
③ 지수법은 기업의 재무상태와 경영성과에 대한 종합적인 판단을 위해 주요 재무비율에 일정한 가중치를 부여하여 가중평균함으로써 종합적으로 평가하는 방법이다.
④ 재무제표 분석은 이해관계자들이 요구하는 기업과 관련된 정보를 회계자료인 재무제표의 수치들로부터 도출하고 해석하는 과정을 말한다.

03 단기적 신용분석 시에는 단기채무 상환능력을 알아보기 위해 기업의 유동성 비율을 중요시하며, 장기적 신용분석 시에는 기업의 안전성 비율이나 수익성 비율을 중요시한다.

04 다음 중 표준비율에 대한 설명으로 옳지 않은 것은?

① 이상적인 표준비율은 분석 대상기업이 속한 업종이나 기업의 규모 등과 무관하게 기업의 특정 속성이 양호하다고 주관적으로 인식되는 절대적인 기준이다.
② 산업표준비율은 초기의 비율분석에서 많이 사용되었으나 비율의 주관성과 특정 기업이 속한 산업의 특성이나 기업의 규모 등을 고려하지 않는 단점이 있다.
③ 산업표준비율은 분석 대상기업이 속한 산업의 전체 평균비율을 말하며 재무비율 분석시 가장 많이 사용되는 표준비율이다.
④ 경쟁기업 및 최우량기업의 재무비율은 분석 대상기업을 특정 산업으로 분류하기 어렵거나 특정 산업이 소수 특정기업에 의해 지배되고 있는 경우에 이용되는 기준이다.

04 이상적인 표준비율은 초기의 비율분석에서 많이 사용되었으나 비율의 주관성과 특정 기업이 속한 산업의 특성이나 기업의 규모 등을 고려하지 않는 단점이 있다.

정답 03 ① 04 ②

checkpoint 해설 & 정답

05 이자보상비율은 안정성 비율에 속한다.

06 매출채권평균회수기간은 활동성 비율에 속한다.

07 재고자산평균회전기간은 활동성 비율에 속한다.

정답 05 ③ 06 ④ 07 ①

05 다음 중 수익성 비율에 속하지 않는 것은?

① 매출액순이익률
② 총자산순이익률
③ 이자보상비율
④ 자기자본순이익률

06 다음 중 안정성 비율에 속하지 않는 것은?

① 부채비율
② 이자보상비율
③ 비유동장기적합율
④ 매출채권평균회수기간

07 다음 중 유동성 비율에 속하지 않는 것은?

① 재고자산평균회전기간
② 유동비율
③ 당좌비율
④ 순운전자본구성비율

해설 & 정답 checkpoint

08 다음 중 활동성 비율에 속하지 않는 것은?

① 재고자산회전율
② 매출액순이익률
③ 매출채권회전율
④ 총자본회전율

08 매출액순이익률은 수익성 비율에 속한다.

09 ROI 분석에 대한 설명으로 옳지 않은 것은?

① ROI 분석을 통하여 각 재무요인이 ROI에 영향을 미치는 정도와 경로를 파악할 수 있다.
② 기업목표를 ROI의 극대화로 설정함으로써 각 사업활동의 역할을 명확하게 할 수 있다.
③ ROI의 극대화가 곧 기업가치의 극대화를 의미한다.
④ ROI 분석을 통하여 전체적인 경영활동과 부분적인 사업활동의 차원에서 통제가 필요한 재무요인을 효과적으로 파악할 수 있다.

09 ROI의 극대화가 기업목표로 적합하지 않는데 그 이유는 ROI의 극대화가 곧 기업가치의 극대화를 의미한다고 볼 수 없기 때문이다.

10 장기채무 상환능력을 통한 계속기업의 가능성을 판단하는 기준으로 사용할 수 있는 분석 방법은?

① 수익성 분석
② 안정성 분석
③ 유동성 분석
④ 활동성 분석

10 안정성 분석은 장기채무 상환능력을 통한 계속기업의 가능성을 판단하는 기준으로 사용할 수 있는 분석 방법이다.

정답 08 ② 09 ③ 10 ②

checkpoint 해설 & 정답

11 총자산순이익률(ROA)

$= \frac{\text{순이익}}{\text{매출액}} \times \frac{\text{매출액}}{\text{총자산}}$

= 매출액순이익률 × 총자산회전율

11 총자산순이익률은 어떻게 구성되어 있는가?

① 매출액순이익률 × 총자본회전율
② 매출액순이익률 × 총자본회전기간
③ 매출액순이익률 × 총자산회전율
④ 매출액순이익률 × 총자산회전기간

12 자기자본순이익률(ROE)

$= \frac{\text{순이익}}{\text{매출액}} \times \frac{\text{매출액}}{\text{총자산}} \times \frac{\text{총자산}}{\text{자기자본}}$

= 매출액순이익률 × 총자산회전율 × (1/자기자본비율)

12 자기자본순이익률은 어떻게 구성되어 있는가?

① 매출액순이익률 × 총자본회전율 × (1/자기자본비율)
② 매출액순이익률 × 총자본회전율 × (1/타인자본비율)
③ 매출액순이익률 × 총자산회전율 × (1/자기자본비율)
④ 매출액순이익률 × 총자산회전율 × (1/타인자본비율)

13 유동비율 = (100만 원 + 150만 원 + 50만 원) / 150만 원 = 200%

13 당좌자산 100만 원, 재고자산 150만 원, 기타유동자산 50만 원, 그리고 유동부채 150만 원일 때 유동비율은 얼마인가?

① 100%
② 150%
③ 200%
④ 300%

정답 11 ③ 12 ③ 13 ③

주관식 문제

01 다음 재무비율의 계산식을 보고 빈칸에 알맞은 용어를 쓰시오.

(1) 유동비율 = 유동자산 ÷ (①)
(2) 당좌비율 = 당좌자산 ÷ (①)
(3) (②) = 타인자본 ÷ 자기자본
(4) 매출채권회전율 = (③) ÷ 매출채권
(5) 재고자산회전율 = (④) ÷ 재고자산
(6) (⑤) = 당기순이익 ÷ 발행유통주식수
(7) 주가수익률 = 주가 ÷ (⑤)

해설 & 정답 checkpoint

01
정답 ① 유동부채
② 부채비율
③ 매출액
④ 매출원가
⑤ 주당순이익

checkpoint 해설 & 정답

02

정답 (물음 1) 재고자산회전율
= 90,000/50,000 = 1.8

(물음 2) 재고자산회전기간
= 360일/1.8 = 200일

(물음 3) 매출채권회전율
= 360/36 = 10

(물음 4) 평균매출채권
= 100,000/10 = ₩10,000

02 다음 자료를 보고 (물음 1, 2, 3, 4)에 답하시오.

다음은 현금판매 없이 외상판매만을 하는 (주)국세의 2015년도 관련 사항이다. 기업의 재고자산 보유기간(또는 회전기간)과 매출채권회수기간의 합을 영업순환주기라고 할 때, (주)국세의 2015년도 평균매출채권은 얼마인가? (단, 재고자산회전율 계산 시 매출원가를 사용하며, 평균재고자산과 평균매출채권은 기초와 기말의 평균으로 계산한다. 또한, 1년은 360일로 가정한다.)

- 영업순환주기 236일
- 매출액 ₩100,000
- 매출원가율(매출원가/매출액) 90%
- 평균재고자산 ₩50,000

(물음 1) 재고자산회전율의 계산식과 정답을 쓰시오.

(물음 2) 재고자산회전기간의 계산식과 정답을 쓰시오.

(물음 3) 매출채권회전율의 계산식과 정답을 쓰시오.

(물음 4) 평균매출채권의 계산식과 정답을 쓰시오.

고득점으로 대비하는 가장 똑똑한 수험서!

재무 회계

최종모의고사

I wish you the best of luck!

재무회계

제 1 회 독학사 경영학과 3단계 최종모의고사

제한시간 : 50분 | 시작 ___시 ___분 - 종료 ___시 ___분

정답 및 해설 329p

01 다음 ㈜한국의 2021년 회계상 거래 중 발생시점에 자산과 부채가 동시에 증가하지 않는 것은?

① 3년 만기인 액면금액 ₩10,000의 일반사채를 ₩11,000에 발행하였다.
② 액면금액 ₩5,000의 상품권을 발행하고 고객에게 상품권을 액면금액으로 현금판매하였다.
③ 주당 액면금액 ₩100인 보통주 100주를 주당 ₩120에 발행하였다.
④ 건물을 구입하여 소유권이전등기를 마치고 사용을 시작했으며, 건물대금 ₩10,000은 2022년 2월 1일에 거래상대방에 지급하기로 하였다.

02 다음 항목 중 성격별 포괄손익계산서와 기능별 포괄손익계산서에 공통으로 나타나지 않는 것은?

① 매출원가
② 수익
③ 금융원가
④ 법인세비용

03 재무제표 표시에 관한 설명으로 옳은 것은?

① 기업은 재무제표, 연차보고서, 감독기구 제출서류 또는 다른 문서에 표시되는 그 밖의 정보 등 외부에 공시되는 모든 재무적 및 비재무적 정보에 한국채택국제회계기준을 적용하여야 한다.
② 경영진이 기업을 청산하거나 경영활동을 중단할 의도를 가지고 있거나 청산 또는 경영활동의 중단의도가 있을 경우에도 계속기업을 전제로 재무제표를 작성한다.
③ 투자자산 및 영업용자산을 포함한 비유동자산의 처분손익은 처분대가에서 그 자산의 장부금액과 관련 처분비용을 차감하여 상계표시한다.
④ 한국채택국제회계기준의 요구사항을 모두 충족하지 않더라도 일부만 준수하여 재무제표를 작성한 기업은 그러한 준수 사실을 주석에 명시적이고 제한 없이 기재한다.

04 일정시점에 있어서 기업의 재무상태를 나타내는 재무제표는?

① 재무상태표
② 포괄손익계산서
③ 자본변동표
④ 현금흐름표

05 다음 중 현금 및 현금성 자산에 속하지 않는 것은?

① 배당금지급통지표
② 기일도래 공사채이자표
③ 당좌개설보증금
④ 통화 및 타인발행수표

06 우표 및 수입인지는 어떻게 처리하는가?

① 매출채권 또는 미수금
② 단기대여금
③ 선급비용 또는 소모품
④ 단기차입금

07 다음 중 한국채택국제회계기준에 의한 금융상품의 발행자가 금융상품을 금융부채와 지분상품으로 분류할 때 가장 올바르지 않은 것은?

① 잠재적으로 불리한 조건으로 거래상대방과 금융자산이나 금융부채를 교환하기로 한 계약상 의무는 금융자산으로 분류한다.
② 발행자가 보유자에게 미래의 시점에 확정된 금액을 의무적으로 상환해야 하는 의무가 있는 우선주는 금융부채로 분류한다.
③ 향후 쌍용자동차 티볼리 5대의 가치에 해당하는 확정되지 않은 금액의 현금을 대가로 자기지분상품 500주를 인도하는 계약은 지분상품으로 분류하지 않는다.
④ (주)에스브이씨와 동일한 공정가치에 해당하는 자기지분상품을 인도할 계약은 인도할 자기지분상품의 수량이 확정되지 않았으므로 금융부채로 분류한다.

08 다음은 ㈜하나가 2001년 7월 1일에 취득하여 현재 사용 중인 기계장치들에 대한 내용이다. 2001년 말 사용 중인 기계장치들에 대하여 자산손상을 시사하는 징후가 존재하였다. ㈜하나가 2001년 말에 유형자산손상차손으로 인식해야 할 금액은 얼마인가?

구분	기계장치 A	기계장치 B
2001년 말 장부금액	₩225,000,000	₩80,000,000
2001년 말 처분 시 예상 순공정가치	₩150,000,000	₩40,000,000
계속 사용할 경우의 사용가치	₩135,000,000	₩96,000,000

① ₩0
② ₩59,000,000
③ ₩75,000,000
④ ₩90,000,000

09 당기순이익을 기업에 유보한 것은 무엇으로 처리되는가?

① 자본금
② 자본잉여금
③ 이익잉여금
④ 자본조정

10 다음 중 투자부동산의 사례에 해당하지 않는 것은?

① 장기 시세차익을 얻기 위하여 보유하고 있는 토지
② 자가사용부동산
③ 직접 소유하고 운용리스로 제공하고 있는 건물
④ 장래 사용목적을 결정하지 못한 채로 보유하고 있는 토지

11 다음 중 당좌차월은 무엇으로 분류되는가?

① 유동부채
② 비유동부채
③ 유동자산
④ 비유동자산

12 다음 중 유동부채로 분류되는 것은?

① 사채
② 장기차입금
③ 유동성장기부채
④ 장기성매입채무

13 배서어음과 같은 계정을 무엇이라 하는가?

① 대조계정
② 인명계정
③ 통제계정
④ 평가계정

14 다음 중 사채의 발행유형에 따라 만기까지 ㈜하나가 부담해야 할 연간 이자비용의 변화로 가장 옳은 것은?

> ㈜하나는 장기자금 조달을 위하여 5년 만기 사채를 발행하고자 한다.

	할인발행	액면발행	할증발행
①	증가	변동 없음	감소
②	감소	감소	감소
③	감소	증가	증가
④	증가	변동 없음	증가

15 2021년 7월 1일 ㈜한국은 취득원가 ₩1,000,000의 설비자산을 취득하고, 내용연수와 잔존가치를 각각 4년과 ₩200,000으로 추정하고 감가상각방법은 연수합계법(월할상각)을 적용한다. 동 자산의 취득과 관련하여 2021년 7월 1일 정부로부터 보조금 ₩200,000을 수령하여 전액 설비자산의 취득에만 사용하였다. 동 자산과 관련하여 2022년도에 인식할 당기손익은?

① ₩160,000 이익
② ₩180,000 손실
③ ₩210,000 손실
④ ₩280,000 손실

16 **결산 시에 대손충당금을 과소 설정하였을 경우 정상적으로 설정한 경우와 비교하여 어떤 차이가 있는가?**

① 자산이 과소 표시된다.
② 부채가 과대 표시된다.
③ 비용이 과대 표시된다.
④ 당기순이익이 많아진다.

17 **다음 중 금융자산의 취득과 직접 관련되는 거래원가를 당기비용으로 인식하는 것은?**

① 당기손익-공정가치측정 금융자산
② 상각후원가측정 금융자산
③ 기타포괄손익-공정가치측정 금융자산
④ 대여금 및 수취채권

18 **충당부채, 우발부채 및 우발자산에 관한 설명으로 옳은 것은?**

① 우발자산은 경제적 효익의 유입 가능성이 높아지더라도 공시하지 않는다.
② 손실부담계약을 체결하고 있는 경우에는 관련된 현재의무를 충당부채로 인식하지 않는다.
③ 충당부채를 현재가치로 평가하는 경우 적용될 할인율은 부채의 특유위험과 화폐의 시간가치에 대한 현행 시장의 평가를 반영한 세후 이율이다.
④ 충당부채와 관련하여 포괄손익계산서에 인식된 비용은 제3자와의 변제와 관련하여 인식한 금액과 상계하여 표시할 수 있다.

19 **실지재고조사법하에서만 사용할 수 있는 재고자산 원가배분방법은 무엇인가?**

① 선입선출법
② 총평균법
③ 이동평균법
④ 매출가격환원법

20 **이자와 배당금의 현금흐름표 표시에 대한 설명으로 옳지 <u>않은</u> 것은?**

① 이자와 배당금의 수취 및 지급에 따른 현금흐름은 각각 별도로 공시하며, 각 현금흐름은 매 기간 일관성 있게 영업활동, 투자활동 또는 재무활동으로 분류한다.
② 금융기관이 지급이자를 비용으로 인식하는 경우에는 영업활동 현금흐름으로 분류하고, 지급이자를 자본화하는 경우에는 주석으로 공시한다.
③ 금융기관이 아닌 경우 이자수입은 당기순손익의 결정에 영향을 미치므로 영업활동 현금흐름으로 분류할 수 있다.
④ 금융기관이 아닌 경우 배당금 지급은 재무활동 현금흐름으로 분류할 수 있다.

21 기업회계기준서 제1115호 '고객과의 계약에서 생기는 수익'에 대한 다음 설명 중 옳지 않은 것은?

① 계약이란 둘 이상의 당사자 사이에 집행 가능한 권리와 의무가 생기게 하는 합의이다.
② 하나의 계약은 고객에게 재화나 용역을 이전하는 여러 약속을 포함하며, 그 재화나 용역들이 구별된다면 약속은 수행의무이고 별도로 회계처리한다.
③ 거래가격은 고객이 지급하는 고정된 금액을 의미하며, 변동 대가는 포함하지 않는다.
④ 거래가격은 일반적으로 계약에서 약속한 각 구별되는 재화나 용역의 상대적 개별판매가격을 기준으로 배분한다.

22 다음 중 수익성 비율에 속하지 않는 것은?

① 총자본순이익율
② 자기자본순이익율
③ 매출액이익율
④ 당좌비율

23 다음 중 활동성 비율에 속하지 않는 것은?

① 매출채권회전율
② 재고자산평균회전기간
③ 총자본회전율
④ 이자보상비율

24 부동산회사가 업무용으로 가지고 있는 건물은 무엇으로 분류되는가?

① 재고자산
② 투자자산
③ 유형자산
④ 무형자산

주관식 문제

01 12월 결산법인인 ㈜한국의 2020년 기초 재무상태표상의 자산총계는 ₩300,000, 부채총계는 ₩100,000이었고, 자본항목 중 기타포괄손익누계액은 없었다. 2020년 결산마감분개 직전 재무상태표상의 자산총계는 ₩350,000, 부채총계는 ₩120,000이었고, 포괄손익계산서상의 기타포괄이익이 ₩1,000이었다. 2020년 결산 마감분개 직전까지 본 문제에 기술된 사항을 제외한 자본항목의 변동은 없었고 2020년 회계연도 중 현금배당금 지급액이 ₩3,000이었다면, ㈜한국의 2020년 회계연도 당기순이익은 얼마인지 계산식과 정답을 쓰시오.

02 ㈜하나의 2021년 총매출액은 ₩450,000, 매출에누리는 ₩50,000, 기초재고원가는 ₩150,000, 총매입액은 ₩250,000, 매입에누리는 ₩30,000이다. 2021년 매출총이익률이 25%라면 ㈜하나가 2021년 12월 31일 재무상태표에 보고할 재고자산 금액이 얼마인지 계산식과 정답을 쓰시오.

03 ㈜국제는 당해연도 초에 설립한 후 유형자산과 관련하여 다음과 같은 지출을 하였다.

• 건물이 있는 토지 구입대금	₩2,000,000
• 토지취득 중개수수료	₩80,000
• 토지 취득세	₩160,000
• 공장건축허가비	₩10,000
• 신축공장건물 설계비	₩50,000
• 기존건물 철거비	₩150,000
• 기존건물 철거 중 수거한 폐건축자재 판매대금	₩100,000
• 토지 정지비	₩30,000
• 건물 신축을 위한 토지굴착비용	₩50,000
• 건물 신축원가	₩3,000,000
• 건물 신축용 차입금의 차입원가 (전액 자본화기간에 발생)	₩10,000

위 자료를 이용할 때 토지와 건물 각각의 취득원가는 얼마인지 계산식과 정답을 쓰시오. (단, 건물은 당기 중 완성되었다.)

04 다음은 ㈜독도의 2021년도 이자지급과 관련된 자료이다.

• 포괄손익계산서에 인식된 이자비용 ₩20,000에는 사채할인발행차금 상각액 ₩2,000이 포함되어 있다.
• 인식된 이자 관련 계정과목의 기초 및 기말잔액은 다음과 같다.

계정과목	기초잔액	기말잔액
미지급이자	₩2,300	₩3,300
선급이자	₩1,000	₩1,300

㈜독도의 2021년도 이자지급으로 인한 현금유출액은 얼마인지 계산식과 정답을 쓰시오.

재무회계

제 2 회 독학사 경영학과 3단계 최종모의고사

제한시간 : 50분 | 시작 ___시 ___분 – 종료 ___시 ___분

정답 및 해설 332p

01 현금시재액과 장부에 표시된 현금이 차이가 있을 때 이를 처리하기 위해 설정되는 계정과목은 무엇인가?

① 당좌차월계정
② 당좌예금계정
③ 소액현금계정
④ 현금과부족계정

02 일반목적 재무보고의 목적에 관한 설명으로 옳지 않은 것은?

① 현재 및 잠재적 투자자, 대여자 및 기타 채권자가 필요로 하는 모든 정보를 제공하여야 한다.
② 경영진의 책임 이행에 대한 정보는 경영진의 행동에 대해 의결권을 가지거나 다른 방법으로 영향력을 행사하는 현재 투자자, 대여자 및 기타 채권자의 의사결정에 유용하다.
③ 경영진은 그들이 필요로 하는 재무정보를 내부에서 구할 수 있기 때문에 일반목적재무보고서에 의존할 필요가 없다.
④ 보고기업의 재무상태에 관한 정보, 즉 기업의 경제적 자원과 보고기업에 대한 청구권에 관한 정보를 제공한다.

03 개념체계에서 표현의 충실성이 의미하는 바가 아닌 것은?

① 완전한 서술
② 목적 적합한 서술
③ 중립적 서술
④ 오류 없는 서술

04 매출채권에 대한 경상적인 대손상각비는 무엇으로 처리하는가?

① 매출원가
② 판매비와 관리비
③ 영업외비용
④ 부도어음

05 상품계정의 처리 시 5분법하에서 나타나는 계정은?

① 매출
② 매입
③ 상품
④ 매입에누리와 환출

06 위탁매출을 하기 위하여 수탁회사에게 발송한 재고자산을 무엇이라 하는가?

① 미착품
② 적송품
③ 시송품
④ 저당상품

07 다음 중 부채의 성격이 다른 것은?

① 매입채무
② 장기차입금
③ 회사채
④ 장기충당부채

08 2015년 1월 1일에 건물 5,000,000원을 구입하고, 취득세 500,000원을 현금으로 지급하였다. 2015년 12월 31일 결산 시 정액법에 의한 감가상각비는 얼마인가? (단, 내용연수 10년, 잔존가액 0원, 결산 연 1회)

① 50,000원
② 450,000원
③ 500,000원
④ 550,000원

09 한 기업이 타 기업을 매수했을 경우 그 기업의 매입가액이 취득한 순자산의 가치를 초과했다면 그 차액은 무엇으로 처리하는가?

① 이익잉여금
② 자본잉여금
③ 영업권
④ 부의 영업권

10 재고자산에 관한 설명으로 옳지 않은 것은?

① 재고자산은 취득원가와 순실현가능가치 중 낮은 금액으로 측정한다.
② 재료원가, 노무원가 및 기타 제조원가 중 비정상적으로 낭비된 부분은 재고자산의 취득원가에 포함할 수 없으며 발생기간의 비용으로 인식하여야 한다.
③ 재고자산의 취득원가는 매입원가, 전환원가 및 재고자산을 현재의 장소에 현재의 상태로 이르게 하는데 발생한 기타 원가 모두를 포함한다.
④ 표준원가법에 의한 원가측정방법은 그러한 방법으로 평가한 결과가 실제 원가와 유사한 경우에도 사용할 수 없다.

11 사채의 평가계정으로서 사채에서 차감되는 것은?

① 감채기금
② 감채적립금
③ 사채할증발행차금
④ 사채할인발행차금

12 다음 중 성격이 다른 하나는 무엇인가?

① 소유주지분
② 주주지분
③ 채권자지분
④ 잔여지분

13 **다음 중 생물자산과 수확물의 최초인식에 대한 설명으로 옳지 않은 것은?**

① 생물자산은 최초 인식시점에 순공정가치로 측정한다.
② 생물자산의 경우 매 보고기간 말 순공정가치를 재측정하여 평가손익을 당기손익에 반영한다.
③ 수확물은 최초 인식시점에 공정가치로 측정한다.
④ 수확물은 매 보고기간 말 순공정가치를 재측정하지 않는다.

14 **금융자산이 손상되었다는 객관적인 증거에 해당하지 않는 것은?**

① 금융자산 관련 무위험이자율이 하락하는 경우
② 금융자산의 발행자나 지급의무자의 유의적인 재무적 어려움
③ 재무적 어려움으로 해당 금융자산에 대한 활성시장의 소멸
④ 이자지급의 지연과 같은 계약 위반

15 **다음 중 자본적 지출에 해당하지 않는 것은?**

① 생산용량의 증대 혹은 시설확장을 위한 지출
② 수선유지를 위한 경상적 지출
③ 생산능률을 향상시켜 원가를 실질적으로 감소시키는 지출
④ 유형자산의 내용연수를 연장시키는 지출

16 **㈜한국은 2021년 4월 1일 제품제조에 필요한 기계장치를 ₩750,000에 취득(잔존가치 ₩30,000, 내용연수 5년)하여 연수합계법으로 감가상각한다. 동 기계장치와 관련하여 2022년 12월 31일 재무상태표에 보고할 감가상각누계액은? (단, 감가상각은 월할 계산한다.)**

① ₩180,000
② ₩204,000
③ ₩384,000
④ ₩400,000

17 **무형자산의 정의 및 인식기준에 관한 설명으로 옳지 않은 것은?**

① 무형자산의 미래 경제적 효익에 대한 통제능력은 일반적으로 법원에서 강제할 수 있는 법적 권리에서 나오나, 권리의 법적 집행 가능성이 통제의 필요조건은 아니다.
② 계약상 권리 또는 기타 법적 권리는 그러한 권리가 이전 가능하거나 기업에서 분리 가능한 경우 무형자산 정의의 식별 가능성 조건을 충족한 것으로 본다.
③ 미래 경제적 효익이 기업에 유입될 가능성은 무형자산의 내용연수 동안의 경제적 상황에 대한 경영자의 최선의 추정치를 반영하는 합리적이고 객관적인 가정에 근거하여 평가하여야 한다.
④ 무형자산으로부터의 미래 경제적 효익은 제품의 매출, 용역수익, 원가절감 또는 자산의 사용에 따른 기타 효익의 형태로 발생할 수 있다.

18 **다음 중 주식회사의 특징이 아닌 것은?**

① 주식회사를 설립함에는 발기인이 정관을 작성하여야 한다.
② 주주는 자기가 인수한 주식의 금액을 한도로 회사에 출자의무를 진다.
③ 의사결정기관으로서의 주주총회와 집행기관으로서의 이사회·대표이사가 있다.
④ 주주의 지위를 표창하는 주식은 자유로이 양도할 수 없다.

19 **상각후원가로 후속 측정하는 일반사채에 관한 설명으로 옳지 않은 것은?**

① 사채를 할인발행하고 중도상환 없이 만기까지 보유한 경우, 발행자가 사채 발행시점부터 사채 만기까지 포괄손익계산서에 인식한 이자비용의 총합은 발행시점의 사채할인발행차금과 연간 액면이자 합계를 모두 더한 값과 일치한다.
② 사채발행비가 존재하는 경우, 발행시점의 발행자의 유효이자율은 발행시점의 시장이자율보다 낮다.
③ 사채를 할증발행한 경우, 중도상환이 없다면 발행자가 포괄손익계산서에 인식하는 사채 관련 이자비용은 매년 감소한다.
④ 사채를 중도상환할 때 거래비용이 없고 시장가격이 사채의 내재가치를 반영하는 경우, 중도상환시점의 시장이자율이 사채발행시점의 유효이자율보다 크다면 사채발행자 입장에서 사채상환이익이 발생한다.

20 **수익에 대한 다음 설명 중 옳지 않은 것은?**

① 수행의무의 진행률을 합리적으로 측정하는 방법에는 산출법과 투입법이 있다.
② 기간에 걸쳐 이행하는 수행의무의 진행률은 보고기간 말마다 다시 측정한다.
③ 상황의 변경에 따라 진행률을 수정하는 경우 오류수정으로 회계처리한다.
④ 기간에 걸쳐 이행하는 각 수행의무에는 하나의 진행률 측정방법을 적용하며 비슷한 상황에서의 비슷한 수행의무에는 그 방법을 일관되게 적용한다.

21 **다음 중 수익인식의 단계를 올바르게 나열한 항목은?**

ㄱ. 고객과의 계약식별
ㄴ. 수행의무를 이행할 때 수익을 인식
ㄷ. 거래가격을 계약 내 수행의무에 배분
ㄹ. 거래가격을 산정
ㅁ. 수행의무를 식별

① ㄱ → ㅁ → ㄹ → ㄷ → ㄴ
② ㄱ → ㅁ → ㄹ → ㄴ → ㄷ
③ ㄱ → ㄴ → ㄷ → ㄹ → ㅁ
④ ㄱ → ㄹ → ㅁ → ㄷ → ㄴ

22 **다음 중 판매비와 관리비 항목에 해당하지 않는 것은?**

① 수도광열비
② 차량유지비
③ 도서인쇄비
④ 이자비용

23 다음 중 투자활동 현금흐름에 해당하는 것은?

① 재화의 판매와 용역제공에 따른 현금유입
② 차입금의 상환에 따른 현금유출
③ 제3자에 대한 선급금 및 대여금에 의한 현금유출과 회수에 따른 현금유입
④ 주식이나 기타 지분상품의 발행에 따른 현금유입

24 다음 중 유동비율이 증가하는 경우에 해당하는 것은?

① 매출채권을 담보로 은행에서 단기로 차입한 경우
② 장기어음을 발행하고 현금을 차입하는 경우
③ 상품을 실사한 결과 감모손실이 발생한 경우
④ 장기차입금의 상환기일이 결산일 현재 1년 이내로 도래한 경우

주관식 문제

01 ㈜서울은 2021년 초 채무상품(액면금액 ₩100,000, 표시이자율 연 15%, 매년 말 이자지급, 5년 만기)을 ₩110,812에 구입하여 기타포괄손익–공정가치측정 금융자산으로 분류하였다. 취득 당시 유효이자율은 연 12%이고, 2021년 말 동 채무상품의 공정가치가 ₩95,000이다. 2021년 ㈜서울이 이 금융자산과 관련하여 인식할 기타포괄손실은 얼마인지 계산식과 정답을 쓰시오. (단, 화폐금액은 소수점 첫째 자리에서 반올림한다.)

02 ㈜제주는 2021년 초 건물을 취득(취득원가 ₩1,050,000, 잔존가치 ₩50,000, 내용연수 10년, 정액법 상각)하고, 이를 투자부동산으로 분류하였다. 동 건물의 공정가치를 신뢰성 있게 측정 가능하여 공정가치 모형을 적용하였으며, 2021년 말 공정가치는 ₩1,080,000이다. 2021년에 인식할 ㉠ 감가상각비와 공정가치 변동에 따른 ㉡ 당기이익은 얼마인지 계산식과 정답을 쓰시오. (단, 동 건물은 투자부동산 분류요건을 만족하고, 손상차손은 없다.)

03 ㈜만세는 2021년 2월에 자기주식 200주를 주당 ₩4,000에 취득하였고, 4월에 자기주식 50주를 주당 ₩5,000에 매도하였다. 2021년 9월에는 보유하고 있던 자기주식 중 50주를 주당 ₩3,500에 매도하였다. 2021년 말 ㈜만세 주식의 주당 공정가치는 ₩5,000이다. 주어진 거래만 고려할 경우 ㈜만세의 2021년 자본총액 변동이 얼마인지 쓰시오. (단, 자기주식은 원가법으로 회계처리하며, 2021년 초 자기주식과 자기주식처분손익은 없다고 가정한다.)

04 ㈜관세의 2021년 당기순이익은 ₩500이다. 다음 자료를 반영하여 계산한 영업활동 현금흐름이 얼마인지 계산식과 정답을 쓰시오.

- 매출채권의 증가 ₩1,500
- 재고자산의 감소 ₩2,500
- 매입채무의 감소 ₩900
- 회사채 발행 ₩1,000
- 감가상각비 ₩200
- 토지처분이익 ₩100
- 기계장치 취득 ₩700

최종 모의고사 정답 및 해설

제1회

01	02	03	04	05	06	07	08	09	10	11	12
③	①	③	①	③	③	①	③	③	②	①	③
13	14	15	16	17	18	19	20	21	22	23	24
④	①	③	④	①	④	②	②	③	④	④	③

*주관식 문제는 정답 별도 표시

01 정답 ③

주당 액면금액 ₩100인 보통주 100주를 주당 ₩120에 발행하는 거래는 자산과 자본이 동시에 증가하는 거래이다.

02 정답 ①

매출원가는 기능별 포괄손익계산서에서는 나타나나 성격별 포괄손익계산서에서는 나타나지 않는다.

03 정답 ③

한국채택국제회계기준은 오직 재무제표에만 적용하며 연차보고서, 감독기구 제출서류 또는 다른 문서에 표시되는 그 밖의 정보에 반드시 적용하여야 하는 것은 아니다. 경영진이 기업을 청산하거나 경영활동을 중단할 의도를 가지고 있지 않거나, 청산 또는 경영활동의 중단 외에 다른 현실적 대안이 없는 경우가 아니면 계속기업을 전제로 재무제표를 작성한다. 한국채택국제회계기준을 준수하여 재무제표를 작성하는 기업은 그러한 준수 사실을 주석에 명시적이고 제한없이 기재한다. 재무제표가 한국채택국제회계기준의 요구사항을 모두 충족한 경우가 아니라면 한국채택국제회계기준을 준수하여 작성되었다고 기재하여서는 아니 된다.

04 정답 ①

재무상태표란 일정시점에 있어서 기업의 재무상태를 나타내는 재무제표이다.

05 정답 ③

당좌개설보증금은 장기금융상품으로 분류한다.

06 정답 ③

우표 및 수입인지는 선급비용 또는 소모품으로 처리한다.

07 정답 ①

잠재적으로 유리한 조건으로 거래상대방과 금융자산이나 금융부채를 교환하기로 한 계약상 권리가 금융자산에 포함된다.

08 정답 ③
유형자산의 장부가액과 회수가능액을 비교하여 손상을 적용하는데, 회수가능액이란 자산의 순공정가치와 사용가치 중 큰 금액이다.

09 정답 ③
당기순이익을 기업에 유보한 것은 이익잉여금으로 처리된다.

10 정답 ②
자가사용부동산은 유형자산으로 분류한다.

11 정답 ①
당좌차월은 유동부채(단기차입금)로 분류된다.

12 정답 ③
유동성장기부채는 유동부채로 분류된다.

13 정답 ④
배서어음과 같은 계정을 평가계정이라고 한다.

14 정답 ①
사채의 할인발행은 사채할인발행차금의 상각에 따라 매년 장부가액이 증가하므로 이자비용이 매년 증가하게 된다. 또한, 사채의 할증발행은 사채할증발행차금의 상각에 따라 매년 장부가액이 감소하므로 이자비용이 매년 감소하게 된다.

15 정답 ③
당기손익에 미치는 영향은 자산차감법과 이연수익법이 동일하다.

2022년 : (800,000 − 200,000) × (4/10) × (6/12) +
(800,000 − 200,000) × (3/10) × (6/12)
= ₩210,000(손실)

16 정답 ④
대손충당금의 과소계상은 매출채권의 과대계상, 자본의 과대계상, 대손상각비의 과소계상을 초래하므로 결국 당기순이익이 과대계상된다.

17 정답 ①
당기손익-공정가치측정 금융자산은 공정가치 변동을 당기손익으로 인식하므로 취득관련 거래원가를 당기손익으로 인식하더라도 최초 인식금액에 반영한 경우와 비교할 때 당기손익에 미치는 영향에 차이가 없다.

18 정답 ④
① 우발자산은 경제적 효익의 유입 가능성이 높은 경우에는 공시한다.
② 손실부담계약을 체결하고 있는 경우에는 충당부채로 인식한다.
③ 충당부채를 현재가치로 평가하는 경우 적용될 할인율은 부채의 특유위험과 화폐의 시간가치에 대한 현행 시장의 평가를 반영한 세전 이율이다.

19 정답 ②
실지재고조사법하에서만 사용할 수 있는 재고자산 원가배분방법은 총평균법이다.

20 정답 ②
이자수입, 배당금수입, 이자지급은 일반적으로 영업활동 현금흐름으로 분류한다. 또한, 배당금 지급은 재무활동으로 분류한다. 지급이자를 자본화하는 경우 유형자산 등의 취득원가를 증가시키므로 투자활동으로 분류한다.

21 정답 ③

거래가격은 변동 대가를 포함한다.

22 정답 ④

당좌비율은 유동성 비율에 속한다.

23 정답 ④

이자보상비율은 안전성 비율에 속한다.

24 정답 ③

영업 목적으로 보유하고 있는 자산은 유형자산으로 분류된다.

주관식 해설

01 정답

① 기초자본 : ₩300,000(기초자산) – ₩100,000(기초부채)
= ₩200,000

② 기말자본 : ₩350,000(기말자산) – ₩120,000(기말부채
= ₩230,000

③ 자본증가 : ② – ① = ₩30,000

④ 자본거래증감 : –₩3,000(현금배당)

⑤ 총포괄이익 : ₩30,000(③) + ₩3,000(④)
= ₩33,000

⑥ 당기순이익 : ₩33,000(⑤) – ₩1,000(기타포괄이익) = ₩32,000

02 정답

'기초재고액 + 당기매입액 = 당기매출원가 + 기말재고액'의 등식을 이용한다.

₩150,000 + (₩250,000 – ₩30,000) = ₩300,000(주1) + 기말재고액

따라서 재무상태표에 보고할 재고자산 금액은 ₩70,000이다.

> (주1) 당기매출원가는 매출총이익률을 이용하여 구할 수 있다.
> '매출총이익률 = 매출총이익/매출액'이므로,
> 25% = ((₩450,000 – ₩50,000) – 당기매출원가)/(₩450,000 – ₩50,000)
> 따라서 당기매출원가는 ₩300,000이다.

03 정답

① 토지원가 : ₩2,000,000 + ₩80,000 + ₩160,000 + ₩150,000 – ₩100,000 + ₩30,000
= ₩2,320,000

② 건물원가 : ₩10,000 + ₩50,000 + ₩50,000 + ₩3,000,000 + ₩10,000
= ₩3,120,000

04 정답 발생주의 이자비용

= 현금이자비용 + 사채할인발행차금상각 + 당기미지급이자 – 전기미지급이자 – 당기선급이자 + 전기선급이자

₩20,000 = 현금지급 + ₩2,000 + ₩3,300 – ₩2,300 – ₩1,300 + ₩1,000

따라서, 현금이자 지급액(현금유출액) = ₩17,300

제2회

01	02	03	04	05	06	07	08	09	10	11	12
④	①	②	②	④	②	①	④	③	④	④	③
13	14	15	16	17	18	19	20	21	22	23	24
③	①	②	③	②	④	②	③	①	④	③	②

*주관식 문제는 정답 별도 표시

01 정답 ④
현금시재액과 장부에 표시된 현금이 차이가 있을 때 현금과부족계정을 설정한다.

02 정답 ①
일반목적 재무보고서는 현재 및 잠재적 투자자, 대여자 및 기타 채권자가 필요로 하는 모든 정보를 제공하지는 않으며 제공할 수도 없다.

03 정답 ②
나타내고자 하는 현상을 충실하게 표현하는 것을 표현의 충실성이라고 한다. 이는 완벽함을 달성하기는 어려우므로 완전하고, 중립적이며, 오류가 없어야 하는 특성을 가능한 정도까지 극대화해야 한다는 의미이다.

04 정답 ②
매출채권에 대한 경상적인 대손상각비는 판매비와 관리비로 처리한다.

05 정답 ④
상품계정의 처리 시 5분법하에서 나타나는 계정은 매입에누리와 환출 계정이다.

06 정답 ②
적송품은 위탁매출을 하기 위하여 수탁회사에게 발송한 재고자산이며 수탁회사가 판매하기 전까지는 위탁회사의 재고자산이다.

07 정답 ①
매입채무는 유동부채이고, 나머지는 비유동부채이다.

08 정답 ④
감가상각비 = (5,000,000원 + 500,000원)/10년
= 550,000원

09 정답 ③
기업이 동종의 다른 기업보다 초과 이익력을 갖고 있을 경우 이를 자본화한 것을 영업권이라고 한다.

10 정답 ④
표준원가법에 의한 원가측정방법은 그러한 방법으로 평가한 결과가 실제 원가와 유사한 경우에 편의상 사용할 수 있다.

11 정답 ④

사채할인발행차금은 사채의 평가계정으로서 사채로부터 차감하여 표시된다. 그리고 선급이자의 성격을 갖고 있어 사채를 상환할 때까지 매 기간에 걸쳐 상각한다. 상각방법으로는 정액법과 유효이자율법이 있는데 기업회계기준은 유효이자율법을 사용하도록 하고 있다.

12 정답 ③

채권자지분은 부채를 의미하고, 나머지는 자본을 의미한다.

13 정답 ③

수확물은 최초 인식시점에 순공정가치로 측정한다.

14 정답 ①

무위험이자율은 전체적인 시장위험과 관련된 것으로 특정 자산과는 무관하다.

15 정답 ②

수선유지를 위한 경상적 지출은 수익적 지출에 해당한다.

16 정답 ③

- 2021년 4월 1일 : (차) 기계장치 750,000
  (대) 현금 750,000
- 2021년 12월 31일 : (차) 감가상각비 180,000
  (대) 감가상각누계액 180,000(주1)
- 2022년 12월 31일 : (차) 감가상각비 204,000
  (대) 감가상각누계액 204,000(주2)

∴ 감가상각누계액 : 180,000 + 204,000 = 384,000원

- (주1) (₩750,000 – ₩30,000) × (5/15) × (9/12) = ₩180,000
- (주2) (₩750,000 – ₩30,000) × (5/15) × (3/12) + (₩750,000 – ₩30,000) × (4/15) × (9/12) = ₩204,000

17 정답 ②

무형자산의 식별 가능성은 그 자산이 분리 가능하거나 그 자산이 계약상 권리 또는 기타 법적 권리로부터 발생하는 경우를 말한다. 이 경우 그러한 권리가 이전 가능한지 여부 또는 기업이나 기타 권리와 의무에서 분리 가능한지 여부는 고려하지 아니한다.

18 정답 ④

주주의 지위를 표창하는 주식은 자유로이 양도할 수 있고 정관으로써도 이를 제한할 수 없다.

19 정답 ②

사채발행비가 존재하는 경우, 발행시점의 발행자의 유효이자율은 발행시점의 시장이자율보다 높다.

20 정답 ③

상황의 변경에 따라 진행률을 수정하는 경우 회계추정의 변경으로 회계처리한다.

21 정답 ①

수익인식의 단계

고객과의 계약식별 → 수행의무를 식별 → 거래가격을 산정 → 거래가격을 계약 내 수행의무에 배분 → 수행의무를 이행할 때 수익을 인식

22 정답 ④

이자비용은 영업외비용에 속한다.

23 정답 ③

재화의 판매와 용역제공에 따른 현금유입은 영업활동 현금흐름에 해당하고, 차입금의 상환에 따른 현금유출과 주식이나 기타 지분상품의 발행에 따른 현금유입은 재무활동 현금흐름에 해당한다.

24 정답 ②

장기어음을 발행하고 현금을 차입하는 경우에는 유동비율이 증가한다.

주관식 해설

01 정답

구분	회계처리
2021년 초	(차) FVOCI 금융자산 110,812 (대) 현금 110,812
2021년 말	(차) 현금 15,000(주1) (대) 이자수익 13,297(주2) FVOCI 금융자산 1,703(주3) (차) 기타포괄손실 14,109(주4) (대) FVOCI 금융자산 14,109

(주1) 액면이자 = ₩100,000 × 15% = ₩15,000

(주2) 유효이자 = ₩110,812 × 12% = ₩13,297

(주3) 상각액 = 액면이자 – 유효이자 = ₩1,703

(주4) 기타포괄손실 = 상각후원가 – 공정가치
= (₩110,812 – ₩1,703) – ₩95,000
= ₩14,109

02 정답

㉠ 감가상각비 : ₩0

㉡ 당기이익 : ₩30,000(₩1,080,000 – ₩1,050,000)

해설

공정가치모형은 최초 측정 시 원가로 기록한 후 감가상각을 하지 않고 회계연도 말에 공정가치로 평가하여 평가손익을 당기손익에 반영하는 방법으로, 공정가치 모형을 선택한 경우 최초 인식 후 모든 투자부동산은 공정가치로 측정한다. 따라서 감가상각비는 ₩0이고, 당기이익은 ₩30,000이다.

03 정답

2021년 자본총액 변동 = ₩375,000 감소

구분	회계처리	자본총액 변동
2월 자기주식 취득	(차) 자기주식 800,000 (대) 현금 800,000	₩800,000 감소
4월 자기주식 매도	(차) 현금 250,000 (대) 자기주식 200,000 자기주식처분이익 50,000	 ₩200,000 증가 ₩50,000 증가
9월 자기주식 매도	(차) 현금 175,000 자기주식처분이익 25,000 (대) 자기주식 200,000	 ₩25,000 감소 ₩200,000 증가
순효과		₩375,000 감소

04 정답

영업활동 현금흐름
= 당기순이익 + 현금의 유출이 없는 비용 등의 가산 – 현금의 유입이 없는 수익 등의 차감 + 영업활동과 관련된 자산(증)감 + 영업활동과 관련된 부채 증(감)

= ₩500 + ₩200 – ₩100 – ₩1,500 +₩2,500 – ₩900
= ₩700

고득점으로 대비하는 가장 똑똑한 수험서!

재무 회계

부 록

[부록 1] 분개연습 및 재무제표 작성

[부록 2] 일반기업회계기준_재무제표 양식

[부록 3] K-IFRS_재무제표 표시의 예시

I wish you the best of luck!

부록 1 분개연습 및 재무제표 작성

사 례 분개연습

★ 다음과 같은 회계상 거래에서 적절한 계정과목을 이용하여 회계처리(분개)하시오.

① 자산증가와 자산감소

㉠ 상품을 구입하기로 하고, 계약금으로 1,000,000원을 지급하다.

㉡ 업무용 비품을 1,000,000원에 구입하고, 대금은 당좌수표를 발행하다.

㉢ 단기자금 운용목적으로 회사채(만기 1년)를 현금 1,000,000원에 취득하다.

㉣ 상품의 외상판매대금인 외상매출금 1,000,000원을 회수하다.

㉤ 거래처에 업무용 중고 승용차를 1,000,000원에 매각하고, 대금은 어음으로 받다(단, 감가상각비는 고려하지 않음).

㉥ 사무실을 임차하기 위해서 보증금 1,000,000원을 임대인에게 현금 지급하다.

㉦ 거래처 갑에게 제품 생산에 필요한 기계를 1,000,000원에 구입하고, 대금은 거래처 을에서 받은 받을어음을 배서양도하였다.

② 자산증가와 부채증가

㉠ 상품 2,000,000원을 구입하고, 대금은 외상으로 하다(단, 상품계정을 이용하여 기록할 것).

㉡ 업무용 비품 2,000,000원을 구입하고, 대금은 약속어음을 발행하다.

㉢ 상품 2,000,000원을 구입하고, 대금은 약속어음을 발행하다.

㉣ 거래처에 상품을 공급하기로 하고, 계약금 2,000,000원을 현금으로 받다.

㉤ 신입사원 10명에 대한 신원보증금 2,000,000원을 회사가 징수하다. 단, 신원보증금은 퇴사시 회사가 반환한다.

㉥ 회사의 당좌예금계좌에 원인을 알 수 없는 금액 2,000,000원이 입금되다.

③ 자산증가와 자본증가

㉠ 현금 3,000,000원을 출자하여 영업을 시작하다.

㉡ 기업주는 건물을 3,000,000원에 취득하여 현물 출자하다.

④ 자산증가와 수익발생

㉠ 거래처에 대여한 대여금에 대한 이자 4,000,000원이 발생하였으나 다음 달 받기로 하다.

㉡ 갑 회사에 투자했던 지분증권(주식)에 대해 배당금 4,000,000원을 현금으로 받다.

㉢ 갑 회사는 건물을 임대하고, 임대료로 현금 4,000,000원을 수령하다.

⑤ **부채감소와 자산감소**

㉠ 거래처로부터 단기차입한 차입금 5,000,000원을 현금으로 상환하다.
㉡ 갑 회사는 외상매입금 5,000,000원을 회사의 받을어음을 배서양도하여 지급하다.
㉢ 제품판매계약을 위해 을 회사로부터 받은 계약금 5,000,000원을 계약취소로 반환하다.
㉣ 상품의 외상구입을 위해 발행한 약속어음 5,000,000원을 당좌수표 발행하여 상환하다.
㉤ 종업원에게 지급하지 못한 급여 5,000,000원을 이번 달에 현금 지급하다.
㉥ 비품의 외상구입대금 5,000,000원을 당좌수표를 발행하여 지급하다.

⑥ **부채감소와 부채증가**

㉠ 갑 회사의 외상매입금 6,000,000원을 상환하기 위해 약속어음을 발행하다.
㉡ 갑 회사에서 단기차입금 6,000,000원을 약속어음을 발행하여 지급하다.
㉢ 장기차입금 6,000,000원이 결산일로부터 만기가 1년 이내로 도래하여 유동성 대체하다.

⑦ **부채감소와 자본증가**

㉠ 전환사채권자가 사채 7,000,000원에 대해 전환권을 행사하였다.

⑧ **부채감소와 수익 발생**

㉠ 갑 회사는 8,000,000원의 차입금의 상환을 회사로부터 면제받다.

⑨ **자본감소와 자산감소**

㉠ 갑 회사의 기업주는 개인용도로 현금 9,000,000원을 인출하다(기중 자본금 변동은 인출금계정을 사용).

⑩ **자본감소와 자본증가**

㉠ 자본잉여금 10,000,000원을 재원으로 무상증자하다.

⑪ **비용발생과 자산감소**

㉠ 영업부 직원 월말 회식비로 1,000,000원을 현금으로 지급하다.
㉡ 사무실 임차료 1,000,000원을 당좌수표로 발행하여 지급하다.
㉢ 영업부 직원 구서아씨의 출장비로 1,000,000원을 현금지급하다.
㉣ 신제품 개발과 관련하여 초기 연구비로 1,000,000원을 현금지급하다.
㉤ 본사 건물의 페인트 도색비로 1,000,000원을 현금지급하다(수익적 지출처리).
㉥ 거래처 직원에게 추석선물세트를 1,000,000원에 현금으로 구입하여 선물하다.
㉦ 사회복지공동모금회에 1,000,000원을 불우이웃돕기 성금으로 지급하다.

⑫ **비용발생과 부채증가**

㉠ 총무처 직원 5명에 대한 당월분 급여 5,000,000원을 다음 달 15일에 지급하기로 하다.
㉡ 단기차입금에 대한 이자비용 500,000원을 다음 달에 지급하기로 하다.
㉢ 갑 회사는 당월에 점포를 500,000원에 임차하고 대금은 다음 달에 지급하기로 하다.
㉣ 영업용 차량의 유지비 500,000원을 다음 달 15일에 지급하기로 하다.

풀이

구분		차변	대변
① 자산증가와 자산감소	㉠	선급금 1,000,000	현금 1,000,000
	㉡	비품 1,000,000	당좌예금 1,000,000
	㉢	단기매매증권 1,000,000	현금 1,000,000
	㉣	현금 1,000,000	외상매출금 1,000,000
	㉤	미수금 1,000,000	차량운반구 1,000,000
	㉥	임차보증금 1,000,000	현금 1,000,000
	㉦	기계장치 1,000,000	받을어음 1,000,000
② 자산증가와 부채증가	㉠	상품 2,000,000	외상매입금 2,000,000
	㉡	비품 2,000,000	미지급금 2,000,000
	㉢	상품 2,000,000	지급어음 2,000,000
	㉣	현금 2,000,000	선수금 2,000,000
	㉤	현금 2,000,000	예수금 2,000,000
	㉥	당좌예금 2,000,000	가수금 2,000,000
③ 자산증가와 자본증가	㉠	현금 3,000,000	자본금 3,000,000
	㉡	건물 3,000,000	자본금 3,000,000
④ 자산증가와 수익발생	㉠	미수수익 4,000,000	이자수익 4,000,000
	㉡	현금 4,000,000	배당금수익 4,000,000
	㉢	현금 4,000,000	수입임대료 4,000,000
⑤ 부채감소와 자산감소	㉠	단기차입금 5,000,000	현금 5,000,000
	㉡	외상매입금 5,000,000	받을어음 5,000,000
	㉢	선수금 5,000,000	현금 5,000,000
	㉣	지급어음 5,000,000	당좌예금 5,000,000
	㉤	미지급급여 5,000,000	현금 5,000,000
	㉥	미지급금 5,000,000	당좌예금 5,000,000
⑥ 부채감소와 부채증가	㉠	외상매입금 6,000,000	지급어음 6,000,000
	㉡	단기차입금 6,000,000	미지급금 6,000,000
	㉢	장기차입금 6,000,000	유동성장기부채 6,000,000
⑦ 부채감소와 자본증가	㉠	사채 7,000,000	자본금 7,000,000

⑧ 부채감소와 수익발생	㉠	차입금 8,000,000	채무면제이익 8,000,000
⑨ 자본감소와 자산감소	㉠	인출금 9,000,000	현금 9,000,000
⑩ 자본감소와 자본증가	㉠	자본잉여금 10,000,000	자본금 10,000,000
⑪ 비용발생과 자산감소	㉠	복리후생비 1,000,000	현금 1,000,000
	㉡	임차료 1,000,000	당좌예금 1,000,000
	㉢	여비교통비 1,000,000	현금 1,000,000
	㉣	연구비 1,000,000	현금 1,000,000
	㉤	수선비 1,000,000	현금 1,000,000
	㉥	접대비 1,000,000	현금 1,000,000
	㉦	기부금 1,000,000	현금 1,000,000
⑫ 비용발생과 부채증가	㉠	급여 5,000,000	미지급비용 5,000,000
	㉡	이자비용 500,000	미지급비용 500,000
	㉢	임차료 500,000	미지급임차료 500,000
	㉣	차량유지비 500,000	미지급비용 500,000

사 례 재무제표 작성

★ (주)평택은 2021년 초에 설립되었다. 다음은 2021년 거래내역과 기말수정사항이다. 다음을 토대로 요구사항에 답하시오.

(기중거래내역)

① 1월 2일 보통주 1,000주(액면금액 ₩5,000)를 주당 ₩8,000에 발행하였다.
② 2월 1일 건물을 임차하고 임차보증금 ₩500,000을 지급하고, 임차료 ₩120,000을 지급하였다.
③ 3월 5일 상품 100단위를 단위당 ₩10,000에 현금으로 구입하였다.
④ 3월 8일 상품 80단위를 단위당 ₩15,000에 외상으로 판매하였다.
⑤ 4월 1일 차량운반구를 ₩6,000,000에 현금으로 구입하였다.
⑥ 5월 2일 상품 100단위를 단위당 ₩12,000에 외상으로 구입하였다.
⑦ 6월 3일 매출채권 ₩800,000을 회수하였다.
⑧ 7월 4일 상품 110단위를 단위당 ₩20,000에 현금으로 판매하였다.
⑨ 8월 5일 매입채무 ₩1,000,000을 지급하였다.
⑩ 9월 1일 1년 만기 정기예금에 ₩1,000,000을 가입하였다. 이자는 만기에 수령한다.
⑪ 10월 5일 상품 30단위를 단위당 ₩15,000에 외상으로 구입하였다.
⑫ 11월 6일 상품 20단위를 단위당 ₩25,000에 외상으로 판매하였다.
⑬ 12월 30일 직원급여 ₩500,000을 지급하였다.

(기말수정사항)

① 재고자산 원가흐름은 선입선출법을 적용한다. 기말상품은 20단위이다.
② 2월 1일 지급한 임차료의 임차기간은 1년이다.
③ 9월 1일 가입한 정기예금의 이자율은 연 6%이다.
④ 매출채권 잔액의 2%를 대손충당금으로 설정한다.
⑤ 차량운반구의 내용연수는 10년, 잔존가치는 ₩0, 감가상각방법은 정액법이다.

[요구사항]

(물음 1) 기중거래를 분개하시오.

일자	회계처리	
1월 2일	(차) 현금 8,000,000	(대) 보통주자본금 5,000,000 주식발행초과금 3,000,000
2월 1일	(차) 임차보증금 500,000 (차) 임차료 120,000	(대) 현금 500,000 (대) 현금 120,000
3월 5일	(차) 매입 1,000,000	(대) 현금 1,000,000
3월 8일	(차) 매출채권 1,200,000	(대) 매출 1,200,000
4월 1일	(차) 차량운반구 6,000,000	(대) 현금 6,000,000
5월 2일	(차) 매입 1,200,000	(대) 매입채무 1,200,000
6월 3일	(차) 현금 800,000	(대) 매출채권 800,000
7월 4일	(차) 현금 2,200,000	(대) 매출 2,200,000
8월 5일	(차) 매입채무 1,000,000	(대) 현금 1,000,000
9월 1일	(차) 정기예금 1,000,000	(대) 현금 1,000,000
10월 5일	(차) 매입 450,000	(대) 매입채무 450,000
11월 6일	(차) 매출채권 500,000	(대) 매출 500,000
12월 30일	(차) 급여 500,000	(대) 현금 500,000

(물음 2) 수정 전 잔액시산표를 작성하시오.

풀이

수정 전 잔액시산표			
차변		대변	
현금	880,000	매입채무	650,000
매출채권	900,000	보통주자본금	5,000,000
정기예금	1,000,000	주식발행초과금	3,000,000
차량운반구	6,000,000	매출	3,900,000
임차보증금	500,000		
매입	2,650,000		
임차료	120,000		
급여	500,000		
합계	12,550,000	합계	12,550,000

(물음 3) 기말수정분개를 하시오.

풀이

① (차) 매출원가 2,650,000 (대) 매입 2,650,000
(차) 상품(기말) 300,000 (대) 매출원가 300,000

② (차) 선급임차료 10,000 (대) 임차료 10,000

③ (차) 미수이자 20,000 (대) 이자수익 20,000

④ (차) 대손상각비 18,000 (대) 대손충당금 18,000

⑤ (차) 감가상각비 450,000 (대) 감가상각누계액 450,000

(물음 4) 수정 후 잔액시산표를 작성하시오.

풀이

수정 후 잔액시산표			
차변		대변	
현금	880,000	매입채무	650,000
선급임차료	10,000	보통주자본금	5,000,000
미수이자	20,000	주식발행초과금	3,000,000
매출채권	900,000	대손충당금	18,000
상품	300,000	감가상각누계액	450,000
정기예금	1,000,000	매출	3,900,000
차량운반구	6,000,000	이자수익	20,000
암차보증금	500,000		
매출원가	2,350,000		
대손상각비	18,000		
감가상각비	450,000		
임차료	110,000		
급여	500,000		
합계	13,038,000	합계	13,038,000

(물음 5) 손익계정 마감분개를 하시오.

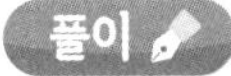

① (차) 매출 3,900,000 (대) 집합손익 3,920,000
이자수익 20,000

② (차) 집합손익 3,428,000 (대) 매출원가 2,350,000
대손상각비 18,000
감가상각비 450,000
임차료 110,000
급여 500,000

③ (차) 집합손익 492,000 (대) 미처분이익잉여금 492,000

(물음 6) 포괄손익계산서를 작성하시오.

포괄손익계산서 2021년 1월 1일부터 2021년 12월 31일까지		
Ⅰ. 매출액		3,900,000
Ⅱ. 매출원가		(2,350,000)
Ⅲ. 매출총이익		1,550,000
Ⅳ. 판매비와 관리비		
1. 급여	500,000	
2. 대손상각비	18,000	
3. 감가상각비	450,000	
4. 임차료	110,000	1,078,000
Ⅴ. 영업이익		472,000
Ⅵ. 영업외수익		
1. 이자수익	20,000	20,000
Ⅶ. 당기순이익		492,000

(물음 7) 재무상태표를 작성하시오.

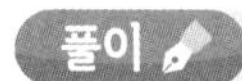

재무상태표 2021년 12월 31일 현재				
자산			부채	
현금		880,000	매입채무	650,000
선급임차료		10,000		
미수이자		20,000		
매출채권	900,000		자본	
대손충당금	(18,000)	882,000	보통주자본금	5,000,000
상품		300,000	주식발행초과금	3,000,000
정기예금		1,000,000	미처분이익잉여금	492,000
차량운반구	6,000,000			
감가상각누계액	(450,000)	5,550,000		
임차보증금		500,000		
자산총계		9,142,000	부채와 자본총계	9,142,000

부록 2 일반기업회계기준_재무제표 양식

★ 재무상태표 양식

재 무 상 태 표

제×기 20××년×월×일 현재
제×기 20××년×월×일 현재

기업명 (단위 : 원)

과목	당기		전기	
자 산				
유동자산		×××		×××
당좌자산		×××		×××
현금 및 현금성 자산	×××		×××	
단기투자자산	×××		×××	
매출채권	×××		×××	
선급비용	×××		×××	
이연법인세자산	×××		×××	
……	×××		×××	
재고자산		×××		×××
제품	×××		×××	
재공품	×××		×××	
원재료	×××		×××	
……	×××		×××	
비유동자산		×××		×××
투자자산		×××		×××
투자부동산	×××		×××	
장기투자증권	×××		×××	
지분법적용투자주식	×××		×××	
……	×××		×××	
유형자산		×××		×××
토지	×××		×××	
설비자산	×××		×××	
(−) 감가상각누계액	(×××)		(×××)	
건설 중인 자산	×××		×××	
……	×××		×××	

무형자산		×××		×××
영업권	×××		×××	
산업재산권	×××		×××	
개발비	×××		×××	
……	×××		×××	
기타비유동자산		×××		×××
이연법인세자산	×××		×××	
……	×××		×××	
자 산 총 계		×××		×××
부 채				
유동부채		×××		×××
단기차입금	×××		×××	
매입채무	×××		×××	
당기법인세부채	×××		×××	
미지급비용	×××		×××	
이연법인세부채	×××		×××	
……	×××		×××	
비유동부채		×××		×××
사채	×××		×××	
신주인수권부사채	×××		×××	
전환사채	×××		×××	
장기차입금	×××		×××	
퇴직급여충당부채	×××		×××	
장기제품보증충당부채	×××		×××	
이연법인세부채	×××		×××	
……	×××		×××	
부 채 총 계		×××		×××

과목	당기		전기	
자 본				
자본금				
보통주자본금		×××		×××
우선주자본금	×××		×××	
	×××		×××	
자본잉여금				
주식발행초과금		×××		×××
……	×××		×××	
	×××		×××	
자본조정				
자기주식		×××		×××
……	×××		×××	
	×××		×××	
기타포괄손익누계액				
매도가능증권평가손익		×××		×××

해외사업환산손익	×××		×××	
현금흐름위험회피	×××		×××	
파생상품평가손익	×××		×××	
……	×××		×××	
이익잉여금(또는 결손금)		×××		×××
법정적립금	×××		×××	
임의적립금	×××		×××	
미처분이익잉여금	×××		×××	
(또는 미처리결손금)				
자 본 총 계		×××		×××
부채 및 자본 총계		×××		×××

★ 손익계산서 양식(중단사업손익이 있을 경우)

손 익 계 산 서

제×기 20××년×월×일부터 20××년×월×일까지
제×기 20××년×월×일부터 20××년×월×일까지

기업명 (단위 : 원)

과목	당기		전기	
매출액		×××		×××
매출원가		×××		×××
기초제품(또는 상품)재고액	×××		×××	
당기제품제조원가	×××		×××	
(또는 당기상품매입액)				
기말제품(또는 상품)재고액	(×××)		(×××)	
매출총이익(또는 매출총손실)		×××		×××
판매비와 관리비		×××		×××
급여	×××		×××	
퇴직급여	×××		×××	
복리후생비	×××		×××	
임차료	×××		×××	
접대비	×××		×××	
감가상각비	×××		×××	
무형자산상각비	×××		×××	
세금과 공과	×××		×××	
광고선전비	×××		×××	
연구비	×××		×××	
경상개발비	×××		×××	
대손상각비	×××		×××	
……	×××		×××	

과목				
영업이익(또는 영업손실)		×××		×××
영업외수익		×××		×××
이자수익	×××		×××	
배당금수익	×××		×××	
임대료	×××		×××	
단기투자자산처분이익	×××		×××	
단기투자자산평가이익	×××		×××	
외환차익	×××		×××	
외화환산이익	×××		×××	
지분법이익	×××		×××	
장기투자증권손상차손환입	×××		×××	
유형자산처분이익	×××		×××	
사채상환이익	×××		×××	
전기오류수정이익	×××		×××	
……	×××		×××	
영업외비용		×××		×××
이자비용	×××		×××	
기타의대손상각비	×××		×××	
단기투자자산처분손실	×××		×××	
단기투자자산평가손실	×××		×××	
재고자산감모손실	×××		×××	
외환차손	×××		×××	
외화환산손실	×××		×××	
기부금	×××		×××	
지분법손실	×××		×××	
장기투자증권손상차손	×××		×××	
유형자산처분손실	×××		×××	
사채상환손실	×××		×××	
전기오류수정손실	×××		×××	
……	×××		×××	
법인세비용차감전계속사업손익		×××		×××
계속사업손익법인세비용		×××		×××
계속사업이익(또는 계속사업손실)		×××		×××
중단사업손익				
(법인세효과 : ×××원)		×××		×××
당기순이익(또는 당기순손실)		×××		×××

★ 손익계산서 양식(중단사업손익이 없을 경우)

손 익 계 산 서

제×기 20××년×월×일부터 20××년×월×일까지
제×기 20××년×월×일부터 20××년×월×일까지

기업명 (단위 : 원)

과목	당기		전기	
매출액		×××		×××
매출원가		×××		×××
기초제품(또는 상품)재고액	×××		×××	
당기제품제조원가 (또는 당기상품매입액)	×××		×××	
기말제품(또는 상품)재고액	(×××)		(×××)	
매출총이익(또는 매출총손실)		×××		×××
판매비와 관리비		×××		×××
급여	×××		×××	
퇴직급여	×××		×××	
복리후생비	×××		×××	
임차료	×××		×××	
접대비	×××		×××	
감가상각비	×××		×××	
무형자산상각비	×××		×××	
세금과 공과	×××		×××	
광고선전비	×××		×××	
연구비	×××		×××	
경상개발비	×××		×××	
대손상각비	×××		×××	
……	×××		×××	
영업이익(또는 영업손실)		×××		×××
영업외수익		×××		×××
이자수익	×××		×××	
배당금수익	×××		×××	
임대료	×××		×××	
단기투자자산처분이익	×××		×××	
단기투자자산평가이익	×××		×××	
외환차익	×××		×××	
외화환산이익	×××		×××	
지분법이익	×××		×××	
장기투자증권손상차손환입	×××		×××	
유형자산처분이익	×××		×××	
사채상환이익	×××		×××	
전기오류수정이익	×××		×××	
……	×××		×××	

영업외비용		×××		×××
이자비용	×××		×××	
기타의대손상각비	×××		×××	
단기투자자산처분손실	×××		×××	
단기투자자산평가손실	×××		×××	
재고자산감모손실	×××		×××	
외환차손	×××		×××	
외화환산손실	×××		×××	
기부금	×××		×××	
지분법손실	×××		×××	
장기투자증권손상차손	×××		×××	
유형자산처분손실	×××		×××	
사채상환손실	×××		×××	
전기오류수정손실	×××		×××	
……	×××		×××	
법인세비용차감전순손익		×××		×××
법인세비용		×××		×××
당기순이익(또는 당기순손실)		×××		×××

★ 현금흐름표 양식(직접법)

현 금 흐 름 표

제×기 20××년×월×일부터 20××년×월×일까지
제×기 20××년×월×일부터 20××년×월×일까지

기업명 (단위 : 원)

과목	당기		전기	
영업활동으로 인한 현금흐름		×××		×××
매출 등 수익활동으로부터의 유입액	×××		×××	
매입 및 종업원에 대한 유출액	×××		×××	
이자수익 유입액	×××		×××	
배당금수익 유입액	×××		×××	
이자비용 유출액	×××		×××	
법인세의 지급	×××		×××	
투자활동으로 인한 현금흐름		×××		×××
투자활동으로 인한 현금유입액				
단기투자자산의 처분	×××		×××	
유가증권의 처분	×××		×××	
토지의 처분	×××		×××	
투자활동으로 인한 현금유출액				
현금의 단기대여	×××		×××	
단기투자자산의 취득	×××		×××	
유가증권의 취득	×××		×××	
토지의 취득	×××		×××	
개발비의 지급	×××		×××	
재무활동으로 인한 현금흐름		×××		×××
재무활동으로 인한 현금유입액				
단기차입금의 차입	×××		×××	
사채의 발행	×××		×××	
보통주의 발행	×××		×××	
재무활동으로 인한 현금유출액				
단기차입금의 상환	×××		×××	
사채의 상환	×××		×××	
유상감자	×××		×××	
현금의 증가(감소)		×××		×××
기초의 현금		×××		×××
기말의 현금		×××		×××

★ 현금흐름표 양식(간접법)

현 금 흐 름 표

제×기 20××년×월×일부터 20××년×월×일까지
제×기 20××년×월×일부터 20××년×월×일까지

기업명 (단위 : 원)

과목	당기		전기	
영업활동으로 인한 현금흐름		×××		×××
당기순이익(손실)	×××		×××	
현금의 유출이 없는 비용등의 가산				
감가상각비	×××		×××	
퇴직급여	×××		×××	
현금의 유입이 없는 수익등의 차감				
사채상환이익	×××		×××	
영업활동으로 인한 자산·부채의 변동				
재고자산의 감소(증가)	×××		×××	
매출채권의 감소(증가)	×××		×××	
이연법인세자산의 감소(증가)	×××		×××	
매입채무의 증가(감소)	×××		×××	
당기법인세부채의 증가(감소)	×××		×××	
이연법인세부채의 증가(감소)	×××		×××	
투자활동으로 인한 현금흐름		×××		×××
투자활동으로 인한 현금유입액				
단기투자자산의 처분	×××		×××	
유가증권의 처분	×××		×××	
토지의 처분	×××		×××	
투자활동으로 인한 현금유출액				
현금의 단기대여	×××		×××	
단기투자자산의 취득	×××		×××	
유가증권의 취득	×××		×××	
토지의 취득	×××		×××	
개발비의 지급	×××		×××	
재무활동으로 인한 현금흐름		×××		×××
재무활동으로 인한 현금유입액				
단기차입금의 차입	×××		×××	
사채의 발행	×××		×××	
보통주의 발행	×××		×××	
재무활동으로 인한 현금유출액				
단기차입금의 상환	×××		×××	
사채의 상환	×××		×××	
유상감자	×××		×××	
현금의 증가(감소)		×××		×××
기초의 현금		×××		×××
기말의 현금		×××		×××

★ 자본변동표 양식

자 본 변 동 표

제×기 20××년×월×일부터 20××년×월×일까지
제×기 20××년×월×일부터 20××년×월×일까지

기업명 (단위: 원)

구분	자본금	자본 잉여금	자본조정	기타포괄 손익누계액	이익 잉여금	총계
20××.×.×(보고금액)	×××	×××	×××	×××	×××	×××
회계정책변경누적효과	(×××)	(×××)	(×××)	(×××)	(×××)	(×××)
전기오류수정	(×××)	(×××)	(×××)	(×××)	(×××)	(×××)
수정 후 자본	×××	×××	×××	×××	×××	×××
연차배당					(×××)	(×××)
처분 후 이익잉여금					×××	×××
중간배당					(×××)	(×××)
유상증자(감자)	×××	×××				×××
당기순이익(손실)					×××	×××
자기주식 취득			(×××)			(×××)
해외사업환산손익				(×××)		(×××)
20××.×.×	×××	×××	×××	×××	×××	×××
20××.×.×(보고금액)	×××	×××	×××	×××	×××	×××
회계정책변경누적효과	(×××)	(×××)	(×××)	(×××)	(×××)	(×××)
전기오류수정	(×××)	(×××)	(×××)	(×××)	(×××)	(×××)
수정 후 자본	×××	×××	×××	×××	×××	×××
연차배당					(×××)	(×××)
처분 후 이익잉여금					×××	×××
중간배당					(×××)	(×××)
유상증자(감자)	×××	×××				×××
당기순이익(손실)					×××	×××
자기주식 취득			(×××)			(×××)
매도가능증권평가손익				×××		×××
20××.×.×	×××	×××	×××	×××	×××	×××

★ 포괄손익계산서의 주석 양식

포 괄 손 익 계 산 서

제×기 20××년×월×일부터 20××년×월×일까지
제×기 20××년×월×일부터 20××년×월×일까지

기업명 (단위 : 원)

구분	당기	전기
당기순손익	×××	×××
회계정책변경누적효과(주)	×××	×××
기타포괄손익	×××	×××
매도가능증권평가손익(법인세효과 : ×××원)		
해외사업환산손익(법인세효과 : ×××원)		
현금흐름위험회피 파생상품평가손익 (법인세효과 : ×××원)		
……		
포괄손익	×××	×××

(주) : 회계정책의 변경에 대하여 소급적용하지 않고 회계정책 변경의 누적효과를 기초 이익잉여금에 일시에 반영하는 경우

★ 이익잉여금처분계산서 양식

이익잉여금처분계산서

제 × 기	20××년×월×일부터 20××년×월×일까지	제 × 기	20××년×월×일부터 20××년×월×일까지
처분예정일	20××년×월×일	처분확정일	20××년×월×일

기업명 (단위 : 원)

구분	당기		전기	
미처분이익잉여금		×××		×××
전기이월미처분이익잉여금 (또는 전기이월미처리결손금)	×××		×××	
회계정책변경누적효과	–		×××	
전기오류수정	–		×××	
중간배당액	×××		×××	
당기순이익(또는 당기순손실)	×××		×××	

임의적립금등의이입액		×××		×××
×××적립금	×××		×××	
×××적립금	×××		×××	
합　　계		×××		×××
이익잉여금처분액		×××		×××
이익준비금	×××		×××	
기타법정적립금	×××		×××	
주식할인발행차금상각액	×××		×××	
배당금	×××		×××	
현금배당				
주당배당금(률) 보통주 : 당기 ××원(%)				
전기 ××원(%)				
우선주 : 당기 ××원(%)				
전기 ××원(%)				
주식배당				
주당배당금(률) 보통주 : 당기 ××원(%)				
전기 ××원(%)				
우선주 : 당기 ××원(%)				
전기 ××원(%)				
사업확장적립금	×××		×××	
감채적립금	×××		×××	
……				
차기이월미처분이익잉여금		×××		×××

★ 결손금처리계산서 양식

결손금처리계산서

제 × 기	20××년×월×일부터 20××년×월×일까지	제 × 기	20××년×월×일부터 20××년×월×일까지
처리예정일	20××년×월×일	처리확정일	20××년×월×일

기업명 (단위 : 원)

구분	당기		전기	
미처리결손금		×××		×××
전기이월미처분이익잉여금 (또는 전기이월미처리결손금)	×××		×××	
회계정책변경누적효과	–		×××	
전기오류수정	–		×××	
중간배당액	×××		×××	
당기순이익(또는 당기순손실)	×××		×××	
결손금처리액		×××		×××
임의적립금이입액	×××		×××	
법정적립금이입액	×××		×××	
자본잉여금이입액	×××		×××	
차기이월미처리결손금		×××		×××

부록 3 K-IFRS_재무제표 표시의 예시

★ XYZ 그룹 – 20X7년 12월 31일 현재의 연결재무상태표

(단위 : 천 원)

	20X7년 12월 31일	20X6년 12월 31일
자산		
비유동자산		
유형자산	350,700	360,020
영업권	80,800	91,200
기타무형자산	227,470	227,470
관계기업투자	100,150	110,770
지분상품에 대한 투자	142,500	156,000
	901,620	945,460
유동자산		
재고자산	135,230	132,500
매출채권	91,600	110,800
기타유동자산	25,650	12,540
현금 및 현금성 자산	312,400	322,900
	564,880	578,740
자산총계	1,466,500	1,524,200
자본 및 부채		
지배기업의 소유주에게 귀속되는 자본		
납입자본	650,000	600,000
이익잉여금	243,500	161,700
기타자본구성요소	10,200	21,200
	903,700	782,900
비지배지분	70,050	48,600
자본총계	973,750	831,500
비유동부채		
장기차입금	120,000	160,000
이연법인세	28,800	26,040
장기충당부채	28,850	52,240
비유동부채합계	177,650	238,280

유동부채		
매입채무와 기타 미지급금	115,100	187,620
단기차입금	150,000	200,000
유동성장기차입금	10,000	20,000
당기법인세부채	35,000	42,000
단기충당부채	5,000	4,800
유동부채합계	315,100	454,420
부채총계	492,750	692,700
자본 및 부채 총계	1,466,500	1,524,200

★ 기업회계기준서 제1109호 '금융상품'을 적용한 경우 포괄손익계산서 예시

■ XYZ 그룹 - 20X7년 12월 31일로 종료하는 회계연도의 연결포괄손익계산서 (당기손익과 기타포괄손익을 단일의 보고서에 표시하고 손익 내 비용을 기능별로 분류하는 예시)

(단위 : 천 원)

	20X7년	20X6년
수익(revenue)	390,000	355,000
매출원가	(245,000)	(230,000)
매출총이익	145,000	125,000
기타 수익(other income)	20,667	11,300
물류원가	(9,000)	(8,700)
관리비	(20,000)	(21,000)
기타비용	(2,100)	(1,200)
금융원가	(8,000)	(7,500)
관계기업의 이익에 대한 지분(1)	35,100	30,100
법인세비용차감전순이익	161,667	128,000
법인세비용	(40,417)	(32,000)
계속영업이익	121,250	96,000
중단영업손실	–	(30,500)
당기순이익	121,250	65,500
기타포괄손익 :		
당기손익으로 재분류되지 않는 항목 :		
자산재평가차익	933	3,367
지분상품 투자자산	(24,000)	26,667
확정급여제도의 재측정요소	(667)	1,333
관계기업의 기타포괄손익에 대한 지분(2)	400	(700)
당기손익으로 재분류되지 않는 항목과 관련된 법인세(3)	5,840	(7,667)
	(17,500)	23,000

후속적으로 당기손익으로 재분류될 수 있는 항목:		
해외사업장환산외환차이[4]	5,334	10,667
현금흐름위험회피[4]	(667)	(4,000)
당기손익으로 재분류될 수 있는 항목과 관련된 법인세[3]	(1,167)	(1,667)
	3,500	5,000
법인세비용 차감 후 기타포괄손익	(14,000)	28,000
총포괄이익	107,250	93,500

	20X7년	**20X6년**
당기순이익의 귀속 :		
지배기업의 소유주	97,000	52,400
비지배지분	24,250	13,100
	121,250	65,500
총포괄손익의 귀속 :		
지배기업의 소유주	85,800	74,800
비지배지분	21,450	18,700
	107,250	93,500
주당이익 (단위 : 원)		
기본 및 희석	0.46	0.30

대체적인 방법으로, 기타포괄손익 항목은 포괄손익계산서에 세후금액으로 표시될 수 있다.

	20X7년	**20X6년**
법인세비용 차감 후 기타포괄손익 :		
당기손익으로 재분류되지 않는 항목 :		
자산재평가차익	600	2,700
지분상품 투자자산	(18,000)	20,000
확정급여제도의 재측정요소	(500)	1,000
관계기업의 기타포괄손익에 대한 지분	400	(700)
	(17,500)	23,000
후속적으로 당기손익으로 재분류되는 항목 :		
해외사업장환산외환차이	4,000	8,000
현금흐름위험회피	(500)	(3,000)
	3,500	5,000
	(14,500)	25,000
법인세비용 차감 후 기타포괄손익[3]	(14,000)	28,000

(1) 관계기업의 소유주에게 귀속되는 관계기업 이익에 대한 지분을 의미한다(즉, 관계기업에 대한 세금과 비지배지분을 차감한 이후의 지분이다).

(2) 관계기업의 소유주에게 귀속되는 관계기업의 기타포괄손익에 대한 지분을 의미한다(즉, 관계기업에 대한 세금과 비지배지분을 차감한 이후의 지분이다). 이 사례에서 관계기업의 기타포괄손익은 후속적으로 당기손익으로 재분류되지 않는 항목으로만 구성되어 있다. 관계기업의 기타포괄손익이 후속적으로 당기손익으로 재분류될 수 있는 항목을 포함하는 기업은 문단 82A(2)에 따라 별도 항목으로 그 금액을 표시하는 것이 요구된다.

(3) 기타포괄손익의 각 항목과 관련된 법인세는 주석에 공시한다.
(4) 당기의 차손익과 재분류조정에 대한 공시를 주석에 표시하는 누적표시를 예시한다. 대체적인 방법으로 총계표시가 사용될 수 있다.

■ XYZ 그룹 – 20X7년 12월 31일로 종료하는 회계연도의 연결손익계산서 (당기손익과 기타포괄손익을 두 개의 보고서에 표시하고 당기손익 내 비용을 성격별로 분류하는 예시)

(단위 : 천 원)

	20X7년	20X6년
수익(revenue)	390,000	355,000
기타 수익(other income)	20,667	11,300
제품과 재공품의 변동	(115,100)	(107,900)
기업이 수행한 용역으로서 자본화되어 있는 부분	16,000	15,000
원재료와 소모품의 사용액	(96,000)	(92,000)
종업원급여비용	(45,000)	(43,000)
감가상각비와 기타 상각비	(19,000)	(17,000)
유형자산손상차손	(4,000)	–
기타비용	(6,000)	(5,500)
금융원가	(15,000)	(18,000)
관계기업의 이익에 대한 지분[(1)]	35,100	30,100
법인세비용차감전순이익	161,667	128,000
법인세비용	(40,417)	(32,000)
계속영업이익	121,250	96,000
중단영업손실	–	(30,500)
당기순이익	121,250	65,500
당기순이익의 귀속 :		
지배기업의 소유주	97,000	52,400
비지배지분	24,250	13,100
	121,250	65,500
주당이익 (단위 : 원) :		
기본 및 희석	0.46	0.30

(1) 관계기업의 소유주에게 귀속되는 관계기업 이익에 대한 지분을 의미한다(즉, 관계기업에 대한 세금과 비지배지분을 차감한 이후의 지분이다).

■ XYZ 그룹 – 20X7년 12월 31일로 종료하는 회계연도의 연결포괄손익계산서 (당기손익과 기타포괄손익을 두 개의 보고서에 표시하는 예시)

(단위: 천 원)

	20X7년	20X6년
당기순이익	121,250	65,500
기타포괄손익 :		
당기손익으로 재분류되지 않는 항목 :		
자산재평가차익	933	3,367
지분상품 투자자산	(24,000)	26,667
확정급여제도의 재측정요소	(667)	1,333
관계기업의 기타포괄손익에 대한 지분[(1)]	400	(700)
당기손익으로 재분류되지 않는 항목과 관련된 법인세[(2)]	5,834	(7,667)
	17,500	23,000
후속적으로 당기손익으로 재분류될 수 있는 항목:		
해외사업장환산외환차이	5,334	10,667
현금흐름위험회피	(667)	(4,000)
당기손익으로 재분류될 수 있는 항목과 관련된 법인세[(2)]	(1,167)	(1,667)
	3,500	5,000
법인세비용 차감 후 기타포괄손익	(14,000)	28,000
총포괄이익	107,250	93,500
총포괄이익의 귀속 :		
지배기업의 소유주	85,800	74,800
비지배지분	21,450	18,700
	107,250	93,500

대체적인 방법으로, 기타포괄손익의 항목은 세후금액으로 표시될 수 있다. 단일 보고서상 수익과 비용의 표시를 예시하는 포괄손익계산서를 참조한다.

(1) 관계기업의 소유주에게 귀속되는 관계기업의 기타포괄손익에 대한 지분을 의미한다(즉, 관계기업에 대한 세금과 비지배지분을 차감한 이후의 지분이다). 이 사례에서 관계기업의 기타포괄손익은 후속적으로 당기손익으로 재분류되지 않는 항목으로만 구성되어 있다. 관계기업의 기타포괄손익이 후속적으로 당기손익으로 재분류될 수 있는 항목을 포함하는 기업은 문단 82A(2)에 따라 별도 항목으로 그 금액을 표시하는 것이 요구된다.

(2) 기타포괄손익의 각 항목과 관련된 법인세는 주석에 공시한다.

■ XYZ 그룹 – 20X7년 12월 31일로 종료하는 회계연도의 연결자본변동표

(단위 : 천 원)

	납입자본	이익 잉여금	해외 사업장 환산	지분상품 에 대한 투자	현금흐름 위험회피	재평가 잉여금	총계	비지배 지분	총자본
20X6년 1월 1일 현재 잔액	600,000	118,100	(4,000)	1,600	2,000	–	717,700	29,800	747,500
회계 정책의 변경	–	400	–	–	–	–	400	100	500
재작성된 금액	600,000	118,500	(4,000)	1,600	2,000	–	718,100	29,900	748,000
20X6년 자본의 변동									
배당	–	(10,000)	–	–	–	–	(10,000)	–	(10,000)
총포괄손익(1)	–	53,200	6,400	16,000	(2,400)	1,600	74,800	18,700	93,500
20X6년 12월 31일 현재 잔액	600,000	161,700	2,400	17,600	(400)	1,600	782,900	48,600	831,500
20X7년 자본의 변동									
유상증자	50,000	–	–	–	–	–	50,000	–	50,000
배당	–	(15,000)	–	–	–	–	(15,000)	–	(15,000)
총포괄손익(2)	–	96,600	3,200	(14,400)	(400)	800	85,800	21,450	107,250
이익 잉여금으로 대체	–	200	–	–	–	(200)	–	–	–
20X7년 12월 31일 현재 잔액	650,000	243,500	5,600	3,200	(800)	2,200	903,700	70,050	973,750

(1) 20X6년의 이익잉여금 53,200원은 지배기업의 소유주에게 귀속되는 52,400원과 확정급여제도의 재측정요소 800원(1,333원에서 법인세비용 333원과 비지배지분 200원을 차감)의 합계이다.

해외사업장환산, 지분상품 투자, 현금흐름위험회피에 포함된 금액은 법인세비용과 비지배지분을 차감한 각 구성요소의 기타포괄손익을 표시한다. 예를 들어, 20X6년 지분상품 투자와 관련된 기타포괄손익 16,000원은 26,667원에서 법인세비용 6,667원과 비지배지분 4,000원을 차감한 금액이다.

재평가잉여금 1,600원은 관계기업의 기타포괄손익에 대한 지분 (700)원과 자산재평가차익 2,300원(3,367원에서 법인세비용 667원과 비지배지분 400원을 차감)의 합계이다. 관계기업의 기타포괄손익은 자산재평가차손익에만 관련이 있다.

(2) 20X7년의 이익잉여금 96,600원은 지배기업의 소유주에게 귀속되는 당기순이익 97,000원과 확정급여제도의 재측정요소 400원(667원에서 법인세비용 167원과 비지배지분 100원을 차감)의 합계이다.
해외사업장환산, 지분상품에 대한 투자, 현금흐름위험회피에 포함된 금액은 법인세비용과 비지배지분을 차감한 각 구성요소의 기타포괄손익을 표시한다. 예를 들어, 20X7년 해외사업장환산과 관련된 기타포괄손익 3,200원은 5,334원에서 법인세비용 1,334원과 비지배지분 800원을 차감한 금액이다.
재평가잉여금 800원은 관계기업의 기타포괄손익에 대한 지분 400원과 자산재평가차익 400원(933원에서 법인세비용 333원과 비지배지분 200원을 차감)의 합계이다. 관계기업의 기타포괄손익은 자산재평가차손익에만 관련이 있다.

여기서 멈출 거예요? 고지가 바로 눈앞에 있어요.
마지막 한 걸음까지 SD에듀가 함께할게요!

컴퓨터용 사인펜만 사용

년도 전공심화과정인정시험 답안지(객관식)

★ 수험생은 수험번호와 응시과목 코드번호를 표기(마킹)한 후 일치여부를 반드시 확인할 것.

전공분야	
성 명	

수험번호													
(1)	3	–			–			–					
(2)	①②●④	–	①~⓪	①~⓪	–	①~⓪	①~⓪	–	①~⓪	①~⓪	①~⓪	①~⓪	①~⓪

과목코드	응시과목	
	1 ①②③④	14 ①②③④
	2 ①②③④	15 ①②③④
	3 ①②③④	16 ①②③④
	4 ①②③④	17 ①②③④
	5 ①②③④	18 ①②③④
	6 ①②③④	19 ①②③④
	7 ①②③④	20 ①②③④
교시코드 ①②③④	8 ①②③④	21 ①②③④
	9 ①②③④	22 ①②③④
	10 ①②③④	23 ①②③④
	11 ①②③④	24 ①②③④
	12 ①②③④	
	13 ①②③④	

과목코드	응시과목	
	1 ①②③④	14 ①②③④
	2 ①②③④	15 ①②③④
	3 ①②③④	16 ①②③④
	4 ①②③④	17 ①②③④
	5 ①②③④	18 ①②③④
	6 ①②③④	19 ①②③④
	7 ①②③④	20 ①②③④
	8 ①②③④	21 ①②③④
	9 ①②③④	22 ①②③④
	10 ①②③④	23 ①②③④
	11 ①②③④	24 ①②③④
	12 ①②③④	
	13 ①②③④	

※ 감독관 확인란

㊞

관 리 번 호

(연번)

(응시자수)

답안지 작성시 유의사항

1. 답안지는 반드시 **컴퓨터용 사인펜을 사용**하여 다음 [보기]와 같이 표기할 것.
   [보기] 잘 된 표기: ● 잘못된 표기: ⓥ ⊗ ◑ ⊙ ◕ ○ ▩
2. 수험번호 (1)에는 아라비아 숫자로 쓰고, (2)에는 "●"와 같이 표기할 것.
3. 과목코드는 뒷면 "과목코드번호"를 보고 해당과목의 코드번호를 찾아 표기하고, 응시과목란에는 응시과목명을 한글로 기재할 것.
4. 교시코드는 문제지 전면의 교시를 해당란에 "●"와 같이 표기할 것.
5. 한번 표기한 답은 긁거나 수정액 및 스티커 등 어떠한 방법으로도 고쳐서는 아니되고, 고친 문항은 "0"점 처리함.

[이 답안지는 마킹연습용 모의답안지입니다.]

절취선

년도 전공심화과정 인정시험 답안지(주관식)

전공분야	

성 명	

수험번호

(1) 3 – □□ – □□ – □□□□□

(2) ① ② ● ④

과목코드

교시코드 ① ② ③ ④

★ 수험생은 수험번호와 응시과목 코드번호를 표기(마킹)한 후 일치여부를 반드시 확인할 것.

번호	※ 1차 점수	※ 1차 채점	※1차확인 / 응시과목 / ※2차확인	※ 2차 채점	※ 2차 점수
1	⓪ ① ② ③ ④ ⑤ ⑥ ⑦ ⑧ ⑨ ⑩				⓪ ① ② ③ ④ ⑤ ⑥ ⑦ ⑧ ⑨ ⑩
2	⓪ ① ② ③ ④ ⑤ ⑥ ⑦ ⑧ ⑨ ⑩				⓪ ① ② ③ ④ ⑤ ⑥ ⑦ ⑧ ⑨ ⑩
3	⓪ ① ② ③ ④ ⑤ ⑥ ⑦ ⑧ ⑨ ⑩				⓪ ① ② ③ ④ ⑤ ⑥ ⑦ ⑧ ⑨ ⑩
4	⓪ ① ② ③ ④ ⑤ ⑥ ⑦ ⑧ ⑨ ⑩				⓪ ① ② ③ ④ ⑤ ⑥ ⑦ ⑧ ⑨ ⑩
5	⓪ ① ② ③ ④ ⑤ ⑥ ⑦ ⑧ ⑨ ⑩				⓪ ① ② ③ ④ ⑤ ⑥ ⑦ ⑧ ⑨ ⑩

답안지 작성시 유의사항

1. ※란은 표기하지 말 것.
2. 수험번호 (2)란, 과목코드, 교시코드 표기는 반드시 컴퓨터용 싸인펜으로 표기할 것
3. 교시코드는 문제지 전면의 교시를 해당란에 컴퓨터용 싸인펜으로 표기할 것.
4. 답란은 반드시 흑·청색 볼펜 또는 만년필을 사용할 것. (연필 또는 적색 필기구 사용불가)
5. 답안을 수정할 때에는 두줄(=)을 긋고 수정할 것.
6. 답란이 부족하면 해당답란에 "뒷면기재"라고 쓰고 뒷면 '추가답란'에 문제번호를 기재한 후 답안을 작성할 것.
7. 기타 유의사항은 객관식 답안지의 유의사항과 동일함.

※ 감독관 확인란
인

절취선

[이 답안지는 마킹연습용 모의답안지입니다.]

컴퓨터용 사인펜만 사용

년도 전공심화과정인정시험 답안지(객관식)

★ 수험생은 수험번호와 응시과목 코드번호를 표기(마킹)한 후 일치여부를 반드시 확인할 것.

전공분야	
성 명	

수 험 번 호														
(1)	3	–			–			–						
(2)	①②●④	–	①②③④⑤⑥⑦⑧⑨⓪	①②③④⑤⑥⑦⑧⑨⓪	–	①②③④⑤⑥⑦⑧⑨⓪	①②③④⑤⑥⑦⑧⑨⓪	–	①②③④⑤⑥⑦⑧⑨⓪	①②③④⑤⑥⑦⑧⑨⓪	①②③④⑤⑥⑦⑧⑨⓪	①②③④⑤⑥⑦⑧⑨⓪	①②③④⑤⑥⑦⑧⑨⓪	

과목코드				
①②③④⑤⑥⑦⑧⑨⓪	①②③④⑤⑥⑦⑧⑨⓪	①②③④⑤⑥⑦⑧⑨⓪	①②③④⑤⑥⑦⑧⑨⓪	①②③④⑤⑥⑦⑧⑨⓪

교시코드
① ② ③ ④

응시과목			
1	① ② ③ ④	14	① ② ③ ④
2	① ② ③ ④	15	① ② ③ ④
3	① ② ③ ④	16	① ② ③ ④
4	① ② ③ ④	17	① ② ③ ④
5	① ② ③ ④	18	① ② ③ ④
6	① ② ③ ④	19	① ② ③ ④
7	① ② ③ ④	20	① ② ③ ④
8	① ② ③ ④	21	① ② ③ ④
9	① ② ③ ④	22	① ② ③ ④
10	① ② ③ ④	23	① ② ③ ④
11	① ② ③ ④	24	① ② ③ ④
12	① ② ③ ④		
13	① ② ③ ④		

과목코드				
①②③④⑤⑥⑦⑧⑨⓪	①②③④⑤⑥⑦⑧⑨⓪	①②③④⑤⑥⑦⑧⑨⓪	①②③④⑤⑥⑦⑧⑨⓪	①②③④⑤⑥⑦⑧⑨⓪

응시과목			
1	① ② ③ ④	14	① ② ③ ④
2	① ② ③ ④	15	① ② ③ ④
3	① ② ③ ④	16	① ② ③ ④
4	① ② ③ ④	17	① ② ③ ④
5	① ② ③ ④	18	① ② ③ ④
6	① ② ③ ④	19	① ② ③ ④
7	① ② ③ ④	20	① ② ③ ④
8	① ② ③ ④	21	① ② ③ ④
9	① ② ③ ④	22	① ② ③ ④
10	① ② ③ ④	23	① ② ③ ④
11	① ② ③ ④	24	① ② ③ ④
12	① ② ③ ④		
13	① ② ③ ④		

※ 감독관 확인란
㊞

관 리 번 호
(연번) / (응시자수)

답안지 작성시 유의사항

1. 답안지는 반드시 **컴퓨터용 사인펜을 사용**하여 다음 보기와 같이 표기할 것.
   보기 잘 된 표기: ● 잘못된 표기: ⓥ ⊗ ◑ ⊙ ◕ ○ ▣
2. 수험번호 (1)에는 아라비아 숫자로 쓰고, (2)에는 "●"와 같이 표기할 것.
3. 과목코드는 뒷면 "과목코드번호"를 보고 해당과목의 코드번호를 찾아 표기하고, 응시과목란에는 응시과목명을 한글로 기재할 것.
4. 교시코드는 문제지 전면의 교시를 해당란에 "●"와 같이 표기할 것.
5. 한번 표기한 답은 긁거나 수정액 및 스티커 등 어떠한 방법으로도 고쳐서는 아니되고, 고친 문항은 "0"점 처리함.

[이 답안지는 마킹연습용 모의답안지입니다.]

절취선

년도 전공심화과정 인정시험 답안지(주관식)

전공분야	
성 명	

수 험 번 호
(1) 3 –   –   –
(2)

★ 수험생은 수험번호와 응시과목 코드번호를 표기(마킹)한 후 일치여부를 반드시 확인할 것.

과목코드

교시코드 ① ② ③ ④

번호	※ 1차 점수	※ 1차 채점	※1차확인 / 응 시 과 목	※2차확인	※ 2차 채점	※ 2차 점수
1						
2						
3						
4						
5						

답안지 작성시 유의사항

1. ※란은 표기하지 말 것.
2. 수험번호 (2)란, 과목코드, 교시코드 표기는 반드시 컴퓨터용 싸인펜으로 표기할 것
3. 교시코드는 문제지 전면의 교시를 해당란에 컴퓨터용 싸인펜으로 표기할 것.
4. 답란은 반드시 흑·청색 볼펜 또는 만년필을 사용할 것. (연필 또는 적색 필기구 사용불가)
5. 답안을 수정할 때에는 두줄(=)을 긋고 수정할 것.
6. 답란이 부족하면 해당답란에 "뒷면기재"라고 쓰고 뒷면 '추가답란'에 문제번호를 기재한 후 답안을 작성할 것.
7. 기타 유의사항은 객관식 답안지의 유의사항과 동일함.

※ 감독관 확인란
인

[이 답안지는 마킹연습용 모의답안지입니다.]

참고문헌

1. 김재호, 『IFRS 회계원리』, 원, 2019.

2. 유재권, 『에센스 회계원리』, 유원북스, 2019.

3. 윤금상, 『최신 재무회계원리』, 두남, 2018.

4. 이선표·김복구, 『회계의 이해』, 피앤씨미디어, 2018.

5. 이중희 외 4인, 『K-IFRS 회계원리』, 경문사, 2015.

6. 이효익 외 3인, 『IFRS 회계원리』, 신영사, 2020.

7. 한국회계기준원(www.kasb.or.kr)

여기서 멈출 거예요? 고지가 바로 눈앞에 있어요.
마지막 한 걸음까지 SD에듀가 함께할게요!

좋은 책을 만드는 길 독자님과 함께하겠습니다.

도서나 동영상에 궁금한 점, 아쉬운 점, 만족스러운 점이
있으시다면 어떤 의견이라도 말씀해 주세요.
SD에듀는 독자님의 의견을 모아 더 좋은 책으로 보답하겠습니다.

www.sdedu.co.kr

시대에듀 독학사 경영학과 3단계 재무회계

초판2쇄 발행	2022년 10월 12일 (인쇄 2022년 08월 18일)
초 판 발 행	2021년 03월 26일 (인쇄 2020년 12월 30일)
발 행 인	박영일
책 임 편 집	이해욱
편 저	유준수
편 집 진 행	송영진 · 김다련
표지디자인	박종우
편집디자인	김경원 · 박서희
발 행 처	(주)시대고시기획
출 판 등 록	제10-1521호
주 소	서울시 마포구 큰우물로 75 [도화동 538 성지 B/D] 9F
전 화	1600-3600
팩 스	02-701-8823
홈 페 이 지	www.sdedu.co.kr
I S B N	979-11-254-8757-9 (13320)
정 가	23,000원

시대에듀 **독학사**

경영학과

왜? 독학사 경영학과인가?

4년제 경영학 학위를 최소 시간과 비용으로 **단 1년 만에 초고속 합격 가능!**

조직, 인사, 재무, 마케팅 등 **기업 경영과 관련되어 기업체 취직에 가장 무난한 학과**

감정평가사, 경영지도사, 공인노무사, 공인회계사, 관세사, 물류관리사 등 **자격증과 연관**

노무사, 무역·통상전문가, 증권분석가, 회계사 등의 **취업 진출**

경영학과 과정별 시험과목(2 ~ 4과정)

1~2과정 교양 및 전공기초 과정은 객관식 40문제 구성
3~4과정 전공심화 및 학위취득 과정은 객관식 24문제+**주관식 4문제** 구성

2과정(전공기초)	3과정(전공심화)	4과정(학위취득)
회계원리	재무관리론	재무관리
인적자원관리	경영전략	마케팅관리
마케팅원론	노사관계론	회계학
조직행동론	소비자행동론	인사조직론
경영정보론	재무회계	
마케팅조사	경영분석	
원가관리회계		

시대에듀 경영학과 학습 커리큘럼

기본이론부터 실전 문제풀이 훈련까지!
시대에듀가 제시하는 각 과정별 최적화된 커리큘럼 따라 학습해보세요.

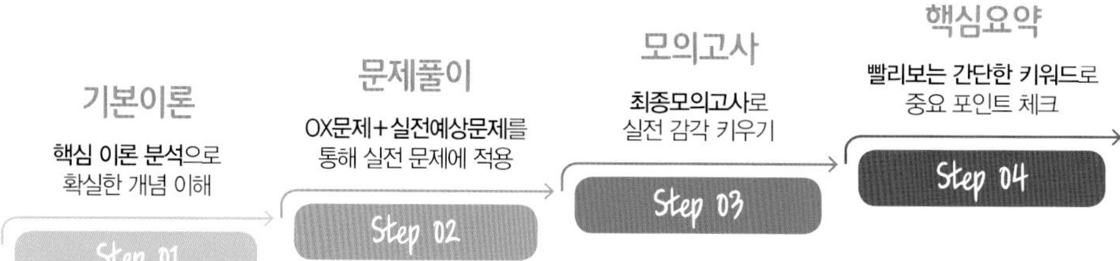

독학사 2~4과정 경영학과 신간 교재

독학학위제 출제내용을 100% 반영한 내용과 문제로 구성된 완벽한 최신 기본서 라인업!

START!

2과정

- 전공 기본서 [전 7종]
  - 경영정보론 / 마케팅원론 / 조직행동론 / 원가관리회계 / 인적자원관리 / 회계원리 / 마케팅조사
- 경영학 벼락치기 [통합본 전 1종]
  - 경영정보론 + 마케팅원론 + 조직행동론 + 인적자원관리 + 마케팅조사 + 회계원리

3과정

- 전공 기본서 [전 6종]
  - 재무회계 / 경영분석 / 소비자행동론 / 경영전략 / 노사관계론 / 재무관리론
- 최종모의고사

4과정

- 전공 기본서 [통합본 전 2종]
  - 재무관리 + 마케팅관리 / 회계학 + 인사조직론
- 최종모의고사

GOAL!

※ 표지 이미지 및 구성은 변경될 수 있습니다.

독학사 전문컨설턴트가 개인별 맞춤형 학습플랜을 제공해 드립니다.

시대에듀 홈페이지 **www.sdedu.co.kr**

상담문의 **1600-3600** 평일 9~18시 / 토요일·공휴일 휴무

시대에듀

명품 독학사

한번에

Pass!

독학사 경영학과 끝판왕!

SD에듀
(주)시대고시기획

발행일 2022년 10월 12일(초판인쇄일 2020 · 12 · 30)
발행인 박영일
책임편집 이해욱
편저 유준수
발행처 (주)시대고시기획
등록번호 제10-1521호
주소 서울시 마포구 큰우물로 75 [도화동 538 성지B/D] 9F
대표전화 1600-3600
팩스 (02)701-8823
학습문의 www.sdedu.co.kr

정가 23,000원

ISBN
979-11-254-8757-9

13320
9 791125 487579